高等职业教育教学改革融合创新型教材·旅游类

茶艺

Chayi

（第五版）

杨学富 杨贵斌　主　编

柳延峥 李　捷　副主编

东北财经大学出版社　大连
Dongbei University of Finance & Economics Press

图书在版编目（CIP）数据

茶艺 / 杨学富，杨贵斌主编. —5版. —大连：东北财经大学出版社，
2025.1. —（高等职业教育教学改革融合创新型教材·旅游类）. —ISBN
978-7-5654-5492-9

Ⅰ.TS971.21

中国国家版本馆 CIP 数据核字第 2025RA4127 号

东北财经大学出版社出版

（大连市黑石礁尖山街 217 号　邮政编码　116025）

网　　址：http://www.dufep.cn

读者信箱：dufep@dufe.edu.cn

大连图腾彩色印刷有限公司印刷　　东北财经大学出版社发行

幅面尺寸：185mm×260mm　　字数：392千字　　印张：18.25

2025 年 1 月第 5 版　　　　　　2025 年 1 月第 1 次印刷

责任编辑：魏　巍　　　　　　　　责任校对：何　群

封面设计：原　皓　　　　　　　　版式设计：原　皓

定价：49.80元

富媒体智能型教材出版说明

"财经高等职业教育富媒体智能型教材开发系统工程"入选国家新闻出版广电总局新闻出版改革发展项目库，并获得文化产业专项资金支持，是"国家文化产业资金支持媒体融合重大项目"。项目以"融通""融合""共建""共享"为特色，是东北财经大学出版社积极落实国家推动传统媒体与新媒体融合发展的重要举措之一。

"财济书院"智能教学互动平台是该工程项目建设成果之一。该平台通过系统、合理的架构设计，将教学资源与教学应用集成于一体，具有教学内容多元呈现、课堂教学实时交互、测试考评个性设置、用户学情高效分析等核心功能，是高校开展信息化教学的有力支撑和应用保障。

富媒体智能型教材是该工程项目建设成果之二。该类教材是我社供给侧结构性改革探索性策划的创新型产品，是一种新形态立体化教材。富媒体智能型教材秉持严谨的教学设计思想和先进的教材设计理念，为财经职业教育教与学、课程与教材的融通奠定了基础，较好地避免了传统教学模式和单一纸质教材容易出现的"两张皮"现象，有助于教学质量的提高和教学效果的提升。

从教材资源的呈现形式来说，富媒体智能型教材实现了传统纸质教材与数字技术的融合，通过二维码建立链接，将VR、微课、视频、动画、音频、图文和试题库等富媒体资源丰富呈现给用户；从教材内容的选取整合来说，其实现了职业教育与产业发展的融合，不仅注重专业教学内容与职业能力培养的有效对接，而且很好地解决了部分专业课程学与训、训与评的难题；从教材的教学使用过程来说，其实现了线下自主与线上互动的融合，学生可以在有网络支持的任何地方自主完成预习、巩固、复习等，教师可以在教学中灵活使用随堂点名、作业布置及批改、自测及组卷考试、成绩统计分析等平台辅助教学工具。

富媒体智能型教材设计新颖，一书一码，使用便捷。使用富媒体智能型教材的师生首先进入"财济书院"（www.idufep.com）平台完成注册，然后登录"财济书院"输入教材封四学习卡中的激活码，建立或找到班级，进入教材对应课程，就可以开启个性化教与学之旅。

"重塑教学空间，回归教学本源！""财济书院"平台不仅仅是出版社提供教学资源和服务的平台，更是出版社为作者和广大院校创设的一个自主选择和自主探究的教与学的空间，作者和广大院校师生既是这个空间的使用者和消费者，也是这个空间的创造者和建设者，在这里，出版社、作者、院校共建资源，共享回报，共创未来。

最后，感谢各位作者为支持项目建设所付出的辛劳和智慧，也欢迎广大院校在教学中积极使用富媒体智能型教材和"财济书院"平台，东北财经大学出版社愿意也必将陪伴广大职业教育工作者走向更加光明而美好的职教发展新阶段。

东北财经大学出版社

第五版前言

茶，世界性绿色饮品。中国是茶叶的原产地，茶叶品类齐全，种植、加工技术精良，优良名品不胜枚举。从古至今，中华民族在饮茶、品茶、赏茶、玩茶的过程中，创造了形式多样、风格迥异的品茗方法和品茗艺术，巧妙地将中华优秀传统文化融入其中，内容和形式日臻丰富，形成了独具特色的中华茶文化体系。

随着新一轮科技革命和产业变革的深入发展，社会进入了新质生产力时代，人工智能的发展解放了大量的劳动力，人们从追求物质文化需要向美好生活需要转变，而茶文化在助力乡村振兴、推动绿色低碳发展、促进人们身心健康、创造高品质慢生活方面的独特作用越来越受到人们的关注和重视。茶具有浓厚的中国特色和普适性，从中国古代北方的丝绸之路和万里茶道、西南的茶马古道、东部的茶码水道、南方的茶船古道，到今天的"丝绸之路经济带"和"21世纪海上丝绸之路"，茶穿越历史、跨越国界，深受世界各国人民的喜爱。在共建"一带一路"过程中，众多国家和组织积极响应，中国茶叶更是香飘世界。2019年，第74届联合国大会宣布设立"国际茶日"，以赞美茶叶对经济、社会和文化的价值。2022年，"中国传统制茶技艺及其相关习俗"列入联合国教科文组织人类非物质文化遗产代表作名录。2023年，中国"普洱景迈山古茶林文化景观"被评为世界文化遗产，成为全球第一例茶主题世界遗产。党的二十大报告也提出，"坚守中华文化立场，提炼展示中华文明的精神标识和文化精髓""深化文明交流互鉴，推动中华文化更好走向世界"。这些都对茶文化的普及创新和茶艺教育提出了新的要求，提供了新的契机。

本书第五版在修订过程中，以"培根铸魂，启智增慧"为核心原则，按照《茶艺师国家职业技能标准（2018年版）》和《调饮师国家职业标准（2023年版）》的基本要求和工作要求更新内容，形成茶文化认知、茶叶选择、品茗用水选择、茶具选择、品茗环境、茶艺实践、名茶认赏7章内容。全书集知识性、科学性、趣味性、艺术性于一体，对于普及茶文化和茶艺知识、提高茶艺人员的基本素养和职业技能、弘扬中国茶文化具有很好的指导作用。具体来说，本次修订着重从以下方面展开：

第一，弘扬中华优秀传统文化，推动文化育人。

"茶香宁静却可以致远，茶人淡泊却可以明志。"中华文化倡导"仁、义、礼、智、信"的社会道德规范，"正心、修身、齐家、治国、平天下"的高尚情怀，"厚德载物"的宽广胸襟，以及百折不挠、坚韧不拔、艰苦奋斗、无私奉献等精神。本书坚持以习近平新时代中国特色社会主义思想为指导，在讲授茶文化知识的过程中，力求使学生熟悉中国茶文化的历史和作用，全面了解中国茶文化的博大精深，坚定文化自信；在讲授茶艺实践技能的过程中，以茶道精神激励学生树立正确的世界观、人生观、价值观，培养学生吃苦耐劳和守正创新的职业精神；将中国茶文化与现代科学有机融合，提高学生对中国茶的科学认知及创新性发展的能力。同时，以"学有所悟""悟茶道""吟茶诗"贯穿全书，提高学生的文化素养，培养学生爱国、爱家、爱生活的人文精神，做中国茶文化的传播者。

第二，校企双元合作开发，提升综合素养。

本书由优秀的专业教师及行业企业专家（国家一级茶艺师、国家一级评茶师）共同修订。编写团队遵循"职业活动为导向、职业技能为核心"的指导思想，及时更新行业企业的新技术、新规范、新要求，从学生未来职业岗位发展的新要求出发，使教材内容与现有专业教学标准相符、与国家职业技能标准对接，积极践行茶文化、茶产业、茶科技"三茶"统筹发展理念。例如，在"茶艺实践"一章，按照布具、温具、赏茶、冲泡、分茶、奉茶、收具的顺序，采用茶艺演示视频和精美分步骤图片，清晰呈现了绿茶、黄茶、白茶、红茶、青茶、黑茶六大茶类的冲泡技法，能够有效提高学生的职业素养。又如，扩展"调饮技法"内容，重点介绍新中式茶饮知识，弘扬调茶师的工匠精神，从而为新中式茶饮发展贡献力量。

第三，配套丰富数字资源，体悟茶之美学。

喝好一杯茶，古人向来非常讲究。明月松间，清泉石上，幽静茶寮，烛影摇红，在不同环境下饮茶会产生不同的品饮意境。本书充分运用现代信息技术，配套丰富数字资源，包括"话茶事""吟茶诗""赏茶艺""悟茶道""听我学""随堂测"，并以二维码的形式呈现。一方面，通过"吟茶诗"声情吟赏品著佳作，通过"赏茶艺"进行茶艺演示，将学生置于"志绝尘境，栖神物外"的纯净之境，让学生充分体悟茶禅一味的人文内涵。另一方面，在各章中穿插众多"话茶事"和"悟茶道"，帮助学生了解茶艺美学知识，体悟茶道内涵；在每章结束时，以"听我学"总结学习内容，以"随堂测"检验学习效果，提高学生自主学习的积极性。

本书由杨学富、杨贵斌担任主编，柳延峥、李捷担任副主编，具体编写分工如下：杨学富教授编写第1章，第2章第1节，第4章第1~8节，第6章第1、9节及各章"问茶寮"；柳延峥教授编写第5章第4节和第6章第10节；李捷编写第2章第2~3节，第6章第2~8节；邓悝编写第3章和第5章第1~3节；杨贵斌编写第7章；孙俊骥编写第4章第9节。

本书既可以作为普通本科院校、高等职业院校旅游大类专业的教材，也可以作为茶艺爱好者和茶艺从业人员提高茶理论水平和茶艺技能的知识读本。

缕缕茶香，弥漫着哲思与诗意，是中华优秀传统文化的重要标识。茶艺不仅包含精湛的技法，而且创造了独特的美学意境。神农尝苦荼（茶），陆羽著《茶经》，卢仝七碗歌，元稹宝塔诗，皎然重茶道，乐天别茶人，东坡创回文，陆游悟茶神，乾隆鋈茶皇；儒释道贯通，阴阳五行度，真善美统一，天地人神韵；茶韵之流香，器具之清雅，君子之美德，人生之甘苦，社稷之和谐，中华之国饮……五千年的风雅传承，尽在其中。

本书再版参阅了相关书刊及茶网资料，所用图片除注明引用来源的，其余均由本书作者拍摄并授权出版使用。由于中国茶文化源远流长、博大精深，书中难免存在疏漏和不足，恳请广大读者批评指正。

编　者

2024 年 11 月

目　录

数字资源目录

听我学

思政导图

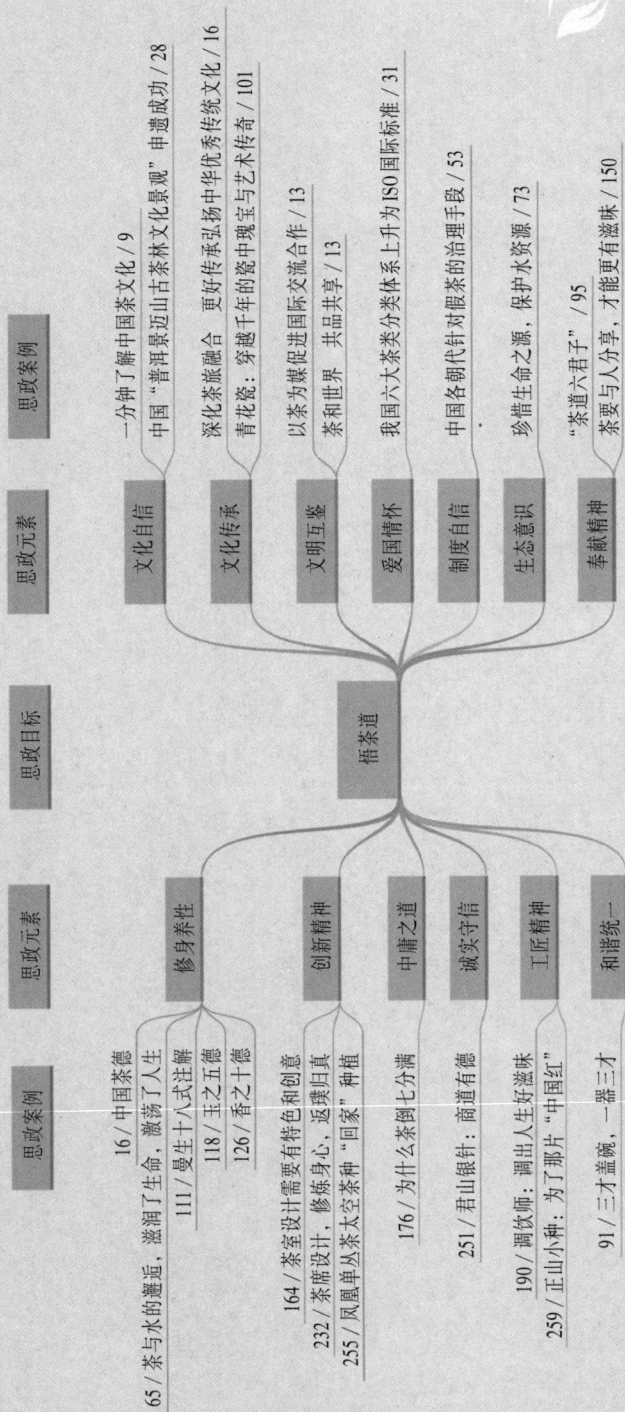

悟茶道

思政元素 / 思政案例

文化自信
- 一分钟了解中国茶文化 / 9
- 中国"普洱景迈山古茶林文化景观"申遗成功 / 28

文化传承
- 深化茶旅融合 更好传承弘扬中华优秀传统文化 / 16
- 青花瓷:穿越千年的瓷中瑰宝与宝玉术传奇 / 101

文明互鉴
- 以茶为媒促进国际交流合作 / 13
- 茶和世界 共品共享 / 13

爱国情怀
- 我国六大茶分类体系上升为ISO国际标准 / 31

制度自信
- 中国各朝代针对层茶的治理手段 / 53

生态意识
- 珍惜生命之源,保护水资源 / 73

奉献精神
- "茶道六君子" / 95
- 茶要与人分享,才能更有滋味 / 150

思政元素 / 思政案例

修身养性
- 16 / 中国茶德
- 65 / 茶与水的邂逅,邂逅了生命,邂逅了人生
- 111 / 曼生十八式注解
- 118 / 王之五德
- 126 / 香之十德

创新精神
- 164 / 茶室设计需要有特色和创意
- 232 / 茶席设计,修炼身心,返璞归真
- 255 / 凤凰单丛茶太空茶种"回家"种植

中庸之道
- 176 / 为什么茶倒七分满

诚实守信
- 251 / 君山银针:商道有德

工匠精神
- 190 / 调饮师:调出人生好滋味
- 259 / 正山小种:为了那片"中国红"

和谐统一
- 91 / 三才盖碗,一器三才

第 1 章

茶文化认知

学习目标

知识目标

· 了解茶的起源与历史。
· 熟悉茶文化的概念及内涵。

能力目标

· 能够用中国茶道精神指导现实生活。
· 能够用科学饮茶方法保持身体健康。

素养目标

· 培养民族自豪感，坚定文化自信。
· 弘扬茶文化、关注茶产业、创新茶科技，做有爱国情怀的新时代茶人。

知识导图

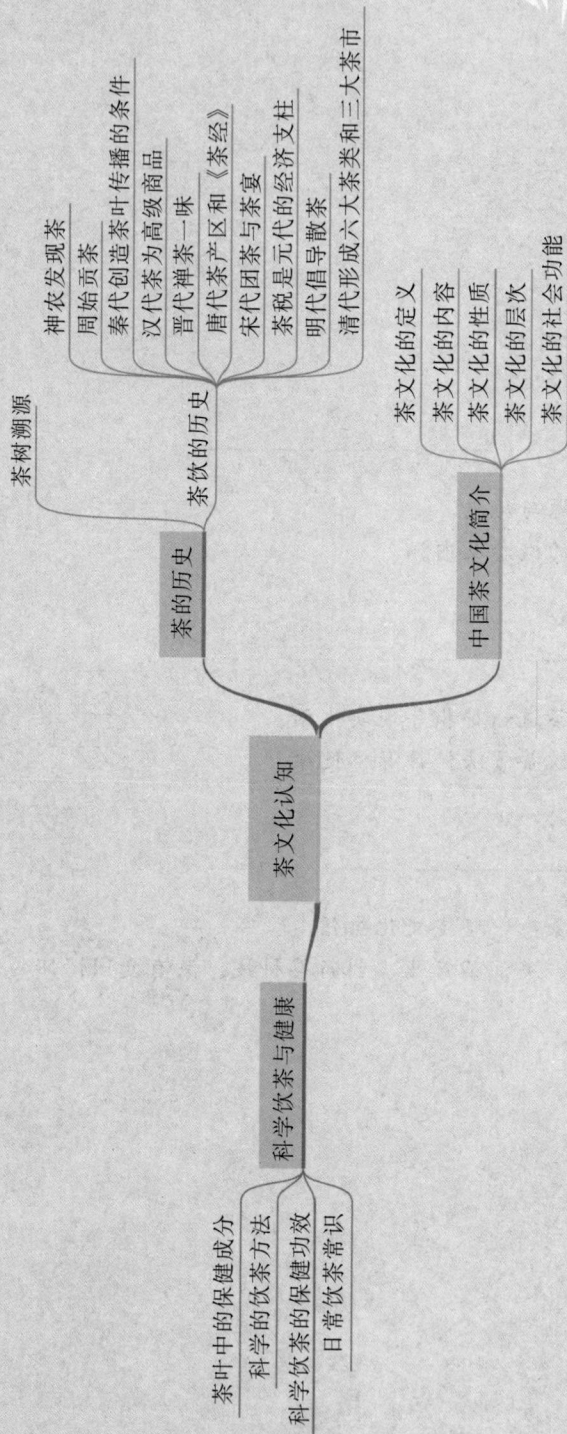

茶文化认知

茶的历史
- 茶树溯源
- 茶的历史
  - 神农发现茶
  - 周始贡茶
  - 秦代创造茶叶传播的条件
  - 汉代茶为高级商品
  - 晋代神茶一味
  - 唐代茶产区和《茶经》
  - 宋代团茶与茶宴
  - 茶税是元代的经济支柱
  - 明代倡导散茶
  - 清代形成六大茶类和三大茶市
- 茶饮茶的历史

中国茶文化简介
- 茶文化的定义
- 茶文化的内容
- 茶文化的性质
- 茶文化的层次
- 茶文化的社会功能

科学饮茶与健康
- 茶叶中的保健成分
- 科学的饮茶方法
- 科学饮茶的保健功效
- 日常饮茶常识

1.1　茶的历史

中国是茶树的原产地。中国有着极为悠久的种植茶、利用茶、品饮茶的历史，世界上其他地方的茶叶种植和饮茶习惯都是从中国直接或间接传过去的，这是世界各国学者从不同研究角度得出的一致结论。

1.1.1　茶树溯源

1）茶树原产地之争

1824年，英国军官勃鲁士在印度阿萨姆萨地亚地区发现了野生茶树。于是，国外有人以此为证开始对中国是茶树原产地的事实提出了异议，但是多数学者坚信茶树原产地在中国。1935年，印度茶业委员会组织了一个科学调查团，对在印度发现的野生茶树进行了调查研究，结果植物学家瓦里茨博士和格里费博士都断定，勃鲁士发现的野生茶树与从中国传入印度的茶树同属中国茶树的变种，至于茶树的某些差异，那是野生已久的缘故。美国学者瓦尔茨所著的《茶的历史及其秘诀》（1892）、英国学者威尔逊所著的《中国西部游记》（1892）、法国学者金奈尔所著的《植物自然分类》（1893）、苏联学者杰姆哈捷所著的《论野生茶树的进化因素》（1960），以及日本学者志村乔、桥本实的研究报告中，都肯定了中国是茶树的原产地。特别是志村乔和桥本实结合自己多年茶树育种研究工作的经验，对中国和印度茶树的染色体进行了比较，指出中国种茶树和印度种茶树的染色体数目是相同的，在细胞遗传学上表明两者并无差异。桥本实还进一步到中国东南部、泰国、缅甸和印度阿萨姆等地，对茶树的外部形态进行分析比较，证实印度那卡型茶、野生于中国台湾山岳地带的台湾茶，以及缅甸掸部种茶在形态上全部相似，并不存在区别中国种茶树和印度种茶树的界限，因此得出茶树的原产地在中国云南、四川一带的结论。

2）中国野生大茶树

野生大茶树是在一定的自然条件下，经过长期演化和自然选择而生存下来的、非人工栽培也很少采制茶叶的大茶树类群，是在人类懂得栽培利用茶树之前就自然存在的茶树树种。现在，居住在云南哀牢山上的彝族同胞仍然有去山林中挖掘野茶苗栽种的习惯。现今广为栽培的景谷大白茶、勐库大叶种茶、凌云白毫茶、乐昌白毛茶、海南大叶茶、桐梓大茶树等早年均是野生大茶树。可见，在野生茶和栽培茶之间并没有绝对的界限，野生茶应该是野生型茶树的产物。

我国古人很早就发现野生大茶树了。《尔雅》中就有野生大茶树的记载，并且证实了"茶树王"的存在。陆羽在《茶经·一之源》中称："其巴山峡川有两人合抱者，伐而掇之。"宋代沈括所著的《梦溪笔谈》中称："建茶皆乔木……"宋代宋子安在《东溪试茶录》中说："柑叶茶，树高丈余，径头七八寸。"明代嘉靖年间成书的《大理府志》中载："点苍山（下关）……产茶树高一丈。"《广西通志稿》中载："白毛茶……树之大者高二丈，小者七八尺。嫩叶……背有白色茸毛，故名，概属野生。"据不完全统计，我国现已有10个省（区）198处发现了野生大茶树。在云南，树干直径在100厘米以上的野生大茶树就有10余株。我国野生大茶树集中分布最多的地区是云南南部和西南部，第二是四川南部和贵州，第三是云南、广西和贵州毗邻地区，第四是广东、江西和湖南毗邻地区，还有少数散见于福建、海南和台湾地区。野生大茶树的分布地主要集中在北纬30度以南，其中尤以北纬25度附近居多，并且沿着北回归线向两侧扩散，这与山茶属植物的地理分布规律也是一致的。这些地区的茶树多属乔木型，具有较典型的原始形态特征。我国发现的野生大茶树，时间之早、树体之大、数量之多、分布之广、性状之异，堪称世界之最。

3）中国是茶树原产地

有无野生大茶树是确定茶树原产地的重要依据之一，但是发现有野生大茶树的地方，不一定就是茶树的原产地。中国和印度两国都有野生大茶树，但实际上，当印度人还不知种茶和饮茶的时候，中国就已有几千年发现茶树和利用茶树的历史了。近几十年来，我国的茶学工作者从地质变迁和气候变化的角度出发，结合茶树的自然分布与演化规律，对茶树原产地进行了更加深入的分析与论证，最终根据茶树的进化类型确定，中国西南三省及其毗邻地区是具有原始形态特征和生化特性的野生大茶树比较集中的地区，当属茶树的原产地。

1992年，云南澜沧邦崴大茶树考察论证会召开，宣告"邦崴古茶树"诞生。论证会专家组一致认为，该茶树是"野生型与栽培型之间的过渡类型"。至此，茶树原产地中心地带的云南既有野生型的巴达茶树王和千家寨茶树王，又有过渡型的邦崴茶树王，还有栽培型的南糯山茶树王。野生型、过渡型和栽培型茶树王并存于云南，充分证明了中国是茶树原产地。

4）中国是茶的原始传播地

在中国浩繁的古籍中，有关茶的记载不可胜数。中国人发现并使用茶时，西方国家尚无关于茶的史册可谈。

从语音学考察，世界各国对"茶"的读音，基本上都是由我国的粤语、闽南语和普通话的"茶"字三种语音构成的。这更证明了中国是茶的原产地和原始传播地，茶是由中国向其他国家传播的。

1.1.2 茶饮的历史

茶圣陆羽在《茶经》中告诉我们，"茶之为饮，发乎神农氏，闻于鲁周公"。也就是说，早在上古时期，中国人就会饮茶，中国是世界上最先发现、利用和饮用茶的国家。茶的应用过程可以分为三个阶段：药用、食用和饮用。

1）神农发现茶

《神农本草经》中记载，上古时期的神农氏"尝百草，日遇七十二毒，得荼（茶）而解之"。"荼"即茶的古称谓，所以现在一般认为是神农氏发现并利用了茶。因此，最早记载饮茶的是本草一类的"药书"。

2）周始贡茶

《尔雅》中记载："槚，苦荼（茶）。"东晋常璩在《华阳国志》中记载："周武王伐纣，实得巴蜀之师……茶、蜜……皆纳贡之。"这说明周武王伐纣时，巴蜀一带就已经将茶叶作为纳贡珍品了。

3）秦代创造茶叶传播的条件

秦朝虽然仅存15年，缺乏有关茶事的记载，但秦朝结束了自春秋起500年来诸侯分裂割据的局面，成为中国历史上第一个以华夏为主体、多民族共融的统一的中央集权国家。"百代都行秦政法"，中央对地方控制的强化，为茶叶和茶叶知识的传播与交流创造了有利条件，原为巴蜀特产的茶叶在国家统一的大环境下加快了对外传播。故明末清初学者顾炎武在《日知录》中考证："自秦人取蜀而后，始有茗饮之事。"秦末汉初，巴蜀以外沿长江流域已形成了新的茶叶产区。

4）汉代茶为高级商品

撰于汉宣帝神爵三年（公元前59年）的《僮约》一文，是茶学史上最重要的文献之一。从文中"烹茶（茶）尽具"的表述可知，茶是待客的珍稀之物。《赵飞燕别传》中记载："成帝崩后，后一日梦中惊啼甚久，侍者呼问方觉，乃言曰：'吾梦中见帝，帝赐吾坐，命进茶。'左右奏帝云：'向者侍帝不谨，不合啜此茶。'"可见，在汉代宫廷中喝茶已很普遍。野生茶相当难得且产量少，只限于皇室或贵族享受，因此在汉代，饮茶是一件非常"贵族化"的事情。

5）晋代禅茶一味

"禅茶一味"的精神源于九江庐山。《庐山志》中记载：东汉时庐山梵宫寺院多达370余座，僧侣云集。僧人们攀危崖、冒飞泉，采摘具有上好品质的庐山野茶，以充饥渴。《庐山小志》中记载，"云雾茶山僧多种崖壁间，更有鸟雀衔籽坠生林谷，名闇林茶，色白香清，谷雨时采之最良"。

东晋时，慧远法师是引种庐山野茶为禅茶的第一人。慧远法师好饮茶，庐山茶使人心清目明、精神不衰，是诵经人首选的饮料。庐山茶幽香绵长、回味甘醇，是东林寺白莲社高贤们高谈阔论的媒介，当时东林寺的"千僧锅"日夜烹煮大量茶汤供僧众和香客们解渴品饮。庐山野茶虽然丰富，但常年供东林寺千人饮用亦十分困难，所以慧远法师将东林寺西的一块空地辟为茶园，带领僧众出坡（僧人劳动称"出坡"）"道树移栽"庐山茶，并用茶园边一个自然堰里的水浇灌茶树，村民和僧侣都称这堰口为"茶园堰"，至今当地仍存有"茶园堰"遗址。东林寺引种移栽的庐山茶清凉爽口，饮后令人心静，慧远法师将此茶命名为"五净心茶"。盛唐时期，日本天台宗先后三次派人来东林寺学佛取经，同时将九江庐山的"五净心茶"带到日本，至今不衰。唐代裴汶在《茶述》中说："茶，起于东晋，盛于今朝。"也就是说，品茶风气和茶文化起源于东晋，盛于唐朝。2005年，东林寺出土了东晋时期的青釉瓷盏等茶具。在东晋，寻常百姓的餐饮器具都是粗陶制品，只有上流社会人士才有财力使用高贵的青釉瓷盏，这表明东晋时期的东林寺在慧远法师的引领下，名人雅士、高道大德相聚的禅茶文化已经达到了非常高雅的水准，同时不断将茶事、茶饮和茶文化推向民间。宋代著名画家李伯时（号龙眠居士）的《莲社十八贤图》（如图1-1所示）中，就有东林寺慧远法师与其十八贤徒烹茶品饮的场面。宋代张激的《白莲社图》同样描绘了东林寺中"童子跪而司火，持铗向炉而吹。一人俯炉而方烹，捧茶盘而立者一人，傍

图1-1 李伯时《莲社十八贤图》

有石置茶器"的情形。

6）唐代茶产区和《茶经》

隋唐时期，随着茶事活动的日益兴起，茶产区遍布8个道、43个郡、44个县，茶叶栽培和加工技术也进一步发展，名茶大量涌现。姬晓安编著的《现代茶经》一书记载，唐代名茶有50余种。在唐代还出现了串茶。串茶是加工成中间有圆孔或方孔的用线贯穿成串的饼茶。具体做法是：团茶用黑茶叶包裹，烘干后分斤两贯穿，江东削竹穿茶，陕西则缝合榖皮来穿茶。江东将一斤的团茶穿成一串为"上穿"，半斤为"中穿"，四两或五两为"小穿"。陕西则以一百二十片团茶为"上穿"，八十片为"中穿"，五十片为"小穿"。串茶既利于储存，又便于携带。在唐代，茶叶主要有粗茶、散茶、末茶、饼茶四种。

从唐代开始，上至天子，下迄黎民百姓，都不同程度地饮茶。皇家嗜茶导致王公贵族争相效仿，文人雅士家中都有嗜茶者。饮茶风尚开始从南方扩大到不产茶的北方，同时进一步传到边疆各地，如文成公主就将茶带到了西藏及周边地域。中唐后期，贡茶兴盛，为了喝到庐山顶级好茶，江州司马白居易在庐山北香炉峰下"架岩结茅宇，斸（劚）壑开茶园"，成为中国第一个种茶、制茶的官员。

唐代饮茶兴盛的另一个原因是佛门茶事盛行。僧人坐禅，"过午不食"，故丛林不作夕食，但许饮茶助修。于是坐禅饮茶被列为宗门法式，写入佛教丛林制度的《百丈清规》，不管是新请住持、讲座说法、静修坐禅、辩说佛理，还是招待施主，都需要供应茶汤。寺庙中还设有茶院，有专门的茶堂、茶头执事、施茶僧。很多寺院地处山林，所以适宜种植茶树，制作禅茶。佛门重视饮茶，善男信女自然效仿，因此黄河流域的饮茶习惯随着佛教的盛行而普及。唐代的科举制度、贡茶制度、节粮禁酒、朝廷赏赐、文人雅集、对外交流等，也促进了茶产业和茶文化的兴盛。

在品茗过程中，人们对宜茶用水、烹茶器具、烹煮方式、饮茶环境和茶叶质量的要求越来越高，逐渐形成了茶道基础。茶圣陆羽自幼在寺院采茶、制茶、煮茶，对茶学和茶文化产生了浓厚的兴趣。他走遍名茶产地，结识了皎然、张又新等茶人，收集了许多有关茶的生产、制作、存储等方面的技术资料，历经数年写成《茶经》，这是中国乃至世界上第一部茶学专著，也是第一部茶文化专著。《茶经》详细记载了茶叶生产的历史、茶叶产地及饮茶方法和风俗文化，介绍了茶叶的功用和各类茶具，全面总结了唐代以前有关茶叶诸方面的经验，大力提倡饮茶，推动了茶叶生产和茶学的发展。宋诗云："自从陆羽生人间，人间相学事春茶。"陆羽在走访唐代名茶产地的同时，甄选宜茶好水，综合评价出天下二十处宜茶好水，其中九江庐山拥有天下第一泉"庐山康王谷水帘水"、天下第六泉"庐山招贤寺下方桥潭水"，这在全国名茶产地是绝无仅有的。总之，唐代是中国茶文化史上一个具有划时代意义的时期。

7）宋代团茶与茶宴

到了宋代，饮茶之风大盛，制茶工艺也有了新的突破。在初期，茶叶多制成饼茶、团茶，当时人们最推崇的是福建建安北苑（今福建省建瓯市东峰镇）出产的龙凤茶。模压成龙形或凤形图案的专用贡茶称龙团凤饼。饮茶时，先将团茶敲碎、碾细，细筛后置于盏杯之中，冲入沸水，用茶筅调和品饮，这就是"研膏团茶点茶法"。

团茶非常名贵，专供宫廷饮用。南宋丞相周必大在《庐山后录》中记载，庐山"激水碓茶，资其利"，表明用溪水推动水碓舂捣制作的庐山云雾团茶，是最早的自动化机制茶。宋朝中后期，出现了用蒸青法制成的散茶。

宋代，茶被赋予很高的地位，茶道在此时形成，人们将茶作为修身养性的佳品。茶艺的最高表现形式和特色是斗茶，也称"茗战"，就是用点茶法品评茶叶质量好坏的一种茶艺。分茶也称"茶百戏"，是一种烹茶游艺，妙处在于分汤花于黑釉盏中的汤纹水脉可变幻出各种各样的图案。因此，分茶还被称为"水丹青"。

宋代时，皇宫、寺院、民间还经常举行茶宴。茶宴的气氛庄重、环境幽雅、礼节严格，选择贡茶或高级茶叶，取水于名泉，配用高级茶具。茶宴的大致程序是：先由主人亲自调茶或者亲自指挥、监督调茶，以示对客人的尊敬；然后献茶、接茶、闻茶香、观茶色、品茶味；茶过三巡之后，便评论茶的品第、称颂主人的道德、赏景叙情、赋文作诗等，使参加茶宴的人在精神和物质上获得美的享受。

宋代通过使者将朝廷茶仪和茶文化传入北方，宋朝贺契丹皇帝生辰的礼物中有"金酒食茶器三十七件""的乳茶十斤"。契丹使者过宋境各州县时，官吏亦赠茶为礼。契丹、女真的汉化文人，更是经常效仿宋人品茶的风尚。

8）茶税是元代的经济支柱

到了元代，中华民族全面大融合。豪放粗犷的牧马民族秉性质朴，不好繁文缛节，对品茶论茗的风雅之举兴趣不大，虽然保留了团茶进贡，但喜爱直接喝茶。元代茶饮有茗茶、末子茶、毛茶和腊茶（即团茶，仅限贡茶）四类，注重茶叶的生活功能，形成了"柴米油盐酱醋茶"的民间饮茶习俗，为茶饮的简约化开辟了新的途径，并且随着元代疆土的扩大，中国茶被带到了欧洲。

元代延续了唐宋的茶律、茶法、茶税。《元史》中记载，元代有专门经营茶的商户——茶户，设有专门管理茶的机构——榷茶都转运司等，商贩销运茶时要购买凭证——茶引，零售茶要有照帖——茶由。例如，"元世祖至元十七年（1280年），置榷茶都转运司于江州，总江淮、荆湖、福广之税，而遂除长引，专用短引。每引收钞二两四钱五分，草茶每引收钞二两二钱四分……"元代江州榷茶都转运司负责对江淮、荆湖、福广等出茶之地的七处榷茶提举司进行"散据卖引，规办国课"的茶税管理。元世祖至元十三年（1276年），茶税税率为每引收银四钱二分八厘，全国征收茶税不过一千二百余锭。到元仁宗延祐七年（1320年），每引征税银十二两五钱，全国茶税已达二十八万九千二百多锭。40多年间，茶税增长200多倍。因此，茶税是元代的经济支柱。

9）明代倡导散茶

明代对散茶的倡导源于九江。元末明初，朱元璋在鄱阳湖大战陈友谅时，屯兵在九江庐山天池峰附近，由于转战条件有限，无法煎煮茶叶，就将庐山云雾散茶用开水冲泡饮用。他发现泡散茶不仅味道香甜醇厚，而且可以赏茶形、观茶色、闻茶香、品茶味、鉴美茶，别有情趣。明朝建立后，知晓庐山茶农疾苦的明太祖朱元璋下诏罢造龙团，倡导散茶，茶叶的加工方法就由"蒸青"改为"炒青"，饮茶方法从煮饮变为泡饮，人们获得了清饮所带来的茶之真味。

10）清代形成六大茶类和三大茶市

清代，我国的茶文化由鼎盛走向了顶级的阶段，形成了绿、白、黄、青、红、黑六大基本茶类。随着茶叶种类的不断增加，品茶方法日益完善且讲究，茶壶、茶杯先要烫洗，后用洁布擦干；润茶之水倒掉，再泡斟饮；茶具以景瓷、紫砂为上；品饮方式因茶类的不同而呈现出不同的风貌。

茶叶大宗贸易形式在清代开始走向世界，曾一度垄断整个世界市场，形成了汉口、九江、福州三大茶市。中俄的茶叶贸易促使万里茶道在丝绸之路、海上茶路中脱颖而出。武夷山下梅村、上饶铅山河口镇、赤壁羊楼洞镇、福州成为万里茶道的起点，汉口和九江是万里茶道的重要枢纽，九江还是中国东部的茶码水道。俄国茶商还在九江建立了三大砖茶厂并不断扩大规模，生产运输青茶砖、红米砖，供应俄罗斯和欧洲市场长达40多年。随着贸易量不断扩大，19世纪末期，九江茶市跃为三大茶市之首。

🍵 问茶寮1-1　　　　　　　　　　　神农尝茶的传说

很早以前，我国就有"神农尝百草，日遇七十二毒，得茶（茶）而解之"的传说。说的是神农有一个水晶般透明的肚子，无论吃下什么东西，人们都可以从他的胃肠里看得清清楚楚。那时候的人，吃东西都是生吞活剥的，因此经常闹病。神农为了解除人们的疾苦，就把看到的植物都尝试一遍，看看这些植物在肚子里的变化，判断哪些无毒，哪些有毒。有一天，他尝到一种开白花的常绿植物的嫩叶，看见嫩叶在其腹内上下游动，好似在检查什么，于是他就把这种绿叶称为"查"，以后人们又把"查"称为"茶"。神农长年累月地跋山涉水、尝试百草，每天都得中毒几次，全靠茶来解救。最后一次，神农看到一种开着黄色小花的小草，花萼一张一合地动着，他感到十分好奇，就把叶子放在嘴里慢慢咀嚼。不一会儿，他感到肚子很难受，还没来得及吃茶叶，肚肠就一节一节地断开了，原来他中了断肠草的剧毒。后人为了纪念神农的恩德和功绩，奉他为"药王神"。

🍵 课堂互动1-1　　　　　　　　　　　茶的传说

同学们，你们还知道哪些关于茶的传说呢？快来和大家一起分享吧！

1.2　中国茶文化简介

1.2.1　茶文化的定义

茶文化既非纯物质文化，也非纯精神文化，而是以物质为载体，或在物质生活中渗透着明显的精神内容的文化。中国的茶文化，本质上是一种典型的"非物质文化"。

茶对人们来说，首先以物质形式出现，然后以其实用价值发生作用。在中国，当茶发展到一定时期后，就注入了深刻的文化内容，产生了精神和社会功用。通过饮茶，人们得到了美的熏陶和精神享受，形成了美妙的境界，是为茶艺。在艺术化的泡茶、品茶的过程中，人们又感受到了中国茶文化的博大精深。

在中国，以"天人合一"为哲学观的文化大地上，茶以综合的形式存在于人们的日常生活与劳动创造中，通过与感受生命的内涵及意义相结合，最终上升为一种文化。

茶文化是指人类社会在历史实践中所创造的与种茶、制茶以及饮茶有关的物质财富和精神财富的总和。它包括茶艺、茶道、茶的礼仪、茶具和与茶有关的众多文化现象，是人们认识茶以及对茶进行应用和再创造的过程中所形成的一种特殊形态的文化。

> **学有所悟1-1**
>
> 　　茶起源于中国，盛行于世界。中国茶文化博大精深、海纳百川，是中国智慧"大道至简"的体现，也展现着"和而不同，美美与共"的精神。茶的广袤、丰盈、包容，使它自古以来就成为中国与世界沟通的方式。当代，以"茶"为桥，推动东西方文明交流互鉴，依旧意义非凡。

悟茶道1-1

一分钟了解中国茶文化

1.2.2　茶文化的内容

中国茶文化根植于中华优秀传统文化的沃土，不仅具有悠久的历史、完美的形式，而且蕴含着丰富的哲学思想和人生智慧。

茶在中国，不同于水、浆等仅为解渴之物，茶作为一种传统的饮品和独特的文化载体，已广泛渗透于中国传统哲学、美学、文学、历史学中，成为物质与价值、精神与哲理互相联系与印证的桥梁。

总之，中国人用无比的智慧创造了一套完整的茶文化体系，其中包含了儒、道、佛各家的思想精髓，物质形式与情操、道德、礼仪结合之巧妙，令人叹为观止。中国茶文化不仅是中国人民的宝贵财富，也是世界人民的财富。

1）茶文化的外在表现是茶艺

研究中国茶文化，首先要研究中国的茶艺。茶艺是指茶冲泡的艺术和品饮的艺术，是品茶由物质层面上升到精神层面的活动过程的总称。在实践中，茶艺不仅仅指技法，而且包括整个饮茶过程中的美学意境和环境。

对于饮茶意境，古人向来是非常讲究的，或是明月松间，或是清泉石上，或是清幽茶寮等，在不同的环境下饮茶会产生不同的意境和效果。

中国茶艺历来表现为三种形态：一是潇洒自如的家庭茶艺；二是营业性的茶艺；三是表演性的茶艺。

2）茶文化的核心内涵是茶道

茶道精神是茶文化的核心。茶道是产生于特定时代的综合文化，带有东方农业民族的生活气息和艺术情调，追求清雅，向往和谐；茶道基于儒家的治世机缘，倚于佛家的淡泊节操，洋溢道家的浪漫理想，借品茗倡导清和、简约、求真、求美的宁静高雅境界。

3）茶道

"茶道"一词最早出自唐代皎然的《饮茶歌诮崔石使君》一诗和唐代封演编撰的《封氏闻见记》，但历代茶人都没有给"茶道"下过一个准确的定义。

吴觉农先生认为，茶道把茶视为珍贵、高尚的饮料，把饮茶视为一种精神上的享受、一种艺术或一种修身养性的手段。

庄晚芳先生认为，茶道是通过饮茶的方式，对人民进行礼法教育的一种仪式，并且归纳出"廉、美、和、敬"的茶道精神。他释义说："廉俭育德、美真康乐、和诚处世、敬爱为人。"

陈香白先生认为，中国茶道包含茶艺、茶德、茶礼、茶理、茶情、茶学说、茶道引导七种义理，中国茶道精神的核心是"和"。中国茶道就是通过茶事过程，引导个体在享受美的过程中完成品格修养，以实现全人类和谐安乐之道。陈香白先生的茶道理论可简称为"七艺一心"。

周作人先生则说得比较随意："茶道的意思，用平凡的话来说，可以称为忙里偷闲、苦中作乐，在不完全现实中享受一点美与和谐，在刹那间体会永久。"

其实，给"茶道"下定义是一件费力不讨好的事。茶道本身的特点正是老子所说的："道可道，非常道。名可名，非常名。"佛教也认为"道由心悟"。如果一定要给"茶道"下一个定义，把茶道作为一个固定的、僵化的概念，反倒失去了茶道的神秘感，也限制了茶人的想象力，所以最好的办法是让人们通过心灵去品茗，领悟茶道的玄妙感觉。

4）中国茶道的精神特点

具体而言，中国茶道的精神特点主要表现在四个方面：

一为中和之道。"中和"是中庸之道的主要内涵。儒家认为能"致中和"，则天地万物均能各得其所，达到和谐境界。人的生理与心理、心理与伦理、内在与外在、个体与群体都达到高度和谐统一，是古人追求的理想。

二为自然之性。"自然"一词最早见于《老子》，"人法地，地法天，天法道，道法自然"。自然是生命的体现，尊重自然就是尊重生命。

三为清雅之美。"清"可以指物质的环境，也可以指人格的清高。清高之人于清净之境饮清茶汤，茶道之意也就呼之欲出了。"雅"有"高雅""文雅"等多种意义，环境要雅、茶具要雅、茶客要雅、饮茶方式要雅，无雅则无茶艺、无茶文化，自然也就达不到茶道的境界。

四为明伦之礼。礼仪作为一种人类形式化了的行为体系，可追溯到原始社会。历代封建统治者将"礼仪以为纪"作为维系社会秩序的基本制度和规则，茶礼逐渐成为社会成员之间的交往规则和媒介。

5）茶道的基础

茶道是以修行得道为宗旨的饮茶艺术，包含茶礼、礼法、环境、修行四大要素。茶艺是茶道的基础，是茶道的必要条件，茶艺可以独立于茶道而存在。茶道以茶艺为载体，依存于茶艺。茶艺的重点在"艺"，重在制茶、烹茶、品茶等习茶艺术，以获得审美享受；茶道的重点在"道"，旨在通过茶艺修身养性、参悟大道，是茶艺过程中所贯彻的精神。有道而无艺，那是空洞的理论；有艺而无道，艺则无精、无神。茶艺，有名、有形，是茶文化的外在表现形式；茶道，就是精神、道理、规律、本源与本质，它经常是看不见、摸不着的，但可以通过心灵去体会。茶艺与茶道相结合，艺中有道，道中有艺，是物质与精神高度统一的结果。茶艺、茶道的内涵与外延均不相同，应严格区别二者，不能混同。

喝茶、品茶、茶艺、茶道的区别如下：

喝茶：饮茶解渴。

品茶：注重茶的色、香、味，讲究水质和茶具，感受品饮趣味。

茶艺：讲究环境、气氛、音乐、冲泡技巧及人际关系等，感受文化传承。

茶道：在茶事活动中融入哲理、伦理、道德，通过品茗来修身养性、品味人生，达到精神上的高度享受是品茗的最高境界。

孔子说："志于道，据于德，依于仁，游于艺。"这就是茶修之法，也是人们品茗时追求的目标。

1.2.3　茶文化的性质

茶文化具有自然属性和社会属性两个方面的形式与内涵，即围绕茶及利用茶的人所产生的一系列物质的、精神的、习俗的、心理的、行为的现象，均属于茶文化的范畴。茶文化具有以下几种特性：

1）社会性

饮茶是美好的物质享受与精神陶冶。随着社会的进步，饮茶文化已渗透到社会的各个领域、各个角落和生活的各个方面。在中国历史上，富贵之家"牡丹花笑金钿动，传奏吴兴紫笋来"的生活，贫困家庭"粗茶淡饭"的日子，都离不开茶。人生在世，一日三餐茶饭是不可省的，即便是祭天祀地拜祖宗，也得奉上"三茶六酒"，把茶提到与饭等同的位置。

人不可无食，也不可无茶。宋代民间饮茶之风大盛，宫廷内外到处"斗茶"，为此，朝廷重臣蔡襄写了《茶录》以告天下。大宋皇帝徽宗赵佶乐于茶事，撰写了《大观茶论》，这在中外茶文化发展史上是绝无仅有的。明代，太祖皇帝为严肃茶政，斩了贩运私茶出塞的爱婿欧阳伦。清代，八旗子弟饱食终日，无所事事，以茶馆玩鸟消磨时间。这些都体现了茶在皇室贵族中的重要地位。历代文人墨客、社会名流，以及宗教界人士，更是以茶洁身自好。他们烹泉煮茗、吟诗作画，高唱"君子之交淡如水""琴棋书画诗酒茶"，对茶文化的发展起到了推波助澜的作用。至于平民百姓，居家茶饭，不可或缺。即使是粗茶淡饭，茶也是人们生活的必需品。"开门七件事，柴米油盐酱醋茶"，说的就是茶的社会性。

2）群众性

茶文化是一种范围广泛的文化，它雅俗共赏。茶文化的发展历史告诉我们："神农尝百草"，始知茶有解毒功能和治病作用；殷周时期，茶已成为贡品；秦汉时期，茶的种植、贸易、饮用逐渐扩展开来；魏晋南北朝时期，出现了许多以茶为"精神"的文化现象；盛唐时期，茶已成为"不问道俗，投钱取饮"之物。唐代，物质生活的相对丰富使人们有条件以茶为本体，去追求更多的精神享受和创造美的生活。

随着茶的物质文化的发展，茶的精神文化和制度文化也向着广度和深度发展，逐渐形成了固有的道德和民风民情，并且成为人们精神生活的重要组成部分。爱茶文人也为后人留下了许多与茶相关的文学艺术作品。所以，茶和茶文化一体牵动众心，饮茶既是一种审美，又是一种休闲，群众性是茶文化的一个重要特征。

3) 民族性

在茶叶的利用和发展过程中，茶与民族文化生活相结合，形成了以中国汉族茶文化为主体的具有民族特色的茶礼、茶艺、饮茶习俗，并通过各民族特有的生活、心理、习惯加以表现，从而呈现出了丰富多彩的品茗情趣，充分展示了中国茶文化的民族性。

中国有56个民族，每个民族都有自己多姿多彩的茶俗，如蒙古族的奶茶、维吾尔族的奶茶和香茶、瑶族和侗族的油茶，用茶作食，茶食相融；纳西族的"龙虎斗"，以茶养生，强身健体；白族的三道茶，借茶喻世，蕴含为人处世的哲理；傣族的竹筒香茶、傈僳族的雷响茶、回族的罐罐茶，饮茶颇有情趣；藏族的酥油茶、布朗族的酸茶、鄂温克族的奶茶，以茶为饮，示礼联谊。这些茶不仅能满足人们物质上的需要，而且能提供精神上的享受。尽管各民族的茶俗有所不同，但是按照中国人的习惯，凡有客人进门，不管你是否饮茶，主人敬茶都是少不了的礼貌，这是民族文化与茶文化的融合。

4) 区域性

"百里不同风，千里不同俗。"我国地域广阔，各地特殊的历史文化、生活环境、社会风情造就了饮茶习俗的差异；同时，我国各地茶的品种繁多，名茶、名山、名水、名人、名胜，孕育出了各具特色的地区茶文化，形成了茶文化的区域性。例如，在饮茶过程中，以烹茶方法而论，有煮茶、点茶和泡茶之分；以饮茶方法而论，有品茶、喝茶和吃茶之别；以用茶目的而论，有生理需要、传情联谊和生活追求之说。

对于茶叶品种的需求，就我国而言，不同区域的人具有不同的喜好，如南方人喜欢饮绿茶，北方人崇尚喝花茶和红茶，福建人、广东人、台湾人欣赏乌龙茶，西南地区的人推崇普洱茶，边疆兄弟爱喝再加工的砖茶等。就世界范围而言，东方人饮茶的基本方法是直接用开水冲泡茶叶，推崇的是清饮；欧美及大洋洲地区的人钟情的是加奶、糖的红茶；西非和北非地区的人最爱喝的是加薄荷或柠檬的绿茶。这些都是茶文化区域性的反映。

5) 时代性

实现中华民族伟大复兴的中国梦给茶文化注入了新的内涵，以茶修德、以茶怡情、以茶养廉和以茶养生成为现代人的一种生活方式和健康艺术。茶文化"清醒宁静""和谐包容""天人合一"的精神为新时代所呼唤，茶文化的发展和现代科学技术、现代文化传承、现代经济建设相融合，对构建和谐社会及共建和谐世界具有重要的促进作用。

6）世界性

只有民族的，才是世界的。中国茶文化是世界茶文化的摇篮，从晋代庐山"五净心茶"传播日本开始，古老的中国茶文化同世界各国的历史、文化、经济及人文相结合，演变成了英国茶文化、日本茶文化、韩国茶文化、俄罗斯茶文化、印度茶文化、土耳其茶文化、阿富汗茶文化等各具特色的茶文化。

在英国，从中国茶和茶文化进入上流社会开始，饮茶便成为社会生活的一部分，这既是表现英国人绅士风格的一种礼仪，也是英国王室生活中必不可少的程序和重大社会活动中必需的仪式。在日本，具有日本民族风情的茶道体系、流派和礼仪至今仍然散发着浓厚的中国唐宋茶文化气息。在韩国，"润物细无声"的中国茶文化形成了韩国民族文化的根，每年5月25日为韩国的"全国茶日"，届时将举行茶文化祝祭。经过万里茶道进入俄罗斯社会的茶文化，形成了俄罗斯的茶炊特色。1780年，英国驻印度总督哈斯丁斯开始种植英国东印度公司船主从广州运至加尔各答的中国茶籽；1837年，印度茶叶委员会聘请中国制茶工人和技师到阿萨姆传授栽茶制茶方法；茶在印度的影响力巨大，在20多种官方语言和实际使用的超过千种的语言中，都有"chai"，而83%的印度人每天都喝茶。土耳其自古便保留着一种"不可一日无茶，一日不可少于十杯茶"的茶文化；土耳其人每天早晨起床后的第一件事就是饮茶；在土耳其的大小城镇，茶室星罗棋布，就连点心店、小吃店也卖茶，每天晚上茶室里都坐满了喝茶的人；土耳其人的烹茶方式是将两只壶叠起来，不停地用下面壶中沸水产生的水蒸气去加热上面壶中的茶水，最喜欢用玻璃小腰杯喝加方糖而不加奶的红茶。阿富汗人信奉伊斯兰教，提倡禁酒饮茶；通常夏季喝绿茶，冬季喝红茶；在阿富汗街上，有类似中国的茶馆和茶店；有亲朋进门时，阿富汗人喜欢围着称为"萨玛瓦勒"的茶炊，一边煮茶，一边叙事，一边饮茶，极富情趣。

🍃 **学有所悟 1-2**

古往今来，通过丝绸之路、茶马古道、万里茶道等，中国茶穿越历史、跨越国界，深受世界各国人民喜爱，已经成为中国与世界人民相知相交、中华文明与世界其他文明交流互鉴的重要媒介，成为人类文明共同的财富。未来，中国茶将继续在全世界绽放光芒，中国茶的故事也将更加精彩。

悟茶道 1-2

以茶为媒
促进国际
交流合作

中国茶文化为全世界架起了友谊的桥梁，不分国界、种族和信仰的人们联合起来，既可以切磋茶艺，又可以促进茶文化的交流和茶贸沟通，有利于世界各国共同发展。

🍃 **学有所悟 1-3**

西汉张骞两次出使西域，发展了中国同西亚和欧洲的通商关系，开拓了历史上著名的"丝绸之路"，中国茶叶也沿着丝绸之路走向了远方。如今，古老的东方灵叶再次从中国出发，跨越地理、种族和信仰的界限，承担起交流文化、增进友谊、促进和平等重要作用，将世界各国人民的心紧紧连在一起，共通共融——"茶和天下"。

悟茶道 1-3

茶和世界
共品共享

1.2.4 茶文化的层次

茶文化是茶艺的综合表现，是茶与中国社会各个阶段、各个层面相结合，经过数千年发展而形成的独特的文化模式和规范，是多民族、多社会结构、多层次的文化整合系统。

从结构上看，茶文化包括物质文化、制度文化、行为文化、产业经济文化、精神文化五个层次。

1）物质文化层次

物质文化是指人类社会的物质生产活动及其成果的总和。茶文化的物质文化是指人们从事茶叶生产的活动及其产品的总和，即有关茶叶的栽培、加工、保存、化学成分及疗效研究，也包括饮茶时所用的茶叶、茶具、水及桌椅、茶室等看得见、摸得着的物品和建筑物等。

2）制度文化层次

制度文化是指人们在共同生活及社会实践中建立的各种社会行为规范的总和。茶文化的制度文化是指人们在从事茶叶生产、经营和消费的过程中所形成的社会行为规范的总和。例如，我国出台的针对茶叶生产、经营的管理制度及措施，促进茶产业发展的各种办法等。又如，从宋代到清代，朝廷为了对西北地区的茶叶供应进行控制，设立了茶马司，实行茶马贸易，以达到"以茶治边"的目的，对汉族地区的茶叶贸易也严加限制。

3）行为文化层次

行为文化是指人们在相互交往的过程中，逐渐形成的礼节、民俗、风俗习惯等形态，以及表现出来的各种行为模式的总和。茶文化的行为文化是指人们在茶叶的生产、经营和消费过程中逐渐形成的行为模式的总和，通常以茶礼、茶俗、茶艺等形式表现出来。客来敬茶是我国的传统礼节，表明了主人的热情好客；千里寄茶表现出了人们对亲人、故乡的思念，体现了浓浓的亲情；旧时行聘以茶为礼，称为"茶礼"，送茶礼叫"下茶"，"一女不吃两家茶"就是说，一旦女家受了茶礼，便不再接受别家的聘礼。我国各民族、各地区在长期饮茶的过程中，结合地域特点及民族习惯，形成了各具特色的饮茶方式和茶艺程式，从而使中华茶艺的大观园百花齐放、争奇斗艳。

4）产业经济文化层次

2019年11月27日第74届联合国大会宣布设立"国际茶日"，时间为每年5月21日，以赞美茶叶对经济、社会和文化的价值。"国际茶日"是以中国为主的产茶国家首次成功推动设立的农业领域国际性节日，这充分体现了国际社会对中国茶文化的认同，有利于各国茶文化的交融互鉴，茶产业的协同发展，共同维护茶农利益。联合国粮食及农业组织表示：设立"国际茶日"的目的是推动茶产业、茶文化的进一步发展，让各国在庆祝活动中不仅把茶叶当成一种商品，也要将其视作一项遗产和小农生计的基础。茶文化已经跨越国界，成为全世界共同的精神财富。2020年5月21日，中国国家主席习近平向"国际茶日"系列活动致信表示热烈祝贺。"茶起源于中国，盛行于世界。联合国设立'国际茶日'，体现了国际社会对茶叶价值的认可与重视，对振兴茶产业、弘扬茶文化很有意义。作为茶叶生产和消费大国，中国愿同各方一道，推动全球茶产业持续健康发展，深化茶文化交融互鉴，让更多的人知茶、爱茶，共品茶香茶韵，共享美好生活。"这为我国茶产业的发展注入了"强心剂"，提振了茶农、茶企发展茶产业的信心，促进了我国已经形成的上游种植采摘、中游生产加工、下游销售市场，同时向后延伸的茶文化产业经济的全产业链沿着南部海上茶路、西部茶马古道、东部茶码水道、北部万里茶道和丝绸之路走向世界。

5）精神文化层次

精神文化是指人们在长期的社会实践和意识活动中孕育出来的价值观念、审美情趣、思维方式等主观因素的总和，是文化的核心。茶文化的精神文化是指人们在长期进行茶叶生产、经营、品饮及茶艺活动的过程中，逐渐形成的价值观念、审美情趣、思维方式等主观因素的总和。它是茶文化的最高层次，也是茶文化的核心部分。例如，反映茶叶生产、茶区生活、饮茶情趣的诗词歌赋等文艺作品；将品茶与人生的处世哲学相结合，在品茶的过程中感悟人生，追求品饮的艺术享受和艺术价值，把饮茶上升到哲理的高度而形成的茶德、茶道等。

1.2.5　茶文化的社会功能

唐代刘贞亮提出了"饮茶十德"，将茶之功效归纳为十项：以茶散郁气，以茶驱睡气，以茶养生气，以茶除病气，以茶利礼仁，以茶表敬意，以茶尝滋味，以茶养身体，以茶可行道，以茶可雅志。以此为依据，我们可以将茶文化的社会功能概括为以下四个方面：

1）以茶雅志——陶冶个人情操

唐代裴汶在《茶述》中指出，茶叶"其性精清，其味淡洁，其用涤烦，其功致和"。宋徽宗赵佶在《大观茶论》中说："至若茶之为物，擅瓯闽之秀气，钟山川之灵禀，祛襟涤滞，致清导和，则非庸人孺子可得而知矣。中澹闲洁，韵高致静，则非遑遽之时可得而好尚矣。"他们都认为茶的特性是清、和、淡、洁。茶文化专家在概括中国茶道精神时所倡导的"清""寂""廉""美""静""俭""洁""性"等，都侧重于个人的修身养性。因此，茶成为人生道德理想的象征，饮茶就是励志、怡情、养廉的一种手段。历代茶人都讲究茶叶本身的特性和内在的韵味，把深层的文化素养与人格熏陶作为修身之本。品茶在有益人们身体健康的同时，又可使人受到潜移默化的文化熏陶，从而起到提高修养、陶冶情操、净化心灵的积极作用。

2）以茶敬客——协调人际关系

东晋以后，饮茶逐渐成为民众的爱好。在日常生活中，以茶待客、客来敬茶已成为中华民族的优良传统，茶成为友好、尊敬、和睦的象征。东晋王濛"茶汤待客"，唐代陆士修诗云"泛花邀坐客，代饮引情言"，宋代杜耒诗云"寒夜客来茶当酒，竹炉汤沸火初红"，元代谢应芳诗云"聚蚊金谷任荤膻，煮茗留人也自贤"，明代文徵明诗云"谷雨乍过茶事好，鼎汤初沸有朋来"，都体现出了以茶待客的情趣。其中，"寒夜客来茶当酒"更是人们耳熟能详的敬客礼节。客来敬茶，以茶示礼；朋友相聚，品茶叙旧，增进友谊；向长辈敬茶，表示尊重；邻里纠纷，献茶可化解矛盾，促进团结。中国茶道精神所倡导的"和""敬""融""理"等，都侧重人际关系，讲求和诚处世、睦邻友好，促进人与人之间的和谐友爱。

3) 以茶行道——净化社会风气

当今社会，竞争激烈，生活节奏加快，人们压力增大，心理容易紧张，人际关系容易失衡。中国茶道提倡的"静""清""廉""俭"等精神具有平和雅致的内涵，可调节生活节奏、缓解心理压力，使人的心境趋于淡泊宁静；中国茶道提倡的"和""敬"精神，主张建立相互尊重、相互关心的新型人际关系，有利于社会风气的净化。茶的功用、茶的情操、茶的本性符合中华民族平凡实在、重情好客、勤俭育德、尊老爱幼的民族精神，继承与发扬茶文化的优良传统，弘扬中国茶德，对提高社会文明程度具有积极的意义。2022年11月，"中国传统制茶技艺及其相关习俗"列入联合国教科文组织人类非物质文化遗产代表作名录。人类需要和谐共处，中国茶文化讲究"茶和天下"，这一理念正契合了今日世界的需求。

悟茶道1-4

中国茶德

🍃 **学有所悟1-4**

茶道精神是茶文化的核心，是茶文化的灵魂，是指导茶文化活动的最高原则。我们应该依据茶道精神来从事茶文化活动，继承与发扬茶文化的优良传统，使我国的茶文化事业永远沿着健康、文明的道路发展。

4) 以茶兴业——发展茶文化产业经济

一片叶子，成就了一个产业，富裕了一方百姓，小茶叶中也蕴含着大民生。茶叶一头连着千万茶农，一头连着亿万消费者，是为茶农谋利、为饮者造福的产业。党的二十大报告指出："坚持以文塑旅、以旅彰文，推进文化和旅游深度融合发展。"茶文旅融合发展促使茶资源、茶传统、茶生活穿越历史、跨越国界，融入中华和世界文明。"六茶共舞"、三产交融、"九道归一"的茶文化产业经济的发展，必将激发新的创造活力，让绿水青山成为金山银山。

悟茶道1-5

深化茶旅融合　更好传承弘扬中华优秀传统文化

🍃 **学有所悟1-5**

以旅游发展为手段，通过茶旅融合等方式，推动茶技艺和茶文化在全社会推广普及，可以让更多人知茶、懂茶、爱茶、品茶，主动成为茶文化的传承者和推广者；深化茶旅融合，有助于营造更加优越的非遗传承环境，让更多人主动加入到非遗传承的队伍中，推动中华优秀传统文化创造性转化、创新性发展。

🍵 **问茶寮1-2**　　　　　　　　茶圣陆羽与《茶经》

陆羽21岁时决心要写一本关于茶的书，为此开始了沿唐代名茶产地对茶的游历考察。他一路风尘一路茶，足迹遍布巴山蜀水、荆楚大地、吴越山川。每到一处，就与当地村叟讨论茶事、采撷新茶、品尝泉水，并将途中所了解的有关茶的见闻逸事记下，做了大量的"茶记"。此外，陆羽还留心民间茶器的制作，创制了独具特色的系统茶具。经过10余年，陆羽实地考察了32个州，最后隐居苕溪（今浙江湖州），用5年时间写成《茶经》的初稿，又用5年时间进行增补修订，最终完成世界上第一部茶学专著——《茶经》。

《茶经》分为上、中、下三卷共十个部分，主要内容包括：一之源；二之具；三之造；四之器；五之煮；六之饮；七之事；八之出；九之略；十之图。《茶经》系统地总结了唐代中期以前茶叶发展、生产、加工、品饮等方面的情形，将饮茶从日常生活习惯提升到了艺术和审美的层次。

陆羽声名远扬，朝廷有意留他在京为官，但被他拒绝了。之后，他周游各地，推广茶艺，受其影响，唐代茶事大盛。自陆羽后，茶成为中国民间的主要饮料，饮茶之风遍及大江南北，茶文化成为中国文化的一个重要组成部分。

资料来源 新全球化智库. 茶经［EB/OL］.［2021-10-26］. https://www.sohu.com/a/497330467_532369.

1.3 科学饮茶与健康

1.3.1 茶叶中的保健成分

茶叶是公认的营养保健饮料，饮茶不仅能补充营养，而且能预防疾病。茶叶中含有的化学成分对茶叶的色、香、味以及营养起着重要的作用。

1）茶多酚

茶叶中的茶多酚含量较高，而茶多酚中儿茶素的含量最高，儿茶素的含量占茶多酚的60%～80%。经临床试验，茶多酚具有增强毛细血管功能、降低血糖、延缓衰老、预防癌症等作用，对人体健康非常有益。

2）蛋白质

茶叶中的蛋白质含量占20%～30%，氨基酸是构成蛋白质的基本物质。在茶叶中，已发现的氨基酸有茶氨酸、丝氨酸、谷氨酸等20余种。其中，茶氨酸是茶叶所特有的，是形成茶叶风味的主要物质。因此，饮茶能够补充人体所需的蛋白质，有益于人体健康。

3）碳水化合物

茶叶中含有一定量的碳水化合物，其含量不高，一般在10%以下，包括单糖、双糖和多糖。这些糖类是茶汤甜味形成的主要原因。

茶叶中含有0.3%～1.0%的单糖（葡萄糖、果糖等）、0.5%～3%的双糖（麦芽糖、蔗糖等）和1%～3%的多糖，其中单糖和双糖易溶于水，多糖不溶于水，能在沸水中溶出的多糖仅占茶叶水溶物的4%～5%，因此人们认为茶是低热能饮料，具有降血糖的功效，适宜糖尿病患者和其他忌糖类患者饮用。

4）维生素

茶叶中还含有多种维生素，一般分为水溶性和脂溶性两类。水溶性维生素主要包括维生素B族和维生素C；脂溶性维生素主要包括维生素A、维生素E、维生素K等。

每100克绿茶中维生素C的含量是100～250毫克，这可与动物肝脏、柠檬相媲美，但红茶中维生素 C 的含量不高。维生素 B$_2$（核黄素）的含量也是绿茶稍高于红茶，每 100 克绿茶中维生素 B$_2$ 的含量是 1.2 ~ 1.8 毫克，每 100 克红茶或乌龙茶中维生素 B$_2$ 的含量是 0.7 ~ 0.9 毫克，维生素 B$_2$ 在水中的溶解度较低。维生素 B$_5$（泛酸）在茶叶中的含量也较高，每 100 克绿茶中维生素 B$_5$ 的含量是 5 ~ 7.5 毫克，每 100 克红茶中维生素 B$_5$ 的含量在 10 毫克左右。由于维生素 B 族一般易溶于水，因此泡茶时大部分维生素 B 族会进入茶汤。维生素 E 在茶叶中的含量虽然高于其他食品，但由于它是脂溶性维生素，因此泡茶时不易泡出。每 100 克茶叶中维生素 K 的含量是 300 ~ 500 毫克，每天饮茶 5 杯即可满足人体需要。每 100 克茶叶中维生素 P 的含量是 300 ~ 400 毫克。

5）无机盐和微量元素

人体中含有多种微量元素，而茶叶中已查明存在 20 多种微量元素，其中氟、钾、锰、硒、铝、碘等元素的含量很高。每天饮茶 10 克，通过茶汤饮入的钾能够达到人体每日需要量的 6% ~ 10%，锰可达到一半左右。氟的含量在茶叶中比其他植物都要高，占人体需要量的 60% ~ 80%。通过饮茶，人们可以获得以上成分的补给，从而起到强身健体的作用。

6）咖啡因

茶叶中含有 3% ~ 5% 的咖啡因，经开水冲泡后，咖啡因可大量浸出。咖啡因的功能包括：使中枢神经系统兴奋，消除疲劳，提高劳动效率；抵抗酒精、烟碱的毒害作用；强心、利尿、调节体温等。

1.3.2 科学的饮茶方法

科学饮茶的第一个基本要求是能够正确选择茶叶。一方面，要根据季节、气候及个人体质来选择相应的茶叶；另一方面，要选择品质优良又安全卫生的茶品，如绿色食品茶和有机茶。科学饮茶的第二个基本要求是使用正确的方法泡茶。科学饮茶的第三个基本要求是正确品饮一杯茶。

绿色食品茶是指遵循可持续发展原则，按照特定的方式生产，经专门机构认定，许可使用绿色食品标志的无污染、安全、优质、营养的茶叶。

有机茶是指在无任何污染的茶叶产地，按照有机农业生产体系和方法生产的鲜叶原料，在加工、包装、储运过程中不受任何化学物品污染，并经有机茶认证机构审查颁证的茶叶。

话茶事 1-2

无公害茶、绿色食品茶和有机茶

1）根据体质合理选择茶类

绿茶性凉微寒、味略苦，但它的营养成分较其他茶类高，适合胃热者饮用。乌龙茶不寒不热、辛凉甘润，是一种中性茶，适合大多数人饮用。白茶温凉、平缓、味甘甜，适合中老年人饮用。黄茶性凉微寒，适合胃热者饮用。普洱茶温醇平和，男女老少皆可饮用。花茶温凉，沁人心腑，益脾安神，适宜早晚饮用。苦丁茶寒凉，可解热毒、去肝火，可治咽喉炎、降血压、减肥、利便，宜对症饮用。

2）根据时令合理选择茶类

根据季节变化饮用不同的茶类，也是一种科学的饮茶方法。春季，人体和大自然一样，万物逢春，生机勃勃，正处于舒畅发放之际，春饮花茶，可以散去入冬以来积聚在人体内的寒邪，促进人体阳气的生发，消除春困。夏日炎炎，人体大量出汗，津液消耗较多，夏饮绿茶、苦丁茶有利于清热解毒、生津止渴、消暑利尿。秋季，燥气当令，宜饮乌龙茶，可以清除体内余热，滋润肺腑，令人心旷神怡。进入冬季，气候凉冷，食欲增加，宜饮红茶、普洱茶，有利于消化、抵御寒邪、增强抵抗能力。

3）根据时段合理选择茶类

健康喝茶，也要根据一天不同的时间选择不同的茶。

早上适宜喝红茶。人睡一夜之后，身体往往处于相对静止的状态，喝红茶不仅可以促进血液循环，而且能够祛除体内寒气，使大脑供血充足。红茶性质温和，可在每天早上起床后冲泡一杯，也可在吃过早餐后加入适量牛奶一起饮用。需要注意的是，千万不要空腹喝茶，因为茶叶中含有咖啡因，空腹喝茶会令肠道吸收过多的咖啡因，从而出现心慌、尿频等不良反应。

午后适宜喝青茶或绿茶。通常情况下，人体在中午时分会肝火旺盛，此时饮用青茶或绿茶可使这一症状得到缓解。青茶性质甘凉，入肝经，能清肝胆热，化解肝脏毒素，且维生素E含量丰富，能抵抗衰老；绿茶则入肾经，利水去浊，令排尿顺畅。另外，绿茶中茶多酚的含量极高，抗氧化、消炎效果好。

晚间适宜喝黑茶。人在吃了三餐之后，身体会在消化系统内积聚一些肥腻之物，倘若晚饭后能够饮用一杯黑茶，则有助于分解积聚的脂肪，既暖胃又助消化。黑茶性质较温醇，不会影响睡眠。黑茶首选云南普洱，不过普洱的味道有些人可能接受不了，这时可用白茶代替，如福建寿眉。寿眉入肺经，茶性平和，也不会影响睡眠。

1.3.3 科学饮茶的保健功效

目前的研究显示，科学饮茶可以起到以下保健功效：

1）延缓衰老

人体中过量活性氧自由基的形成是导致人体衰老的主要原因，茶叶中的多酚类化合物具有清除自由基的作用，可以抑制脂质过氧化，从而起到延缓衰老的功效，其效果甚至超过了维生素E。此外，茶叶中发现的新成分——线粒体激活因子（MAF），还具有显著的防止肌肉萎缩的作用。

2）提高人体免疫机能

一方面，饮茶可以提高人体白细胞和淋巴细胞的数量和活性，增强免疫功能；另一方面，人体肠道中的有益细菌（如双歧杆菌）起着肠道免疫的作用，饮茶可以使肠道中有益细菌的数量明显增加，使大肠杆菌、赤痢菌、沙门氏菌等有害细菌的数量减少，从而降低肠道疾病的发生率。

3）降压降脂

高血压是人类常见病。饮茶可以降压，从中医学来讲，高血压为真阴亏虚、虚火内燃所致，而茶叶可以清热，因此具有降压功能。对人群中饮茶与高血压关系的调查显示，喝茶人群比不喝茶人群的高血压发病率低。

血液中脂质含量过高是中年人的常见病。血脂高是指血液中的胆固醇、甘油三酯含量偏高。实践证明，饮茶有降低低密度胆固醇和提高高密度胆固醇的功效，还可以促进体内脂肪的分解，起到减肥的作用。

4）防治糖尿病

糖尿病是当今社会中的一种常见病，是一种以高血糖为特征的内分泌代谢性疾病。茶叶中的茶多酚具有降低血糖水平和改善肝肾功能的作用，中国传统医学中就有以茶为主要原料治疗糖尿病的配方。

5）预防龋齿

龋齿也是人类比较常见的一种疾病，细菌是龋齿发生的必要条件。饮茶预防龋齿的作用体现在以下两个方面：一是茶叶中氟的含量很高，氟可以与牙齿（釉质中的羟基磷灰石）中的羟基置换，使其形成氟磷灰石，从而对龋齿细菌分泌的酸有较强的抵抗力；二是茶叶中的儿茶素类化合物能够有效抑制导致龋齿的细菌的活性，从而抑制细菌的产生和变异。

6）杀菌抗病毒

茶叶中的儿茶素类化合物对许多有害细菌（如金色葡萄球菌、霍乱弧菌、鼠伤寒沙门氏菌、肠炎沙门氏菌等）具有很强的杀伤力。

7）预防癌症

癌症是当今世界上导致人类死亡率最高的疾病之一。中国、美国、日本等许多国家进行的临床试验证实，茶叶中的儿茶素类化合物对多种癌症（如皮肤癌、肺癌、胃癌、乳腺癌等）具有明显的预防作用。

1.3.4 日常饮茶常识

从古至今，我国人民对喝茶都很讲究，在饮茶时，对茶的浓淡、冷热、新陈，以及不同的人如何饮茶等都有不同的要求。在不同时间、不同情况下，饮茶的作用是不一样的。例如，早茶使人心情愉快，午茶提神；劳累后饮茶可以缓解疲劳；酒后饮茶利于肠胃，可消食解酒毒；宴后饮茶可除烦去腻；食后用茶水漱口，可坚齿消虫等。

1）饮茶能解酒

古代就有茶能解酒毒之说，因为酒精在肝脏内分解需要维生素C作为催化剂，而饮茶可以补充维生素C，所以饮茶能够解酒。茶叶中的多酚类物质有促进酒中乙醇代谢的功能，对肝脏有保护作用。茶碱有利尿的作用，可以促进有毒或有害物质排出体外，减少酒精对身体的伤害。咖啡因能提高肝脏的代谢能力，促进血液循环，进而促进人体血液中的酒精通过尿液排出，减轻和消除酒精带来的副作用。

2）饮茶能补硒

硒是人体必需的微量元素之一，具有抗癌、保护心肌等重要功能。各种茶都含有硒元素，茶叶中的硒为有机硒，易为人体吸收。通过饮茶补硒是最简单、最理想的办法。

话茶事1-3

正常人一天
饮多少茶
为宜

　　3）老年人喝茶要注意量和时间

　　老年人适量饮茶有益身体健康，但老年人由于生理原因，易患某些疾病，因此应注意控制饮茶的量。患有骨质疏松、骨关节炎、骨质增生者不宜大量饮茶，尤其是粗老茶及砖茶等含氟较高的茶类，过量饮用会影响骨代谢。另外，由于老年人的肾脏对尿液的浓缩功能降低，尿量明显增加，因此不宜睡前饮茶。

　　4）科学饮茶的禁忌

　　饮茶有八忌：

　　一忌饮烫茶。饮茶温度不宜超过 60 ℃，应以 25～50 ℃为宜。

　　二忌饮冷茶。饮用 10 ℃以下的冷茶对人的口腔、咽喉、肠胃会产生副作用，因此提倡温热饮。

　　三忌饮浓茶。浓茶刺激性过于强烈，会使人体的新陈代谢功能失调，甚至会引发头痛、恶心、失眠、烦躁等不良症状。心脏病患者及高血压病人更不宜饮用浓茶。

　　四忌空腹饮茶。空腹饮茶易刺激和破坏胃黏膜，更易引起饥饿感，严重者会导致低血糖，对身体健康不利。

　　五忌饭后立即饮茶。饭后饮茶有助于消食去腻，但因茶汤中的茶多酚可与铁质、蛋白质等发生凝固作用，进而影响营养吸收，所以一般在饭后半小时饮茶较好。

　　六忌饭前大量饮茶。饭前大量饮茶既会冲淡唾液，又会影响胃酸分泌。

　　七忌饮用冲泡次数过多的茶。如果茶的冲泡次数过多，就没什么养分了。

　　八忌饮用冲泡时间过久的茶或隔夜茶。茶汤放置时间长了，茶汤中的维生素C和其他营养成分会因逐渐氧化而减少，茶叶中的蛋白质、糖类等是细菌、霉菌的培养基，极易导致茶汤变质腐败。

知识小结

　　中国是茶树的原产地，也是世界上最先发现、利用和饮用茶的国家。早在上古时期，神农氏"尝百草，日遇七十二毒，得荼（茶）而解之"，开启了人类发现和利用茶的历史。周朝开始出现贡茶，秦代创造了茶叶传播的条件，汉代茶为高级商品，晋代禅茶一味，唐宋茶道兴盛，元代茶饮简约化，明清茶类齐全，三大茶市和茶文化的地域影响更为广泛。

　　中国在长达几千年的种植茶、利用茶、品饮茶的历史实践中，逐步形成了独具特色的茶文化，其核心是茶道，体现了人们对中和之道、自然之性、清雅之美、明伦之礼等传统伦理道德观念的推崇与追求。茶文化具有以茶雅志——陶冶个人情操、以茶敬客——协调人际关系、以茶行道——净化社会风气、以茶兴业——发展茶文化产业经济等社会功能。所以，继承与发扬茶文化的优良传统，弘扬中国茶德，对提高社会文明程度具有积极的意义。

　　茶叶富含维生素、微量元素等多种对人体有益的物质，是公认的营养保健饮料。适量饮茶的好处很多，但不正确的饮茶方法对身体不利。因此，我们要积极倡导科学的饮茶方法。

听我学1-1

知识小结

主要概念

野生大茶树 串茶 龙团凤饼 茶文化 茶艺 绿色食品茶 有机茶

知识巩固 📝

1.1 选择题

1) 我国古籍中，最早见有"茶"字的记载始于（ ）。

A.《诗经》 B.《左传》 C.《汉书》 D.《列女传》

2) 传说中茶是由（ ）发现并加以利用的。

A.女娲 B.黄帝 C.伏羲 D.神农

3) 世界上第一部茶书的名称是（ ）。

A.《茶谱》 B.《茶经》 C.《茶酒论》 D.《采茶录》

4) 茶叶中的（ ）具有兴奋中枢神经系统的作用。

A.矿物质 B.芳香类物质 C.生物碱

D.茶鞣质 E.茶多酚

5) 茶道精神是（ ）的核心。

A.茶生产 B.茶交易 C.茶文化 D.茶艺术

随堂测1-1

[二维码]

选择题

随堂测1-2

[二维码]

判断题

1.2 判断题

1) 宋代饮茶的主要方式是煮茶。 （ ）

2) 明代出现了乌龙茶的品饮艺术。 （ ）

3) 到明代时，茶叶类别已经齐备。 （ ）

4) 茶文化是一种纯粹精神层面的文化类别。 （ ）

5) 茶叶中的咖啡因具有降血压的作用。 （ ）

1.3 简答题

1) 简述中国是茶树的原产地的理由。

2) 中国茶文化的特征有哪些？

3) 茶文化的社会功能有哪些？

4) 中国茶道精神的特点是什么？

5) 如何做到科学饮茶？

实践训练 ☑

1) 信息时代，如何更有效地普及科学饮茶方法？

2) 社会转型时期，如何更好地发挥茶文化的社会教化功能？

3) 在共建"一带一路"背景下，如何推动中国茶文化传播以助力经贸发展？

推荐阅读 👆

[1] 艾梅霞. 茶叶之路 [M]. 范蓓蕾，郭玮，张恕，等译.北京：五洲传播出版社，2023.

［2］吴觉农. 茶经述评［M］. 北京：中国农业出版社，2020.

［3］乌克斯. 茶叶全书［M］. 侬佳，刘涛，姜海蒂，译.北京：东方出版社，2011.

学习评价

本章学习评价表见表1-1。

表1-1　　　　　　　　　　　　学习评价表

学习内容	茶文化认知		
	评价要点	学生自评（50%）	教师评价（50%）
知识掌握（30分）	了解茶的起源与历史（15分）		
	熟悉茶文化的概念及内涵（15分）		
能力提升（30分）	能够用中国茶道精神指导现实生活（15分）		
	能够用科学饮茶方法保持身体健康（15分）		
素质养成（40分）	具有民族自豪感，坚定文化自信（20分）		
	积极弘扬茶文化、关注茶产业、创新茶科技，做有爱国情怀的新时代茶人（20分）		
综合评价成绩（100分）			

学生自评：

学生签字：

教师评语：

教师签字：

第 2 章

茶叶选择

学习目标

知识目标

· 掌握茶叶的基本分类。
· 了解茶叶的鉴别方法。
· 熟悉茶叶的保存方法。

能力目标

· 能够通过色、香、味、形对茶叶品质进行鉴别。
· 能够运用科学的方法保鲜茶叶。

素养目标

· 积极践行工匠精神，提升专业素养。
· 培养运用所学知识解决实际问题的能力。

知识导图

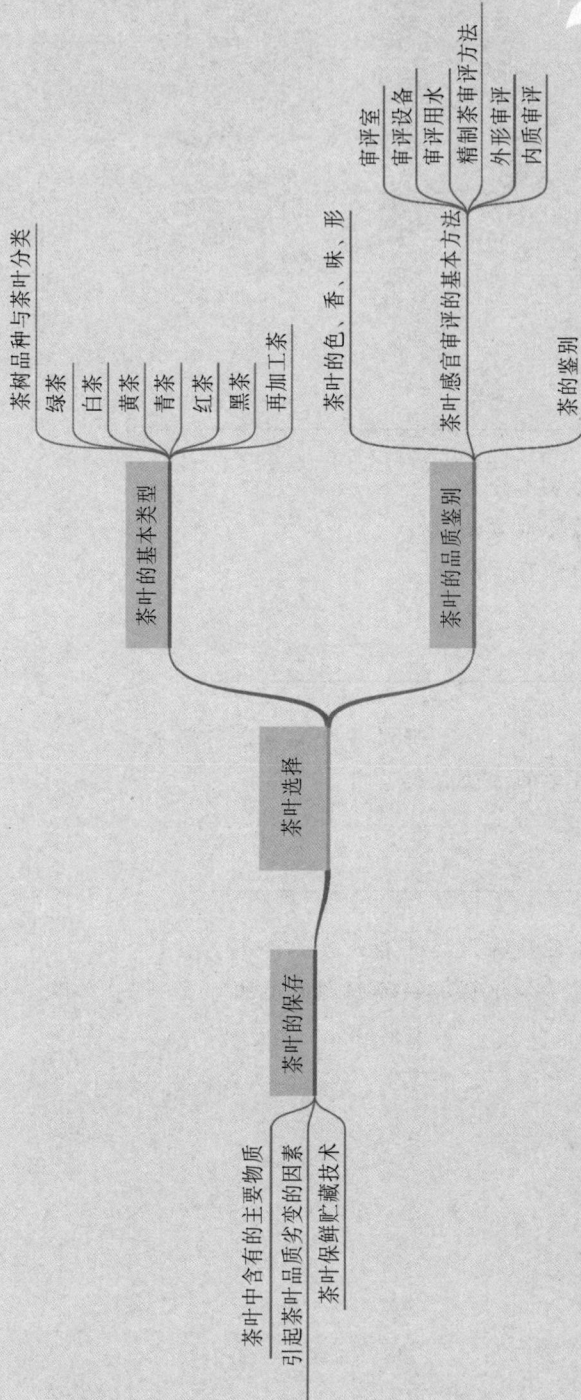

茶叶选择
├─ 茶叶的基本类型
│ ├─ 茶树品种与茶叶分类
│ │ ├─ 绿茶
│ │ ├─ 白茶
│ │ ├─ 黄茶
│ │ ├─ 青茶
│ │ ├─ 红茶
│ │ ├─ 黑茶
│ │ └─ 再加工茶
│ └─ 茶叶的色、香、味、形
└─ 茶叶的品质鉴别
   ├─ 茶叶感官审评的基本方法
   │ ├─ 审评室
   │ ├─ 审评设备
   │ ├─ 审评用水
   │ ├─ 精制茶审评方法
   │ ├─ 外形审评
   │ └─ 内质审评
   └─ 茶的鉴别

茶叶的保存
├─ 茶叶中含有的主要物质
├─ 引起茶叶品质劣变的因素
└─ 茶叶保鲜贮藏技术

中国是茶的原产地，也是世界上茶叶的生产大国，有着广阔的茶区。茶区是指自然、经济条件基本一致，茶树品种及栽培、茶叶加工特点及茶叶生产发展任务相似，按一定行政隶属关系较完整地组合成的区域。

中国茶区分布在北纬18~37度、东经94~122度的广阔范围内，地跨中热带、北热带、南亚热带、中亚热带、北亚热带和暖温带，热量丰富。在垂直分布上，茶树最高种植在海拔2 600米的高地上，最低仅距海平面几十米或百米。中国茶区分为一级茶区、二级茶区和三级茶区。

一级茶区是全国性划分，包括江北茶区、江南茶区、西南茶区、华南茶区四个茶区，用以国家宏观指导。

江北茶区南起长江，北至秦岭、淮河，西起大巴山，东至山东半岛，包括甘南、陕西、鄂北、豫南、皖北、苏北、鲁东南等地，是我国最北部的茶区。江北茶区多为黄棕土，部分茶区为棕壤，不少土壤的pH值略偏高。气温低，积温少，年平均气温为15 ℃，冬季绝对最低气温为-10 ℃。年降水量较少，为700~1 000毫米。茶树大多为灌木型中小叶种，适宜制绿茶。

江南茶区位于长江以南，大樟溪、雁石溪、梅江、连江以北，包括粤北、桂北、闽中北、湘、浙、赣、鄂南、皖南、苏南等地。江南茶区基本上为红壤，部分为黄壤，pH值为5.0~5.5。茶区气候四季分明，年平均气温为17 ℃，冬季气温一般在-8 ℃。年降水量1 400~1 600毫米，春夏季雨水最多，占全年降水量的60%~80%。江南茶区大多处于低丘低山地区，也有海拔在1 000米以上的高山，如浙江天目山、福建武夷山、江西庐山、安徽黄山等。茶树大多为灌木型中小叶种，少部分为小乔木中的大叶种。江南茶区是我国茶叶的主要产区，年产量占全国总产量的2/3，适宜制绿茶、红茶、黄茶、乌龙茶、花茶等。

西南茶区位于米仑山、大巴山以南，红水河、南盘江、盈江以北，神农架、巫山、方斗山、武陵山以西，大渡河以东，包括黔、川、滇中北和藏东南。西南茶区地形复杂，大部分地区为盆地、高原。土壤类型很多，滇中北地区多为赤红壤、山地红壤和棕壤；川、黔及藏东南地区则以黄壤为主，pH值为5.5~6.5。西南茶区水热条件好，整个茶区冬季较温暖，年降水量丰富，大多在1 000毫米以上，四川盆地年平均气温为17 ℃，云贵高原年平均气温为15 ℃。西南茶区有乔木或小乔木型野生大茶树，部分地区还有灌木型茶树，适宜制红茶、绿茶、普洱茶、边销茶和花茶等。

华南茶区位于福建大樟溪、雁石溪，广东梅江、连江，广西浔江、红水河，云南南盘江、无量山、保山、盈江以南，包括闽东南、粤中南、桂南、滇南以及海南、台湾等地。华南茶区水热资源丰富，茶园有森林覆盖，土壤肥沃，有机物质含量高。全区大多为赤红壤，部分为黄壤，pH值为4.5~5.5。茶区水热资源丰富，整个茶区高温多湿，年平均气温为20 ℃，年降水量丰富，为1 200~2 000毫米，海南中部年降水量高达2 600毫米。茶区有许多乔木型或小乔木型大叶种茶树，适宜制红茶、普洱茶、六堡茶、大叶青茶、乌龙茶等。

学有所悟2-1

2023年9月17日，中国"普洱景迈山古茶林文化景观"被列入《世界遗产名录》。普洱景迈山古茶林文化景观位于云南省普洱市澜沧拉祜族自治县，由5片古茶林、9个古村寨以及3片分隔防护林共同构成，是一座以古老的林下茶种植传统为鲜明标识、以多民族聚居和多文化交融为特色标志，被全世界公认具有突出意义和普遍价值的"自然和人类的共同作品"。作为全球首个以茶为主题的世界遗产，景迈山古茶林肩负着中国茶与世界不同地域文明交融互鉴的神圣使命，为世人认识真实全面的古代中国和现代中国、展现悠久的中华茶文明和民族精神风貌提供了独特而生动的窗口。

二级茶区是按产茶省（区）划分，包括浙江、湖南、湖北、安徽、四川、福建、云南、广东、广西、贵州、江苏、江西、陕西、河南、台湾、山东、西藏、甘肃、海南等省（区），进行省（区）内茶叶生产指导。

三级茶区是按各地县划分，具体指挥茶叶的种植、生产、发展，在茶的利用过程中，不断对茶叶的加工工艺进行改良和完善，使茶叶质量不断发展和提高。

2.1　茶叶的基本类型

2.1.1　茶树品种与茶叶分类

1）茶树品种

茶树是一种叶子可用来制作茶叶的多年生木本、常绿植物。茶树在植物学分类系统中，属于植物界→种子植物门→被子植物亚门→双子叶植物纲→原始花被亚纲→山茶科→山茶亚科→山茶族→山茶属→茶种。茶树的学名为 Camellia sinensis （L.）O.Kuntze，是1950年我国著名植物学家钱崇澍根据国际命名法确定的。

茶树品种是指在一定的自然生态和生产栽培条件下，经过长期培育和选择，在遗传特性、产量品质和经济价值上符合人们期望的茶树良种群体。茶树品种是茶产业的生产资料，通常以树型、叶片大小和发芽迟早作为茶树品种的分类标志。

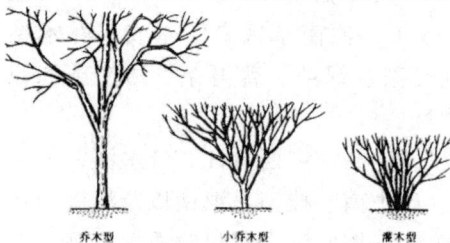

图2-1　茶树品种按树型分类

（1）茶树品种按树型分类

茶树品种按树型可分为乔木型茶树、小乔木型茶树和灌木型茶树三类，如图2-1所示。

乔木型茶树是较原始的茶树类型，有明显的主干，分枝部位高，树高3~5米，叶片大，叶片长度范围为10~26厘米，多数茶树的叶长在14厘米以上。灌木型茶树是进化类型茶树，没有明显的主干，分枝较密且多近地面，树冠短小，树高1.5~3米，叶片较小，叶片长度范围为2.2~10厘米。小乔木型茶树是进化类型茶树，树高、分枝、叶片长度均介于灌木型茶树和乔木型茶树之间。

（2）茶树品种按叶片大小分类

茶树品种按叶片大小可分为特大叶类茶树、大叶类茶树、中叶类茶树和小叶类茶树四类。

特大叶类茶树是指叶长在14厘米以上、叶宽在5厘米以上的茶树。大叶类茶树是指叶长在10～14厘米、叶宽在4～5厘米的茶树。中叶类茶树是指叶长在7～10厘米、叶宽在3～4厘米的茶树。小叶类茶树是指叶长在7厘米以下、叶宽在3厘米以下的茶树。

（3）茶树品种按越冬芽生长发育和春茶开采期发芽的迟早分类

茶树品种按越冬芽生长发育和春茶开采期发芽的迟早可分为特早生种茶树、早生种茶树、中生种茶树和晚生种茶树四类。

特早生种茶树是指越冬芽生长发育和春茶开采特早的茶树品种。因各茶区的气候条件和茶类不同，所以一般不按萌发日期或春茶开采期确定，而是按一定的物候标志所需的有效积温或活动积温来确定。在江浙茶区，通常将一芽三叶展需要有效积温低于60 ℃的品种，如龙井43号、乌牛早、凤凰水仙等，称为特早生种茶树。将一芽三叶展需要有效积温在60～90 ℃的茶树品种，如福鼎白茶、迎霜等，称为早生种茶树。将一芽三叶展需要有效积温在90～120 ℃的茶树品种，如浙农12号、黔湄502号、铁观音、祁门种等，称为中生种茶树。将一芽三叶展需要有效积温在120 ℃以上的茶树品种，如政和白茶和福建水仙等，称为晚生种茶树。

（4）茶树品种按最适合制作的茶类分类

茶树品种按最适合制作的茶类可分为适宜制红茶的茶树品种、适宜制绿茶的茶树品种、适宜制白茶的茶树品种、红绿茶可兼制的茶树品种、适宜制乌龙茶的茶树品种和适宜制普洱茶的茶树品种等。

适宜制红茶的茶树品种：勐海大叶种、勐库大叶种、凤庆大叶种、南糯山大叶茶、文家塘大叶茶、冰岛长叶茶、祁门种、政和白茶、宁州种、英红1号、英红9号、云抗10号、桂红3号、黔湄419、蜀永1号等。

适宜制绿茶的茶树品种：中茶108、浙农113、龙井长叶、翠峰、龙井43、乌牛早、平阳特早茶、乐昌白毛茶、凌云白毛茶、翠华茶、宝洪茶、庐山群体种等。

适宜制白茶的茶树品种：福鼎白茶、政和白茶、福建水仙等。

红绿茶可兼制的茶树品种：浙农117、迎霜、宁州种、早白尖、庐山群体种等。

适宜制乌龙茶的茶树品种：毛蟹、铁观音、黄金桂、福建水仙、大叶乌龙、凤凰水仙、八仙茶、金观音、岭头单丛、金萱等。

适宜制普洱茶的茶树品种：勐库大叶种、勐海大叶种、易武绿芽茶、元江糯茶、云抗14号等。

2）茶树的形态特征

茶树由根、茎、叶、花、种子与果实组成。

（1）茶树的根

茶树的根为轴状根系，由主根、侧根、吸收根和根毛组成，按其发根的部位和性状可分为定根和不定根。主根又称初生根，由胚根发育而成，在垂直向土壤下生长的过程中，分生出侧根和吸收根，吸收根上生出根毛。定根由主根和侧根组成，是有一定生长部位的根。不定根是茎、叶、老根或根茎上分生的根，生产上常利用这一特性进行茶树的扦插、压条、堆土等营养繁殖，产生与母株性状一致的苗木。

茶树的根是茶树的营养器官，茶叶鲜叶质量的好坏与根有着密切的关系，根系的管理在茶叶生产上是茶叶品质控制的重要内容。

（2）茶树的茎

茶树的茎是指联系茶树的根与叶、花、果，输送水、无机盐和有机养料的轴状结构，按其作用的不同可分为主干枝、主茎、侧枝、生产枝、嫩茎等。分枝以下部分称为主干，主干是区别茶树类型的重要依据之一。茶树的主干材质细密，特别坚硬，抗腐性、抗裂性非常高，常用于雕刻工艺品，手感好，有芳香。主茎是由胚芽发育而成的，是一个具有辐射性结构的中轴，主茎上的腋芽继续生长形成侧枝。嫩茎是茶树生理机能最活跃的器官，也是茶叶采收的对象。

（3）茶树的叶

茶树的叶是茶树进行呼吸作用、蒸腾作用、光合作用、气体交换和贮藏养分的重要器官。茶树的叶可分为鳞片、鱼叶和真叶，其中真叶是加工茶叶的原料。茶树叶片上的茸毛，是茶树叶片的主要特征。茸毛多是芽叶细嫩、品质优良的表现，茸毛的多少与品种、季节和生态环境有关。同一梢上，茸毛的分布以芽上最多，其次为幼叶，再次为嫩叶，至第四叶上已无茸毛。前三者称为一芽两叶，是加工茶叶的好原料。一般来说，春季芽叶上的茸毛多于夏秋季。

（4）茶树的花

茶树的花是茶树的生殖器官之一，属完全花，由花梗、花托、花萼、花瓣、雄蕊群和雌蕊组成。花梗是连接枝条的部分，花托是花梗顶端呈盘状的部分，其上生着花萼、花冠、雄蕊群和雌蕊。茶花为两性花，色白，少数呈淡黄色或粉红色，通常为5~7瓣，大的直径为5~5.5厘米，小的直径为2~2.5厘米，生在新梢的叶腋间，单生或数朵簇生。

茶树的花朵可以用来制作花茶。

（5）茶树的种子与果实

茶树的种子是指由胚珠受精后发育而成的茶树果实。种子包括种皮和胚两部分。种皮的色泽有黑褐色、棕褐色、油黑色等；胚是新一代茶树的雏形，包括胚芽、胚根、胚轴和子叶。种子的形状有近球形、半球形和肾形三种，以近球形居多，半球形次之，直径大都在12~15毫米。种子不宜在低湿度和低温环境下贮藏。

茶树的果实通常有五室果、四室果、三室果、双室果和单室果之分，属于植物学中的宿萼蒴果类型，是茶树系统分类的重要依据。单室果含一粒为球形，双室果含两粒是肾形，三室果含三粒果呈三角形，四室果含四粒果呈正方形，五室果含五粒果似梅花形。茶树的果实可以用来榨取茶油，茶油富含茶多酚和多种氨基酸，在营养成分上高于橄榄油。

3）茶叶的分类

①茶叶按照生产季节的不同，可分为春茶、夏茶、秋茶、冬茶。春茶可进一步分

为明前茶、谷雨茶。茶叶还可以按照发芽轮次分为头茶、二茶、三茶、四茶。

　　②茶叶按照加工程度（一般包括粗加工、精加工和深加工）的不同，可分为毛茶和成品茶两大类。

　　③茶叶按照销路的不同，可分为内销茶、外销茶、边销茶和侨销茶四类。

　　④茶叶可以按照生产国家分类命名，如中国绿茶、印度红茶；也可以按产茶省或区域分类命名，如中国的祁红、滇红、川红、宁红、庐山云雾茶等。

　　⑤目前最流行的分类方法是根据茶叶的加工工艺，结合茶叶的品质特征及茶多酚类物质的发酵氧化程度，将茶叶分为基本茶类和再加工茶类两大类。其中，基本茶类又可分为绿茶、白茶、黄茶、青茶（乌龙茶）、红茶和黑茶六大类；再加工茶类则包括花茶、紧压茶、萃取茶、果味茶、保健茶、调饮茶等。

🍵 学有所悟 2-2

　　2023年，由安徽农业大学茶树生物学与资源利用国家重点实验室主任宛晓春教授牵头制定的国际标准ISO 20715：2023《茶叶分类》正式颁布。茶叶的分类定级从来都是茶叶贸易中的一项重要指标，直接关系着贸易双方的盈亏情况，也关系到消费者购茶时的"性价比"。中国六大茶类分类法上升为ISO国际标准，标志着我国六大茶类分类体系正式成为国际共识，也意味着我国茶叶标准化工作在国际上的影响力和话语权增大，对促进我国茶叶出口具有重要意义。

悟茶道 2-2

我国六大茶类分类体系上升为 ISO 国际标准

4）茶叶加工工艺

茶叶加工是指将茶树的鲜叶加工成茶叶的整个过程。主要加工工艺有杀青、萎凋、揉捻、发酵、渥堆、闷黄、做青、干燥等。不同种类的茶，其加工工艺各不相同。

绿茶的加工工艺主要包括：杀青—揉捻—干燥。

黄茶的加工工艺主要包括：杀青—揉捻—闷黄—干燥。

白茶的加工工艺主要包括：萎凋—干燥。

青茶的加工工艺主要包括：晒青—做青—杀青—揉捻—烘焙。

红茶的加工工艺主要包括：萎凋—揉捻—发酵—干燥。

黑茶的加工工艺主要包括：杀青—揉捻—干燥—渥堆—复揉—干燥。

（1）杀青

杀青是指把摘下的嫩叶加以高温抑制发酵，使茶叶保持固有的绿色，同时减少叶中水分，使叶片变软，以便于进一步加工的工艺过程。杀青的方法有手工杀青和机械杀青两种，杀青时应按高温、短时和快速冷却的要求进行操作，加工绿茶、黄茶、青茶、黑茶时有此工序。机械杀青如图2-2所示。

（2）萎凋

萎凋是指将采摘来的鲜叶摊放在一定的环境条件下，使叶片中的水分蒸发、体积变小、叶质变软、酶活性增强，以引起内含物质发生化学变化，为茶叶色、香、味的形成奠定基础的工艺过程。萎凋的方法有自然萎凋、日光萎凋、萎凋槽萎凋、萎凋机萎凋及加温萎凋等。加工白茶、红茶时有此工序。萎凋槽萎凋如图2-3所示。

图2-2 机械杀青

图2-3 萎凋槽萎凋

（3）揉捻

揉捻是指在人力或机械力的作用下，使叶片卷曲成条并破坏其组织，使茶叶内含物质成分容易泡出的工艺过程。揉捻时应掌握"老叶热揉、嫩叶冷揉"的原则，要求先轻后重、逐步加压、轻重交替，最后不加压。除了白茶不需要揉捻，其他茶类均需要进行揉捻。揉捻设备如图2-4所示。

图2-4 揉捻设备

（4）发酵

发酵是指茶叶中的多酚类物质进行酶性氧化，形成茶黄素、茶红素等有色物质和红茶特有的色、香、味的品质特征的工艺过程。发酵的方法一般是将揉捻叶放在发酵设备里，进入发酵室发酵。发酵过程中要掌握合适的温度、湿度和氧气量。只有加工红茶有此工序。

（5）渥堆

渥堆是指将晒青毛茶堆放成一定高度，在湿热的作用下发酵25小时左右，用人工的方法加速茶叶陈化，使多酚类物质氧化，达到去除部分苦涩味、叶色由暗绿变成黄褐、形成黑茶固有色泽的工艺过程。渥堆的常见方法是堆高70厘米左右，上盖湿布以保温保湿，适宜温度在25 ℃以上，空气相对湿度保持在85%左右，茶坯含水量保持在65%以上，如果过干则可洒些清水。如果叶片变成黄褐色，青气消除，茶堆表面出现水珠，叶片黏性不大，对光透视呈竹青色，则说明渥堆适度。渥堆工艺如图2-5所示。

（6）闷黄

闷黄是指将杀青或揉捻或初烘后的茶叶趁热堆积，在湿热的作用下使叶片内的多酚类物质产生非酶性自动氧化，滋味变醇，叶绿素水解，叶片逐渐黄变，形成黄茶特殊品质特征的工艺过程。闷黄是黄茶特殊的加工工艺，按茶坯含水量的不同又可分为湿坯闷黄和干坯闷黄。各地黄茶的加工、闷黄技术不一样，有的是在杀青后或揉捻后闷黄，有的是在初干后闷黄。

（7）做青

做青是指使叶片受机械力作用、多次交替摇青和晾青后，叶缘细胞部分组织受损伤，促使多酚类化合物氧化、聚合、缩合，产生有色物质和促进芳香化合物形成的工艺过程。做青是制作乌龙茶的特有工序之一。做青能适当调节茶叶萎凋过程中水分的蒸发和内含物质的分解。青叶做青由摇青和晾青两个过程组成。做青室以温度25 ℃左右、相对湿度80%左右为宜。通过5~7次摇青和晾青，如果叶片呈现边缘红（朱砂红）、中间青（或黄绿），叶脉透明，形状如汤匙，外观硬挺，手感柔软，散发出浓郁的桂花香（或兰花香），则说明做青适度。做青工艺如图2-6所示。

图2-5　渥堆工艺

图2-6　做青工艺

（8）干燥

干燥是指给茶叶加温，使茶叶内含物质发生热化学反应，既破坏酶的活性，终止酶氧化，又蒸发茶叶水分，塑化外形，提高茶叶香气和滋味，便于茶叶贮藏的工艺过程。所有茶类的加工都需要干燥。少数名茶只需要一次干燥，一般茶叶要进行多次干燥。茶叶的干燥程度以手捻茶叶能成为粉末为宜。茶叶的干燥设备如图2-7所示。

不同的加工工艺及茶多酚类物质的发酵氧化程度不同，因而形成的茶的品质特征不同。例如，经过杀青、揉捻、干燥工艺流程，就形成了绿茶清汤绿叶的品质特征；经过萎凋、揉捻、发酵、干燥工艺流程，就形成了红茶红汤红叶、滋味甜醇的品质特征。

图2-7　茶叶的干燥设备

2.1.2　绿茶

绿茶是指在初加工过程中，鲜叶先经贮青或摊放，然后用锅炒杀青或蒸汽杀青，最后揉捻干燥的茶叶，属于不发酵茶（发酵度：0）。利用高温杀青，钝化了酶的活性，制止了多酚类物质的酶性氧化，保持了绿茶清汤绿叶的品质特点。在一般情况下，绿茶的品质在杀青工序中已基本形成，以后的工序只不过是在杀青的基础上进行造型、蒸发水分、发展香气。因此，杀青工序是绿茶品质形成的基础。按照杀青和干燥方法的不同，绿茶可分为炒青绿茶、烘青绿茶、蒸青绿茶和晒青绿茶四类。

1) 炒青绿茶

炒青绿茶是指在初加工过程中，以炒或滚的方式进行干燥而制成的绿茶。按照成品外形的不同，炒青绿茶又可分为长炒青、圆炒青、扁炒青和特种炒青。

（1）长炒青

长炒青即长形的炒青绿茶。在过去数十年的发展过程中，长炒青产品的等级划分出现过多次变化和调整，目前一般分为六级十二等。品质一般要求条索细紧显锋苗，色泽绿润，香气鲜嫩高爽，滋味鲜醇，汤色嫩绿明亮。长炒青主要产于浙江、安徽、江西，其次是湖南、湖北、江苏、河南、贵州等省。各种长炒青由于茶树所处生态条件不同，炒制技术也不完全相同。因此，各种长炒青除了具有炒青绿茶的一般特征，还有各自的地域特征。长炒青主要有婺绿、屯绿、舒绿、遂绿、杭绿、温绿等品种。

婺绿：产于江西婺源、德兴，外形条索粗壮匀整，色泽深绿泛光，滋味醇厚，香高且收敛性强。

屯绿：产于安徽黄山屯溪，外形条索匀整壮实，色泽灰绿光润，香高持久，并有熟板栗香，汤色绿而明亮，滋味浓醇回甘，叶底嫩绿柔软。

舒绿：产于安徽江淮金寨、舒城、庐江等地，外形条索细紧，色泽绿润带灰，香气清鲜高长，汤色绿，滋味浓，稍有涩，叶底黄绿柔软。

遂绿：产于浙江金华、淳安、遂昌等地，外形条索紧结壮实，有锋苗，色泽深绿光润，香气嫩鲜、高爽持久，滋味鲜爽醇厚，汤色清澈明亮，叶底肥嫩柔软。

杭绿：产于浙江杭州、临海、三门、黄岩、天台、仙居、嘉兴、绍兴、宁波、舟山等地，外形条索紧细，色泽绿润，清香高爽，滋味尚浓，汤色明绿，叶底嫩绿明亮。

温绿：产于浙江温州、丽水、龙泉、温岭等地，外形条索细紧匀整，色泽绿润，香气嫩鲜持久，汤色浅亮，滋味鲜浓，叶底细嫩匀齐、色绿明亮。

长炒青的精制产品统称眉茶，因外形长条略弯似眉而得名，成品有特珍、珍眉、凤眉、秀眉、雨茶、贡熙和茶片等。

特珍：眉茶中嫩度最好的花色，条索细紧匀整，有锋苗，清香高爽，滋味鲜醇，汤色明亮，叶底细嫩匀齐，分特级、一级和二级。

珍眉：条索平伏匀称，色泽绿润起霜，香气高爽，滋味浓醇，汤色、叶底黄绿明亮，分为一级、二级、三级、四级和不列级。

凤眉：由长炒青或圆炒青经精制加工分离出的部分细小、短钝的条形茶拼配而成，产品不分级。

秀眉：由长炒青或圆炒青经精制加工分离出的部分嫩梗茎、筋、细条和片状茶拼配而成，外形成片，身骨轻，色泽黄绿稍枯暗，香味粗涩，汤色叶底黄暗，分为特级、一级、二级、三级。

雨茶：由长炒青或圆炒青经精制加工后分离出的短条形和雨点状茶拼配而成，外形条索细短似雨点状，尚紧，色深绿起霜，香气尚高，滋味浓爽，汤色黄绿，叶底黄绿、嫩匀，分为一级、二级。

贡熙：由长炒青经精制加工分离出的圆形和扁块形茶拼配而成。外形圆紧呈颗粒状，分为特贡一级、特贡二级、贡熙一级、贡熙二级、贡熙三级和不列级。

茶片不分级，称为三角片。

（2）圆炒青

圆炒青即圆形的炒青绿茶。圆炒青也分六级十二等。因产地不同，圆炒青的品质也不尽相同。圆炒青主要有平炒青、涌溪火青、泉岗辉白等品种。

平炒青：又称珠茶、平水珠茶，因起源于浙江绍兴平水镇而得名。平炒青主要产于绍兴、余姚、嵊州、新昌、上虞、奉化、东阳等地，台湾地区也有少量生产。平炒青外形圆紧，色泽绿润，身骨重实，香气醇正，汤色黄绿明亮，滋味浓厚，经久耐泡，叶底黄绿明亮，叶芽完整。

涌溪火青：产于安徽泾县。外形似绿豆状，多白毫，色泽墨绿泛光，清香鲜爽，有兰花香，汤色浅黄透明，滋味醇厚回甘，叶底嫩绿显黄。

泉岗辉白：产于浙江嵊州泉岗。外形盘花卷曲，白毫显露，色泽白中隐绿，香浓并有板栗香，汤色嫩绿明亮，滋味醇厚，叶底嫩黄匀整。

（3）扁炒青

扁炒青即扁形的炒青绿茶。历史上扁炒青产于安徽、浙江两省，目前我国大部分产茶区均有生产。扁炒青的特点是外形扁平挺直，匀齐光洁，色泽嫩绿或翠绿，香气清高，滋味醇爽，叶底嫩匀成朵。扁炒青名品主要有龙井茶等。

龙井茶：中国国家地理标志产品，以杭州西湖区的产品最为知名。龙井茶地理标志产品保护范围包括三个产区，即西湖产区、钱塘产区和越州产区。龙井茶因产地不同，产品也各具特色。西湖龙井茶色绿中带黄，俗称"糙米色"，味甘醇，品质最佳。其他知名度较高的龙井茶有大佛龙井和越乡龙井等。

（4）特种炒青

特种炒青在制作过程中虽然以炒为主，但因采摘的原料细嫩，为了保持芽叶完整，当成品茶快干燥时，改为烘干而制成的绿茶。特种炒青主要有洞庭碧螺春、双井绿、南京雨花茶、蒙顶甘露、都匀毛尖、金奖惠明、信阳毛尖、休宁松萝、三峡春螺、高桥银峰、安化松针、狗牯脑茶等品种。

洞庭碧螺春：产于江苏苏州洞庭山。碧螺春的鲜叶采摘时间在春分至谷雨，谷雨后采制的茶不得称为洞庭碧螺春。洞庭碧螺春的特点是条索纤细，卷曲呈螺，满身披毫，色泽银绿，隐翠鲜润，嫩香清鲜，滋味清鲜甘醇，汤色嫩绿鲜亮，叶底幼嫩多芽、嫩绿鲜活。

双井绿：产于江西九江修水，为唐宋历史名茶。双井绿条索细紧，锋苗秀润，银毫披露，色泽绿润，香气高长持久，滋味鲜爽，汤色翠绿清澈，叶底嫩绿匀齐。

南京雨花茶：产于江苏南京的江宁、溧水、高淳、六合等地，始于20世纪50年代末，为新创制的特种炒青名茶。南京雨花茶的特点是形似松针，条索紧结，长直圆浑，两端稍尖，锋苗挺秀，色泽墨绿，香气浓郁高雅，滋味鲜醇回甘，汤色清澈碧绿，叶底匀嫩明亮。

蒙顶甘露：产于四川蒙山，以蒙山甘露峰所产为极品。"甘露"一词在梵语中有"念祖"之意。蒙顶甘露外形紧卷多毫，色泽嫩绿油润，香气芬芳馥郁，滋味鲜爽回甘，汤色清明，叶底嫩绿匀整。

都匀毛尖：产于贵州都匀团山、哨脚、大槽等地。都匀毛尖的外形可与碧螺春媲美，其特点是条索纤细，满披白毫，色泽黄绿，香气清鲜，滋味鲜浓，汤色清澈，叶底匀绿泛黄。

金奖惠明：产于浙江景宁畲族自治县，以赤木山惠明寺的产品最为正宗，在1915年巴拿马太平洋万国博览会上，因色、香、味、形俱优而获金质奖章。金奖惠明的特点是条索细紧壮实，色泽绿翠光润，白毫披布，香气清高并有惠兰香，滋味鲜爽醇浓，汤色翠绿清澈，叶底细嫩绿亮。

信阳毛尖：产于河南信阳，以车云山的信阳毛尖品质最佳。信阳毛尖的特点是条索细紧圆直，色绿光润，白毫显露，且有锋苗。冲泡后，香气清高持久并有熟板栗香，滋味醇厚，饮后回甘生津，汤色明净、碧绿，叶底嫩绿匀整。

休宁松萝：产于安徽休宁松萝山一带，是我国著名的药用茶。休宁松萝的特点是条索紧卷匀壮，色泽银绿光润，香气高爽持久，滋味浓厚回甘，有橄榄香味，汤色绿翠，叶底绿亮。

三峡春螺：产于湖北宜昌。三峡春螺的特点是条索卷曲紧结，披满白毫，色泽绿翠，香气清鲜，滋味醇厚，汤色黄绿明亮，叶底嫩绿匀整。

高桥银峰：产于湖南长沙，是1959年新创制的名茶。高桥银峰的特点是外形条索呈波形卷曲，银毫显露，色泽银绿光润，香气高爽持久，滋味醇厚鲜爽，汤色明绿清高，叶底嫩绿明净。

安化松针：产于湖南安化。安化松针的特点是条索细直秀丽，形似松针，色泽翠绿，白毫显露，香气浓烈，滋味鲜爽，汤澄碧翠，叶底嫩匀。

狗牯脑茶：产于江西遂川狗牯脑山，采自当地茶树群体小叶种，于清明前后开采，采摘标准为一芽一叶。狗牯脑茶的特点是条索紧结秀丽，白毫显露，香气高雅，略有花香，滋味醇厚，汤色清明，叶底黄绿。

2）烘青绿茶

烘青绿茶是在初加工过程中，以烘焙方式进行干燥而制成的绿茶。烘青绿茶的特点是条索细紧完整，色泽深绿油润，气味清香，滋味鲜醇，汤色清澈明亮，叶底匀整、嫩绿明亮。烘青绿茶主要有庐山云雾茶、黄山毛峰、太平猴魁、岳西翠兰、敬亭绿雪、六安瓜片、顾渚紫笋、安吉白茶、江山绿牡丹、峨眉毛峰、南糯白毫等名品。

庐山云雾茶：产于江西九江，具有味醇、色秀、香馨、液清的特点。形似兰花初绽，单芽挺秀，色泽绿润显毫，香高味浓醇正，汤色碧绿明亮，叶底嫩绿匀齐。

黄山毛峰：产于安徽歙县，现已扩展到黄山市，以产于黄山桃花峰、松谷庵、云谷寺、慈光寺等处的产品最佳。黄山毛峰的特点是外形细嫩稍卷曲，形似雀舌，奶叶（又称"鱼叶"）呈金黄色（称为"金黄片"），色泽嫩绿油润，香气清鲜高长，滋味醇厚回甘，汤色杏黄清澈，叶底厚实成朵。

话茶事 2-1

庐山云雾茶的由来

太平猴魁：产于安徽省黄山市黄山区新明、龙门、三口一带。太平猴魁的特点是外形平扁挺直，叶裹顶芽，自然舒展，两端尖细，故有"猴魁两头尖，不散不翘不卷边"之称；色泽苍绿匀润，叶脉绿中隐红，俗称"红丝线"；香高持久，并有兰花香，滋味醇厚回甘，汤色嫩绿明亮，叶底肥壮嫩匀，有"头泡香高，二泡味浓，三四泡幽香犹存"之说。

岳西翠兰：产于安徽岳西。岳西翠兰的特点是外形优美，芽叶相连，自然舒展成朵，色泽翠绿鲜活，清香高长，并有花香味，滋味醇爽回甘，汤色嫩绿明亮，叶底嫩绿。

敬亭绿雪：产于安徽宣城敬亭山，始创于明代。敬亭绿雪的特点是形似雀舌，挺直饱润，芽叶色绿，白毫如雪，香气清鲜持久，滋味醇和鲜爽，汤色清澈碧绿，叶底嫩绿明亮。

六安瓜片：产于安徽六安市裕安区以及金寨、霍山两县之毗邻山区和低山丘陵，分为内山瓜片和外山瓜片两个产区。六安瓜片的特点是外形似瓜子，单片自然平展，叶缘微翘，色泽绿中带霜（宝绿），大小匀整，不含芽尖、梗茎，清香高爽，滋味鲜醇，汤色碧绿，叶底厚实。

顾渚紫笋：产于浙江长兴顾渚山一带。顾渚紫笋的特点是芽形似笋，色泽绿润，银毫明显，香气清高，滋味鲜醇，汤色清澈碧绿，叶底芽头细嫩成朵。

安吉白茶：产自浙江安吉，为 20 世纪 90 年代新创名茶。安吉白茶的特点是外形如凤羽，色如翠玉，光亮鲜润，滋味鲜爽甘醇，汤色嫩绿鲜亮，叶底自然开展，叶张玉白。

江山绿牡丹：产于浙江江山。宋代苏东坡称其为"奇茗极精"；明武宗赐名"绿茗"，并定为贡茶；清代以后，绿茗绝迹，20 世纪 80 年代开始恢复试制，因这种茶色泽翠绿，形似牡丹，故而得名。江山绿牡丹的特点是条索似花瓣，形态自然，犹如牡丹，且白毫显露，色泽绿翠诱人，香气清高，滋味鲜爽，汤色碧绿，叶底成朵。

峨眉毛峰：产于四川雅安凤鸣，原名"凤鸣毛峰"。峨眉毛峰的特点是条索细紧匀卷，秀丽多毫，色泽嫩绿油润，香气高鲜愉悦，滋味醇甘鲜爽，汤色微黄而碧，叶底明绿匀整。

南糯白毫：产于云南西双版纳的南糯山，创制于1981年。南糯白毫的特点是条索紧结壮实，披白毫，有锋苗，香气馥郁，滋味浓厚醇爽，汤色黄绿明亮，叶底嫩匀成朵。

3）蒸青绿茶

蒸青绿茶是在初加工过程中，利用蒸汽进行杀青而制成的绿茶。蒸青绿茶具有干茶色泽深绿、茶汤浅绿和叶底青绿的"三绿"品质特征，但其香气较闷且带青气，涩味也较重，不及锅炒杀青绿茶那样鲜爽。煎茶及点茶惯用的"抹茶"都是由蒸青绿茶石磨加工制成的。由于外贸的需要，我国自 20 世纪 80 年代中期以来，也生产少量蒸青绿茶。蒸青绿茶主要有恩施玉露、仙人掌茶等名品。

恩施玉露：产于湖北恩施，是目前我国保留下来的为数不多的蒸青绿茶之一。恩施玉露的特点是条索紧细匀整，紧圆光滑，色泽鲜绿，白毫显露，茶汤清澈明亮，香气清高持久，滋味鲜爽甘醇，叶底嫩匀明亮。

仙人掌茶：又名玉泉仙人掌，产于湖北当阳玉泉山麓，迄今已有1 200多年的历史。仙人掌茶的特点是外形扁平似掌，色泽翠绿，白毫披露，汤色清澈明亮。初啜清淡，回味甘甜，继之醇厚鲜爽、沁人肺腑。

4）晒青绿茶

晒青绿茶是在初加工过程中，鲜叶经锅炒杀青、揉捻后，利用日光晒干而制成的绿茶。由于日晒的温度较低，时间较长，因此晒青绿茶较多地保留了鲜叶中的天然物质，制出的茶叶滋味浓重，且带有一股日晒特有的味道，喜欢的茶人谓之"浓浓的太阳味"。根据产地的不同，晒青绿茶可分为滇青、黔青、川青、粤青、桂青、湘青、陕青、豫青等品种。其中，云南大叶种滇青品质最佳。从茶叶的品质来看，晒青不如烘青、炒青，故其产品除以散茶形式就地销售和出口之外，主要作为沱茶、饼茶、砖茶等紧压茶的原料。

滇青：产于云南省，主要以云南大叶种为原料加工而成。采摘标准为一芽三四叶，芽叶全长6～10厘米。滇青的特点是条索粗壮肥硕，白毫显露，色泽深绿油润，香浓味醇，富有收敛性，耐冲泡，汤色黄绿明亮，叶底肥厚。

2.1.3　白茶

白茶是我国特产，在初加工时经过萎凋、干燥两道工序，不炒不揉，只晾晒或结合烘干，以保持茶叶原形，属于轻微发酵茶（发酵度：5%～10%）。白茶的鲜叶采摘要求嫩芽及两片嫩叶满披白色茸毛，由于长时间萎凋和阴干，儿茶素总量减少约3/4，因此苦涩味很低。白茶有芽茶和叶茶之分，单芽制成的称为银针，叶片制成的称为寿眉（或贡眉），芽叶不离的称为白牡丹。

白毫银针：产于福建福鼎、政和等地，用大白茶的肥大芽头制成，产品分特级和一级，芽头满披白毫，形状如针，故称白毫银针。福鼎银针又称北路银针，其特点是茶芽肥大，茸毛厚，水色晶莹；政和银针又称南路银针，其特点是茶芽瘦长，茸毛略厚，外形与福鼎银针相比较差，但香气芬芳、滋味较好。

白牡丹：1922年创制于福建建阳，主产区为福建政和、建阳、松溪、福鼎等地，我国台湾地区也有生产，采摘标准为一芽二叶。成品芽叶连枝，叶态自然，叶背垂卷，两叶合抱心，绿叶夹银芽，形似牡丹花朵，故称白牡丹。白牡丹的芽呈银白色，芽毫显露，叶面呈灰绿色，叶背满披白毫，故以"青天白地"来形容。白牡丹的特点是芽叶完整、肥壮，毫香浓显，汤色杏黄明亮，滋味鲜醇，叶底嫩绿或浅绿，叶脉微红。

寿眉：主产于福建福鼎、政和、建阳等地，采摘标准为一芽二叶或一芽二到三叶。寿眉的特点是芽心较小，色泽灰绿带黄，香气浓郁，滋味清甜，汤色黄亮，叶底黄绿，叶脉泛红。

新白茶：新工艺白茶简称新白茶，采用轻萎凋、轻发酵、轻揉捻等工艺（相对传统白茶而言），采摘标准为一芽二到三叶、幼嫩对夹叶及单片叶均可。新白茶的特点是外形卷缩，略带条形，色泽灰绿泛褐，尚匀整，香气醇正稍浓，有毫香，滋味甘和，汤色橙黄明亮，叶底嫩软，筋脉带红。

2.1.4　黄茶

黄茶的初制工艺与绿茶基本相似，只是在杀青中或杀青后设一道闷黄过程，属于轻微发酵茶（发酵度：10%～20%）。黄茶的加工包括杀青、揉捻、闷黄、干燥四道工序，黄汤黄叶是黄茶的品质特征。按鲜叶原料老嫩程度的不同，黄茶可分为黄芽茶、黄小茶和黄大茶三类。黄芽茶主要包括湖南岳阳的君山银针、四川名山的蒙顶黄芽；黄小茶主要包括湖南宁乡的沩山毛尖、安徽霍山的霍山黄芽、浙江温州的平阳黄汤、贵州大方的海马宫茶等；黄大茶包括安徽霍山的黄大茶、广东的大叶青茶等。

君山银针：产于湖南岳阳的君山，它的品质优良，曾在1956年莱比锡国际博览会上获得金质奖章。君山银针的特点是芽头肥壮挺直，茶身满布茸毛，色泽金黄光亮，有"金镶玉"之称，香气清鲜，滋味甜爽，汤色杏黄明亮，叶底芽身肥软、色泽黄亮。

蒙顶黄芽：产于四川名山的蒙顶山，是蒙顶茶中的极品。蒙顶黄芽的外形扁直，色泽微黄，芽毫毕露，花香幽长，汤色黄亮，滋味鲜醇回甘，叶底全芽嫩黄。

沩山毛尖：产于湖南宁乡。沩山毛尖的特点是叶缘微卷，呈片状，形似兰花，色泽黄亮光润，身披白毫；冲泡后汤色橙黄鲜亮，烟香浓厚，滋味醇甜爽口。

霍山黄芽：产于安徽霍山一带。霍山黄芽的特点是外形挺直微展，匀齐成朵，形似雀舌，色泽黄绿披毫，清香持久，滋味鲜醇、浓厚回甘，汤色嫩绿清澈，叶底微黄明亮。

大叶青茶：也称广东大叶青，主要产于广东韶关、肇庆、湛江等地。大叶青茶的特点是鲜叶嫩度较高，条索肥壮卷紧，身骨重实匀齐，略显毫，色泽青润显黄，香气醇正，汤色深黄明亮，滋味浓醇回甘，叶底淡黄。

2.1.5　青茶

青茶又名乌龙茶，其发酵程度介于不发酵茶（绿茶）和全发酵茶（红茶）之间，属于半发酵茶（发酵度：10%～70%）。青茶的加工包括晒青、做青、杀青、揉捻、烘焙五道工序，典型的乌龙茶叶片中间呈绿色、叶缘呈红色，素有"绿叶红镶边"的美称。乌龙茶既有绿茶的清香和花香，又有红茶醇厚回甘的滋味。

青茶发源于闽北武夷山，后来传播到闽南、广东、台湾等地。从地域上看，青茶可分为闽北乌龙、闽南乌龙、广东乌龙和台湾乌龙四类。

1）闽北乌龙

闽北乌龙以武夷岩茶为代表，武夷岩茶主要有大红袍、铁罗汉、白鸡冠、水金龟、肉桂、水仙、奇种等品种。

大红袍：大红袍在武夷四大名丛中享有最高声誉。大红袍产于天心岩九龙窠的悬崖峭壁之上，仅有6棵茶树。大红袍的特点是外形条索紧结、壮实、稍扭曲，色泽绿褐鲜润，香气浓长，滋味醇厚，岩韵明显，回味甘爽，汤色橙黄明亮，叶底黄亮，红边或带朱砂色。

铁罗汉、白鸡冠、水金龟：它们的特点是外形条索紧结、壮实，色泽带宝色或油润，香气浓长，滋味醇厚，岩韵明显，回甘快，汤色深橙黄，叶底软亮、匀齐，红边或带朱砂色。

肉桂：由肉桂树鲜叶加工而成，分特级、一级和二级。肉桂的特点是外形条索匀整、紧结，色泽青褐，油润有光，部分叶背有青蛙皮状小白点，冲泡后有淡雅的肉桂香，滋味醇厚回甘，汤色橙黄清澈，叶底黄亮，红边鲜明。

2）闽南乌龙

闽南乌龙以安溪铁观音、黄金桂、本山、毛蟹等为代表。

安溪铁观音：既是茶名又是品种名，产于福建安溪，为原产地域保护产品，选用铁观音茶树品种进行扦插繁育、栽培和采摘的鲜叶，按照独特的传统加工工艺制作而成。安溪铁观音按照国家标准可分为清香型与浓香型两大品类。清香型安溪铁观音的特点是色泽翠绿，香气呈清香加花香型，滋味清醇甘爽，汤色蜜绿，叶底红边不明显，产品分特级、一级至三级。浓香型安溪铁观音的特点是色泽砂绿带褐红点，馥郁花香，滋味醇厚滑爽，汤色呈金黄色，叶底软亮有红边，产品分特级、一级至四级。

黄金桂：又名黄旦，鲜叶的叶片软薄，梗细小，节间短，含水量低。黄金桂的特点是条索紧细匀整，色泽润亮金黄，带有桂花香，被誉为"透天香"或"千里香"，滋味醇细甘鲜，汤色金黄明亮，叶底黄嫩明亮显红边，是调剂拼配茶香气的好原料。

3）广东乌龙

广东乌龙主要有单丛（岭头单丛和凤凰单丛）、水仙、乌龙（石古坪乌龙和大埔西岩乌龙）及色种茶（大叶奇兰、梅占茶）四大类别，以岭头单丛和凤凰单丛最为著名。

岭头单丛：又称白叶单丛，茶树品种原由饶平县茶农从凤凰水仙群体品种中选育而成。各地引种后，均冠以地方名称，如凤凰白叶单丛、兴宁白叶单丛。岭头单丛的特点是条索紧结匀整，色泽黄褐油润，香气蜜韵深远，滋味醇爽回甘，汤色橙黄明亮，叶底黄腹红边。

凤凰单丛：产于潮州凤凰镇凤凰山区，是从国家级良种凤凰水仙群体品种中选育出的优异单株，有几十个品系和类型。《潮州凤凰茶树资源志》中介绍，凤凰单丛拥有自然花香型79种，天然果味香型12种，其他清香型16种。用这些优异单株鲜叶制成的茶，如黄枝香单丛、芝兰香单丛、桂花香单丛等，既是茶树品种名，又是茶名。凤凰单丛的特点是条索肥壮、紧结重实，色泽青褐、油润有光，具有天然花香，滋味浓爽，汤色橙黄清澈有金圈，叶底边缘朱红，叶腹黄亮。

4）台湾乌龙

台湾乌龙（又称台式乌龙）以文山包种、冻顶乌龙、白毫乌龙、木栅铁观音、金萱、翠玉等为代表。

文山包种：又名清茶，是台湾乌龙茶中发酵程度最轻的一种茶，以产于台北文山地区的产品为最优。文山包种的特点是外形紧结呈条形，颜色墨绿有油光，香气清新幽雅似花香，滋味甘醇、鲜爽，回味强，汤色金黄、清澈明亮，叶底嫩软有弹性。

冻顶乌龙：产于台湾南投县鹿谷乡附近的冻顶山。制作冻顶乌龙的品种以青心乌龙为最优。冻顶乌龙的特点是外形条索自然卷曲呈半球形，整齐紧结，白毫显露，色泽翠绿鲜艳有光泽，带自然花香和果香，滋味醇厚甘润、回韵强，汤色蜜绿带金黄，清澈而鲜亮，叶底嫩柔有芽。

白毫乌龙：又名东方美人、膨风茶，是台湾乌龙茶中发酵程度最重的一种茶。白毫乌龙产于台湾新竹县北埔乡、峨眉乡以及苗栗县等地。白毫乌龙的鲜叶原料采自经小绿叶蝉吸食汁液的青心大冇（mǎo）茶树的嫩芽，一芽一叶至一芽二叶，经过独特的加工工序使茶叶产生蜂蜜香或熟果香。白毫乌龙的特点是外形枝叶连理，白毫显露，犹如花朵，呈现绿、白、红、黄、褐相间的明亮艳丽色彩，滋味甘润香醇，茶汤呈红、橙、金黄或琥珀色，具有蜂蜜香或熟果香，叶底淡褐有红边，芽叶成朵。

2.1.6　红茶

红茶是在初加工过程中，用萎凋代替杀青，揉捻后叶色变红而产生的茶类，属于全发酵茶（发酵度：80%～90%）。最早的红茶是产于福建崇安（今武夷山市）的小种红茶。自星村小种红茶出现后，逐渐演变产生了工夫红茶。20世纪20年代，印度将茶叶切碎加工而成红碎茶，我国于20世纪50年代也开始试制红碎茶。

不同种类的红茶，其工艺侧重点不同，但都要经过萎凋、揉捻、发酵和干燥四道基本工序。红茶的品质特征是红汤、红叶和香甜味醇。红茶有小种红茶、工夫红茶和红碎茶三大类。

1）小种红茶

小种红茶是我国生产历史悠久的传统红茶。小种红茶的产制中心是福建星村桐木关一带，所以又称星村小种。由于小种红茶在加工过程中采用松柴明火加温，并进行萎凋和干燥，因此制成的茶叶具有浓烈的松烟香。因产地和品质不同，小种红茶又有正山小种和外山小种之分。2005年，又诞生了红茶新品种——金骏眉。

正山小种：外形条索肥壮重实，色泽乌润有光，香气高长并带有松烟香，滋味醇厚带桂圆味，汤色红浓，叶底厚实呈古铜色。

外山小种：外形条索近似正山小种，身骨稍轻而短，色泽红褐带润，带有松烟香，滋味醇和，汤色稍浅，叶底带古铜色。

金骏眉：选用福建武夷山国家级自然保护区内海拔1 500～1 800米高山的原生态小种野茶的茶芽为原料，采用正山小种红茶的传统制作工艺和创新技术制作而成。金骏眉的特点是外形绒毛少，条索紧细、重实，色泽金、黄、黑相间，复合型花果香、蜜香、高山韵香明显，滋味醇厚，甘甜爽滑，高山韵味持久，汤色金黄清澈，有金圈，叶底呈金针状、匀整，叶色呈古铜色。

2）工夫红茶

工夫红茶是我国传统的特有品种。工夫红茶的特点是外形条索细紧，色泽乌黑灰润，冲泡后汤色、叶底红亮，香气馥郁，滋味甜醇。我国有12个省份生产工夫红茶，其中颇有名气的有祁门工夫、宁红工夫、滇红工夫、闽红工夫。

祁门工夫：主要产于安徽祁门，石台、东至、黟县及贵池等地也有少量生产，是我国传统工夫红茶中的珍品，有百余年的生产历史。祁门工夫的特点是条索紧秀，锋苗好，色泽乌黑泛灰光，俗称"宝光"，香气浓郁高长，似蜜糖香，又蕴含兰花香，滋味醇厚，汤色红艳，叶底嫩软红亮，被誉为"群芳最"。

宁红工夫：产于江西九江修水（古称宁州）、武宁等地，在唐代初期就有生产。宁红工夫的特点是条索紧结秀丽，金毫显露，锋苗挺拔，色泽乌润，香高持久，滋味浓醇鲜爽，汤色红艳明亮，叶底红亮。

滇红工夫：主要产于云南凤庆、云县、昌宁、临沧、保山等地，属大叶种类型的工夫茶。滇红工夫的特点是外形条索紧结、肥硕雄壮，色泽乌润，金毫特显，香气鲜郁高长，滋味浓厚鲜爽，富有刺激性，汤色艳亮，叶底红匀嫩亮。茸毫显露是滇红工夫的品质特点之一，其毫色可分为淡黄、菊黄、金黄等。凤庆、云县、昌宁等地的工夫茶，毫色多呈菊黄；勐海、双江、临沧、普文等地的工夫茶，毫色多呈金黄。

闽红工夫：福建特产，系政和工夫、坦洋工夫和白琳工夫的统称。

政和工夫：主要产于政和县，分为大茶、小茶两种。大茶采用政和大白茶制成，外形条索紧结、肥壮多毫，色泽乌润，香气高而鲜甜，滋味浓厚，汤色红浓，叶底肥壮尚红。小茶采用小叶种制成，条索细紧，香似祁红，滋味醇和，汤色稍浅，叶底红匀。政和工夫以大茶为主体，扬其毫多味浓之优点，又适当拼以高香之小茶，因此高级政和工夫外形匀称，毫心显露，香气和滋味俱佳。

坦洋工夫：主要产于福安坦洋村。坦洋工夫的特点是外形细长匀整，带白毫，色泽乌黑有光，香气清鲜甜和，汤色鲜艳呈金黄色，叶底红匀光滑。

白琳工夫：主要产于福鼎白琳，系小叶种红茶。白琳工夫的特点是条索紧结纤秀，含有大量的橙黄白毫，具有鲜爽的毫香，汤色、叶底艳丽红亮，取名为"橘红"，意思是橘子般红艳的工夫红茶。

3）红碎茶

红碎茶是国际茶叶市场上的大宗产品。因在制茶过程中，需要将条形茶切成短细的碎茶，所以称为红碎茶。红碎茶多被加工成袋泡茶，以云南、广东、广西的红碎茶品质最好。红碎茶的制法分为传统制法和非传统制法两种。

传统红碎茶采用传统制法，即将萎凋后的茶坯平揉、平切后再经过发酵、干燥制成。传统制法能产生叶茶、碎茶、片茶、末茶四种产品。该茶的品质特点是颗粒紧实呈短条状，色泽乌黑油润，香气、滋味、浓度均好，汤色红浓，叶底红匀。

非传统红碎茶根据加工设备的不同，可分为转子制法红碎茶、C.T.C（压碎、撕裂、揉卷）制法红碎茶、L.T.P（劳瑞式锤击机）制法红碎茶三种。

2.1.7 黑茶

黑茶是我国特有的茶类，它不同于其他茶类的重要工序是在初加工过程中经过渥堆，这是形成黑茶色、香、味的关键，黑茶属于后发酵茶。黑茶产地较广，取料较粗老，加工时堆积发酵时间较长，叶色呈暗褐色，能够长期保存，而且有越陈越香的品质。黑茶可分为云南黑茶、四川黑茶、湖北黑茶、广西黑茶、湖南黑茶等，代表品种有云南普洱茶、湖北青砖茶、广西六堡茶、四川边茶等。

云南普洱茶：主要产于云南普洱等地，历史悠久。散茶外形条索粗壮肥大，色泽乌润，具有独特的陈香味，滋味醇厚回甘，汤色红浓明亮，叶底肥厚褐红。

湖北青砖茶：主要产于湖北咸宁的崇阳、赤壁等地，以老青茶为原料压制而成。青砖茶的特点是鲜叶采割时以茎梗为主，成茶条索较紧，色泽青褐，汤色红亮，香气醇正，滋味尚浓，叶底暗黑粗老。

广西六堡茶：主要产于广西苍梧县六堡镇一带，为历史名茶。广西六堡茶外形条索粗壮，色泽黑褐光润，香气醇正并带有松烟香，滋味浓醇爽口，汤色红浓，叶底呈红褐色。

四川边茶：中心产地在四川雅安。因销路不同，四川边茶可分为南路边茶和西路边茶两类。南路边茶专销藏区，又称藏茶，过去分为毛尖、芽细、康砖、金尖、金玉、金仓六个花色，现简化为康砖、金尖两个花色。西路边茶主要销往川西北，分为茯砖和方包两种。

2.1.8　再加工茶

再加工茶是将绿茶、红茶、青茶、黑茶、黄茶、白茶六大基本茶类经各种方法进行再加工，以改变其形态、品性及功效而制成的一类茶产品。目前主要有花茶、紧压茶、萃取茶、果味茶、保健茶、调饮茶等。

1）花茶

花茶又称窨花茶、香片茶，是以精加工的茶叶配以香花窨制而成的香型茶。花茶的窨制是利用鲜花吐香和茶叶吸香这样一吐一吸的两个方面形成茶的特有品质的过程。在一吐一吸的过程中，鲜花和茶叶之间发生了一系列较为复杂的变化。茶坯在吸附花香增益茶味的同时，改变汤色，去掉涩味，使茶与花的香味相调和，香气鲜灵，滋味醇和，从而提高了茶叶的品质。特别是低级粗老茶，窨制后，可以去掉粗老味，从而大大改变茶味。

制作花茶的茶坯可以是绿茶、红茶或乌龙茶。绿茶中最常见的茶坯是烘青绿茶，炒青绿茶很少，也有部分用细嫩名优绿茶，如毛峰、大方、龙井等来窨制高档花茶。相比绿茶茶坯，人们较少采用红茶、乌龙茶窨制花茶。可以用来窨制花茶的鲜花很多，主要有茉莉花、珠兰花、白兰花、柚子花、桂花、玫瑰花、栀子花、米兰花等，其中使用最多的是茉莉花。通常，花茶是以所用鲜花来命名的，如茉莉花茶、珠兰花茶、白兰花茶等；也有将花名与茶坯名结合起来命名的，如茉莉烘青、茉莉毛峰、珠兰大方、桂花铁观音、玫瑰红茶等。不同的花茶具有不同的特点，但对其品质的总体要求均是香气鲜灵浓郁，滋味浓醇鲜爽，汤色明亮。

茉莉花茶：主要产地有福建福州、江苏苏州、浙江金华、四川犍为、广西横州等。选用绿茶为茶坯，配以当天采摘的茉莉鲜花及适量的白兰鲜花，采用窨制工艺加工而成。茉莉花茶的特点是外形条索细紧匀整，色泽黑褐油润，香气鲜灵持久，滋味醇厚鲜爽,汤色黄绿明亮,叶底嫩匀柔软。饮之,既有绿茶的清香,又有茉莉花的芳馨。

苏萌毫:产于江苏苏州的特种茉莉花茶。选用高档毛峰烘青为茶坯,配以虎丘的优质茉莉鲜花窨制而成。苏萌毫的特点是条索紧秀,平直细嫩,白毫隐露,绿润嫩黄,香气鲜爽浓纯,滋味鲜醇,汤色淡黄清明,叶底黄嫩柔软,花香茶味谐调。

2)紧压茶

紧压茶是以黑毛茶、老青茶及其他适制毛茶为原料,经过渥堆、蒸、压等典型工艺过程加工而成的砖形或其他形状的茶叶。

紧压茶为中国所特有。根据所采用的原料茶不同,紧压茶可以分为黑茶紧压茶、红茶紧压茶、绿茶紧压茶及乌龙茶紧压茶等。根据压制形状的不同,紧压茶可分为成块(个)茶(如砖茶、饼茶、沱茶等)和篓装茶(如篓装六堡茶、湘尖茶等)。

3)萃取茶

萃取茶是以成品茶或半成品茶为原料,用热水萃取茶叶中的可溶物,过滤去茶渣取得茶汁,经浓缩、干燥制成的固态或液态茶。典型的萃取茶有普洱茶膏、普洱茶珍、金花黑茶等。

4)果味茶

果味茶就是喝起来有果味的茶。市场上的果味茶主要有三类,即含茶果味茶、不含茶果味茶和花果茶。典型的果味茶有荔枝红茶、柠檬红茶、山楂茶、苹果绿茶、葡萄红茶等。

5)保健茶

保健茶是以茶为主,配有保健中药的茶。保健茶具有排毒养颜、强身健体、减肥、解酒、降压、降糖等功效。典型的保健茶有薏仁茶、荷叶茶、决明子茶、麦芽茶、葛根菊花茶、玉叶金花茶等。

6)调饮茶

调饮茶是以茶为主体,与其他宜茶调味品调和而成的茶饮料。调饮茶可分为粉剂茶、罐装茶和现制调饮茶三类。典型的调饮茶有绿茶奶茶、乌龙茶奶茶、泡沫红茶等。

2.2 茶叶的品质鉴别

茶叶的加工方法不同,所形成的各类茶的品质特征也不同。概括地说,茶叶的品质除了必须符合卫生标准外,还应符合各茶类应有的品质特征及相应的色、香、味、形等质量要求。

2.2.1 茶叶的色、香、味、形

1）茶叶的色泽

茶叶的色泽由鲜叶中所含的有色物质，经过不同的加工工艺产生变化而形成，包括干茶色泽、茶汤色泽和叶底色泽。鲜叶中的有色物，主要有叶绿素、胡萝卜素、叶黄素、黄酮类物质和花青素等。其中，叶绿素a呈蓝绿色，叶绿素b呈黄绿色，胡萝卜素呈黄色或橙色，叶黄素呈黄色，黄酮类物质也呈黄色，其氧化产物大都呈黄色或棕红色。

绿茶以绿色为基本色，其成分主要是叶绿素及其降解物质。鲜叶经高温杀青，钝化酶的活性，制止了多酚类的酶促氧化，从而把绿色的叶绿素固定下来。芽叶嫩度好的绿茶，色泽表现为嫩绿或翠绿；叶质粗老的绿茶，色泽表现为黄绿、绿黄甚至黄褐。一般而言，高级绿茶汤色嫩绿，大宗绿茶或鲜叶原料较粗老的绿茶汤色偏黄。

红茶的色泽是由于加工工艺中的揉捻、发酵工序，使鲜叶中的多酚类物质氧化，产生茶黄素、茶红素、茶褐素而形成的。茶黄素、茶红素、茶褐素的含量，及其他有色物质如胡萝卜素、叶黄素、叶绿素等成分的相对含量，决定了干茶和叶底的色泽以及汤色的质量。一般而言，鲜叶嫩度好、加工控制程度好的工夫红茶，外形乌黑油润，汤色红艳明亮，叶底红艳或红亮。

黄茶的闷黄工艺使叶绿素脱镁转化，绿色减少，再加上茶黄素、茶红素、黄酮类色素以及叶黄素等成分的作用，最终使得黄茶的干茶色泽绿黄，叶底色泽嫩黄或黄亮，汤色绿黄带金圈。

白茶在萎凋过程中，叶内少量的茶多酚氧化聚合生成茶黄素、茶红素以及其他黄、红色素类物质；同时，叶绿素在酶的作用下向脱镁叶绿素转化，使叶色由鲜绿向暗绿转化，经过干燥后，各种有色物质起协调作用。优质白茶的色泽灰绿，毫心银白，汤色杏黄或浅橙黄，叶底灰绿或黄绿。

青茶的色泽随着发酵程度的加深由绿色向黄色直至褐红色转变。干茶色泽为深翠绿、砂绿、乌绿、青褐或金褐等；汤色蜜绿、金黄、橙黄或橙红等；叶底翠绿、深绿、黄绿、金褐或红褐，带红镶边。

黑茶的色泽是由于渥堆过程使多酚类化合物缓慢发生氧化反应，叶绿素脱镁转化，再加上茶黄素、茶红素及黄酮类物质的综合作用而形成的。干茶色泽黄褐或黑褐，汤色橙黄或橙红。

2）茶叶的香气

茶叶的品种不同，香气的类型也不相同。茶叶香气的类型主要由茶叶品种、鲜叶质地、采制季节及制茶工艺决定。绿茶中的芳香成分有260多种，香气一般为板栗香、清香、嫩香、花香。红茶中的芳香成分有400多种，经过萎凋、发酵过程，芳香物质经酶促氧化作用、水解作用和异构化作用后，生成部分高沸点的花香型和果香型的芳香物质，使红茶的香气呈甜香型。不同品种的青茶香气不同，如优质铁观音有兰花香，黄金桂有蜜桃香或梨香，毛蟹有清花香，肉桂有桂皮香，单丛有黄枝香、桂花

香、芝兰香，冻顶乌龙有兰花香，金萱有奶香等。不同品种茶叶香气的潜质能否充分发挥，还取决于鲜叶质地、采制季节和天气条件。春季，新梢生长一致，鲜叶质地好、匀度好，如果天气晴朗，做青的温湿度较易调节，加工工艺能正常发挥，就能使芳香物质的转化恰到好处，所以春茶香气清纯丰满；夏季，茶叶生长参差不齐，多酚类物质含量高，鲜叶老嫩不匀，加上夏季高温，多酚类物质氧化加速，做青难以达到适度，故香淡味涩。

3）茶叶的滋味

茶叶的滋味是由鲜叶中的呈味物质，经一定的加工工艺适度转化，并经冲泡后溶于茶汤而形成的。鲜叶中的呈味物质按其溶解性可分为水溶性物质和非水溶性物质两大类。水溶性物质直接参与滋味的形成；非水溶性物质虽不直接参与呈味，但经不同的制造工艺，在酶及水热的作用下，会有部分转变成水溶性物质而对滋味产生影响。鲜叶中的呈味物质主要有涩味的儿茶素、鲜爽味的氨基酸、甜味的可溶性糖和苦味的咖啡因等。不同的茶叶经不同的制造工艺，可形成不同的滋味特征。茶叶的滋味以甘、润、鲜、滑、醇为上。

绿茶茶汤中的各种呈味物质在加工过程中因湿热水解作用、异构化作用而形成了浓、醇、鲜、爽的滋味特征，鲜是因为氨基酸的存在，醇是氨基酸与茶多酚含量比例协调的结果。

工夫红茶的滋味以鲜、浓、醇、爽为主，红碎茶的滋味以浓、鲜为主。红茶茶汤中的呈味物质主要是多酚类化合物，氨基酸处于辅助地位。红茶在加工过程中，多酚类物质大量氧化、聚合，形成茶黄素、茶红素、茶褐素等氧化产物。其中，茶黄素是茶汤刺激性和鲜爽度的决定成分，茶红素是茶汤浓度和醇度的决定成分。当茶黄素和茶红素的含量高且比例适当时，茶汤滋味浓而鲜爽且富有刺激性，是红茶品质好的表现。茶褐素会使茶汤变暗、叶底褐变，从而影响红茶品质。

4）茶叶的外形

茶叶的外形是由制茶工艺决定的。同一种鲜叶可以制成不同的外形，同一种外形也可以用不同的鲜叶来制成。茶叶的外形以规整、松紧适宜为上。

一般来说，绿茶的外形有条形、圆形、卷曲形、扁形、盘花形、自然花瓣形、针形、环钩形、片形、尖形等。红茶依外形可分为红条茶和红碎茶。黄茶的外形有条形、芽尖形、兰花形。白茶未经揉捻，其形状大多呈自然花瓣形，其中白毫银针为全芽尖，因满披白毫、形似针而得名。青茶根据产地及加工方法的不同，有直条形、蜻蜓头形和半球形之分。黑茶中的黑毛茶原料较粗老，外形为条形。根据压制时压制模型的不同，茶叶还有砖形、枕形等。此外，以云南晒青毛茶为原料加工成的紧压茶有沱茶、饼茶、砖茶之分。

很多名茶的外形已经是约定俗成的形状，不能改动，如西湖龙井、太平猴魁、六安瓜片、庐山云雾茶、安溪铁观音等。

2.2.2 茶叶感官审评的基本方法

茶叶感官审评源于人们的饮茶方式，并逐渐发展成为一项技术性较高的专业工作，它是指审评人员运用正常的视觉、嗅觉、味觉、触觉等辨别能力，对茶叶产品的外形、汤色、香气、滋味与叶底等品质因子进行综合分析和评价的过程。要准确、客观地反映茶叶的品质，必须使审评人员的感觉器官不受外界因素的干扰。因此，茶叶感官审评必须在茶叶感官审评室中，使用统一的审评设备，应用科学的操作方法进行，尽量减少因外界影响而产生的审评误差。针对茶叶感官审评，我国还专门制定了相应的国家标准。

1）审评室

审评室应置于二层楼以上，面积根据工作量而定，最小使用面积不得小于 10 平方米；宜坐南朝北，室内左右（东西向）墙面不开窗；正北采光墙面的开窗面积应不少于 35%。为了避免阳光直射，可在北窗外沿装一个倾斜 30° 的黑色斜斗形遮光板，从而使室内光线明快柔和。若审评室自然采光不足，可在审评台正上方 1.5 米处悬挂一组标准日光灯管，灯管长度不得小于样茶盘排列长度。除白色日光灯外，其他色调的灯具都不适合审评室使用。为改善室内光线，墙壁、天花板均应为白色或接近白色。地面要求干燥，采用磨石子地面或铺地板、瓷砖。四周环境要安静。室内应无异味，保持空气清新，温度宜保持在 15～27 ℃，相对湿度不应高于 70%，在条件稍差的情况下，主要防潮。

2）审评设备

（1）审评台

审评台分为干性审评台和湿性审评台。

干性审评台一般置于审评室内靠窗口位置，主要放置评茶盘，在审评茶叶的外形与色泽时使用。干性审评台高 80～90 厘米，宽 60～75 厘米，长度视实际需要而定，台面为黑色亚光。

湿性审评台一般置于干性审评台后 1 米左右，主要放置审评杯碗，在冲泡审评茶叶，以及审评茶叶的香气、汤色、滋味和叶底时使用。湿性审评台高 75～80 厘米，宽 45～50 厘米，长度视实际需要而定，台面为白色亚光。台面一端应留一个缺口，以利于台面茶水流出和清扫台面。

（2）样茶柜或样茶架

审评室内可配置适当的样茶柜或样茶架，用于存放待评茶叶。样茶柜或样茶架应放在审评室的两侧，漆成白色。

（3）评茶标准杯碗

审评杯用于开汤冲泡茶叶及审评香气，审评碗用于审评汤色和滋味。审评杯和审评碗均为白色瓷质，厚薄、大小和色泽要一致。

①初制茶（毛茶）审评杯碗。杯呈圆柱形，高 75 毫米，外径 80 毫米，容量 250 毫升。具盖，盖上有一个小孔，杯盖上面外径 92 毫米。与杯柄相对的杯口上缘有三个呈锯齿形的滤茶口，以便带着杯盖把杯中的茶汤倒入审评碗中，而茶渣仍能留在杯中。口中心深 4 毫米，宽 2.5 毫米。碗高 71 毫米，上口外径 112 毫米，容量 440 毫升。

②精制茶（成品茶）审评杯碗。杯呈圆柱形，高 66 毫米，外径 67 毫米，容量

150毫升。具盖，盖上有一个小孔，杯盖上面外径76毫米。与杯柄相对的杯口上缘有三个呈锯齿形的滤茶口，口中心深3毫米，宽2.5毫米。碗高56毫米，上口外径95毫米，容量240毫升。

③乌龙茶审评杯碗。杯呈倒钟形，高52毫米，上口外径83毫米，容量110毫升。具盖，盖外径72毫米。碗高51毫米，上口外径95毫米，容量160毫升。

（4）评茶盘

评茶盘是用无气味的木板或胶合板制成的正方形盘。外围边长230毫米，边高33毫米。盘的一角开有缺口，缺口呈倒等腰梯形，上宽50毫米，下宽30毫米，涂以白色油漆。

（5）分样盘

分样盘是用无气味的木板或胶合板制成的正方形盘。内围边长320毫米，边高35毫米。盘的两端各开一个缺口，涂以白色油漆。

（6）叶底盘

叶底盘分为黑色叶底盘和白色搪瓷盘。黑色叶底盘为正方形，外径边长100毫米，边高15毫米，一般用于审评精制茶叶底。白色搪瓷盘为长方形，外径长230毫米，宽170毫米，高30毫米，一般用于审评初制茶叶底。

（7）其他用具

①称量用具：用于称量茶叶，一般采用感量为0.1克的架盘药物天平或电子天平。

②计时器：用于确定茶叶冲泡的时间。常规使用可设定5分钟自动响铃。

③刻度尺：刻度应精确到毫米。

④网匙：用于捞取审评碗内和茶汤中沉淀的碎茶，用细密的60目左右不锈钢或尼龙丝网制作，不宜用铜丝网，以免产生铜腥味。

⑤茶匙：用于品尝茶汤滋味，一般为不锈钢或陶瓷制作，容量约10毫升。

⑥烧水壶：用于制备沸水的电热水壶，一般用不锈钢制品，忌用黄铜壶或铁壶，以防出现异味或影响茶汤色泽。

⑦茶笂：用于搅拌粉茶，竹制。

3）审评用水

审评用水的优劣对茶叶汤色、香气和滋味的影响极大，尤其体现在水的酸碱度和金属离子的成分上。水质呈微酸性，汤色透明度好；水质趋于中性和微碱性，会使茶多酚的氧化程度加深，汤色趋暗，滋味变钝。

（1）审评用水的选择

凡符合下列条件的均可作为审评用水：

①理化指标及卫生指标符合《生活饮用水卫生标准》（GB 5749—2022）规定的桶装水或商品水。

②无色、透明、无沉淀、不含杂质的水（自然界中的新鲜山泉水采用净水器过滤，也可以作为审评用水）。

（2）水的温度

泡茶一般用100℃开水，水沸后宜立即冲泡。如果用久煮或热水瓶中开过的水回炉煮开再冲泡，会影响茶汤的新鲜滋味。如果用未滚沸的水冲泡茶叶，则茶叶中的水浸出物不能最大限度地泡出，会影响茶汤香气、滋味的准确评定。

4）精制茶审评方法

精制茶审评通常分为外形审评和内质审评两个项目，其中外形审评包括形状、整碎、色泽和净度四个因子，内质审评包括汤色、香气、滋味、叶底四个因子。

以绿茶审评为例，取有代表性的茶样 100~200 克放入评茶盘中，评其外形。随后从评茶盘中撮取 3 克茶倒入审评杯内，再用烧水壶中的沸水冲至杯满（约 150 毫升）。被评茶叶在审评杯内浸泡 4 分钟，然后将茶汤沥入审评碗内，评其汤色，并闻杯内香气。待汤色、香气评好后，再用茶匙取适量茶汤入口评滋味，一般尝味 1~2 次。最后将杯内茶渣倒入叶底盘中，审评叶底品质。

整个评茶的操作流程为：取样→评外形→称样→冲泡→沥茶汤→评汤色→闻香气→尝滋味→看叶底。每个审评项目均应写出评语，并加以评分。

一般而言，绿茶、红茶、黄茶、白茶、乌龙茶、黑茶采用柱形杯评审时，按茶水比 1：50 称样 3 克或 5 克。乌龙茶倒钟形审评杯的容量为 110 毫升，称样 5 克。紧压茶审评按茶水比 1：50 称样 3 克或 5 克。蒸青绿茶在开汤审评时有时会使用白瓷碗，将茶样称取 2 份分别放入碗内，加沸水冲泡后一只碗在 2~3 分钟后用于嗅香气；另一只碗中的茶叶捞出后，供看茶汤、尝滋味、评叶底。绿茶的冲泡时间为 4 分钟；红茶、白茶、黄茶的冲泡时间为 5 分钟；乌龙茶的冲泡时间为 5~6 分钟。

5）外形审评

（1）审评形状

①条形茶。首先，看面张（又称上段）茶的比例是否恰当，将标准样和审评样分别摇盘、收盘后，观看审评样的面张茶能否盖住整个堆面，再对照标准样审评条索的粗细、松紧、挺直或弯曲，以及芽的含量和有无锋苗。然后，左右手分别轻轻抓一把标准样和审评样，翻转手掌，审评中段茶的粗细、松紧、轻重、老嫩，芽毫的含量及是否显锋苗。抓取茶样时应注意手势要轻，避免捏碎茶样，同时应从中间、左右角等各个位置与标准样进行对照。最后，审评下段茶细条或颗粒的轻重、碎芽尖或片末的含量。

一般而言，红毛茶、绿毛茶非常注重鲜叶原料的嫩匀度，其条索以细紧或肥壮披毫、显锋苗、身骨重实、下段碎片末含量少为好，条松或粗松、无锋苗、身骨轻、下段碎片末含量多为品质差的表现。

②圆形茶。首先，将审评茶样倒入评茶盘中，摇盘、收盘后，审评面张茶是否能盖住堆面，再对照标准样审评面张茶颗粒的大小、圆结或松扁，有无露黄头。然后，左右手各抓一把审评样和标准样，翻转手掌，审评中段茶颗粒的圆结度及是否松扁开口、身骨的轻重。最后，审评下段茶颗粒的轻重、碎片末的含量。

一般而言，圆形茶的外形以细圆紧结、身骨重实为好；松扁开口、露黄头、身骨轻为品质差的表现。

③紧压茶。

成块（个）茶的审评：压制成块（个）的茶应审评形状规格、松紧、匀整和光洁度。砖茶看其砖块规格的大小、棱角是否分明、厚薄是否均匀、压制的紧实度、表面是否光洁，以及有没有龟裂起层的现象。有些砖茶要求压得越紧越好，如黑砖、花砖、米砖等；有些砖茶则要求不能压得太紧，如茯砖、康砖等。茯砖还要加评砖内发花是否茂盛、均匀及颗粒的大小。分里茶和面茶的，还需要审评是否起层脱面、包心是否外露。沱茶形状为碗臼形，审评时应看其紧实度、表面的光洁度、厚薄是否均匀及显毫情况。

篓装茶的审评：压制成篓的茶应审评嫩度和松紧度，如篓装六堡应审评其压制的紧实度及条形的肥厚度和嫩度。

（2）审评整碎

整碎的审评是针对未压制成块（个）的散装茶进行的，审评的内容包括匀齐度和上、中、下三段的比例两部分。如果茶叶已压制成块（个），则不需要审评其整碎。

首先，审评匀齐度。观看整盘审评样的面张、中段、下段的大小，形状是否与标准样相近。高档茶往往条形大小匀齐一致，无碎末、轻片；中低档茶则往往条形短钝或大小不匀，多碎末、轻片。

其次，审评上、中、下三段的比例。大宗茶类，特别是红、绿精制茶类，非常注重上、中、下三段的比例是否恰当，即摇盘后面张茶应能盖住堆面，以中段茶为核心，下段茶不能露出，整盘茶叶平伏匀齐不脱档。如果面张茶仅为堆顶上一圈，或下段茶铺在堆脚，都是三段比例不恰当（即脱档）的表现。

（3）审评色泽

首先，审评色泽是否正常。色泽正常是指具备该茶类应有的色泽，如绿茶应黄绿、深绿、墨绿或翠绿等，红茶应乌润、乌棕或棕褐等。如果绿茶色泽显乌褐或暗褐，则其品质较差；同样，如果红茶色泽泛暗绿色或呈现出花青色，则其品质也不好。

其次，审评色泽的鲜陈、润枯、匀杂。红、绿茶类审评色泽时应注重色泽的新鲜度，即色泽光润有活力，同时看整盘茶是否匀齐一致、色泽调和，有没有其他颜色夹杂在一起。例如，高档绿茶鲜叶原料较嫩匀，色泽鲜活、翠绿光润、均匀一致；中档绿茶原料嫩匀度稍差，色泽表现为黄绿尚润，尚有光泽；低档绿茶由于原料较粗老，叶色呈绿黄或枯黄，缺少光泽，因此色泽表现为绿黄欠匀或枯黄暗杂。陈茶由于存放条件较差或时间较长，内含物质发生变化，因此色泽暗滞无光。

（4）审评净度

净度是指茶叶中的茶类夹杂物和非茶类夹杂物的含量情况。

茶类夹杂物是指茶叶鲜叶在采摘或加工过程中产生的一些副产品，如茶梗、黄片、碎片末等。一般而言，高档茶要求匀净，不应含有茶类夹杂物；中档茶允许含有少量的茶梗、黄片及碎片末；低档茶允许含有部分较粗老的茶梗、黄片及碎片末。

非茶类夹杂物是指石子、谷物、瓜子壳、杂草等非茶类物质，不管是高档茶还是低档茶，都不允许含有非茶类夹杂物。

6）内质审评

（1）观汤色

首先，审评茶汤颜色是否正常，即鉴别是否具备该茶类应有的汤色。绿茶的汤色应以绿为主，如黄绿明亮或绿尚亮；红茶的汤色应以红为主，如红艳或红亮；乌龙茶的汤色则应金黄明亮、橙黄明亮或橙红等。如果绿茶汤色泛红，或红茶汤色泛青，则往往是品质有弊病的表现。

其次，审评茶汤的色度、明暗度、清浊度。审评茶汤的色度、明暗度时，应经常交换茶碗的位置，以免因光线强弱不同而影响审评结论。审评时动作要快，因为茶汤久置空气中，内含物会接触氧气，从而使茶汤变深或出现"冷后浑"的现象。所谓"冷后浑"，是指当茶汤中茶多酚、咖啡因的含量较高时，两者结合生成一种络合物，这种物质溶于热水，不溶于冷水，当茶汤温度下降时，它会析出，使茶汤变浑浊。大叶种茶树品种生产的红茶或绿茶都容易产生这种现象，特别是大叶种红碎茶，更易产生"冷后浑"现象。出现"冷后浑"是茶叶内含物质丰富和品质好的表现。

（2）嗅香气

滤出茶汤或看完汤色后，应立即嗅香气。嗅香气时一手托住杯底，一手微微揭开杯盖，鼻子靠近杯沿轻嗅或深嗅。嗅香气一般分为热嗅、温嗅和冷嗅三个步骤，以仔细辨别香气的纯度、浓度及持久性。

热嗅是指一滤出茶汤或快速看完汤色即趁热嗅香气，此时最易辨别茶汤有无陈气、霉气及其他异气。随着温度的下降，异气部分散发，嗅觉对异气的敏感度也会下降。因此，热嗅时应主要辨别香气的纯度。

温嗅是经过热嗅及看完汤色后再来嗅香气，此时审评杯温度下降，手感略温热。温嗅时，香气不烫不凉，最易辨别香气的浓度，因此应细细地嗅，注意体会香气的浓淡。

冷嗅是指经过温嗅及尝完滋味后再来嗅香气，此时审评杯温度已降至室温，手感已凉，应深深地嗅，仔细辨别是否仍有余香。如果此时仍有余香，则是茶叶品质好的表现，即香气的持久性好。

（3）尝滋味

尝滋味一般在看完汤色及温嗅后进行，茶汤温度在50 ℃较适宜。如果茶汤温度太高，易使味觉受烫后变麻木，从而不能准确辨别滋味；如果茶汤温度太低，则味觉的灵敏度较差，也会影响滋味的正常审评。尝滋味时，首先用茶匙取一匙5毫升左右的茶汤，吸入口中后用舌头在口腔中循环打转，或用舌尖抵住上腭，上下齿咬住，从齿缝中吸气使茶汤在口中回转翻滚，接触到舌头的前后左右各部分，全面辨别茶汤的滋味。然后吐出茶汤或咽下，体会口中留有的余味。每尝完一碗茶汤，都应将汤匙中的残留液倒尽并在白开水中洗净，以免各碗茶汤间相互串味。

审评滋味时，主要审评其浓淡、厚薄、醇涩、纯异和鲜钝等。

（4）看叶底

审评叶底是内质审评的最后一个步骤，在评完汤色、香气、滋味后，将审评杯中的茶渣倒入黑色叶底盘中直接评比，或倒入白色搪瓷盘中加清水漂看。一般来说，红茶、绿茶、黄茶等茶类主要审评嫩度、匀整度和色泽。审评时除了应观察芽叶的含量、叶张的光洁度与粗糙度、色泽与匀整度的好坏以外，还应用手指按叶张的软硬、厚薄、壮瘦及叶脉的平凸，也可将叶张拢到叶底盘的边沿，用手指揿压，放松后观察其弹性大小，然后将叶张翻转过来，平铺在叶底盘的中央，观察芽叶的含量。

一般来说，芽叶的含量越多，嫩度越好；嫩叶含量多，老叶含量少，嫩度也好。叶张软而厚的，往往弹性较差，嫩度好；叶张硬而瘦薄的，往往弹性较好，嫩度差。

叶底的匀整度是指叶张老嫩是否均匀，有无茶梗、茶末等茶类夹杂物及非茶类夹杂物，同时绿茶看其有无红梗、红叶夹杂其中，红茶看其有无茶青叶夹杂其中。应注意的是，匀整度好不等于嫩度好。

审评叶底色泽时，首先看其是否具有该茶类应有的特征，然后审评其明暗度、均匀度，如绿茶以嫩匀、嫩绿、亮为好，以老嫩不匀或粗老、枯暗花杂为差。

🌿 **课堂互动 2-1**   **茶叶感官审评**

布置审评室，准备审评设备和适当的样茶，对茶叶的外形和内质进行审评，体验茶叶感官审评的过程。

2.2.3　茶的鉴别

1）真假茶的鉴别

假茶就是用类似茶树叶片和嫩芽的其他植物的芽叶，按茶叶的加工工艺进行加工，做成形似茶叶并冒充茶叶销售的物品。现在有些植物，如苦丁、银杏的叶子已被人们作为清凉保健的饮料，习惯上被称为苦丁茶、银杏茶，应与充当茶叶的假茶区别开。开汤审评是鉴别真假茶的一种比较准确的方法，开汤时采用双杯审评方法。第一杯冲泡5分钟，用来审评香气的滋味，看其有无茶叶所特有的茶香和茶味；第二杯冲泡10分钟，使叶片完全展开后，将叶片置于白色搪瓷盘中，观察有无茶叶的植物学特征。

茶叶的植物学特征如下：

①茶叶的芽及嫩叶的背面有银白色的茸毛，随着叶质的成熟老化，茸毛会逐渐消失。假茶一般没有茸毛。

②嫩枝茎为圆柱形。

③叶片边缘锯齿显著。嫩叶的锯齿浅，老叶的锯齿深。锯齿上有腺毛，老叶腺毛脱落后，留有褐色疤痕，近叶基部锯齿渐稀。假茶叶片则无锯齿，或锯齿形状及分布与真茶不同。

④叶面分布着网状叶脉，主脉直射顶端，侧脉伸展至离叶缘2/3处向上弯，连接上一侧脉，主脉与侧脉又分出细脉，构成网状。假茶的叶脉多数呈羽毛状，有的直达叶片边缘。

当茶叶已被切碎或由于其他原因，通过感官审评难以辨别真假时，可通过检测茶叶的主要内含物质——咖啡因、茶氨酸和茶多酚来鉴别。如果植物的新梢中同时含有这些成分，并达到一定的含量，就可基本确定是茶叶了。

🍃 **学有所悟 2-3**

假冒伪劣行为的危害极大，尤其是食品领域的造假行为，更遭到人们的强烈谴责。我国历史上针对假茶的治理手段有很多，在今天依然具有借鉴意义。

悟茶道 2-3

中国各朝代
针对假茶的
治理手段

2）春茶、夏茶及秋茶的鉴别

春季气温适中，雨量充沛，茶树经头年秋冬季较长时期的休养生息，体内营养成分丰富，所以春茶芽叶肥厚、色泽翠绿、叶质柔软、白毫显露，氨基酸和维生素的含量也比夏茶和秋茶高；夏季炎热，茶树新梢虽然生长迅速，但容易老化，花青素、咖啡因、茶多酚含量明显增加，茶叶滋味变得苦涩；秋季虽然气温适宜，但雨量不足，茶叶内含物质欠缺、滋味淡薄、香气欠浓、叶色较黄。

鉴别春茶、夏茶及秋茶的方法主要有干看和湿看两种。

（1）干看

绿茶色泽绿润，红茶色泽乌润，茶叶条索紧结、肥壮重实，或有较多白毫、香气馥郁，都是春茶的品质特征。绿茶色泽灰暗，红茶色泽红润，茶叶轻飘松大、嫩梗瘦长、条索松散、香气稍带粗老，都是夏茶的品质特征。绿茶色泽黄绿，红茶色泽暗红，茶叶大小不一、叶张轻薄瘦小、香气较为平和，都是秋茶的品质特征。

（2）湿看

茶叶冲泡后下沉快，香气浓烈持久，滋味醇厚；绿茶汤色绿中显黄，红茶汤色红艳显金圈；叶底柔软厚实，正常芽叶多，一般为春茶。茶叶冲泡后下沉较慢，香气稍低；绿茶滋味欠厚稍涩，汤色青绿，叶底中夹杂铜绿色芽叶；红茶滋味较强欠爽，汤色红暗，叶底较红亮；不论红茶还是绿茶，叶底均显得薄而较硬，对夹叶较多，一般为夏茶。茶叶冲泡后香气不高、滋味平淡，叶底夹有铜绿色芽叶，叶张大小不一，对夹叶较多，一般为秋茶。

3）高山茶和平地茶的鉴别

高山茶和平地茶由于生长环境有别，不仅茶叶外表形态不一，内在品质也不相同。高山茶新梢肥壮，色泽翠绿，茸毛较多，节间较长，嫩度好，滋味浓，香气高，耐冲泡；平地茶新梢相对短小，叶底较硬而薄，叶张平展，叶色黄绿少光泽，香气较低，滋味较淡，身骨较轻。

需要注意的是，这些品质区别只是相对而言的，并非绝对。

4）新茶与陈茶的鉴别

陈茶一般是指绿茶、红茶、黄茶或乌龙茶等茶叶由于存放时间较长（一般为1年以上）而产生陈化，或存放时水分含量过高，又储存于高温、高湿或有阳光直射的地方，在较短时间内即陈化变质的茶叶。从外形上看，陈茶条索往往由紧结变为稍松，色泽失去原有的光润度而变得枯暗或灰暗，其中以绿茶陈化后的色泽变化最明显，从原来的以绿色为主变为以黄色或褐色为主，且色泽发暗发枯。开汤后，香气低淡，失去了新茶的清香或花香，甚至带有浊气，汤色深暗，滋味陈滞且淡无鲜味，叶底芽叶不开展，色泽黄暗。红茶陈化后，茶叶的色泽变得灰暗，汤色混浊不清，失去了新茶的鲜活感。

5）红梗红叶茶的识别

红梗红叶茶是绿毛茶鲜叶采摘及杀青不当而产生的品质弊病。茶叶上带有暗红条，色泽稍杂乱，开汤后有发酵气味，汤色泛红，叶茎部和叶片局部变红。

6）花青茶的识别

花青茶是红毛茶鲜叶加工不当而产生的品质弊病。色泽红中带暗青色，开汤后有明显的青气味，汤色淡红带黄，叶底有青绿色叶张或青绿色斑块，红中夹青。

7）焦茶的识别

焦茶是茶叶干燥时温度太高或时间太长而产生的品质弊病。茶条上有较密集的爆点，形如鱼子泡，色泽发枯或焦黄，开汤闻有焦气味，汤色呈深黄或暗黄，叶底不开展，芽叶上有黑色焦斑。

8）烟、异、酸、馊茶的识别

这类茶叶的产生一般是因为加工工序不当或贮藏保管不当。

①烟气味：犹如湿柴燃烧时产生的烟熏气味，干嗅时就有烟气味，开汤后烟气味更明显，且品尝滋味时也有烟气味。

②异气味：常见的异气味有包装袋的油墨气味、木箱气味以及与其他有气味的物品混放后吸收的气味。

③酸、馊气味：犹如夏天久放的稀饭所发出的气味，一般干嗅时不明显，热嗅时较明显，但复火后可以消除。

9）霉变茶的识别

茶条稍松或带有灰白色霉点，严重时茶条相互间结成霉块，色泽枯暗或泛褐，干嗅时缺乏茶香或稍有霉气，开汤后热嗅有霉气，汤色暗黄或泛红，尝滋味时有霉味，严重时令人恶心，叶底呈暗褐色。

话茶事2-2

虫茶

2.3　茶叶的保存

茶叶从生产、运输到销售，直到饮用，都会涉及贮藏的过程。保存的方式越好，茶叶的保存期限就越长；如果保存不善，茶叶很快就会变质，颜色发暗，香气散失，味道不良，甚至发霉而不能饮用。

茶叶品质的好坏，主要取决于茶叶中各种物质的含量及其比例是否适当。因此，要使茶叶的品质得到保证，首先要清楚茶叶中含有的主要物质及其变化规律，再用科学的贮藏、保鲜技术来减缓茶叶中这些有效成分的变化。

2.3.1 茶叶中含有的主要物质

茶叶的内含物质非常丰富，归纳起来主要包括水分、灰分、茶多酚、蛋白质、生物碱、芳香物质、糖类物质和色素等。

1）水分

茶鲜叶中水分的含量一般为75%～78%，经过加工制成干茶以后，绝大部分水分都已蒸发散失，干茶的含水量一般为4%～6%。成品茶的含水量越高，贮藏保管过程中越容易发生品质的变化。当成品茶中的含水量超过12%时，茶叶内部的各种化学反应不仅可以继续进行，而且能够吸收空气中的氧气，使微生物不断滋生，茶叶很快就会变质或发霉。因此，生产上要求毛茶的含水量应控制在6%以下，精制茶的含水量应控制在4%～6%。

2）灰分

茶叶经高温灼烧后残留下来的无机物质统称为灰分。灰分一般占干物质总量的4%～7%。灰分的含量与茶叶品质有密切关系。灰分含量过多，是茶叶品质差的表现，或是混入泥沙杂质的缘故。灰分中能溶于水的部分称为水溶性灰分。一般在茶嫩叶中，水溶性灰分的含量越高，茶叶品质越好；相反，鲜叶原料越老，水溶性灰分的含量越少，茶叶品质也越差。因此，茶叶中水溶性灰分含量的高低，是区别鲜叶原料老嫩和茶叶品质好坏的标志之一。

3）茶多酚

茶多酚是茶叶中多酚类物质的总称，它由儿茶素类、黄酮类、花青素类、酚酸类等物质组成。其中，儿茶素类是形成不同茶类的主要物质，具有强烈的收敛性，苦涩味较重。黄酮类物质多以糖苷的形式存在于茶叶中。花青素类物质具有明显的苦味，在高温干旱季节，花青素易形成并累积，因此夏茶具有明显的苦涩味，对茶叶品质不利。酚酸类物质的含量很少，味苦涩。

茶叶的品质在很大程度上取决于多酚类物质的组成、含量及其转化产物的类型，这些物质对茶叶色、香、味的形成影响很大。

4）蛋白质

茶叶中的蛋白质由谷蛋白、清蛋白（又称白蛋白）、球蛋白和精蛋白组成。其中，谷蛋白所占比例最高，清蛋白能溶于水且对茶汤的滋味有积极作用。蛋白质的基本组成单位——氨基酸极易溶解于水，具有鲜爽味，它决定了茶汤品质的鲜爽度。绿茶品质的香高、味醇与氨基酸含量较多有关。

5）生物碱

茶叶中的生物碱主要有咖啡因、可可碱和茶叶碱三种。其中，咖啡因的含量最多，其他两种生物碱的含量很少。茶鲜叶越嫩，咖啡因含量越高，品质越好。

6）芳香物质

茶叶中芳香物质的含量低，但种类很多，主要包括中低沸点的芳香物质和高沸点的芳香物质两类。中低沸点的芳香物质如青叶醇等，具有强烈的青草气，存在于鲜叶中，因此杀青不足的绿茶往往具有青草气；高沸点的芳香物质，如苯甲醇、苯乙醇和芳樟醇等，都具有良好的花香，是鲜叶经过加工后形成的。因此，加工技术是形成不同芳香物质并赋予茶叶不同香气品质的关键。

7）糖类物质

糖类物质也称碳水化合物，包括纤维素、半纤维素、淀粉和果胶等物质。茶叶中的糖类物质有可溶性糖和不溶性糖两类。其中，可溶性糖除了构成茶汤的滋味外，还参与了香气的形成，如有些茶叶具有的甜香、焦糖香和板栗香就是在加工过程中糖类发生变化并与多酚类、氨基酸等物质相互作用而形成的。

8）色素

茶叶中的色素包括叶绿素、叶黄素、胡萝卜素、花青素、黄酮类物质以及茶多酚的氧化产物（主要是茶黄素、茶红素和茶褐素）等。叶绿素、叶黄素和胡萝卜素不溶解于水，也称脂溶性色素；花青素、黄酮类物质、茶黄素、茶红素和茶褐素能溶于水，也称水溶性色素。脂溶性色素对干茶的色泽有很大影响，而水溶性色素决定了茶汤的颜色。

叶绿素是绿茶中的主要色素，它是形成绿茶干茶色泽的主要因素。叶绿素主要由蓝绿色的叶绿素 a 和黄绿色的叶绿素 b 组成，鲜叶中叶绿素 a 的含量要比叶绿素 b 的含量高 2～3 倍，因此通常是深绿色的；幼嫩的叶子叶色较淡，有时会呈黄绿色，这是叶绿素 b 的含量比叶绿素 a 的含量高的缘故。在绿茶加工过程中，叶绿素将随着加工工艺的变化而发生一系列的化学变化，使茶叶的色泽逐渐变深，最终形成绿茶干茶的色泽。

2.3.2 引起茶叶品质劣变的因素

引起茶叶品质劣变的因素很多，主要包括温度、湿度、氧气、光照和异味。

1）温度

茶叶在贮藏过程中，一般温度越高，品质劣变的速度越快，因为温度高时化学反应的速度加快。研究显示，在一定范围内，温度每升高 10 ℃，绿茶色泽褐变的速度会提高 3～5 倍。同时，温度升高还有利于茶叶中酶的活动，从而加速茶叶的陈化，使茶叶产生陈气。因此，在有条件的地方，最好采用低温冷藏方法。茶叶冷藏的经济适宜温度为 0～5 ℃，如果温度低至 -25 ℃，效果更好。

2）湿度

茶叶很易吸湿，茶叶含水量越高，茶叶陈化变质的速度就越快。要防止茶叶在贮藏过程中变质，加工时的含水量必须保持在 6% 以内，最好控制在 3%～5%。茶叶在贮藏过程中含水量的变化，除了受茶叶本身含水量的影响外，还受周围空气相对湿度的影响。空气的相对湿度越大，茶叶吸湿越快，茶叶变质速度也越快。相对湿度在50% 以上时，茶叶的含水量会显著升高，这不仅会影响茶叶的色、香、味，而且会滋生霉菌。

3）氧气

茶叶中的多酚类化合物、维生素 C 等物质会缓慢氧化，产生陈味物质，从而严重破坏茶叶的品质。

4）光照

光照会促使植物色素和脂类物质氧化。茶叶在直射光下贮存，不仅会色泽发黄，而且会产生不良气味。当茶叶中的色素氧化后，绿茶会由绿变黄，红茶会由乌黑变成棕褐色。光照后的茶叶因某些内含物质发生光化学反应，会产生日晒味，从而加速茶叶的陈化。

5）异味

茶叶中含有棕榈酸和萜烯类化合物，这类物质具有很强的吸收异味的功能，因此不要将茶叶，尤其不要将一般包装的茶叶与樟脑丸、油漆、香烟、化妆品等任何有气味的物品放在一起，以免因串味而影响茶叶品质。

2.3.3　茶叶保鲜贮藏技术

了解了引起茶叶品质劣变的因素后，我们便可以采取有针对性的措施，使茶叶尽可能长时间地保存并保持品质不变。茶叶合理贮藏的要点是：低温、干燥、去氧、避光、除异味。归纳起来，茶叶的贮藏方法主要有以下几种：

1）常温贮藏法

（1）方法介绍

常温贮藏时常使用防潮性能较好的铝箔复合袋、各种金属罐、玻璃器具、保温瓶以及茶箱、茶袋等作为茶叶的包装。由于茶箱、茶袋的防潮性能差，因此只在初、精制茶厂大批量调拨茶叶时使用。常温贮藏 2～3 个月，茶叶品质就会有很大变化。一般喜欢饮茶者或家庭购买的茶叶数量很少时，可装入有双层盖的马口铁茶叶罐里，最好装满且不留空隙，这样罐里空气较少，有利于茶叶的保存。双层盖都要盖紧，用胶布粘好盖子缝隙，并把茶罐装入两层尼龙袋内，封好袋口。还有一个方法是将茶叶装入干燥的保温瓶中，盖紧盖子，用白蜡密封瓶口。这两种方法可以使茶叶品质在较长时间内保持不变，不过在 30 ℃以上的高温季节就无法保证茶叶品质了，尤其是色泽褐变无法防止。

（2）注意事项

①常温贮藏的干茶含水量应控制在 5% 左右。

②包装物必须具有很好的防潮性能，包装袋最好使用 2～3 层的高分子复合材料。

③包装袋封口要严密。

④贮藏时间不宜过长，一般以 3 个月为宜。

2）灰缸贮藏法

（1）方法介绍

灰缸贮藏法即将生石灰、木炭或硅胶置入待存茶叶的灰缸内，利用生石灰、木炭或硅胶的吸湿性来吸收茶叶中的水分，从而降低灰缸内空气的相对湿度，延缓茶叶的陈化、劣变过程。灰缸的大小视保存茶叶的多少而定，要求干燥、清洁、无味、无锈。灰缸贮藏法的操作步骤是：首先把未风化的生石灰（木炭或硅胶）装入细布口袋内，每袋重约 0.5 千克；然后将茶叶用干净的薄纸包好，每包重 0.5 千克，用细绳扎紧，一层一层地放进灰缸的四周，中央留出空位，放置一袋生石灰（木炭或硅胶），上面再放一包茶叶，如果未装满，还可依次再装一两层；最后用牛皮纸堵塞灰缸口，用草垫或棕垫盖好。在各种保管茶叶的方法中，灰缸贮藏法具有操作方便、成本低等优点。

（2）注意事项

①放入灰缸前，干茶的含水量应控制在6%以下。

②灰缸内的空气相对湿度要低，应控制在50%以下。

③包装物必须具有良好的透气性，最好用牛皮纸包装。

④灰缸贮藏的时间不宜过长，一般以6~8个月为宜。

⑤生石灰吸潮风化后要及时更换，一般装坛后一个月就要进行更换，以后每隔一两个月更换一次。如果木炭吸潮，要先将木炭烧红，冷却后装入布袋，每袋重约1千克，每隔一两个月要把木炭取出一次，烧干再用。

3）脱氧保鲜贮藏法

（1）方法介绍

脱氧保鲜贮藏法即将脱氧剂放入装有茶叶的密封容器内，利用脱氧剂吸收包装物内的氧气，从而延缓茶叶因氧化作用而产生的陈化、劣变。一般来说，在常温下容易与氧气反应形成氧化物的物质均可作为脱氧剂的基材，目前市场上的脱氧剂多以活性铁粉为基材。一般封入脱氧剂24小时后，容器内的氧气浓度可降低到0.1%以下。当容器内渗入微量氧气时，脱氧剂仍能与氧气发生反应并吸收这些氧气，所以脱氧剂能使茶叶长时间处于无氧状态。

（2）注意事项

①茶叶必须干燥，在进行包装前，干茶的含水量应控制在6%以下。

②应选用阻气性好的复合薄膜或其他密闭性好的容器。

③根据容器的大小选择不同规格型号的脱氧剂。

④在容器中放入脱氧剂后，必须严格密封，不能有漏气现象。

⑤在使用脱氧剂前，最好计算一下茶叶包装数量的多少，将脱氧剂一次性使用完毕。若一次用不完，被拆封的脱氧剂必须在2小时内用原包装严密封口，以免失效。

（3）适用范围

脱氧保鲜贮藏法适用于绿茶，特别是名优绿茶。研究表明，用脱氧剂保鲜贮藏的名优绿茶，其香气和滋味均优于充氮气保鲜贮藏的名优绿茶，尤其是维生素C含量的变化甚微，在80天内基本无变化。

4）抽气充氮保鲜贮藏法

（1）方法介绍

抽气充氮保鲜贮藏法是气体置换技术的一种，即用氮气来置换包装袋内的空气，从而阻止茶叶内含化学成分在贮藏过程中与氧气发生反应，达到防止茶叶陈化、劣变的目的。抽气充氮保鲜贮藏法的具体步骤是：首先抽去包装物内的氧气，使包装物内形成真空状态；然后充入氮气；最后严密封口。氮气是一种不易与其他物质发生反应的气体，本身具有抑制微生物生长繁殖的功能，因此也可达到防霉保鲜的目的。然而，由于抽气充氮包装具有体积大、易破碎、运输不便等缺点，因此在实际生产中很少使用。

（2）注意事项

①包装容器体积大、易破损，容器必须牢固。

②贮藏运输时，包装容器不能相互叠压。

（3）适用范围

适用范围为碎末少的茶叶（碎末茶会被抽入抽气设备，从而影响设备寿命）。

5）低温保鲜贮藏法

（1）方法介绍

低温保鲜贮藏法即通过改变环境温度，降低茶叶内含化学成分氧化反应的速度，从而防止茶叶陈化、劣变。目前采用的低温保鲜贮藏法，主要是通过制冷机组降低茶叶贮藏容器或贮藏场所的温度来实现的，其中使用范围最广、成本最低的是冷库保鲜法。冷库的类型主要有土建式和组合式两大类。土建式冷库一般来说结构较简单、成本较低，但是由于它的空间较大，空间内不同区域的温度存在差异，因此要设置通风、通气空间或采用框架存放茶叶。组合式冷库结构合理，保温隔热性能好，操作和使用方便、灵活，但成本较高。

生产实践证明，用低温保鲜贮藏法来保持茶叶的品质是有效的。冷库的温度保持在-18~2℃，均能起到保持茶叶品质的作用。对绿茶而言，当温度选择在5℃以下时，经过8~12个月的贮藏，仍能保持品质基本不变；在-10℃以下贮藏，可保持2~3年品质基本不变。

（2）注意事项

①冷库的除湿效果要好，空气的相对湿度应控制在60%以内（50%以下更佳），同时要用防潮性能好的包装材料对茶叶进行包装，这样才能使茶叶处于干燥状态。

②茶叶是导热性能较差的物质，在冷库中应该分层堆放，每件之间要留一些间隙，使冷空气在库内有足够的循环空间，以便茶叶能均匀快速降温。

③茶叶出库后，不能升温过快，要逐步升温，然后进入常温状态，以免引起茶叶品质急剧下降。茶叶出库后，可分成小包装，同时结合使用脱氧保鲜贮藏法或抽气充氮保鲜贮藏法，更有利于保持茶叶品质。

④家庭、茶店使用冰箱冷冻保鲜贮存茶叶时，一定要保证冰箱专用，不能与其他食品混用，否则茶叶会吸取异味变质。

🍵 问茶寮2-1　　　　　　　　　茶叶受潮后的处理办法

茶叶如因保管不善吸水受潮，其结果轻辄失香、重辄霉变，从而影响茶叶的外形和色、香、味。要使受潮茶叶"起死回生"，正确的处理方法有：

（1）快速风干法

将茶叶用干净、无异味的纱布或无异味、质量好的纸巾裹好、摊开，吸水分，再用吹风机的低温热风档边吹边翻动，直至茶叶干燥。

（2）太阳晒干法

阳光中的紫外线会破坏茶叶的营养，使茶叶品质下降，所以不能直接暴晒。可以用干净、无异味的筛形器物将茶叶摊开，外罩纱布遮挡太阳，用太阳的热度烘晒。烘晒过程中注意随时翻动，直至茶叶干燥。

（3）加热干燥法

①炒干法。将受潮的茶叶放入干净、无味的铁锅中，用微火低温（50～60 ℃）烘焙，边烘边翻动茶叶，直至茶叶干燥发出香味。需要注意的是，必须控制好火候，以免温度过高或时间过长使茶叶焦化。

②烘干法。采用烤箱或烘笼烘烤茶叶，温度要调低一点（50～70 ℃），摊放厚度为1～2厘米，烘烤20分钟，隔天再做一次差不多就可以了。

③微波干燥法。将受潮的茶叶平摊放入微波炉中，用小火烘焙，使用功率700瓦的微波炉烘2分钟即可。这时，茶叶中所含的水分就会释放到表面，取出摊凉，茶叶的水分就会挥发干净。如果茶叶较为潮湿，可重复数次，直至茶叶干燥。采用这种方法处理的茶叶，带有轻微的火粟香味，口感更醇，且有利于较长时间保存。

当然，最稳妥的方法是请茶师或茶农代为焙火。对于已经霉变的茶叶，应毅然抛弃。

知识小结

我国有江北茶区、江南茶区、西南茶区、华南茶区四大茶区。根据茶叶的加工方式，结合其品质特征及茶多酚类物质的发酵氧化程度，中国茶叶可分为基本茶类和再加工茶类两大部分。其中，基本茶类分为绿茶、白茶、黄茶、青茶（乌龙茶）、红茶和黑茶六大类；再加工茶类则包括花茶、紧压茶、萃取茶、果味茶、保健茶、调饮茶等。

听我学2-1

知识小结

茶叶的加工方法不同，所形成的各类茶的品质特征也不同。茶叶的品质除了必须符合卫生标准外，还应符合各茶类应有的品质特征及相应的色、香、味、形等质量要求。

引起茶叶品质劣变的因素很多，主要包括温度、湿度、氧气、光照和异味。茶叶合理贮藏的要点是：低温、干燥、去氧、避光、除异味。

主要概念

茶区　茶树　茶树品种　杀青　萎凋　揉捻　发酵　渥堆　闷黄　做青　干燥绿茶　炒青绿茶　烘青绿茶　蒸青绿茶　晒青绿茶　白茶　黄茶　青茶　红茶　黑茶再加工茶　花茶　茶叶感官审评

知识巩固

2.1　选择题

1）绿茶属于（　　），其茶叶颜色翠绿，茶汤绿黄。

A.轻发酵茶类　　　　B.不发酵茶类　　　　C.半发酵茶类　　　　D.全发酵茶类

2）茶褐素使（　　　），茶褐素的含量增多对红茶的品质不利。

A.茶汤发红，叶底暗褐　　　　　　　B.茶汤红亮，叶底暗褐

C.茶汤发暗，叶底暗褐　　　　　　　D.茶汤发红，叶底红亮

3）审评茶叶应包括（　　　）两个项目。

A.香气与内质　　　B.外形与香气　　　C.色泽与内质　　　D.外形与内质

4）鉴别真假茶，应了解茶叶的植物学特征，嫩枝茎为（　　　）。

A.扁形　　　　　　B.半圆形　　　　　C.圆柱形　　　　　D.三角形

5）茶叶保存应注意水分的控制，当茶叶的水分含量（　　　）时，就会加速茶叶的变质。

A.超过6%　　　　　B.达到5%　　　　　C.不足5%　　　　　D.超过5%

随堂测2-1

选择题

2.2　判断题

1）红茶按加工工艺可分为工夫茶、小种红茶和红碎茶三大类。　　　（　　）

2）黄茶按鲜叶老嫩的不同，分为黄小茶、霍山黄芽、君山银针三大类。　（　　）

3）福建、广东、台湾地区生产制作的茶类主要是乌龙茶。　　　　　（　　）

4）外形扁平光滑，形如碗钉，是碧螺春的品质特点。　　　　　　　（　　）

5）优质红茶香气的特点是甜香或焦糖香。　　　　　　　　　　　　（　　）

随堂测2-2

判断题

2.3　简答题

1）根据茶叶的加工方式，结合其品质特征及茶多酚类物质的发酵氧化程度，中国茶叶可以分为哪几类？

2）什么是茶叶感官审评？

3）茶叶的保存方法有哪些？

4）茶叶的基本种类有哪些？

5）简述各类茶的加工工序。

实践训练 ✔

1）指导教师在六大基本茶类中分别选出一种代表茶，进行识茶、认茶练习。

2）对两种不同等级的绿茶茶样进行品质鉴定。

推荐阅读 👆

［1］陈宗懋. 中国茶经［M］. 上海：上海文化出版社，1992.

［2］中国茶叶博物馆. 话说中国茶［M］. 北京：中国农业出版社，2011.

［3］陆羽，陆廷灿. 茶经·续茶经［M］. 北京：中华工商联合出版社，2018.

学习评价 🎯

本章学习评价表见表2-1。

表 2-1   学习评价表

学习内容		茶叶选择		
	评价要点		学生自评（50%）	教师评价（50%）
知识掌握（30分）	掌握茶叶的基本分类（10分）			
	了解茶叶的鉴别方法（10分）			
	熟悉茶叶的保存方法（10分）			
能力提升（30分）	能够通过色、香、味、形对茶叶品质进行鉴别（15分）			
	能够运用科学的方法保鲜茶叶（15分）			
素质养成（40分）	能够积极践行工匠精神，提升专业素养（20分）			
	具有运用所学知识解决实际问题的能力（20分）			
综合评价成绩（100分）				
学生自评： 学生签字：				
教师评语： 教师签字：				

第 3 章

品茗用水选择

学习目标

知识目标

· 了解品茗中茶与水的关系。
· 熟悉中国古代对品茗用水的认识和择水观点。

能力目标

· 能够准确评判水质优劣。
· 能够根据现代水质标准选择合适的品茗用水。

素养目标

· 热爱祖国大好河山，提升审美素养。
· 珍惜生命之源，提高水资源保护意识。

知识导图

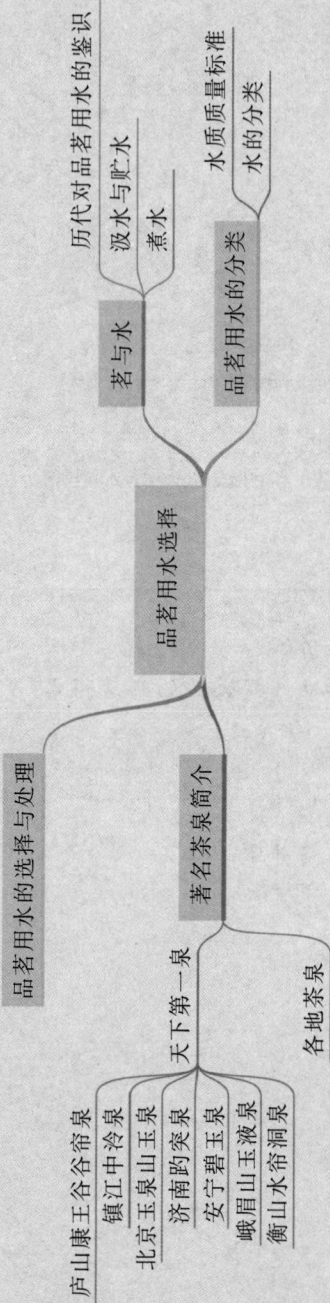

品茗用水选择

茗与水
　历代对品茗用水的鉴识
　汲水与贮水
　煮水

品茗用水的分类
　水质质量标准
　水的分类

品茗用水的选择与处理

著名茶泉简介
　天下第一泉
　　庐山康王谷谷帘泉
　　镇江中冷泉
　　北京玉泉山玉泉
　　济南趵突泉
　　安宁碧玉泉
　　峨眉山玉液泉
　　衡山水帘洞泉
　各地茶泉

3.1　茗与水

老子曰："上善若水。水善利万物而不争。"

庄子曰："水静犹明，而况精神！"

孔子则认为水中有道，"是故君子见大水必观焉"。

西方文化认识的水是H_2O，为无色无味的液体。中国文化认识的水不仅是生命之源，而且是具有灵性的道德之本、修养之本、精神之本！

中国茶文化中的"宜茶好水"则是精茶之母！古往今来，一论及品茗，茶与水总是被相提并论。在中国古代贤哲的思想中，精茶与真水的完美融合，才是至高的享受。

"茶滋于水，水藉乎器。"也就是说，要泡一杯好茶，仅有名茶、美器仍不够，还需要有好水。茶与水的关系是相得益彰的，有水才有具有品饮意义的茶，离开了水，茶叶根本显示不出它的作用和价值。明代许次纾在《茶疏》中说："精茗蕴香，借水而发，无水不可与论茶也。"明代张大复在《梅花草堂笔谈》中讲得更为透彻："茶性必发于水，八分之茶，遇水十分，茶亦十分矣；八分之水，试茶十分，茶只八分耳。"明代张源在《茶录》中称："茶者水之神，水者茶之体。非真水莫显其神，非精茶曷窥其体。"这些都讲透了好茶与好水的关系。茶是水之灵魂，无茶便无茶事；水是茶之母，无好水则烹不成好茶。"西湖龙井配虎跑泉水""扬子江心水，蒙山顶上茶""九曲夷山采雀舌，一溪活水煮龙团""香分花上露，水汲石中泉"等说法无不是"好茶需要好水泡"的最好例证；"茶香高山云雾质，水甜幽泉霜雪魂"更是庐山云雾茶与庐山好泉水密不可分的真实写照。因此，鉴水也成为修习茶艺过程中重要的一环。

中国人历来讲究泡茶用水。唐代张又新的《煎茶水记》，宋代欧阳修的《大明水记》、叶清臣的《述煮茶小品》，明代徐献忠的《水品》、田艺蘅的《煮泉小品》等著作，都对饮茶用水进行了研究。此外，还有更多的茶书既论茶又论水，对茶与水的关系以及水品的鉴别等进行了分析，如唐代陆羽的《茶经》，宋代蔡襄的《茶录》、赵佶的《大观茶论》、唐庚的《斗茶记》，明代罗廪的《茶解》、张源的《茶录》、许次纾的《茶疏》，清代陆廷灿的《续茶经》等。

> **学有所悟3-1**
>
> 水唤醒茶，茶成就水；水包容茶，茶丰富水；茶因水而重生，水因茶而丰润。中国人好饮茶，每"谈茶"，必"论水"。然而人与人之间的关系，诚如茶与水。相逢就是缘分，也是最好的安排。我们应珍惜每一次相遇，彼此包容，互相成就。

3.1.1　历代对品茗用水的鉴识

历史上，人们对水有特别的感情。品茗流行之后，人们对水也有了进一步的认

悟茶道3-1

茶与水的邂逅，滋润了生命，激荡了人生

识。唐代陆羽开创了评水的先河。此后，评水、择水便成为文人雅士的一种情趣，也是茶人最关心的事情之一。中国疆域辽阔，不同地区的水质是不一样的，中国人对于饮茶用水的认识也在不断发展。

最早提到茶与水的关系的人是晋代杜育，他在《荈赋》中写道："水则岷方之注，挹彼清流。"晋代对水质的要求强调一个字——"清"。

陆羽在《茶经》中第一次对茶与水的关系进行了论述。对于水质，他认为："其水，用山水上，江水中，井水下。其山水拣乳泉、石池漫流者上；其瀑涌湍漱，勿食之，久食令人有颈疾。又多别流于山谷者，澄浸不泄，自火天至霜郊以前，或潜龙畜毒于其间，饮者可决之以流其恶，使新泉涓涓然酌之。其江水，取去人远者。井，取汲多者。"总体来说，陆羽对水质的要求是以清洁、安全为上。山水之所以好，是因为它远离人群聚集的地方，受到的污染少。但"瀑涌湍漱"的瀑布水，经常食用会使人颈部生病；"澄浸不泄"的水会有潜龙躲在里面，从而污染了水质。这两种水都不利于人的健康，因此虽然也是山水，却不可以食用。江水也要从远离人迹的地方来取，如果是许多船只往来的地方，则江水一定会受到污染。井水可用，但要从有很多人汲水的井中汲取，井中的水如果长时间没有取，那就是死水，当然是不可用的。

唐代张又新的《煎茶水记》是我国第一部品鉴水质的专著，书中所评泉水大多品质上佳，因此被后代茶人所追捧。书中收录了两份评水记录：一份是刘伯刍的；另一份是陆羽的。刘伯刍将宜茶用水分为七等："扬子江南零水第一；无锡惠山寺石泉水第二；苏州虎丘寺石泉水第三；丹阳县观音寺水第四；扬州大明寺水第五；吴松江水第六；淮水最下，第七。"陆羽将宜茶用水分为二十等："庐山康王谷水帘水第一；无锡县惠山寺石泉水第二；蕲州兰溪石下水第三；峡州扇子山下有石突然，泄水独清冷，状如龟形，俗云虾蟆口水，第四；苏州虎丘寺石泉水第五；庐山招贤寺下方桥潭水第六；扬子江南零水第七；洪州西山西东瀑布水第八；唐州桐柏县淮水源第九，淮水亦佳；庐州龙池山岭水第十；丹阳县观音寺水第十一；扬州大明寺水第十二；汉江金州上游中零水第十三，水苦；归州玉虚洞下香溪水第十四；商州武关西洛水第十五，未尝泥；吴松江水第十六；天台山西南峰千丈瀑布水第十七；郴州圆泉水第十八；桐庐严陵滩水第十九；雪水第二十，用雪不可太冷。"《煎茶水记》记录了古人对水质的认识，为后人研究中国茶艺择水理论提供了最初的资料。此外，张又新还提出了一些被后人普遍认同的观点，如"茶烹于所产处，无不佳也，盖水土之宜"。

宋代，择水观点得到了进一步发展。欧阳修在《大明水记》中说："水味有美恶而已，欲求天下之水一一而次第之者，妄说也。"他认为水质有好有差，这是很正常的，但把天下的水一一加以品评，并排出个名次来，是一件很荒唐的事。宋人明确提出了水质的四项质量指标——清、轻、甘、洁，这已经不同于陆羽的观点了。陆羽以水源为标准，宋人则以味觉与视觉的鉴别为标准。宋徽宗赵佶在《大观茶论》中说："水以清轻甘洁为美。轻甘乃水之自然，独为难得。古人品水，虽曰中泠惠山为上，然人相去之远近，似不常得。但当取山泉之清洁者。其次，则井水之常汲者为可用。若江河之水，则鱼鳖之腥，泥泞之污，虽轻甘无取。"

对于雨水，宋人也情有独钟。苏轼说："时雨降，多置器广庭中，所得甘滑不可名，以泼茶煮药，皆美而有益，正尔食之不辍，可以长生。其次井泉甘冷者，皆良药也。"《煎茶水记》中把雪水放在最后一位，宋人则认为雪水很好。赵希鹄在《调燮类编》中说："雪水甘寒，收藏能解天行时疫，一切热毒，烹茶最佳。或疑太冷，实不然也。"自宋代以后，雪水逐渐受到茶人的青睐。元朝末年，陈基在《炼雪轩记》中讲述：吴郡因了堂上人特别爱喝茶，其家乡的泉水也不逊于陆羽、张又新所说的名泉，然"上人顾舍不取"，却对《煎茶水记》中排在末位的雪水情有独钟，还给他的房子取名叫"炼雪轩"。

唐代张又新之后，人们对烹茶用水的认识都是从水质是否宜茶这个角度来考虑的，而对于水是否出自名泉并不看重。宋代蔡襄与苏舜元斗茶：蔡襄曾在福建督造团茶，他是茶叶生产与茶艺方面的行家，所用的茶叶当然是最好的，点茶用的水是天下第二泉——惠山泉，也是上上之选；苏舜元用的茶叶不如蔡襄的好，但用的水是竹沥水，结果人们评价苏舜元胜出。从技术上讲，两人在伯仲之间，不然不会成为斗茶对手，而苏舜元之所以能够用略逊一筹的茶叶胜出，完全归功于他所用的竹沥水。竹沥水是用竹子接的雨水或山泉水，比惠山泉多了一些竹子的清香。由此可见，水质能够直接影响茶质，如果泡茶的水品质不好，茶叶的色、香、味就不能被正确反映出来，对茶汤滋味的影响很大。

明代朱权也曾对水进行品评。他在《茶谱》中说："青城山老人村杞泉水第一，钟山八功德水第二，洪崖丹潭水第三，竹根泉水第四。"朱权虽然没有像张又新那样列出二十等水来，但他所列的却是亲身体验过的泉水。

明代田艺蘅的《煮泉小品》是一本研究水的专著，他认为"泉非石出者必不佳"，其意思与陆羽在《茶经》中所说的"山水上"是相同的。他还认为"泉往往有伏流沙土中者，挹之不竭即可食。不然则渗潴之潦耳，虽清勿食"，这也与陆羽在《茶经》中的观点相同。当然，田艺蘅也有自己的一些观点："流远则味淡。须深潭渟畜，以复其味，乃可食。"意思是说，流得很长的小溪水的味道会变淡，一定要在深潭里贮存一段时间，才可以让水的味道得到恢复。在水质方面，田艺蘅说："清，朗也，静也，澄水之貌。寒，冽也，冻也，覆冰之貌。泉不难于清，而难于寒。"他认为"清"与"寒"是水最重要的品质，"清"与"寒"再相比较，"寒"又胜于"清"。他还说："泉惟甘香，故亦能养人。然甘易而香难，未有香而不甘者也。"他认为"甘"与"香"也是水的重要品质。

田艺蘅所著的《煮泉小品》的最大贡献是强调了水质与茶相宜。关于这一点，唐代张又新有相同的理解。这些都强调了茶与水的相宜，人们似乎更看重水的品质，以至于要从很远的地方运水。田艺蘅在品了龙井茶之后认为，龙井茶与龙井泉水的搭配是最相宜的，在浙江已找不到可与之媲美的搭配。他还尝试用严陵滩水烹武夷茶与金华茶，泡出来后，"武夷则黄而燥冽，金华则碧而清香"，于是他得出了"择水当择茶"的结论。

对于瀑布水是否可食的问题，明代徐献忠在《水品》中提出了自己的看法："瀑水虽不可食，流至下潭渟汇久者，复与瀑处不类。"明代人对水源附近的植物、矿藏很重视。徐献忠说："传记论泉源有杞菊能寿人。今山中松苓、云母、流脂伏液，与流泉同宫，岂下杞菊。浮世以厚味夺真气，日用之不自觉尔。"他还说："闽广山岚有热毒，多发于花草水石之间，如南靖沄水坑，多断肠草，落英在溪，十里内无鱼虾之类……泉上不宜有木，吐叶落英，悉为腐积。其幻为滚水虫，旋转吐纳，亦能败泉。"他认为，泉源有树木会影响水质，如果有一些毒草的话，泉水就彻底不能用了。

明清时期，人们对水的认识又有了一个新的角度——重量。以重量来区分水质，说明明清时期随着西方自然科学知识的传入，我国的科技水平也发展到了一个新的阶段。明代徐献忠在《水品》中说："水以乳液为上，乳液必甘称之，独重于他水。凡称之重厚者，必乳泉也。丙穴鱼以食乳液特佳。煮茶稍久上生衣……"清乾隆皇帝在《玉泉山天下第一泉记》中说："水之德在养人，其味贵甘，其质贵轻。然三者正相资，质轻者味必甘，饮之而蠲疴益寿。故辨水者，恒于其质之轻重，分泉之高下焉。"乾隆皇帝的观点与徐献忠的观点相反，乾隆皇帝认为佳泉水必轻，而徐献忠认为佳泉水必重。

曹雪芹在《冬夜即事》一诗中写道："却喜侍儿知试茗，扫将新雪及时烹。"他认为，雪水沏茶最佳。在《红楼梦》第四十一回中，妙玉在为贾母泡老君眉时用的是"旧年蠲的雨水"，在为宝玉、黛玉、宝钗三人烹"体己茶"时用的是五年前在玄墓蟠香寺收的梅花上的雪水（如图3-1所示）。这梅花上的雪水"共得了那一鬼脸青的花瓮一瓮，总舍不得吃，埋在地下，今年夏天才开了。我只吃过一回，这是第二回了……隔年蠲的雨水，那有这样轻淳，如何吃得。"可见，不管是旧年蠲的雨水还是五年前的雪水，都以口感轻甘取胜，连用水最为考究的妙玉也以此作为衡量水品的标准。

图3-1　栊翠庵茶品梅花雪（戴敦邦）

吟茶诗3-1

《冬夜即事》

随着人们对水质认识的发展，唐宋时所认为的"清"的标准在明代开始受到挑战。明代许次纾在《茶疏》中说："往三渡黄河，始忧其浊，舟人以法澄过，饮而甘之，尤宜煮茶，不下惠泉。黄河之水，来自天上，浊者土色也。澄之既净，香味自发。"他发现，经过澄清的黄河水原来也是可以烹茶的，而且味道与大名鼎鼎的惠泉水相比也不差。

有关水质与季节的关系，明代人也有自己的认识。许次纾认为："凡春夏水长则减，秋冬水落则美。"这也是有一定道理的。春夏时水涨，上游的泥沙、水草及其他污染物都会顺流而下，水质不会太好，水草多了还会造成水质的富营养化；秋冬季节没有太多的雨水，水草也大多死了，微生物的繁殖较慢，水质相对要好许多。关于雨水和雪水在烹茶中的应用，明代熊明遇在《罗芥茶记》中说："秋雨为上，梅雨次之。秋雨冽而白，梅雨醇而白。雪水，天地之精也，色不能白。"

话茶事3-1

王安石验水
惊东坡

3.1.2　汲水与贮水

择水是茶趣之一端，茶人亲自汲泉煎茶，也是一种心灵的享受，颇有诗情画意。

诗人陆游效蜀人煎茶，写下了《夜汲井水煮茶》一诗，原文如下：

病起罢观书，袖手清夜永。

四邻悄无语，灯火正凄冷。

山童亦睡熟，汲水自煎茗。

锵然辘轳声，百尺鸣古井。

肺腑凛清寒，毛骨亦苏省。

归来月满廊，惜踏疏梅影。

诗人病卧床榻，大概病稍有转机，便效蜀人亲自汲水煎茶。锵然之声在深深的古井里回响，水清凉，沁人心脾。几杯茶后，身上的毛发和筋骨一同苏醒过来，好似脱胎换骨的新人。

苏轼写有《汲江煎茶》一诗，亦颇具茶趣，原文如下：

活水还须活火烹，自临钓石取深清。

大瓢贮月归春瓮，小杓分江入夜瓶。

茶雨已翻煎处脚，松风忽作泻时声。

枯肠未易禁三碗，坐听荒城长短更。

这首诗描写了从取水、煎茶到饮茶的全过程，都是一人表演的茶艺。南宋胡仔在《苕溪渔隐丛话》中评论道："此诗奇甚，道尽烹茶之要；且茶非活水则不能发其鲜馥，东坡深知此理矣。"下钓之处水不湍急，亦非深潭，水质鲜活且较洁净，足以说明苏轼是茶道高手。

江水、泉水、井水、雪水，都犹如明月清风，取之不尽，用之不竭，但中国茶人非常讲究品茗用水，甚至不惜历尽艰辛，去取宜茶的玉露甘霖。

唐武宗时，太尉李德裕喜爱用惠山泉水煮茶，不惜数千里之遥，专门派人用类似驿站的"递铺"传递惠山泉水，从无锡运到长安。清代靖逆侯张勇令人于兰舟桥施百尺之绳，而沉桶于河底，历经险难，为的就是取黄河不浊之水。中国古代的文人学士长期以来形成了一套独特的生活方式，他们饮茶大多是自汲、自煎、自品，追求的是一种高远的意境。所以，当时士人对清代张潮在《中泠泉记》中所写的不畏艰险的汲水精神颇为推崇。《中泠泉记》中记载，张道人用来汲水的水葫芦由铜丸、壶身、壶盖三部分构成，构造极其精巧，堪称一件精美的工艺品。其取泉水的方法为"于子午二辰，用铜瓶长绠入石窟中，寻若干尺，始得真泉。若浅深先后，少不如法，即非中泠正味"。如此汲得的不仅是中泠正味，更是一种文化心理，以及至高的精神享受。

名茶难得，好水难觅，获得名泉好水并妥善贮存则更难。所以，历代茶人都十分重视贮水之道及养水之法。

对于泉水的贮藏，《煎茶七类》中谈道："山水为上，江水次之，井水又次之。井贵汲多，又贵旋汲，汲多水活，味倍清新；汲久贮陈，味减鲜冽。"他认为，长时间贮存的水，其质量会下降，遂主张旋汲旋用。

古代有不少文献都介绍了收藏雨水或雪水之法。清代王士雄在《随息居饮食谱》中讲道："凡藏水之缸，宜身长而口小者，上以缶盆幂（幂）之，而置于有风无日之所。日晒久则水易耗，而色不白也。置缸之地，甃以砖石，或埋入土中一二尺亦可。"明代张源在《茶录》中介绍了一种常用的贮水方法："贮水瓮须置阴庭中，覆以纱帛，使承星露之气，则英灵不散，神气常存。假令压以木石，封以纸箬，曝于日下，则外耗其神，内闭其气，水神敝矣。饮茶惟贵乎茶鲜水灵，茶失其鲜，水失其灵，则与沟渠水何异。"

最难能可贵的是，古人贮水不仅设法保持水质，而且千方百计地提高水质，使贮水过程成为改良水质的过程。比较简单的加工保养方法是沉淀法，即放一些明矾、砂石于水中，使杂质沉积于底。另外，还有以下几种行之有效的贮水之法：

①石洗法。在所贮泉水中放些石子，既澄杂质，又养水味，还可以观赏，让水经石子过滤后再饮用。明代田艺蘅在《煮泉小品》中说："移水而以石洗之，亦可以去其摇荡之浊滓。"

②炭洗法。明代高濂在《遵生八笺》中说："大瓮收藏黄梅雨水雪水，下放鹅子石十数块，经年不坏。用栗炭三四寸许，烧红投淬水中，不生跳虫。"有的茶人则投灶心土（美其名曰"伏龙肝"）于水瓮中净水。罗廪在《茶解》中说："梅水须多置器，于空庭中取之，并入大瓮，投伏龙肝两许，包藏月余汲用，至益人。伏龙肝，灶心中干土也。"木炭、干土具有很强的吸附能力，可吸收水中尘土之类的脏物，类似于现代净水器中活性炭过滤的效用。

③水洗法。此法也可说是乾隆皇帝的发明创造。这位极其注重水之轻重的皇帝，出巡时必以专车载北京玉泉水随行，但时间一长，加上舟车颠簸，水质不免有变，于是他便用其他泉水来洗。《清稗类钞》中记载："其法，以大器储水，刻分寸，入他水搅之。搅定，则污浊皆沉淀于下，而上面之水清澈矣。盖他水质重则下沉，玉泉体轻故上浮，挹而盛之，不差锱铢。"据说，经此水洗之后，"色如故焉"，效果殊佳。

④水养法。清代顾仲在《养小录》中详细记述了取水藏水法："于半夜后舟楫未行时，泛舟至中流，多带罐瓮取水归。多备大缸贮下。以青竹棍左旋搅百余，急旋成窝，急住手。箬篷盖盖好，勿触动。先时留一空缸。三日后用木杓（勺）于缸中心轻轻舀水入空缸内。原缸内水，取至七八分即止。其周围白滓及底下泥滓，连水洗去净。将别缸水，如前法舀过。又用竹棍搅盖好。三日后又舀过去泥滓。如此三遍。预备洁净灶锅（专用煮水，用旧者妙），入水煮滚透。舀取入罐。每罐先入上白糖霜三钱于内，入水盖好。一二月后取供煎茶，与泉水莫辨。愈宿愈好。"

古人饮茶，重在自煎；取水也喜欢自汲，自己别出心裁地对水进行加工，并把这些工序作为整个品茶过程的一部分。从自汲、自煎到轻吸细品，这是一个从创造到享受的过程。在这种恬淡又朴实、轻松又怡然的氛围中，品茶人的身心得到放松，获得了精神上的愉悦，这正是汲泉养水、煎泉品茶艺术独有的魅力。

3.1.3　煮水

泡茶择水，而有了好水，必须加以烹煮方能冲泡。煮水貌似简单，实为极其讲究之事（如图3-2所示）。古代饮茶用的是饼茶和团茶，虽然用的是煮饮的方法，但煮茶也得先煮水，故关于火候、汤候，古人均留下了不少脍炙人口的传说，这里无法一一列举。到了明代，炒青散茶出现，煮茶渐渐被点茶（冲泡）所代替。明代陈师所撰的《茶考》一书中就有"杭俗烹茶，用细茗置茶瓯，以沸汤点之，名为撮泡"的记载。因此，要煮好泡茶之水，必须保证在煮水过程中水不会染上异味，同时要掌握火候，以分辨水沸的程度。

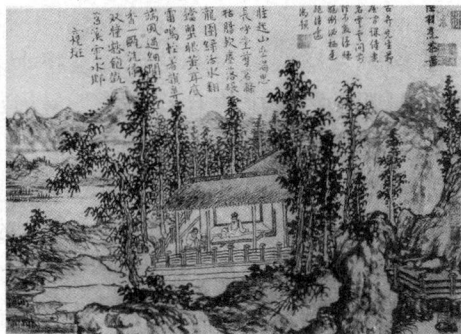

图3-2 陆羽烹茶图（赵原）

1）煮水燃料及容器

煮水燃料古时有柴、煤、炭，现在主要用煤气、酒精、电等，除了电无异味以外，其他燃料在燃烧时多少都会有气味产生。为了使煮好的水无异味，煮水时应注意以下几点：一是煮水的场所应通风透气，不使异味聚积；二是柴、煤等灶均应装置烟囱，以使烟气及时排出，如用普通煤炉，则屋内应装排气扇；三是不用沾染油、腥等异味的燃料；四是应使柴、煤、炭燃着并有火焰以后，再搁水烧煮；五是水壶盖应密封。在条件许可的情况下，品茗用水最好以煤气、酒精、电等为热源，这样既清洁卫生，又简单方便，还能满足急火快煮的要求。

烧水容器古代用镀，现在一般都用烧水壶，古书上又称为"铫"或"茶瓶"。论其质量，以瓦壶为最佳。"茶室四宝"之一——玉书煨，即烧水壶。玉书煨小巧玲珑，烧一壶水正好冲一道茶，故每次均可准确掌握水沸的程度，从而保证泡茶质量最佳。我国香港、台湾地区茶艺馆林立，人们多品乌龙茶，为了增添品茶情趣，煮水多用小型石英壶，壶壁透明如玻璃，易辨别煮水程度，且不易碎，可耐高温，下配酒精炉或电炉，还可让茶客自煮自泡，其乐无穷。有的地方则仍沿用铜壶，如四川成都的茶艺馆等，但用铜壶煮水会提高水中铜的含量，对人体健康不利。在多数场合下，煮水宜用不锈钢壶。

2）煮水程度

古人对泡茶的水温十分讲究，在煮水程度的掌握上积累了不少经验，至今仍可参考沿用。最早辨别煮水程度的方法是形辨，唐代陆羽在《茶经》中指出："其沸，如鱼目，微有声，为一沸；缘边如涌泉连珠，为二沸；腾波鼓浪为三沸；已上，水老不可食也。"之后，辨别煮水程度的方法又发展为形辨和声辨。明代许次纾在《茶疏》中说得更为具体："水一入铫，便须急煮。候有松声，即去盖，以消息其老嫩。蟹眼之后，水有微涛，是为当时。大涛鼎沸，旋至无声，是为过时。过则汤老而香散，决不堪用。"最全面的辨别煮水程度的方法要数明代张源在《茶录》中介绍的："汤有三大辨十五小辨。一曰形辨，二曰声辨，三曰气辨。形为内辨，声为外辨，气为捷辨。如虾眼、蟹眼、鱼眼、连珠，皆为萌汤，直至涌沸如腾波鼓浪，水气全消，方是纯熟；如初声、转声、振声、骤声，皆为萌汤，直至无声，方是纯熟；如气浮一缕、二缕、三四缕，及缕乱不分，氤氲乱绕，皆为萌汤，直至气直冲贯，方是纯熟。"从以上经验可知，水要急，火猛烧，待水煮到纯熟即可，切勿文火慢煮，久沸再用。

煮水的"老"或"嫩"都会影响茶汤的质量，故应严格掌握煮水程度。古人将水沸腾过久称为"水老"。此时，溶于水中的二氧化碳已挥发殆尽，用这种水泡茶，茶汤鲜爽的味道会大为逊色。古人将水未沸滚称为"水嫩"。这种水也不适宜泡茶，因为水温较低，茶中的有效成分不易泡出，所以茶汤的香味很淡；而且用这种水冲泡，茶会浮在水面，也不便于饮用。

从现代科学的角度来解释，这与煮水过程中矿物质离子的变化有关。现今生活中的饮用水大多为暂时性硬水，水中的钙、镁离子在煮沸过程中会沉淀，而煮水过"嫩"，则无法达到此目的，钙、镁离子在水中会影响茶汤的滋味。此外，煮沸也是一种杀菌消毒的过程，可以保证饮水卫生。久沸的水，碳酸盐分解时溶解在水中的二氧化碳气体散失殆尽，会减弱茶汤的鲜爽度。另外，水中含有的微量硝酸盐在高温环境下会被还原成亚硝酸盐，水经过长时间煮沸，水分不断蒸发，亚硝酸盐的浓度会不断提高，这不利于人体健康，故隔夜开水不宜次日复烧饮用。

泡茶水温的高低，应依据泡饮的茶而定。冲泡绿茶，不能用 100 ℃的沸水，水温以 80 ℃左右为宜。特别是细嫩的名优绿茶，用 75 ℃左右的水冲泡即可。茶叶越嫩、越绿，冲泡水温越要低，这样泡出的茶汤才会嫩绿明亮、滋味鲜爽，茶叶中的维生素 C 才不会被大量破坏，否则水温过高，茶汤容易变黄，滋味较苦涩，维生素 C 也会被大量破坏。但是这也不能一概而论，冲泡庐山云雾茶恰恰要用 100 ℃的水，这样有利于迅速将庐山云雾茶中的茶香激发出来，给人带来一种芳香舒适的感受。冲泡花茶、红茶和低档绿茶时，通常要用 90 ℃左右的水。冲泡乌龙茶、普洱茶和沱茶时，由于茶叶较粗老，茶叶用量较多，因此必须用 95 ℃以上的水。有时为了保持水温，泡茶前需要用开水烫热茶具，冲泡过程中还需要用开水淋壶。少数民族饮用的砖茶，在冲泡时要求的水温更高。

一般来说，泡茶水温与茶叶中的有效物质在水中的溶解度成正比。水温越高，溶解度越大，茶汤越浓；反之，水温越低，溶解度越小，茶汤就越淡。需要注意的是，无论用什么温度的水泡茶，都应先将水烧开（水温达到 100 ℃），再冷却至所需要的温度。

3.2 品茗用水的分类

综观前述，古人对泡茶用水十分讲究，对水的研究也不胜枚举，大多数观点都有一定的科学道理。现在，随着工业、农业、旅游业的发展以及生态环境的变化，前人所说的名泉许多已经不存在了，尽管有的泉还在，但水质已大不如前，甚至达不到饮用水的标准。此外，雨水、雪水等因为大气污染，也不宜直接饮用。因此，现代人对品茗用水的认识不能完全遵循古人的经验及理论，而必须依靠现代科学理论和知识。

我国自 2002 年 6 月 1 日起开始实施《地表水环境质量标准》（GB 3838—2002）。由该标准可知，地表水依据水域环境功能和保护目标可划分为以下五类：

Ⅰ类水：主要适用于源头水和国家级自然保护区。

Ⅱ类水：主要适用于集中式生活饮用水地表水源地一级保护区、珍稀水生生物栖息地、鱼虾类产卵场、仔稚幼鱼的索饵场等。

Ⅲ类水：主要适用于集中式生活饮用水地表水源地二级保护区，鱼虾类越冬场、洄游通道、水产养殖区等渔业水域及游泳区。

Ⅳ类水：主要适用于一般工业用水区及人体非直接接触的娱乐用水区。

Ⅴ类水：主要适用于农业用水区及一般景观要求水域。

♪ 学有所悟3-2

党的二十大报告指出："统筹水资源、水环境、水生态治理，推动重要江河湖库生态保护治理。"节约水资源，要从我做起。我们要树立人人珍惜水、人人节约水的良好风尚，成为节约用水的宣传员、实践员，为保护水资源贡献自己的力量！

悟茶道3-2

珍惜生命之源，保护水资源

3.2.1 水质质量标准

对于饮茶用水，最基本的一条是必须达到国家饮用水质量标准。根据《生活饮用水卫生标准》（GB 5749—2022）的规定，生活饮用水水质常规指标及限值见表3-1。

表3-1 生活饮用水水质常规指标及限值

序　号	指　标	限　值
一、微生物指标		
1	总大肠菌群/（MPN/100 mL 或 CFU/100 mL）[a]	不应检出
2	大肠埃希氏菌/（MPN/100 mL 或 CFU/100 mL）[a]	不应检出
3	菌落总数/（MPN/mL 或 CFU/mL）[b]	100
二、毒理指标		
4	砷/（mg/L）	0.01
5	镉/（mg/L）	0.005
6	铬（六价）/（mg/L）	0.05
7	铅/（mg/L）	0.01
8	汞/（mg/L）	0.001
9	氰化物/（mg/L）	0.05
10	氟化物/（mg/L）[b]	1.0
11	硝酸盐（以 N 计）/（mg/L）[b]	10
12	三氯甲烷/（mg/L）[c]	0.06
13	一氯二溴甲烷/（mg/L）[c]	0.1
14	二氯一溴甲烷/（mg/L）[c]	0.06
15	三溴甲烷/（mg/L）[c]	0.1
16	三卤甲烷（三氯甲烷、一氯二溴甲烷、二氯一溴甲烷、三溴甲烷的总和）[c]	该类化合物中各种化合物的实测浓度与其各自限值的比值之和不超过 1
17	二氯乙酸/（mg/L）[c]	0.05
18	三氯乙酸/（mg/L）[c]	0.1
19	溴酸盐/（mg/L）[c]	0.01

序　号	指　　标	限　值
20	亚氯酸盐/（mg/L）^{c}	0.7
21	氯酸盐/（mg/L）^{c}	0.7
三、感官性状和一般化学指标^d		
22	色度（铂钴色度单位）/度	15
23	浑浊度（散射浑浊度单位）/NTU^b	1
24	臭和味	无异臭、异味
25	肉眼可见物	无
26	pH	不小于6.5且不大于8.5
27	铝/（mg/L）	0.2
28	铁/（mg/L）	0.3
29	锰/（mg/L）	0.1
30	铜/（mg/L）	1.0
31	锌/（mg/L）	1.0
32	氯化物/（mg/L）	250
33	硫酸盐/（mg/L）	250
34	溶解性总固体/（mg/L）	1 000
35	总硬度（以$CaCO_3$计）/（mg/L）	450
36	高锰酸盐指数（以O_2计）/（mg/L）	3
37	氨（以N计）/（mg/L）	0.5
四、放射性指标^e		
38	总α放射性/（Bq/L）	0.5（指导值）
39	总β放射性/（Bq/L）	1（指导值）

a　MPN表示最可能数；CFU表示菌落形成单位。当水样检出总大肠菌群时，应进一步检验大肠埃希氏菌；当水样未检出总大肠菌群时，不必检验大肠埃希氏菌。

b　小型集中式供水和分散式供水在水源与净水技术受限时，菌落总数指标限值按500 MPN/mL或500 CFU/mL执行，氟化物指标限值按1.2 mg/L执行，硝酸盐（以N计）指标限值按20 mg/L执行，浑浊度指标限值按3 NTU执行。

c　水处理工艺流程中预氧化或消毒方式：
——采用液氯、次氯酸钙及氯胺时，应测定三氯甲烷、一氯二溴甲烷、二氯一溴甲烷、三溴甲烷、三卤甲烷、二氯乙酸、三氯乙酸；
——采用次氯酸钠时，应测定三氯甲烷、一氯二溴甲烷、二氯一溴甲烷、三溴甲烷、三卤甲烷、二氯乙酸、三氯乙酸、氯酸盐；
——采用臭氧时，应测定溴酸盐；
——采用二氧化氯时，应测定亚氯酸盐；
——采用二氧化氯与氯混合消毒剂发生器时，应测定亚氯酸盐、氯酸盐、三氯甲烷、一氯二溴甲烷、二氯一溴甲烷、三溴甲烷、三卤甲烷、二氯乙酸、三氯乙酸；
——当原水中含有上述污染物，可能导致出厂水和末梢水的超标风险时，无论采用何种预氧化或消毒方式，都应对其进行测定。

d　当发生影响水质的突发公共事件时，经风险评估，感官性状和一般化学指标可暂时适当放宽。

e　放射性指标超过指导值（总β放射性扣除40K后仍然大于1 Bq/L），应进行核素分析和评价，判定能否饮用。

3.2.2 水的分类

根据水的来源不同,宜茶用水可分为天水、地水、再加工水三大类。

1)天水

天水包括雨、雪、霜、露、雹等。最适宜泡茶的雨水为立春雨水。立春雨水吸收了春天自然界万物生发之气,用于煎茶可补脾益气。中医认为,露是阴气积聚而成的水液,是润泽的夜气。甘露更是"神灵之精,仁瑞之泽,其凝如脂,其甘如饴"。用草尖上的露水煎茶,可使人身体轻灵、皮肤润泽。用鲜花中的露水煎茶,可使人容颜娇艳。梅雨季节,因大气沉闷,阴雨连绵,所以水味逊色。夏天雷雨较多,时有飞沙走石,因此水质不净。

无论是雪水还是雨水,只要是洁净的,与江水、河水、湖水相比,它们就不失为上等的沏茶用水。

2)地水

地水包括泉水、江水、河水、湖水、井水、自来水等。

(1)泉水

科学分析表明,好的泉水应具有甘、清、轻、洁、寒、活的特点。泉水涌出地面之前为地下水,经地层反复过滤涌出地面时,水质清澈透明。泉水沿溪涧流淌,吸收空气,增加溶氧量,并在二氧化碳的作用下,溶解了岩石和土壤中的钠、钾、钙、镁等元素,因此具有矿物质营养成分。

泉是地下水的天然露头。在我国辽阔广袤的土地上,有数以万计千姿百态的清泉,如清澈如镜、汩汩外流的潜水泉,腾地而起、水雾弥漫的喷泉,四季如汤的温泉,刺骨冰肌的冷泉,治病健体的药泉等。根据泉水温度的不同,泉可分为冷泉和温泉;根据泉水化学成分的不同,泉可分为矿泉和普通泉。

冷泉的形成不受地热等条件的限制,因此分布较广。我国著名的冷泉有百余处,如北京的玉泉、庐山康王谷的谷帘泉、浙江杭州的虎跑泉、江苏无锡的惠山泉、甘肃敦煌的月牙泉等。这些泉水的水质清莹、水味甘醇,富含二氧化碳和各种对人体有益的微量元素,因此被认为是极佳的泡茶之水。需要注意的是,并非所有泉水都可以用来沏茶,如含有硫黄的矿泉水就不能用来沏茶。

我国关于泉的记载,最早见于《诗经》。北魏地理学家郦道元在其所著的《水经注》中,对许多泉水进行了详细记载。唐代的刘伯刍撰有关于泉的专著。唐代茶圣陆羽游历天下,逢泉必加以考察和品评,他在《茶经》中对泉水的品质进行了细致的分析和论述。明代地理学家、旅行家徐霞客以毕生的精力从事游览和地理考察,后人将其游历日记整理成《徐霞客游记》,书中对我国泉水的分布、成因和特征进行了详尽的记录。明代著名医药学家李时珍在《本草纲目》中将泉水从温度上分为热泉和冷泉,从味觉上分为甘泉、酸泉和苦泉。

(2)江水、河水、湖水

江水、河水、湖水均属于地表水,含杂质较多,且浊度较高。一般说来,江水、河水、湖水沏茶难以取得较好的效果,但是远离人烟、植被茂盛、污染物较少之地的江水、河水、湖水仍不失为沏茶好水，浙江桐庐的富春江水、浙江淳安的千岛湖水、浙江绍兴的鉴湖水就是例证。唐代陆羽在《茶经》中所说的"其江水，取去人远者"，就是这个意思。唐代白居易曾有"蜀茶寄到但惊新，渭水煎来始觉珍"的名句，表明用渭河水煎茶就很好。唐代李群玉曾有"吴瓯湘水绿花新"的名句，表明用湘江水煎茶也不差。明代许次纾在《茶疏》中说："黄河之水，来自天上，浊者土色也。澄之既净，香味自发。"这表明即便是浑浊的河水，只要加以澄清处理，也不会损害茶汤的高香醇味。

（3）井水

井水宜取深井之水。深井之水属于地下水，其悬浮物含量较少，透明度较高，且不易被污染，因此水质洁净。但是有些井水含盐量高，不宜用于泡茶。此外，城市井水多为浅层地下水，所以容易受到污染，若用来沏茶，会有损茶味。若用清洁的活水井中的水来沏茶，则仍可获得一杯好茶。"井取汲多者，汲多则水活"，说的就是要用活井水沏茶。明代焦竑所著的《玉堂丛语》、清代官修的《钦定日下旧闻考》中，都提到了大庖井，大庖井水质清澈，曾是明清两代皇宫的饮用水源，并有"玉泉第一，大庖井第二"之说。

（4）自来水

自来水一般采自江水、河水、湖水，是经过净化处理后符合饮用水卫生标准的水。有时为了处理水质，自来水中会添加较多的氯化物，水中的氯化物与茶中的多酚类化合物会发生作用，从而使茶汤表面形成一层"锈油"，产生一种苦涩味。此外，在自来水管中滞留较久的水还含有较多的铁离子，若直接用这种水沏茶，会严重损害茶的香味和色泽。因为当水中铁离子的含量超过万分之五时，茶汤就会变成褐色。

总之，用自来水沏茶，最好先对自来水进行处理，也就是先将准备用于沏茶的自来水在容器中存放一天，待氯气等散发后再将自来水煮沸。此外，煮水时可适当延长沸腾的时间，或者通过净水器将水净化，也可以起到同样的效果。

3）再加工水

再加工水是指经过再次加工而成的净化水、矿泉水、纯净水和活性水等。

（1）净化水

净化水主要是指通过净水器过滤后产生的水。普通的净水器一般是从一级过滤到二级过滤，即经过纤维棉滤芯和粒状活性炭过滤。纤维棉滤芯主要是除去水中的尘土、铁锈、沙砾；粒状活性炭过滤可以除去水中的氯气以及甲烷、残留农药、部分重金属等有害物质。多级过滤净水器则是先通过两级净化，再通过微孔陶瓷、微孔膜、逆渗透膜、中空纤维膜、离子交换树脂、紫外线等进行净化。这些材料既可以单一使用，也可以组合使用（即多级过滤）。隔离、吸附、杀灭等方法可以除去杂质，消灭细菌，软化、净化水质。从泡茶的角度来说，树脂过滤可以软化水质，除去水垢；活性炭过滤可以除去异味，使水质更加甘醇甜美。

（2）矿泉水

矿泉水是指经过人工开采的或从地下自然涌出的、未受污染的地下水。由于矿泉水中含有锂、锶、锌、溴化物、碘化物、硒和偏硅酸等多种微量元素，因此饮用矿泉水有助于人体对这些微量元素的摄入，有助于调节肌体的酸碱平衡，但是矿泉水的饮用应因人而异。矿泉水因产地不同，所含微量元素和矿物质的成分也不同。不少矿泉水中含有较多的钙、镁、钠等金属离子，属于永久性硬水，虽然这种矿泉水中含有丰富的营养物质，但若用于泡茶，效果并不佳。

（3）纯净水

纯净水是蒸馏水、太空水等的合称，是一种安全无害的软水。纯净水以符合生活饮用水卫生标准的水为原料，通过电渗析法、离子交换法、反渗透法、蒸馏法及其他适当的加工方法制得，纯度很高，不含任何添加物，是可以直接饮用的水。用纯净水泡茶，其效果还是相当不错的。在桶装饮用水和瓶装饮用水中，纯净水占了很大的比例。由于纯净水在滤去了水中有害、有毒物质的同时，也滤去了对人体有益的矿物质等营养成分，因此长期饮用纯净水，对人体健康不利。

（4）活性水

活性水以自来水为水源，通过过滤、精制、杀菌和消毒处理而制成，具有特定的活性功能，包括高氧水、离子水等。由于不同的活性水中所含的微量元素和矿物质成分不同，因此泡出的茶水品质也不同。如果活性水的水质较硬，则泡出的茶水品质较差；如果活性水属于暂时性硬水，则泡出的茶水品质较好。

问茶寮3-1　　　　　　　　　　神农尝茶的传说

在某旅游城市有一家著名的茶楼，由于该茶楼位于风景秀丽的旅游区，再加上富有浓厚中华文化气息的装饰、布局，以及有效的经营管理，因此生意十分兴隆，经常有许多本地的商人、白领、文人墨客来此品茗休闲，就连许多外地游客也慕名前来。可是近年来，不少顾客反映茶的品质已大不如前，喝起来总有一股怪味。一些名优绿茶冲泡以后，完全没有展现出茶原本的色、香、味，这极大地影响了茶楼的声誉和企业形象，导致茶楼生意锐减。茶楼老板与采购部门、大堂经理一起积极寻找问题产生的原因。经调查，采购的茶叶在品质上没有任何问题，问题出在茶艺服务人员身上。原来，由于茶楼的生意繁忙，配水室的水供应不上，于是有的茶艺服务人员就自作主张地将自来水烧开用于泡茶，从而导致茶汤品质大不如前。

茶叶的冲泡是一项十分精细、复杂的工作，即使有一点疏忽，也会影响茶汤的最终品质。因此，茶艺服务人员必须熟练掌握茶艺知识与技巧，绝对不能马虎、大意。

3.3　品茗用水的选择与处理

虽然符合《生活饮用水卫生标准》（GB 5749—2022）的水均可用来泡茶，但水质不同，所泡出的茶的品质也会不同。1984年，有关专家、学者采集了不同来源的水样，分别测定了水的总硬度、pH值、电导率，并以炒过的青茶为材料，测定了茶汤的光密度值（波长=500纳米）、香气、滋味、汤色。水的理化测定与茶的感官审评见表3-2。

表3-2　　　　　　　　　　　水的理化测定与茶的感官审评

项　目		苏州寒枯泉	黄山鸣弦泉	杭州龙井泉	去离子水	苏州自来水	5米浅井水	126米深井水	京杭运河水
理化测定	水的总硬度（ppm）	1.75	1.58	9.94	0.71	4.42	14.93	19.56	7.99
	水的pH值	6.16	7.76	7.93	5.60	7.50	7.51	7.72	8.05
	水的电导率（μS/cm）	77	80	84	2.3	91	140	110	105
	茶汤的光密度值	0.127	0.172	0.225	0.102	0.393	0.770	0.735	0.600
感观审评	香气	清香醇正	香浓	馥郁	醇正清浓	有酸香味	欠纯	带粗老气	钝浊
	滋味	醇厚和顺	鲜爽	醇厚鲜爽	淡泊	欠醇	略带苦涩味	浓而欠醇	味浓厚且苦涩
	汤色	清澈明亮	黄亮	清亮且略带黄绿色	清淡明亮	黄而明亮	清淡黄浊	黄浊较深	黄浊

从表3-2中可以看出：泡茶用水以泉水为佳；其次为去离子水，但茶的香气、滋味、汤色均偏淡；城市自来水因含有氯气，所以茶的香气、滋味均会受到影响；井水和河水均属下品，相比之下，以浅井水稍佳。当然，上述结论也不可一概而论，有的井水与泉水是相通的，泡茶亦甚佳。

现代科学要求，泡茶用水除了要无毒、无污染之外，还要有利于溶解茶叶中的有益成分。茶叶本身含有许多能够溶解于水的有机物，如茶多酚、咖啡因、蛋白质、氨基酸、色素、维生素和芳香物质等。茶叶中的这些物质有多少能够溶解于水中，取决于泡茶用水所含的成分与茶中所含的有机物质相融合产生的化学反应。由此可见，泡茶用水中含有的利于溶解茶叶中有机物质的成分的多少是决定泡茶效果的关键。

只有选用理想的、合适的水泡茶，才能获得最佳的冲泡效果和品质。水有软水和硬水之分，凡水中的钙、镁离子小于4毫克/升的水为极软水；水中的钙、镁离子为4~8毫克/升的水为软水；水中的钙、镁离子为8~16毫克/升的水为中等硬水；水中的钙、镁离子为16~30毫克/升的水为硬水；水中的钙、镁离子大于30毫克/升的水为极硬水。在自然界中，雨水、雪水都是软水，泉水、深井水、海水、江水、河水、湖水都是硬水。从泡茶的角度来说，影响茶汤品质的主要因素是水的硬度。有些硬水中的钙、镁离子主要以碳酸氢盐形式存在，这些物质经煮沸后会生成不溶性的沉淀即水垢，从而使硬水变为软水，因此这种硬水又称为暂时性硬水；有些硬水中的钙、镁等离子与硫酸根离子及氯离子共存，这些物质经煮沸后仍溶于水，即不能生成软水，因此这种硬水又称为永久性硬水，永久性硬水不可用于泡茶。

水的硬度与pH值的关系密切，而pH值又会影响茶汤色泽。当pH值大于5时，茶汤颜色加深；当 pH 值达到 7 时，茶黄素会倾向自动氧化而损失。水的硬度还会影响茶叶中有效成分的溶解。软水中含有的钙、镁离子少，茶叶中有效成分的溶解度就高，故茶味较浓；硬水中含有的钙、镁离子和矿物质较多，茶叶中有效成分的溶解度就低，故茶味较淡。如果水中铁的含量过高，铁与茶叶中的多酚类物质相结合，茶汤就会变成黑褐色，甚至还会浮起一层"锈油"而无法饮用。如果水中镁的含量大于 2 毫克/升，茶味就会变淡。如果水中钙的含量大于 2 毫克/升，茶味就会变涩；若达到 4 毫克/升，茶味就会变苦。由此可见，泡茶用水宜选择 pH 值小于 5 的软水或暂时性硬水。

现代人择水比古人更讲究科学性，从水质与泡茶品质的关系中，我们可以找出泡茶用水预处理的对策。

1）城市自来水

自来水厂供应的自来水均已达到《生活饮用水卫生标准》（GB 5749—2022）。由于自来水在处理过程中需要使用氯气或其化合物进行消毒，因此自来水中普遍有股氯气味。若直接用自来水泡茶，茶的香气、滋味均会逊色。为此，对于城市自来水，我们可以采用以下处理方法：

①水缸养水。将自来水放入陶瓷缸内，静置一昼夜，让氯气挥发殆尽，再煮水泡茶。

②在自来水龙头上接一个离子交换净水器，将自来水中的氯气及钙、镁等矿物质除去，使之成为去离子水，然后用于泡茶。

2）天然矿泉水

各地散有天然矿泉水水源，只要这些天然矿泉水是无污染的活水，均可用之。将天然矿泉水置于容器中一昼夜，待水中悬浮的固体物质沉淀以后，就可将上部的清水用于泡茶。如果用活性炭滤芯的净水器过滤，效果会更好。若有条件，我们也可用离子交换净水器除去水中的钙、镁离子，使硬水变为软水。

3）市售矿泉水、纯净水

市售矿泉水、纯净水由于在制造时已经过处理，因此可直接煮水泡茶，也可以作为茶艺馆泡茶用水的来源。

3.4　著名茶泉简介

3.4.1　天下第一泉

自唐代饮茶风尚流行以来，宜茶山泉备受推崇，被称为"天下第一泉"的茶泉主要有下列几处：谷帘泉、中泠泉、玉泉、趵突泉、碧玉泉、玉液泉、月牙泉。

1）茶圣鉴评第一泉——庐山康王谷谷帘泉

陆游在《入蜀记》中记载，他在游览庐山之后，天色已晚，投宿东林寺中，借来方志，秉烛夜读。当他读到庐山康王谷的谷帘泉时，欣然提笔在日记中写道："前辈或斥水品以为不可信，水品固不必尽当，然谷帘卓然，非惠山所及，则亦不可诬也。"

话茶事3-2

陆羽评的
二十水

吟茶诗3-3

《康王谷
水帘》

吟茶诗3-4

《将至京口》

话茶事3-3

刘伯刍评的
七水

话茶事3-4

济南
七十二泉

康王谷位于庐山南山中部偏西，是一条狭长谷地。康王谷中溪涧的源头，就是谷帘泉。谷帘泉来自大汉阳峰，从筲箕洼破空跌落，于枕石崖上喷洒散飞，纷纷数十百缕，恰似一幅玉帘悬在山中。

谷帘泉被陆羽品定为"天下第一泉"后，名扬四海。后代文人墨客接踵而至，纷纷品水题字。如宋代名士王安石、朱熹、秦少游、白玉蟾等，都在游览品尝过谷帘泉水后，留下了佳句华章。朱熹在《康王谷水帘》一诗中咏道："追薪爨绝品，瀹茗浇穷愁。敬酹古陆子，何年复来游？"北宋著名学者王禹偁考察了谷帘泉水后，挥笔作诗："泻从千仞石，寄逐九江船。迢递康王谷，尘埃陆羽仙。何当结茅室，长在水帘前。"

2）扬子江心第一泉——镇江中泠泉

中泠泉即扬子江南零水，位于江苏省镇江市金山寺外，又名南泠泉、中濡泉，意思是大江中心处一股清冷的泉水。宋代陆游有诗句："铜瓶愁汲中濡水，不见茶山九十翁。"苏东坡有"中泠南畔石盘陀，古来出没随涛波"的诗句，咏水势汹涌，急涡巨漩，使汲中泠水极为困难。自唐以来，达官贵人、文人学士，都对中泠泉表示出了极大的兴趣。宋代李昉等人编撰的《太平广记》一书中，就记载了李德裕曾派人到金山汲取中泠水来煎茶的情景。

中泠泉在陆羽品评排列的泉水榜中，只居第七位。刘伯刍则把宜茶之水分为七等，列中泠泉为"天下第一泉"，但刘伯刍鉴评的都是江苏泉水。中泠泉水醇厚甘冽，特宜煎茶。用中泠泉水煮茶，茶汤清澈甘香，饮之令人难忘。

3）乾隆御赐第一泉——北京玉泉山玉泉

玉泉位于北京西郊玉泉山南麓，因其"水清而碧，澄洁似玉"，故称玉泉。从明代永乐皇帝迁都北京以后直至清代，玉泉都是宫廷饮用水的主要来源。

玉泉被宫廷选为饮用水源主要有两大原因：一是玉泉水洁如玉，含盐量低，水温适中，水味甘美，又距皇城不远。相传清乾隆皇帝曾命人从全国各地汲取名泉水样和玉泉水进行比较，结果发现玉泉水比国内其他名泉的水都轻，证明玉泉水所含杂质最少，水质最优，于是赐封玉泉为"天下第一泉"。二是玉泉流量大而稳定，四季涌水势如鼎沸，从不干涸。

4）大明湖畔第一泉——济南趵突泉

济南是著名的泉城，有关济南泉水的记载，最早见于《春秋》。金代有人镌《名泉碑》，列名泉七十二处，趵突泉为七十二泉之首。

趵突泉又名爆流泉、槛泉，位于济南市历下区，为古泺水发源之地。北宋文学家曾巩任齐州（今济南）太守时，在《齐州二堂记》一文中，正式定名"趵突泉"。趵突泉水清醇，最宜煮茶。用此泉水沏泡的绿茶，汤色明亮，幽香沁人，宋代曾巩品尝之后有"润泽春茶味更真"之赞咏。相传清乾隆皇帝巡幸江南，出京时带的是北京玉泉水，到济南品尝了趵突泉水后，觉得这泉水竟比玉泉之水还要甘美，遂赐封趵突泉为"天下第一泉"，并为趵突泉题了"激湍"两个大字。

5）昆明天下第一汤——安宁碧玉泉

安宁碧玉泉位于云南昆明西郊玉泉山麓，泉水晶莹透彻，宛若碧玉磨成的明镜，故而得名。

泉水自螳螂川峡谷东岸的石灰岩壁下涌出，较大的天然泉眼有9处，每昼夜涌水量1000余吨。泉水清澈透明，水质柔滑优良，水温在40～45℃，属于弱碳酸盐型温矿泉水，可浴可饮。浴则可治疗多种疾病，对皮肤病、关节炎和慢性胃病患者疗效甚佳；饮则可沏茶煮茗，其味温醇可口，风味独特。

明代学者杨慎特别推崇安宁碧玉泉，称其为"天下第一汤"。明代文学家、旅行家徐霞客也赞誉"此水实为第一池"。

6) 峨眉神水第一泉——峨眉山玉液泉

玉液泉位于四川峨眉山大峨寺旁，古人认为此泉水不同寻常，有"饮水诧得仙"之句，故把它称为"神水"，又名"甘泉"。玉液泉遇旱不涸，终年不竭，清澈明亮，光鉴照人。饮此泉水如饮琼浆玉液，故得名"玉液泉"。

峨眉山大峨寺一带盛产云雾茶，云雾茶为峨眉山之极品，用玉液泉水沏云雾茶，可谓双绝。茶水清亮，茗香扑鼻，喝到口中，香在心里，顿觉神清气爽。清人邢丽江评玉液泉为"天下第一泉"。经考察鉴定，玉液泉之所以能名传四海，除观感、口感之美殊绝于众之外，还有充分的科学依据——此泉水中含有二氧化硅等多种矿物质，泉水鲜美，对人体有保健作用。

7) 南岳第一泉——衡山水帘洞泉

衡山水帘洞泉位于湖南衡山的紫盖峰下，帘水由紫盖峰顺势落下，飘洒如帘幕，在日光下银光闪闪，寒气逼人，犹如仙境，引众多文人墨客流连题刻。唐代诗人李商隐手书"南岳第一泉"，明代衡州知府计宗道题刻"天下第一泉"。

3.4.2　各地茶泉

1) 无锡惠山泉

惠山泉位于无锡西郊惠山山麓，因茶圣陆羽曾亲品其味，故又名"陆子泉"。陆羽评定天下水品为二十等，惠山泉被列为"天下第二泉"。随后，刘伯刍、张又新等唐代著名茶人又推惠山泉为"天下第二泉"，所以人们也称惠山泉为"二泉"。宋徽宗时，此泉水成为宫廷贡品。元代翰林学士、大书法家赵孟頫专为惠山泉书写了"天下第二泉"五个大字。

惠山泉水为山水，即通过岩层裂隙过滤了流淌的地下水，因此其所含杂质极微，味甘而质轻，以"煎茶为上"。现在经过检验得知，惠山泉水所含矿物质有钙、镁、碳酸盐等，水质清澈透明且不含任何有害物质。

惠山泉名重天下。宋代苏东坡品饮惠山泉水之后，连声赞妙，并把泉水比作乳水，告诉人们"乳水君应饷惠山"。北宋时，京城一些显贵和名士也常常不惜千里之遥，以舟车载运惠山泉水至开封。为了防止长途跋涉导致泉水变质，人们在实践中摸索出了"折洗惠山泉"的办法。《清波杂志》第四卷记载，惠山泉水运到汴州后，先要用细沙淋过，去掉其尘污杂味，这样泉水便像新汲的一样，号称"折洗惠山泉"。

2) 杭州虎跑泉

素以"天下第三泉"著称的虎跑泉位于杭州西南大慈山白鹤峰下。虎跑泉是一个两尺见方的泉眼，清澈明净的泉水从山岩石罅间汩汩涌出，泉后壁刻着"虎跑泉"三个大字，为西蜀书法家谭道一的手迹。传说唐元和年间，有位叫性空的和尚居住在此地，却苦于附近没有水源。一日忽见有二虎刨地，泉遂涌出，故取名"虎刨泉"，后又改名为"虎跑泉"。

虎跑泉水质极为纯净。据专家测定，虎跑泉水的总矿化度每升仅有0.02～0.15克，泉水分子密度高，表面张力大。虎跑泉水中还含有30多种微量元素，是一种很珍贵的冷矿泉水。经常饮用虎跑泉水，能起到较好的医疗保健作用。

虎跑泉水色晶莹，味醇厚，用之烹茶是历代茶人最惬意之事，虎跑泉水与龙井茶被称为"双绝"。明代高濂在《四时幽赏录》中说："西湖之泉，以虎跑为最。两山之茶，以龙井为佳。"

3）杭州龙井泉

龙井泉，本名"龙泓"，又名"龙湫"，位于杭州西湖西面的风篁岭上，是一个圆形泉池。

明代田汝成所撰《西湖游览志》中记载，龙井泉发现于三国东吴赤乌年间（238—251年）。可见，龙井泉闻名于世已有1 700多年的历史了。相传龙井泉与江海相通，有龙居其中，故名"龙井"。苏东坡有诗云："人言山住水亦住，下有万古蛟龙渊。"

龙井泉之所以蜚声四海，一是龙井泉水甘美，可与虎跑泉水媲美；二是龙井泉四周环以茶山茶园，盛产西湖龙井茶。清代陆次云在《湖壖杂记》中说，"啜之淡然，似乎无味，饮过后，觉有一种太和之气，弥沦于齿颊之间"，认为这"无味之味，乃至味也"。

4）庐山名泉

庐山多名泉，除了谷帘泉、玉帘泉，招隐泉、聪明泉、小天池亦名扬四海。

庐山观音桥边的招隐泉由于水色清碧、味道甘美，被陆羽确认为"天下第六泉"。招隐泉旁旧有陆羽亭，曾是陆羽隐居煮茶的地方。招隐泉为裂隙泉，泉水自基岩裂隙中流出，长流不竭。招隐泉水的矿物含量较低，每升水的矿化度只有134毫克，硬度低，属于软水。水体洁净，透明无色，水温四季不变，流量稳定，为山泉中之优质饮用水，更是宜茶好水。

庐山聪明泉出露在庐山西北麓的晋代古刹东林寺内。据传东晋时荆州刺史殷仲堪来东林寺探望好友慧远，慧远赞赏殷仲堪博学多才、能言善辩，故指着竹丛间的一处涌泉道："君之才辩，如此流泉。"后人特在泉之四周砌以青石，曰"聪明泉"。后经皮日休的礼赞，聪明泉名传天下。聪明泉水清凉甘醇，终年不涸，烹煮山茗，鲜爽可口，馨香久存。

庐山牯岭东北的小天池山顶，有一个圆形水池，即小天池。小天池水质清澈、久旱不涸、久雨不溢，自古蔚为壮观。品尝用小天池水沏泡的庐山云雾茶，令人心旷神怡。

此外，庐山东林寺的观音泉、栖贤寺后的飞锡泉和东面的檑断泉、仙人洞的一滴泉、报恩观的涌恩泉、简寂观的双瀑泉、卧龙岗的卧龙泉、方桥下的潭泉、冰玉润的冰玉泉和灵秀泉、横塘的玉井泉、白鹿洞书院的圣泽泉、白鹿洞后山的折桂泉、香炉峰下的报春泉等，水体洁净、透明无色、水温四季不变、流量稳定，为山泉水中之优质饮用水。符合泉源活、泉质清、泉味甘、泉温冽、泉品轻等佳泉标准的泉水，都是宜茶的上好山泉水，庐山泉水的地位是庐山特色茶文化的重要组成部分。

5）济南四大泉群

济南历来有"泉城"之称，那么泉城究竟有多少泉呢？清代文人盛百二所著的《听泉斋记》中曰，"历下之泉甲海内，著名者七十二泉，名而不著者五十九，其他无名者奚啻百数"。据统计，济南有名可考的泉水有108处，按分布的地区和汇流情况可分为四大泉群，即趵突泉群、珍珠泉群、黑虎泉群和五龙潭泉群。泉城泉多、水佳、茶香，历来为茶人向往之地。

6）青岛崂山矿泉

崂山矿泉历史悠久，崂山矿泉水自古有"神水"或"仙饮"之称。唐代常衮在《中书门下贺醴泉表》中记载："积年之疾，一饮皆愈。"经常饮用崂山矿泉水，可以加速人体内的新陈代谢，增进食欲。矿泉水中所含各种矿物质被人体吸收后，可以起到调节内分泌、舒张血管的功效，所以崂山矿泉水是大自然赐予人的天然优质饮品。

神水泉是崂山众泉中最有名的，用神水泉水沏崂山茶，闻则香、饮则甜、咽则滑，品茗之余，香留齿间，回味无穷。

7）大理蝴蝶泉

蝴蝶泉位于云南大理点苍山云弄峰下，是地下水溢出地表后形成的。蝴蝶泉的涌水量在18.77升/秒左右，泉水的矿化度小于0.5克/升，水质甘美，尤宜泡茶。用蝴蝶泉水冲泡优质的普洱茶，香气馥郁，汤色澄亮，茶味醇厚回甘。

8）扬州大明寺"天下第五泉"

大明寺位于扬州西北郊蜀冈，明代僧人智沧溟于大明寺西园掘地而得泉。泉井侧勒"第五泉"三个字，为明代巡盐御史徐九皋所书。张又新在《煎茶水记》中记载，刘伯刍评此泉为天下第五泉，陆羽评此泉为第十二泉。宋代欧阳修曾于此创作了《大明水记》，赞赏大明寺泉水。

9）广州鸡汤泉和曹洞泉

鸡汤泉位于广州市白云区钟落潭镇的旗岭山下。泉水清澈澄净，涓涓长流。经过检测，此泉水属于世界上较为稀少的淡味矿泉水。泉水淡中略含甜味，透明无沉淀，理化指标和卫生指标均极佳。鸡汤泉水清醇甘甜、口感极佳，用此泉水煎茗，茶味奇异非凡。

曹洞泉位于广州市花都区梯面镇，梯面镇有"广州北肺""广州第二白云山"之称。曹洞泉水体洁净、甘甜清凉、水温四季不变、流量稳定，是泡茶的佳选。

10）桂平乳泉

乳泉位于广西桂平西山风景区。《浔州府志》中记载，此泉"清冽如杭州龙井，而甘美过之。时有汁喷出，白如乳，故名乳泉"。桂平乳泉中含有极少量的钾、钠、钙、镁和较多的天然氧，喝起来清淡爽口、甘醇怡人。乳泉水是我国出口的天然优质软水之一。乳泉水分子密度高，表面张力大，所以冲泡茶叶香味醇厚、甜爽。在桂平有一首赞美乳泉的茶谣，其中一句是"乳泉水，西山茶。"西山茶是炒青绿茶中的名茶，因产于西山而得名。用乳泉水泡西山茶，汤色嫩绿清澈，滋味浓厚鲜醇。

11）仆夫泉

仆夫泉位于浙江杭州玛瑙寺，北宋僧人释智圆曾在玛瑙寺居住。此泉水非常清澈，入口极凉。用它煮饮茶汤，比江湖之水要好得多。

12）陆羽泉

陆羽泉又称"陆子泉"，位于江西上饶广教寺内。陆羽曾在广教寺居住，种植茶园，自凿一泉，水清味甘。以自凿泉水烹自种之茶，精心品尝，自得其乐。

13）兰溪泉

兰溪泉位于湖北兰溪。《蕲水县志》中记载，陆羽曾汲兰溪水煎茶，认真品尝后，评定它为"天下第三泉"。兰溪泉水澄清纯净，是极佳的烹茶之水。用兰溪泉水煎茶，不但香郁、味醇，而且有以下四个特点：一是茶水不生泡沫；二是茶壶、茶杯长时间使用，不会有茶垢；三是沸水入茶杯，缕缕热气上升，宛如玉龙飞舞；四是茶汤甘芳而微辛，醒脑提神效果特别好。

🍵 **课堂互动3-1**　　　　　　宜茶泉水介绍

观看二维码中关于趵突泉的介绍，想一想你们的家乡都有哪些适合泡茶的泉水呢，快来给大家介绍一下吧！

🍵 **问茶寮3-2**　　　　　　菊英水

菊英水实际上就是菊花水，但是它与我们通常所说的菊花茶不同，它是自然、物候、季节、气候相结合的产物。

关于菊英水的使用，还有一个典故。据说，四川境内有一个长寿源。人们发现，它的源头水中多菊花，整条河流的水中都有菊花香味。凡是饮用这种水的居民，寿命都可以达到二三百岁。晋代名士陶渊明听闻此消息后，立即喜好上了种植菊花，每天采菊花浸水烹茶，希望能够延年益寿。陶渊明著名的诗句"采菊东篱下，悠然见南山"就是对这种境界的描述。

菊英水是特定地理条件下的产物，对许多喜欢品茶之士而言，可遇而不可求。但是我们可以仿效陶渊明的做法，种菊、采菊，再以菊花泡水，待菊香四溢时用以烹茶，即可获得菊英水品茗的享受。

知识小结

我国古代对品茗用水的认识和选择有许多独特的观点，它们具有一定的科学性、合理性，并且随着时代的演变不断发展和更新。我们对泡茶用水的认识和选择，必须建立在现代科学技术和知识的基础上，并对古人的方法加以辨识和继承。我国幅员广阔，各地有许多著名山泉，不少都是极佳的品茗用水，了解它们的位置、水质特点及历史文化，可以更好地理解品茗用水在中国茶文化中的重要地位。

主要概念

"水老"　"水嫩"　天水　地水　再加工水

知识巩固

3.1　选择题

1）"水以清、轻、甘、洁为美"是在（　　）一书中提到的。

A.张又新的《煎茶水记》　　　　　　B.张大复的《梅花草堂笔谈》

C.宋徽宗的《大观茶论》　　　　　　D.陆羽的《茶经》

2）含有较多（　　）离子的水称为硬水。

A.铁　　　　　　　　　　　　　　　B.钙

C.钠　　　　　　　　　　　　　　　D.钾

E.镁

3）我国生活饮用水水质常规指标包括（　　）。

A.感官性状和一般化学指标　　　　　B.微生物指标

C.放射性指标　　　　　　　　　　　D.毒理指标

E.口感指标

4）《生活饮用水卫生标准》（GB 5749—2022）规定，每毫升饮用水的菌落总数不得超过（　　）个。

A.10　　　　　　B.100　　　　　　C.200　　　　　　D.300

5）用经过氯化处理的自来水泡茶，则茶汤（　　）。

A.汤味变淡　　　　B.汤色金黄　　　　C.汤味带咸　　　　D.香气变淡

3.2　判断题

1）泡茶用水宜选择软水或暂时性硬水。（　　）

2）自来水属于加工处理后的天然水，因此也是一种软水。（　　）

3）陆羽在《茶经》中指出："其水，用矿泉水上，溪水中，井水下。"（　　）

4）若泡茶用水的pH值小于5，则泡出的茶汤品质一定很好。（　　）

5）深井的水比较清澈，因此适宜泡茶。（　　）

随堂测3-1　选择题

随堂测3-2　判断题

3.3　简答题

1）阐述我国历代对品茗用水的认识与评价。

2）简述现代品茗用水的分类。

3）现代人是如何选择品茗用水的？

4）简述古人的贮水方法。

实践训练

分别用自来水、矿泉水、井水和泉水冲泡茶叶，观察不同茶汤的品质，并品鉴其差异。

推荐阅读 👆

[1] 朱权，田艺蘅，黄明哲，等. 茶谱·煮泉小品 [M]. 北京：中华书局，2011.
[2] 张科. 说泉 [M]. 杭州：浙江摄影出版社，2006.

学习评价 ◎

本章学习评价表见表3-3。

表 3-3   学习评价表

学习内容	品茗用水选择		
	评价要点	学生自评 （50%）	教师评价 （50%）
知识掌握 （30分）	了解品茗中茶与水的关系（15分）		
	熟悉中国古代对品茗用水的认识和择水观点 （15分）		
能力提升 （30分）	能够准确评判水质优劣（15分）		
	能够根据现代水质标准选择合适的品茗用水 （15分）		
素质养成 （40分）	热爱祖国大好河山，具有审美素养（20分）		
	珍惜生命之源，具有水资源保护意识（20分）		
综合评价成绩（100分）			
学生自评： 　　　　　　　　　　　　　　　　　　　　　学生签字：			
教师评语： 　　　　　　　　　　　　　　　　　　　　　教师签字：			

茶具选择

第 4 章

学习目标

知识目标

· 了解茶具的起源和发展。
· 熟悉茶具的类别。

能力目标

· 能够根据茶叶的种类选择不同的茶具。
· 能够在茶艺插花中融入茶道精神。

素养目标

· 感悟中国茶器精湛的工艺水平及其体现的中国智慧，发扬创新精神。
· 提升审美素养，颐养情怀，构筑高境界的文化美学。

知识导图

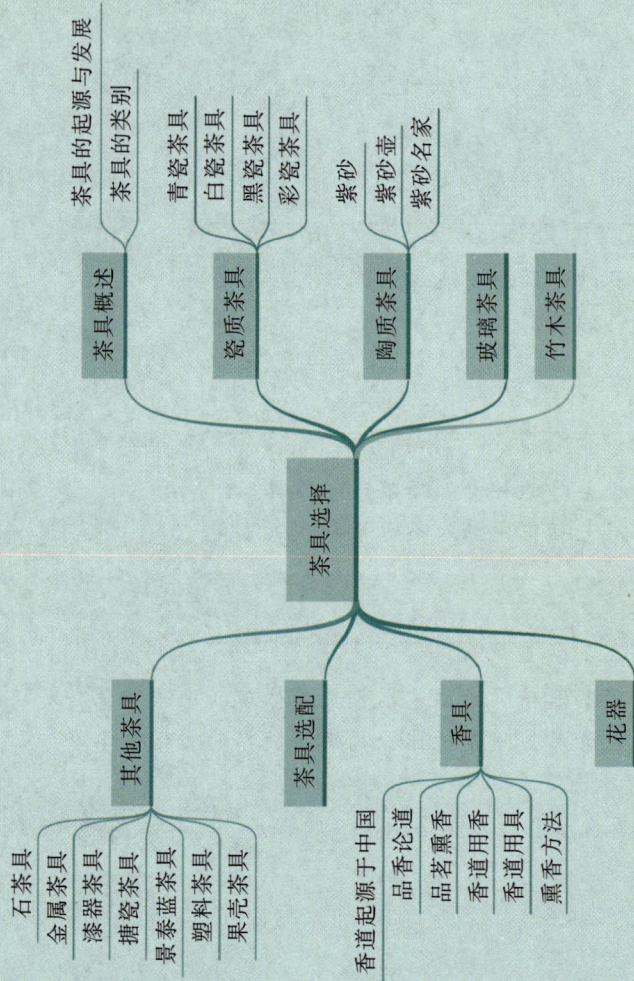

茶具概述
├─ 茶具的起源与发展
└─ 茶具的类别

瓷质茶具
├─ 青瓷茶具
├─ 白瓷茶具
├─ 黑瓷茶具
└─ 彩瓷茶具

陶质茶具
├─ 紫砂
├─ 紫砂壶
└─ 紫砂名家

玻璃茶具

竹木茶具

茶具选择

其他茶具
├─ 石茶具
├─ 金属茶具
├─ 漆器茶具
├─ 搪瓷茶具
├─ 景泰蓝茶具
├─ 塑料茶具
└─ 果壳茶具

茶具选配

香具
├─ 香道起源于中国
├─ 品香论道
├─ 品茗熏香
├─ 香道用香
├─ 香道用具
└─ 熏香方法

花器

中国是茶具的发源地。茶具，又称茶器。狭义的茶具主要是指茶壶、茶杯、茶碗、茶盏、茶托、茶盘等饮茶用具。广义的茶具泛指与饮茶相关的各种器具。喝茶要用茶具，茶艺更需要使用精美的茶具。中国的茶具种类繁多、造型精美，既有实用价值，又有艺术价值。在茶的品饮过程中，人们不仅注重茶叶的色、香、形、味和品茶时的心态、环境、茶友，更讲究优选喜爱的茶具，以增加品茶时的美感。茶和茶具的珠联璧合形成了茶文化的载体，茶具之美可烘托香茗之精、茶艺之怡。茶具是茶文化和茶艺发展过程中一项重要的物质艺术载体。

4.1 茶具概述

4.1.1 茶具的起源与发展

原始社会没有专用茶具。最初的茶具是陶器，且一具多用。从良渚文化时期的陶器到战国时期的陶罐，人们看到的只是茶具的雏形，仅用于盛水、饮水。

"茶具"一词最早出现于西汉。汉宣帝神爵三年（公元前59年），辞赋家王褒在《僮约》中写有"武都（阳）买荼（茶）"和"烹荼（茶）尽具"。虽然文中关于饮茶的"具"的材质、形状的描写不详，但可以确定当时烹茶已有饮用之具。

魏晋以后，清谈之风渐盛，饮茶被视为一种高雅的精神享受和表达志向的手段，民间的饮茶之风逐渐兴盛。随着人们对茶叶功效的认识，茶事、茶艺逐步普及，茶具成为饮茶的先导，开始从生活用具中独立出来，并且与饮茶密不可分。晋代开始生产和使用考究的茶具。晋代杜育在《荈赋》中写道："器择陶简，出自东隅。酌之以匏，取式公刘。"意思是说，煎茶和饮茶的器具是东部地区（浙江越州窑）生产的青瓷器。如果酌取茶汤，则要用匏瓜制成的盛器，饮用方法和周部落首领公刘飨宴群臣时酌酒用匏的方式一样。2005年，江西省九江市庐山西北麓的东林寺在修建寮房时出土的晋代茶具（如图4-1所示）表明，晋代东林寺已有品饮专属系列茶具。

| 1.陶杯 | 2.青釉瓷盏 | 3.青瓷盂 | 4.锡壶 |

图4-1 东林寺出土的晋代茶具

唐代茶文化的发展促使茶走出煮食、羹饮阶段，进入了以茶为饮的"煎茶"时期，"王公上下无不饮茶"的风气推动了邢窑、越窑、德化窑的发展，茶具开始成为朝野上下款待宾客的必备之物。在皎然、陆羽等茶人的倡导下，茶具与酒具、食具完全分离，形成了独立的、专用的、功能细化的系统茶具。特别是茶圣陆羽，他在总结前人用茶、煮茶、制茶、饮茶方法的基础上，写出了人类历史上最早、最完整的介绍茶的专著——《茶经》，其中的"四之器"部分对唐代茶具的制作和功能进行了详细说明。1987年，在陕西省宝鸡市扶风县法门寺地宫出土的一套唐代宫廷茶具，就是《茶经·四之器》所述茶具系统的实物佐证。《茶经·四之器》称采茶、制茶的工具为"具"，称煮茶、饮茶的工具为"器"。陆羽认为："碗，越州上。"这里的碗即越窑（今天浙江绍兴、宁波一带）生产的茶碗。陆羽将越窑茶具和邢窑（今河北邢台）茶具进行对比：如果说邢窑瓷器像银子一样闪亮，那么越窑瓷器就像玉一样晶莹；如果说邢窑瓷器像雪一样洁白，那么越窑瓷器就像冰一样透亮；邢窑瓷白，茶汤倒在里面呈红色；越窑瓷青，茶汤倒在里面呈绿色。唐代时，皇亲贵族多用金银茶具和秘色瓷，秘色瓷即越窑青瓷。

唐代将晋代就有的壶形"鸡头流子"（现今壶嘴代称"流子"）称为"注子"。1987年，在法门寺地宫中沉睡了1 100多年的"注子"现世，它既可斟茶，也可斟酒。

宋代，点茶法日渐盛行，茶具开始趋向简洁，主要使用茶碾、茶磨、茶铫（俗称"茶吊"或"吊子"）、茶盏、茶瓶、茶筅和汤瓶等茶具。蔡襄在《茶录·论茶器》中详述了茶焙、茶笼、砧椎、茶钤、茶碾、茶罗、茶盏、茶匙、汤瓶的性质和用法。茶具采用陶瓷和金银等材质，但"金银为上"。宋代烧瓷技术颇高，形成了汝窑、官窑、哥窑、钧窑、定窑五大名窑，茶具琳琅满目，品种极多。审安老人所撰《茶具图赞》给12种常用茶具冠以宋朝官职的雅名、诨号，既增加了茶艺意趣，也体现了点茶文化的高雅。品评斗茶时要求茶叶汤色以鲜白为胜，以青白、灰白、白色为次，同时要求盏壁无水痕，不咬盏。黑釉盏因最能衬托茶色而备受人们的青睐，并以釉面结晶出现精妙花纹的兔毫盏和鹧鸪斑盏最为珍贵。宋代还创造出了点茶、抹茶的专用茶具——茶筅（竹帚）。

元代，景德镇创烧青花瓷器。在白瓷上缀以水墨丹青的青花瓷茶具，"不求形似，只求神韵"，表现力丰富且端庄典雅。烧制技术达到一定高度后，工匠们将茶壶的流嘴从壶的肩部移至壶的腹部，茶壶的造型更加别致和趋于现代化，这使得青花瓷茶具备受推崇。

元末明初，明太祖朱元璋罢造龙团、倡散茶，茶人体会到了清泡品饮带来的茶之真味，茶具的种类、风格、造型更加简化，品茶用的茶盏、茶杯、茶壶等逐渐定型。景德镇的青花瓷茶具和白瓷茶具不仅全国流行，而且名扬海外。为了更好地鉴赏茶汤和茶叶之美，明代瓷窑开始生产小巧、精致、色白的茶具，故许次纾在《茶疏》中说："其在今日，纯白为佳，兼贵于小。"明代品饮注重"茶味"，讲究"壶趣"，"景瓷宜陶"并驾齐驱，在釉色及造型上都有了极大的革新与发展，既创造出了形状如碗或盂、底部有孔、饮茶之前用来冲洗茶叶的"茶洗"，又生产出了贮存散茶、保质保香的瓷质茶叶罐。

清代，饮茶方式沿用明代的直接冲泡法，茶具的种类和形式基本上与明代类似，形成了以康乾时期最为繁荣、以"景瓷宜陶"最为出色的局面。景德镇以青花瓷茶具为本，发展彩瓷茶具，创制珐琅彩、粉彩等新茶具。清代还创制了上有盖、中有碗、下有托的盖碗，称为"三才盖碗"。这种盖碗有五大好处：一是碗形上大下小，注水方便，茶叶沉积于底，添水时茶叶翻滚，易于泡出茶汁；二是盖的边沿小于碗口，既易聚茶香，又可遮挡茶末；三是在泡茶和品饮时，盖和托可防滑、防烫、防溢出；四是用有盖的碗作饮具，保温性好；五是可行中国独特的端茶敬客礼。茶艺师可使用三才盖碗冲泡任何种类的茶叶。清代的紫砂茶具融合了造型、绘画、诗文、书法、篆刻等多种艺术形式，这使得紫砂茶具不仅具有实用价值，而且具有较高的艺术价值和收藏价值。

🍃 **学有所悟 4-1**

悟茶道 4-1

三才盖碗不仅是茶道中一件精美的茶器，更是传统文化中对于人与自然、人与社会之间关系的一种深刻诠释。在现代社会中，我们应该更加注重对中华优秀传统文化的传承和发扬，通过欣赏和使用三才盖碗等具有文化内涵的茶器，来感受和理解中华优秀传统文化的智慧和精髓。

三才盖碗，
一器三才

九江与官窑瓷器有着密不可分的联系。清代唐英是一位杰出的制瓷专家，他督理景德镇窑务时，在九江关自行绘制样稿，呈皇上御批后，再携样稿到九江和景德镇的御窑监造，世称"唐窑"。每年春、冬两季，唐英由九江到景德镇督陶，景德镇御器厂所产窑器亦先送到九江检验合格后，再从九江用船运到北京。清史档案中记载：光绪二十六年，九江关大运传办瓷器报销清册有四种，即《杂项钱粮清册》《传办瓷器清册》《各瓷次色变价清册》《报销瓷务清册》。九江瓷以釉上彩居多：粉彩、蓝彩、墨彩、金彩、红绿彩都有。九江生产的瓷，绝大多数有款，以底款居多，如"九江光华瓷号"或"九江顺生瓷号"。

景德镇瓷器被外国人称为"中国的白金"，因此"瓷器"成为中国的代名词。但是景德镇陶瓷业的发展繁荣密切依赖九江。这是因为：

第一，景德镇陶瓷业的集散依赖九江水运通道存储和外销。蒋彝在《儿时琐忆》中说："几百年以来，景德镇的瓷器都是经过九江这个口岸销售到中国各地，以至世界各地的。"雍正元年始，九江瓷店、瓷厂林立，瓷商云集，他们向景德镇窑户购买成品或白胎瓷，然后运回九江储存或加工，甚至东北三省、新疆、宁夏等地的商贾也到九江来采购瓷器和茶具。

第二，景德镇陶瓷业的原料依赖九江星子高岭土。新西兰著名作家路易·艾黎在《瓷国游历记》中写道："江西景德镇是众所周知的中国著名瓷区，那里有无可比拟的优质原料。从庐山可以越过鄱阳湖远眺景德镇。庐山是一个美丽的山区，那里可以看见坐落在花园与绿树丛中的一些山峰，那里有寺庙、公园和林荫山道。对陶瓷工人来说，庐山是一个值得留恋的地方，因为在庐山脚下可以采掘到今日景德镇使用的'星子高岭土'。"《南康府志》中记载："景德镇各窑制造瓷器，所谓高岭土，即庐山所出白土，无论粗细瓷器，必须以之配合，即御窑制造上等瓷器亦须配用。"20世纪70年代，九江华林附近发现了一种高级瓷土，俗称"墨鱼骨头"，这种瓷土颜色雪白，有金属光泽，专供景德镇制作高档瓷器之用，其价格是一般瓷土价格的数倍。

第三，景德镇的陶瓷技术依赖九江都昌县陶瓷工人。明清以来，景德镇的窑业，从挛窑、满窑到烧窑，几乎全是都昌人的专业。尤其是由坯成瓷的重要烧窑行当——"把桩"（烧窑看火人的俗称），更是都昌人父传子的手艺。到了清代中期，景德镇陶瓷业几乎为都昌人所垄断，大小百千家窑户，80%都是"都帮"。陶瓷实业家陈庚昌先生也是都昌人，他制造的瓷器曾在巴拿马太平洋万国博览会上荣获金质奖章。明清直至现在，九江都昌陶瓷工人使用星子高岭土在景德镇制作出了种类繁多、造型优美、兼具实用和鉴赏收藏价值的青、白瓷茶具，这些茶具为历代饮茶爱好者所青睐。

此外，自清代起，广州的织金彩瓷茶具、福州的脱胎漆茶具、四川的竹木茶具等相继出现，这使得清代茶具异彩纷呈。

在近现代，"景瓷宜陶"仍然是茶具中的主角。随着科技和文化的发展，中外物质、文化交流的频繁，茶具的生产技术、加工工艺日益精进，茶具的发展呈现出丰富化、多元化的崭新格局，这使得人们可以广泛、多样、随心所欲地选择和组合茶具。品饮茶具的组合，既可以简化到一个烧水壶、一个茶杯和一个茶叶罐，也可以博采古今，形成数十件茶具的组合。

中国茶具以精湛的工艺技术和典型的文化风格著称，自唐代起就不断输往国外，对世界茶文化产生了深远的影响。中国茶具经过不断发展和扬弃，在种类上形成了茶炉、茶壶、茶杯、茶碗、茶盏、茶盘、茶宠等茶艺专用茶具系统；在材质上利用了陶、瓷、金、银、铜、锡、铁、石、红木、玻璃等；在品种上设计式样更新、质量更好、花色更美、艺术性更强，具有很高的审美价值。茶艺用的茶具是指在茶艺表演过程中煎煮茶、品饮茶的各式茶具。在茶艺表演过程中欣赏各式茶具已成为一项自然衍生、宁静愉悦的茶文化审美过程。

4.1.2　茶具的类别

我国茶叶种类繁多，不同民族的风俗各不相同，品茶习惯也不同，这使得我国茶具的类别呈现出多样化的特点。

1）按用途分类

茶具按用途分类，包括生火或加热用具、煮水或煮茶用具、泡茶用具、整理用具、饮茶用具、量取用具、观赏用具、制茶用具、贮水用具、调味器具、清洁用具、贮物器具等。

（1）生火或加热用具

生火或加热用具即燃具，如古代的风炉，现代的电炉、电磁炉、酒精炉、炭炉和远红外线炉等。

（2）煮水或煮茶用具

煮水或煮茶用具，如古代的茶铛、茶釜、茶铫，现代的不锈钢水壶、铸铁水壶、铜水壶、玻璃水壶、陶瓷水壶等。

（3）泡茶用具

泡茶用具即投茶冲泡的用具，如陶瓷茶壶、陶瓷或玻璃盖碗、玻璃杯等。

（4）整理用具

整理用具即协助冲泡的用具，如茶漏、茶夹、茶针、容则等。

（5）饮茶用具

饮茶用具即盛放茶汤品饮的用具，如茶碗、茶圆、茶盅、茶杯、品茗杯和闻香杯等。

（6）量取用具

量取用具即计量取用茶叶的用具，如茶匙、茶则等。

（7）观赏用具

观赏用具即置茶赏茶的用具，如茶荷等。

（8）制茶用具

制茶用具即对现有茶叶按兴趣再加工的用具，如古代的茶碾、罗合，现代的炙茶罐等。

（9）贮水用具

贮水用具即贮存泡茶用水的用具，如古代的水方，现代的水缸、水瓮等。

（10）调味用具

调味用具即贮存调味品的用具，如古代的盛盐罐，现代英式红茶中的糖缸、奶盅等。

（11）清洁用具

清洁用具即清洁、卫生、消毒的用具，如古代的滓方、涤方、茶帚，现代的茶巾、消毒锅和水盂等。

（12）贮物器具

贮物器具即存储茶叶或存放各类茶具的器具，如古代的具列、都篮，现代的茶具柜、茶车、茶包等。

2）按功能分类

现代茶具按功能分类，包括主茶具、辅助用品、备水器、备茶器、盛运器、泡茶席、茶室用品等。

（1）主茶具

主茶具即泡茶、饮茶的各种主要茶具。

①**茶壶**：由壶盖、壶身、壶把和壶底四个部分组成的用来泡茶的茶具。壶盖包括孔、钮、座等细部；壶身包括口、嘴、流、腹、肩等细部；壶把包括扣、柄、垂耳等细部；壶底包括足等细部。由于壶的盖、身、把、底等不同，因此壶的基本形态也有很多种。图4-2为茶壶示例。

图4-2　茶壶

②**茶船**：放置茶壶并为其垫底及保温的茶具。茶船既可以为茶壶保温（烫壶），又可以增加茶壶的美观度（养壶），还可以在壶中开水满溢时接水，避免弄湿茶桌和防止茶壶烫伤茶桌表面。

③**茶盅**：亦称公道杯、公平杯，用来盛放泡好的茶汤并将茶汤分斟给茶客的茶具。

④品茗茶杯、茶碗、茶盏、茶圆：用来盛放泡好的茶汤并饮用的茶具。

⑤闻香杯：与品茗杯配套使用，先盛放泡好的茶汤，再将茶汤倒入品茗杯，闻嗅留在杯底的余香的茶具。

⑥盖碗：亦称三才盖碗，由盖、碗、托三个部件组成的用来泡茶或品饮的茶具。

⑦炙茶罐：将茶叶烤炙出茶香，以冲泡出特殊香气茶汤的茶具。

⑧盖置：放置壶盖、盅盖、杯盖的茶具。盖置既可以保持盖子清洁，又可以避免沾湿桌面。

⑨大茶杯：有把或无把、有盖或无盖的泡饮合用的桶形杯具。

⑩滤芯杯：有一只滤芯并可以使茶汤和茶渣相分离的大茶杯。

⑪玲珑冲泡杯：用滤网和杯盖连接提压活塞，使茶渣与茶汤相分离的泡茶杯。

⑫烘焙笼：亦称烘茶器，对乌龙茶或红茶进行焙火的茶具。

（2）辅助用品

辅助用品即泡茶、饮茶时清洁卫生、方便操作和增加美感所需的各种器具。

①茶盘：摆置茶壶、茶杯、茶道组、茶宠等，并在其上进行泡茶操作的用具。茶盘一般用竹、木、金属、陶瓷、石等制成，有规则式、自然式、排水式等多种。

②茶荷：控制置茶量，同时观赏干茶的用具。茶荷一般用竹、木、陶、瓷、锡等制成。

③茶则：分取茶叶的用具。茶则有直形和弯形两种。

④茶拨：亦称茶桨，常与茶荷搭配使用，用于从贮茶器中取干茶，或在泡头一道茶时刮去壶口泡沫，或在添加茶叶时搅拌茶汤的器具。

⑤茶针：清除茶壶嘴的阻塞，使茶壶出汤流畅的针状用具。茶针常以竹、木制成。

⑥茶夹：替代手指完成取杯、洗杯、取放茶食或将茶渣从茶壶中夹出的夹子。茶夹常用竹、木、不锈钢制成。

⑦茶筅：亦称茶刷，用于点茶、调茶的类似鸡蛋搅拌器形状的器具。茶筅一般用竹子制成，作用是搅动茶汤使之起泡泛花。

⑧茶漏：亦称茶斗，放置在壶口呈圆锥形状的、引导茶叶入壶的漏斗。茶漏一般在泡茶所用茶壶口较小，为防止茶叶落入壶外时使用。

⑨卫生夹、消毒锅、消毒柜和纸巾盒。

卫生夹：用于将斟满茶汤的品茗茶杯清洁地敬献给客人的半环状叉子。卫生夹一般用塑料或红木等制成。

消毒锅和消毒柜：用来给茶具消毒灭菌的器具。

纸巾盒：存放用于垫取茶食、擦手、抹拭杯沿的纸巾的器具。

⑩茶刀：撬散紧压的茶饼、茶砖或沱茶的专用刀具。

⑪茶笔：亦称茶拂或养壶笔，用于将茶汤刷在紫砂壶表面以增加壶的"包浆"，或清除茶荷上所沾茶末的器具。

⑫桌布、茶巾和茶巾盘。

桌布：各种纤维织物制成的铺在桌面并且四周下垂的饰物。

茶巾：用来擦洗、抹拭茶具，抹干泡茶、分茶时溅出的水滴，或托垫壶底，吸干壶底、杯底残水的棉、麻织物。

茶巾盘：放置茶巾的用具。茶巾盘一般用竹、木、金属、搪瓷等制成。

⑬容则：插放茶则、茶夹、茶针、茶笔、茶刀、茶荷、茶匙、茶漏等茶道用具的容器。容则与茶匙、茶夹、茶针、茶漏、茶则一起被称为"茶道六君子"。容则的形状一般有花瓶形、葫芦形、方形、筒形等，有的容则为方形容器连带长方形茶托架。

⚘ **学有所悟 4-2**

"茶道六君子"作为茶道文化中的璀璨瑰宝，具有不可替代的科学系统性价值。"茶道六君子"的组成、功能、使用方法和摆放顺序，共同构成了一个完整而严谨的茶道体系。深入了解"茶道六君子"，有助于更好地体验茶道文化的魅力，提升泡茶品质，培养生活情趣。在现代社会中，我们应高度重视"茶道六君子"的价值，积极推广和传承茶道文化，让更多的人在茶道中找到心灵的宁静和生活的美好，为中华优秀传统文化的繁荣发展贡献力量。

悟茶道 4-2

"茶道
六君子"

⑭过滤网和过滤网架：用于过滤刚泡好茶汤中的碎末以保持茶汤清澈的漏斗状工具及配套托架。过滤网和过滤网架的主体一般用金属、陶瓷或葫芦等制成，滤网用极细的金属丝或尼龙丝制成。

⑮奉茶盘：放置斟好茶汤的茶杯或茶碗，端送给品茶者时能够给其以洁净、高雅享受的器具。

⑯计时器：计量泡茶时间的工具，如定时钟、电子秒表或沙漏等。

⑰茶宠：用陶瓷、金属、玉石、红木等材料制成的各种动物或卡通人物，以增加品饮时的美感和饮茶兴趣的心仪物品。有的紫砂和瓷质茶宠是中空的，受热超过一定温度时会喷出水线，能够增加品饮的乐趣。

⑱茶点盘：放置茶食、茶点的用具。茶点盘一般用瓷、竹、金属等制成。

⑲茶杯托：放置品茗杯及闻香杯的托盘。茶杯托一般用瓷、木、竹、石、金属等制成，有方形、长方形、圆形等形状。

（3）备水器

备水器包括净水器、贮水缸、煮水器、保温瓶、水方、水注、水盂等。

①净水器：安装在取水管道口用于净化水质的设备。

②贮水缸：存放天然泉水或泡茶用水的器具。

③煮水器：亦称茗炉，由烧水壶和加热源两部分组成的烧水器具。烧水壶可以是不锈钢壶、铸铁壶、陶瓷壶或玻璃壶；加热源可以是电炉、电磁炉、酒精炉或炭火炉等。

④保温瓶：存放开水的器具。保温瓶有玻璃胆热水瓶和不锈钢双层胆热水瓶两种。

⑤水方：置于泡茶席上，用于存放清洁的泡茶用水的容器。

⑥水注：盛放开水及调节冲泡水温的器具。水注的形状近似壶，口较一般壶小，水流特别细长。

⑦水盂：亦称滓方，用于盛放弃水、茶渣及果壳等废弃物的器具。水盂多为陶瓷材质，也有玉石等材质。

（4）备茶器

备茶器包括茶样罐、贮茶罐（瓶）、茶瓮（缸）等。

①茶样罐：也称油滴，泡茶时用于盛放茶样的、体积较小的容器。茶样罐一般可以装30~50克茶样。

②贮茶罐（瓶）：用于贮藏茶叶的密封防潮容器。贮茶罐（瓶）一般可以装250~500克茶叶，通常用金属锡、不锈钢、陶瓷、玻璃或竹子等材料制成。

③茶瓮（缸）：用于大量贮存茶叶且防潮的、小口鼓腹的大型容器。茶瓮（缸）通常用陶瓷、马口铁或不锈钢等材料制成。

（5）盛运器

盛运器包括提柜、都篮、提袋等。

①提柜：也称具列，外出携带时放置必用茶具及茶样罐的、内部有分格和小抽屉的木柜。

②都篮：用于携带外出泡茶必用茶具及茶样罐的竹编有盖提篮。

③提袋：用于携带泡茶用具及茶样罐、泡茶巾、坐垫等用具的背带式多用途袋子。提袋一般用皮革、帆布等制成。

（6）泡茶席

泡茶席包括茶车、茶桌、茶凳、坐垫等。

①茶车：放置泡茶必备用具的、内有分格且可以移动的泡茶桌子。不泡茶时，茶车的两侧台面可以放下，搁架可以对向关闭。

②茶桌：亦称茶台，用树根雕琢而成或木工设计制成的泡茶专用的桌子。根雕茶桌以整体红豆杉（红豆杉被誉为"植物大熊猫"，是国家一级保护野生植物，市场上的红豆杉茶桌必须经国家相关部门批准出售，方可购买使用）及崖柏木材质为极品；根雕或木质茶桌以整体红木材质为上品。

③茶凳：与茶车或茶桌相配的坐凳。茶凳以整体红豆杉、崖柏木材质为极品。

④坐垫：在炕桌或地上品茶时，用于坐、跪的柔软垫物。坐垫可以制成边长为60厘米的正方形，也可以制成长60厘米、宽45厘米的长方形。为了方便携带，坐垫还可以设计成折叠式。

（7）茶室用品

茶室用品包括屏风、茶挂、花器、香具、乐器等。

①屏风：遮挡非泡茶区域或装饰用的工具。

②茶挂：挂在墙上营造气氛的书画艺术作品。

③花器：插花用的瓶、篓、篮、盆等器具。

④香具：熏香用的器具。

⑤乐器：品饮时演奏宜茶乐曲的器物。例如，古琴、筝、箫、埙、陶笛、琵琶、柳琴、二胡、马头琴、色空鼓等民族乐器和小提琴、大提琴、萨克斯、黑管、巴松、长笛、小号、圆号、吉他等西洋乐器。

3）按制造材质分类

茶具按制造材质分类，包括瓷质茶具、陶质茶具、玻璃茶具、竹木茶具、石茶具、金属茶具、塑料茶具等。

4）按历史时期分类

茶具按历史时期分类，包括汉代及以前时期茶具、魏晋时期茶具、唐代茶具、宋代茶具、元代茶具、明代茶具、清代茶具、民国茶具和现代茶具。

问茶寮4-1　　　　　　　陆羽在《茶经》中介绍的唐代系统茶具

话茶事4-1

《茶经》
二十四器

风炉：陆羽亲手设计，以铜铁铸造的三足古鼎形炉具。厚三分，缘阔九分。每足上各有七字：一足云"坎上巽下离于中"；一足云"体均五行去百疾"；一足云"圣唐灭胡明年铸"。三足之间设三窗，每窗上各有二字：一窗之上书"伊公"；一窗之上书"羹陆"；一窗之上书"氏茶"。底一窗，供通风用，亦为灰落处。灰承则为三足式铁盘。

筥：以竹或藤编织成、高一尺二寸且径阔七寸、用于盛放燃火用木炭的有盖箱形容器。

炭挝：用来敲打木炭的一尺长、一头光锐、中间粗重、手执处略细、尾部系饰件的六棱铁棒。

火筴：又称火箸，以铁或熟铜制作的一尺三寸长、圆直的火炭夹。

鍑（或作釜，或作鬴）：煎茶用的生铁锅。洪州瓷鍑、莱州石鍑皆是雅器，但不坚实。银鍑，至洁，但涉于侈丽。

交床：四边为十字形支架、中间空，用来支撑鍑。

夹：用于夹住"团饼茶"在火上烤炙、一尺二寸长的小青竹夹子。夹也可用精铁或熟铜制造。

纸囊：用白厚的剡藤纸（今浙江嵊州产）缝制成、贮放烤炙好的茶叶的口袋。纸囊可以防止茶香散溢。

碾：以橘木等硬木制造，用于将烤炙团茶碾压成粉末的碾子。其内为圆弧槽，外为方形底座，中轴为手执圆柄车轮状碾轮，还配备鸟羽拂末，用于刮拂碾中茶末。

罗合：将巨竹横剖并以纱绢为筛网制成罗，将带节巨竹横剖为竹段制成合，二者配套为罗合，用于筛存茶末。

则：以贝壳或铜、铁、竹等制成的度量用具。用水时以则量茶的用量。

水方：以椆木、槐木、楸木、梓木等硬木制成并外敷漆，用于盛贮清水的容器。

漉水囊：以生铜或竹木为骨架、青篾丝编成囊形，并缝上绿色的绢的过滤煎煮茶水的用具。平时存放在绿油囊中。

瓢：又称牺杓，用葫芦剖开或以梨木雕制成、舀水或舀茶水的器具。

竹筴：以竹或桃木、柳木、蒲木、葵木、柿心木制成，长一尺且两头裹银，煎茶时搅旋茶汤的工具。

鹾簋：以瓷制成且圆径四寸、瓶形或壶形、存放煎茶用盐的器皿。配套取盐的工具为揭，揭以竹制成，长四寸一分，阔九分。

　　熟盂：能贮存两升开水的瓷质或沙陶质器皿。

　　碗：盛茶汤或品茗的瓷质容器。越州青瓷碗最好，越瓷青而茶色绿，青则益茶。

　　畚：以白蒲卷编成的可贮碗十只的器具。将竹编的筥用剡纸夹缝垫衬，也可做畚，也可贮碗十只。

　　札：以竹、木为柄，用来清洁茶具的大毛笔形棕榈刷帚。

　　涤方：与水方的制作方法相同，即用楸木制成、可盛放八升洗涤茶具废水的容器。

　　滓方：又称滓盂，与水方、涤方的加工方法相同，可盛放五升茶滓的容器。

　　巾：以粗布制成、长二尺、洗擦茶具的布巾。巾一般制作两块，以便换用。

　　具列：以木或竹制成，敷黄黑色漆，长三尺、阔二尺、高六寸，用来收存和陈列全部茶具的容器。

　　都篮：以竹篾编成的收藏茶具的竹篮。

4.2　瓷质茶具

　　在中国茶文化发展史上，瓷质茶具是"土"的最高境界。我国的瓷质茶具产地遍及全国，品类很多，主要有青瓷茶具、白瓷茶具、黑瓷茶具和彩瓷茶具。

4.2.1　青瓷茶具

　　青瓷茶具是施青色高温釉制成的瓷质茶具。青瓷茶具有着质地细腻、造型端庄、釉色青莹、釉层饱满、纹样雅丽的特点。青瓷茶具的主要呈色物质是氧化铁，含量为2%左右。釉是覆盖在陶瓷制品表面的无色或有色的玻璃质薄层。釉是将矿物原料（长石、石英、滑石、高岭土等）和化工原料按一定比例配合（部分原料可先制成熔块），研磨后制成釉浆，施于坯体表面，并经过一定温度煅烧而成的。釉具有增加制品的机械强度、热稳定性和介电强度，以及美化器物、便于拭洗、防止尘土侵蚀等特点。根据氧化铁含量的多少、釉层的厚薄和氧化铁还原程度的高低等不同，釉会呈现出深浅不一的颜色。如果釉中的氧化铁较多地还原成氧化亚铁，釉色就偏青，反之则偏黄，这与烧成气氛有关。烧成气氛是指焙烧陶器和瓷器时的火焰性质，包括氧化焰、还原焰和中性焰三种。氧化焰是指燃料充分燃烧，燃料产物中没有可燃成分的火焰。还原焰是指燃料在缺氧环境下燃烧，产生大量一氧化碳等还原性气体的火焰。中性焰是指介于氧化焰和还原焰之间的火焰。用氧化焰烧成，釉色发黄；用还原焰烧成，釉色偏青。青瓷中常以"开片"来装饰茶具。开片是指青瓷的釉层因坯、釉的膨胀系数不同而出现的裂纹。哥窑传世之作的表面，大小开片相结合，小片纹呈黄色，大片纹呈黑色，故有"金丝铁线"之称。南宋官窑最擅长应用开片，其作品具有胎薄

（呈灰、黑色）、釉层丰厚（呈粉青、火黄、青灰等色）的特点，器物口沿因釉下垂而微露胎色，器物底足因垫饼垫烧而露胎，故称为"紫口铁足"，并以此为贵。越窑以青瓷驰名世界，其作品呈现出一种特别的"雨过天晴"之色，质地如冰似玉，后流传至国外，成为中国瓷器的代表作。

　　青瓷茶具出现最早。东汉时期，浙江上虞就生产色泽纯正、透明的青瓷茶具。晋代浙江的越窑、婺州窑、瓯窑已具有相当规模，最流行的青瓷茶具是称为"鸡头流子"的有嘴青瓷茶壶。东林寺出土的东晋时期的青釉瓷盏具有质地细腻、釉色青莹的特点。六朝之后，许多青瓷茶具新增了莲花纹饰。唐代西川节度使崔宁的女儿发明了茶碗的碗托，她将蜡做成圈，用来固定茶碗在盘中的位置，后来演变为瓷质茶托。

　　南宋时，青瓷广为流传。浙江龙泉生产的青瓷茶具以"造型古朴挺健，釉色翠青如玉"著称于世，被誉为"瓷器之花"。青瓷成为宋朝对外贸易交换的主要商品。特别是兄弟艺人章生一的哥窑产品和章生二的弟窑产品，从釉色到造型都显示出了极高的造诣。因此，哥窑被列为五大名窑之首，弟窑被誉为"名窑之巨擘"。明代中期，青瓷传入欧洲，龙泉青瓷在法国引起了轰动，人们将它与法国正在上演的著名舞剧——《牧羊女亚司泰来》中的男主角雪拉同的美丽青袍相比，称龙泉青瓷为"雪拉同"，并视其为稀世珍品。现在，世界上许多博物馆内都有龙泉青瓷收藏。

　　青瓷茶具最大的优点是色泽青翠，用来冲泡绿茶，有益于衬托汤色之美；但是如果用青瓷茶具冲泡红茶、白茶、黄茶、黑茶，则会影响茶汤的口感和色泽。图4-3为青瓷茶壶、斗笠杯示例。

图 4-3　青瓷茶壶、斗笠杯

话茶事 4-2

关于龙泉青瓷的两个故事

4.2.2　白瓷茶具

　　白瓷茶具是施透明或乳浊高温釉的瓷质茶具。白瓷茶具有着坯质致密透明、上釉及成陶火度高、无吸水性、音清而韵长等特点。

　　白瓷茶具始制于北朝晚期，到唐代时发展成熟。在长期的实践中，窑匠们逐步掌握了瓷器变色的规律，在烧制青瓷的基础上，降低釉中氧化铁的含量。用氧化焰烧成，釉色一般白中泛黄或泛绿色，而用还原焰烧成，釉色泛青，故有"青白瓷"或"影青"这种釉色介于青、白二色之间的瓷器。

　　白瓷茶具色泽洁白，能够映出茶汤色泽，传热、保温性能适中，加之造型各异，堪称茶具中的珍品。唐代时，河北邢窑生产的白瓷器具如银似雪，"天下无贵贱通用之"。此外，浙江越窑、湖南长沙窑、四川大邑窑也生产白瓷器具。杜甫曾作诗盛赞四川大邑窑生产的白瓷茶碗："大邑烧瓷轻且坚，扣如哀玉锦城传。君家白碗胜霜雪，急送茅斋也可怜。"江西景德镇的白瓷茶具最为著名，其胎薄光润，白里泛青，细密坚致，釉色光莹如玉，雅致悦目，在唐代被称为"假白玉"。到元代时，江西景德镇的白瓷茶具已远销国外。自明代中期以来，人们不再注重茶具与茶汤颜色的对比，这使得白瓷茶具的造型千姿百态，纹饰图案美不胜收。

白瓷茶具适合冲泡绿茶、白茶、黄茶、青茶、红茶、黑茶六大基本茶类及各类再加工茶，在品饮和茶艺表演中使用得最为普遍。图4-4为白瓷茶具示例。

4.2.3 黑瓷茶具

黑瓷茶具是施黑色高温釉的瓷质茶具。黑瓷釉料中氧化铁的含量在5%以上。商周时期出现了原始黑瓷器具。东汉时期，上虞窑烧制的黑瓷器施釉厚

图4-4 白瓷茶具

薄均匀，釉色有黑、黑褐等数种。黑瓷茶具鼎盛于宋，延续于元，衰微于明清。宋代的饮茶方法由唐时的煎茶法改为点茶法，且斗茶风气盛行，从宫廷到民间，人们都喜欢用黑色茶具作为饮茶、斗茶的器具。衡量斗茶的效果要看两个方面：一是盏面汤花的色泽和均匀度，以"鲜白"为上；二是汤花与茶盏相接处水痕的有无和出现的迟早，以"盏无水痕"为上。宋代蔡襄在《茶录》中这样表述斗茶："视其面色鲜白、着盏无水痕为绝佳。建安斗试，以水痕先者为负，耐久者为胜。"宋代名儒祝穆在《方舆胜览》中这样评价黑瓷茶具："茶色白，入黑盏，其痕易验。"所以，宋代的黑瓷茶盏在瓷质茶具中品种最多。

福建建窑、江西吉州窑、山西榆次窑等都是黑瓷茶具的主要产地。在生产黑瓷茶具的各个窑场中，福建建窑生产的"建盏"最为人称道。蔡襄在《茶录》中这样说："建安所造者，绀黑，纹如兔毫，其坯微厚，熁之久热难冷，最为要用。出他处者，或薄，或色紫，皆不及也。"建盏配方独特，因釉中含铁量较高，烧窑保温时间较长，又在还原焰中烧成，釉中析出了大量的氧化铁结晶，所以成品能够显示出流光溢彩的特殊花纹，烧制出的茶具的釉面呈现兔毫条纹、油滴纹、鹧鸪斑点等。每一件茶具细细看去皆自成一派，是不可多得的珍贵茶器。建盏一旦注入茶汤，就能够放射出五彩纷呈的点点光辉，从而增添了斗茶的情趣。

图4-5 黑瓷烤茶器

今天，日本的博物馆中仍收藏着我国宋代的黑瓷茶盏，这是日本僧侣到浙江天目山径山寺修行，归国时带回去的。茶盏通体黝黑发亮，黑釉上显黄、红、褐等色的纹理、斑块，在彩色的边缘还可发现天蓝色的光泽，这种光泽就像在乌云密布的天空中，偶尔露出的小片蓝天，日本人形象地称之为"天目茶碗"。图4-5为黑瓷烤茶器示例。

4.2.4 彩瓷茶具

彩瓷茶具亦称"彩绘瓷"茶具，是在表面上用各种色料进行彩绘装饰的瓷质茶具。彩瓷茶具主要包括釉下彩茶具和釉上彩茶具两大类。釉下彩茶具是指先在瓷坯上用色料进行装饰，再施青色、黄色或无色透明釉，入窑高温一次烧制而成的茶具。釉下彩茶具始于"唐青花"。釉上彩茶具是指在烧成的白瓷茶具上用各种色料绘制图案，然后二次入窑，低温固化色料而成的茶具。明清时期开始出现釉上彩茶具，这是彩瓷茶具

发展的鼎盛时期，并以景德镇窑的成就最为突出。彩瓷茶具包括青花瓷茶具、釉里红茶具、斗彩茶具、五彩茶具、粉彩茶具、珐琅彩茶具、颜色釉瓷茶具等品种。

1）青花瓷茶具

青花瓷茶具属于釉下彩瓷器，又称"白釉青花"瓷器，是在茶具瓷坯上用含氧化钴的色料直接描绘图案纹饰，外施透明釉，再入窑经1 300 ℃左右的还原焰一次烧成的白地青花茶具。

青花瓷最早产生于唐代；成熟的青花瓷出现在元代；明代时，青花瓷成为瓷器的主流；清康熙时，青花瓷发展到了顶峰。

元代中后期，景德镇的青花瓷采用了中国传统的绘画技法，这使得青花瓷茶具的花纹蓝白相映、明净素雅、华而不艳，令人赏心悦目。

明代开始，景德镇是我国青花瓷茶具的主要生产地，景德镇生产的茶壶、茶盅、茶盏等青花瓷茶具的花色品种越来越多，质量越来越精，无论造型、纹饰等都冠绝全国。景德镇成为青花瓷茶具的主要窑场，景德镇的青花瓷更是其他生产青花瓷茶具的窑场竞相模仿的对象。清代康熙、雍正、乾隆时期，青花瓷茶具的发展又进入了一个历史高峰。特别是康熙年间烧制的青花瓷器具，史称"清代之最"。此外，当时还创烧了孔雀绿釉青花、豆青釉青花、青花红彩、黄地青花、哥釉青花等品种。《景德镇陶歌》中这样称颂青花瓷："白渖（釉）青花一火成，花从渖（釉）里吐分明。可参造物先天妙，无极由来太极生。"青花瓷茶具无铅无毒，耐酸耐磨，颜色经久不退，拥有"永不凋零的青花"之美称。景德镇有九段烧、小雅、贵和祥（现在更名为春风祥玉）三大名窑，其中，九段烧的青花瓷茶具美观温润、明净素雅，更显精益求精、引人入胜。图4-6为九段烧青花盖碗示例。

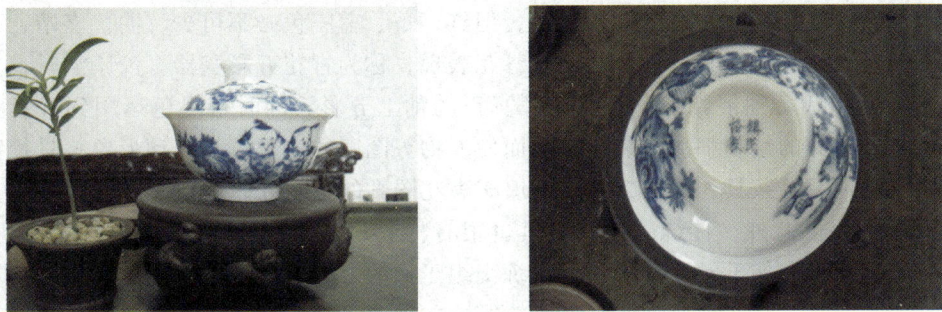

图4-6　九段烧青花盖碗

📗 学有所悟4-3

　　青花瓷，这一穿越千年的瓷中瑰宝，以其独特的艺术魅力、深厚的文化底蕴，成为中华民族乃至全人类共同的文化遗产。青花瓷不仅是中华民族智慧的结晶，更是历史的见证者、文化的传承者，是中外文化交流的使者。通过青花瓷，人们可以直观地感受到中华优秀传统文化的魅力，坚定文化自信，从而推动文化的传承与发展。

悟茶道4-3

青花瓷：穿越千年的瓷中瑰宝与艺术传奇

2）釉里红茶具

釉里红茶具属于釉下彩瓷器，是在茶具瓷坯上用含氧化铜的色料绘制图案花纹，然后施透明釉，经还原焰高温烧制而成的瓷质茶具。图4-7为景德镇釉里红茶具示例。

3）斗彩茶具

斗彩茶具属于釉下青花与釉上彩相结合的瓷器，又称逗彩，是先在茶具瓷坯上用青花色料勾绘出花纹的轮廓并施透明釉高温烧成基础青花瓷茶具，然后在青花纹饰轮廓内用红、黄、绿、紫等多种色彩填绘后经二次低温烘烤而成的茶具。斗彩茶具的制作方法除了填彩外，还有点彩、加彩、染彩等方法。图4-8为斗彩荷香悠远茶壶示例。

图4-7　景德镇釉里红茶具

图4-8　斗彩荷香悠远茶壶

4）五彩茶具

五彩茶具属于釉上彩瓷器，又称硬彩，是在已烧成的白瓷茶具上用红、绿、黄、紫等各种带玻璃质的色料绘成图案花纹，经二次低温烘烤而成的茶具。

五彩茶具在绘制时不一定五彩皆备，但红、黄、蓝三色必不可少。明代嘉靖、万历年间，五彩方见兴盛，其蓝色通过釉下青花表现，称为青花五彩瓷器。清康熙时，景德镇用釉上蓝彩代替釉下青花，烧制出了真正的釉上五彩，同时把黑色运用到五彩茶具上，人物发髻等的绘制都加彩黑色，从而使人物等图案的表现更加生动形象。景德镇还生产出了金地万花茶具，即用24K纯金填充满花图案的空白处，表现出了金碧辉煌、富贵无双的效果。此外，传统的广彩茶具也很有特色，其构图精巧、花饰严谨、人物典雅、施金加彩，宛如千丝万缕的金丝彩练交织于锦缎之上，展现出了金光闪闪、雍容华贵的气派。图4-9为蓝釉五彩茶具示例，图4-10为金地万花盖碗示例。

图4-9　蓝釉五彩茶具

图4-10　金地万花盖碗

5）粉彩茶具

粉彩茶具属于釉上彩瓷器，又称软彩，是在烧成的素瓷茶具上用含氧化砷的玻璃白色料打底，再用各种彩色颜料渲染绘画，经二次低温烘烤而成的茶具。粉彩瓷器是清代康熙晚期工匠在五彩瓷器的基础上，受珐琅彩瓷制作工艺的影响而创造的一种釉上彩新品种，此后历代流行不衰。图4-11为粉彩盖碗示例。

6）珐琅彩茶具

珐琅彩茶具属于釉上彩瓷器，又名瓷胎画珐琅，是在烧成的白瓷上用珐琅色釉绘画，以黄、绿、红、蓝、紫等色彩作为底色，再彩绘各种图案，经二次低温烘烤后呈现出各种有凸起之感的纹饰的茶具。珐琅彩茶具是由景泰蓝工艺演变而来的，铜胎上珐琅釉可以制成景泰蓝茶具，瓷胎上珐琅釉则可以制成珐琅彩茶具。

珐琅彩茶具始于清康熙晚期，盛于雍正时期，止于乾隆晚期。图4-12为景德镇陶瓷缘手绘珐琅彩茶杯示例。

图4-11　粉彩盖碗

图4-12　景德镇陶瓷缘手绘珐琅彩茶杯

7）颜色釉瓷茶具

颜色釉瓷茶具属于颜色釉瓷器，是以多种金属氧化物和天然矿石为着色剂，在釉料里加上某种氧化金属，经过高温或低温烧制而成的茶具。颜色釉瓷茶具的着色剂主要有氧化铁、氧化铜、氧化钴等。其中，以氧化铁为着色剂并以还原焰烧制，可成青釉、黑釉、酱色釉或黄釉等茶具。以氧化铜为着色剂并以还原焰烧制，可成海棠红釉、玫瑰紫釉、鲜红釉、石红釉等红釉茶具；以氧化铜为着色剂并以氧化焰烧制，可成绿色釉茶具。以氧化钴为着色剂并以还原焰烧制，可成深浅不一的蓝色釉茶具。颜色釉瓷茶具的品种极为丰富，仅红釉就可分为霁红、郎窑红、豇豆红、钧红、珊瑚红、矾红等贵重颜色。此外，还有俗称"茶叶末"的黄绿色含铁结晶的颜色釉瓷茶具，以及仿照铜、铁、玉等质地的颜色釉瓷茶具。图4-13为红色釉茶盏、蓝色釉斗笠杯和茶杯示例。

图4-13　红色釉茶盏、蓝色釉斗笠杯和茶杯

话茶事4-3

陶瓷器的
款识与鉴别

4.3 陶质茶具

陶器是指用黏土烧制而成的器皿。陶器是人类最早用火烧制出的新物质，在人类文明史上具有划时代的意义。陶器最初为粗土陶，后来逐步演变为比较坚实的硬陶，再发展为表面敷釉的彩陶。

中国古代的制陶业十分发达，较早的陶器类型有旧石器时代晚期的灰陶、磁山文化时期的红陶、仰韶文化时期的彩陶、河姆渡文化时期的夹炭黑陶、大汶口文化时期的蛋壳黑陶、商代的白陶等。这些陶器的烧制温度只有600~800 ℃，因此陶质粗糙松散。西周时期的几何印纹硬陶烧制温度可达1 200 ℃。

战国时期盛行彩绘硬陶，秦汉时期釉陶烧制工艺已十分成熟，铅釉陶为唐三彩的制作打下了工艺基础。西晋八王之乱以后，晋惠帝返回洛阳，"黄门以瓦盂盛茶上至尊"。唐代，陆羽在《茶经》中记载了陶质茶具——熟盂。

北宋时期，江苏阳羡紫砂陶器登上茶具舞台。1975年，江苏省宜兴市丁蜀镇羊角山发现紫砂古窑址，证明紫砂茶具始产于北宋，梅尧臣的"小石冷泉留早味，紫泥新品泛春华"诗句和欧阳修的"喜共紫瓯吟且酌，羡君萧洒有馀清"诗句描写了使用紫砂茶具的情景，而"银瓶泻油浮蚁酒，紫碗铺粟盘龙茶"则表达了苏轼对紫砂茶具的赏识。传说苏轼到宜兴时，还亲自设计了紫砂"东坡提梁壶"和"东坡石瓢壶"。

明代正德年间，紫砂茶具兴盛至极，成为中国茶具的主要品种之一。明末江阴人周高起所著的《阳羡茗壶系》是最早的紫砂壶文献资料，其中"创始"篇中记载了金沙寺僧是用细土制作茶壶的第一人。明代张岱在《陶庵梦忆》中评价："宜兴罐，以龚春为上……一砂罐、一锡注，直跻之商彝、周鼎之列而毫无惭色。"明代文震亨在《长物志》中推崇："壶以砂者为上，盖既不夺香，又无熟汤气。"明清两代，宜兴紫砂名手制作的紫砂壶造型精美、样式古朴、光彩夺目，不仅是使用的茶具，更是艺术的佳品。清代吴骞所撰的《桃溪客语》中评价："阳羡（即宜兴）瓷壶自明季始盛，上者与金玉等价。"紫砂茶具的名贵可想而知。

此外，浙江嵊州、长兴，河北唐山等地也盛产陶质茶具。

4.3.1 紫砂

紫砂陶土是"土"的最高境界。紫砂陶土（紫砂泥）是一种由水云母、高岭土、石英等矿物成分构成的、颜色多种多样的陶土。紫砂泥主要分布在江苏省宜兴市丁蜀镇，是紫泥、绿泥和红泥的统称。宜兴紫砂泥蕴藏在岩石和普通陶土的夹层中，因此有"岩中之岩""泥中泥"之称。紫泥深藏在黄石岩下，夹存于夹泥矿层中；绿泥是紫泥层的夹脂；红泥一般在嫩泥矿的下层。紫砂泥是矿体，开采时质坚如石。块状紫砂泥开采出来后，首先要经露天堆放，风吹雨打数月后，自然松散如黄豆大小，再用石磨或轮碾机碾碎，用不同规格的筛网筛选，最后倒入容器中，加适量的水拌匀，手

吟茶诗4-1

《依韵和杜相公谢蔡君谟寄茶》

吟茶诗4-2

《和梅公仪尝茶》

工制成湿泥块，俗称生泥。生泥再用木槌压打数十次，即可成为制作紫砂壶原料的熟泥。现代化生产采用真空练泥机练泥。紫砂熟泥的可塑性好，坯体强度高，坯的干燥收缩率和烧成收缩率小，为丰富多样的紫砂茶具品种、多姿多彩的紫砂茶具造型提供了良好的加工施艺条件。

紫泥类可分为天青泥、红棕泥、底槽青泥、大红泥等品种，烧成后呈紫色、紫棕色或深紫色。

绿泥类亦称梨皮泥，矿土呈淡绿色层片状，可分为本山绿泥（出矿时呈绿色）、白麻子泥和红麻子泥等品种，烧成后呈米黄梨皮色。

红泥类亦称石黄（出矿时呈黄、红色），俗称朱泥，可分为本山朱泥、赵庄朱泥和伏东红泥等品种，烧成后呈暗红朱砂色。

团泥类亦称团山泥，是一个时期在团山矿层里出现的混在一起无法分开的紫泥与本山绿泥，烧成后呈铜色。

在本山绿泥里加入钴元素，可以得到黑绿泥；在紫泥里加入锰元素，可以得到黑料泥。虽然科技的进步使泥色变化的技术不断提高，但人们最珍爱的还是原矿特有的紫砂泥。

图4-14为几种紫砂原矿及其烧成的紫砂颜色试片。

图4-14　几种紫砂原矿烧成的紫砂颜色试片

4.3.2　紫砂壶

紫砂壶是指用宜兴紫砂泥成型后在1 150 ℃左右的高温下烧制成的饮茶用壶。

紫砂壶受到人们的珍视，除了因为其制作工艺精湛、色泽古朴凝重、造型千姿百态、具有艺术鉴赏价值外，更在于它的七大实用价值：

一是紫砂壶气孔微细，密度大，保温性好。用紫砂壶沏茶可确保茶汤色、香、味皆蕴，故有"世间茶具称为首"的美誉。

二是紫砂壶透气性能好。紫砂壶贮茶不变色，盛暑不易馊，便于洗涤，久置不用后，只要用开水烫泡两三遍，然后浸入冷水中冲洗，再泡茶仍可得原味，实为品茗者必备之珍品。

三是紫砂壶能吸收茶汁，内壁不刷洗，沏茶也绝无异味。紫砂壶经久使用，壶壁积聚的"茶山"暗藏茶香，所以偶尔在不放茶叶的空壶中注入沸水，也会得到茶香氤氲的茶汤，具有"此处无茶胜有茶"之妙。这也是紫砂壶独有的品质。

四是紫砂壶的冷热骤变适应性强。寒冬腊月，注入沸水，壶不会因温度骤变而胀裂。

五是紫砂壶砂质传热慢，并且保温，提、抚、握、拿均不烫手。

六是紫砂壶长久使用，抚摸擦拭，壶身可形成"包浆"，既增加了壶的价值，泡出来的茶汤也更醇郁芳香。所以明代闻龙在《茶笺》中说："摩挲宝爱，不啻掌珠，用之既久，外类紫玉，内如碧云。"

七是由于宜兴紫砂泥有很好的可塑性，入窑烧造不易变形，因此可随心所欲地做成各种款型的壶，紫砂壶花货、筋纹的造型也可自成体系。

1）紫砂壶的分类

（1）以壶把分类

①端把壶：亦称圈把壶，壶把为耳状，设在壶肩至壶腹下端，与壶嘴位置对称的紫砂壶。

②提梁壶：壶把在盖上方为虹、梁状的紫砂壶。提梁的大小应与壶体协调，高度以手提壶时不碰到壶盖钮为宜。提梁有硬提梁与软提梁之分。

③飞天壶：壶把在壶身一侧上方为彩带飞舞状的紫砂壶。

④横把壶：壶把源于砂锅之柄，与壶身呈90°的紫砂壶。横把壶以圆筒形壶居多。

⑤无把壶：壶把省略，手持壶身头部倒茶的紫砂壶。

（2）以壶盖分类

①压盖壶：壶盖平压在壶口之上，壶口不外露的紫砂壶。压盖的边缘有方线和圆线两种；稍大于壶口外径的壶盖俗称"天压地"。

②嵌盖壶：壶盖嵌入壶口内，盖沿与壶口相平并与壶身融为一体的紫砂壶。嵌盖有平嵌盖与虚嵌盖之分。平嵌盖与壶口在同一平面上；虚嵌盖与壶口呈弧形或其他形状。

③截盖壶：从壶的整体中截下一部分作为壶盖，壶盖与壶身浑然一体、只显截缝的紫砂壶。截盖有克截盖、嵌截盖之分。

（3）以壶底分类

①平底壶：壶底为平整状不加足的紫砂壶。

②捺底壶：将壶底心捺成内凹状不加足的紫砂壶。

③钉足壶：在壶底加钉足的紫砂壶。圆器壶底用三颗钉足，方器壶底用四颗钉足。

④圈足壶：在壶底四周加一道圈足的紫砂壶。

（4）以壶钮分类

①球形钮壶：壶钮呈珠形、扁笠形、柱形的紫砂壶。球形钮是圆壶常用的钮式。

②桥式钮壶：壶钮似拱桥形状的紫砂壶。桥式钮有圆柱状、方条状、筋纹如意状等。在桥式钮上设单环或双环，亦称串环紫砂壶。

③动物钮壶：壶钮呈狮、虎、龙、鱼、青蛙等动物形状的紫砂壶。

④瓜柄钮壶：壶钮如南瓜柄、西瓜柄、葫芦旁附枝叶等形状的紫砂壶。瓜柄钮是花货常用的钮式。

⑤树桩钮壶：壶钮如梅桩、竹根、松树桩等形状的紫砂壶。

⑥花式钮壶：壶钮如植物等自然形状的紫砂壶。

⑦其他钮式壶：随着新的陶艺形式的发展，打破传统钮式，采用现代概念的钮式的紫砂壶。

此外，还有以壶边大于壶口而取代壶钮的紫砂壶，亦有壶盖与壶钮融为一体的紫砂壶。

（5）以壶嘴分类

①一弯嘴壶：壶嘴形状似鸟喙有一个弯曲的紫砂壶。壶嘴与壶身一般做暗接处理。

②二弯嘴壶：壶嘴形状有两个弯曲的紫砂壶。壶嘴的根部较大，出水流畅，壶嘴与壶身做明接、暗接处理均可。

③三弯嘴壶：壶嘴形状（源于铜锡壶造型）有三个弯曲的紫砂壶。早期壶式多为三弯嘴壶，壶嘴与壶身一般做明接处理。

④直嘴壶：壶嘴形状为圆直形或方直形的紫砂壶。

⑤鸭嘴壶：壶嘴形状（源于奶杯）似鸭嘴的紫砂壶，如僧帽壶的壶嘴。

（6）以壶体孔眼分类

①独孔壶：壶体有一个孔眼的紫砂壶。在明代，人们多使用独孔壶。

②球形网孔壶：壶体孔眼是半球形网状的紫砂壶。

③多孔壶：壶体有多个孔眼（三孔、七孔、九孔等）的紫砂壶。清代中期以后，人们大多使用多孔壶。

（7）以外形和造型分类

①几何类紫砂壶：俗称"光货"或"素货"，在圆、方等几何造型的基础上加以演变，用直线条、曲线条、铭刻等手法制作的紫砂壶。传统的掇球壶、仿鼓壶、汉扁壶、合盘壶、四方壶、八方壶、僧帽壶、洋桶壶、扭转乾坤壶等都属于几何类紫砂壶。

②自然类紫砂壶：俗称"花货"，以自然界的物种为题材并辅以艺术修饰等手法制作的紫砂壶。这类壶在模拟自然界的物种时有两种方法：一是直接将模拟对象演变成壶的形状，如南瓜壶、柿扁壶、梅桩壶、飞禽走兽壶等；二是在壶身上选择恰当的部位，用雕刻或透雕装饰的方法把某一种典型的形象附贴上，如报春壶等。

③筋纹类紫砂壶：俗称"筋囊货"，用以壶顶为中心向外围射有规则线条（竖直线条叫筋，横线称纹，犹如植物的叶筋纹）的手法制作的紫砂壶。菊瓣壶、菱花壶、石磨壶等都属于筋纹类紫砂壶。

（8）以装饰分类

①线条纹饰壶：用灯草线、子母线、云肩线、凹凸线、皮带线、凹肩线、筋囊

线、抽角线、折角线及云水纹、如意纹、菱纹、花瓣纹等线条纹饰装饰壶体，以起到流畅贯通、韵致宜人效果的紫砂壶。

②刻画装饰壶：将诗文、绘画、书法、金石镌刻在壶身上，形成独特的风雅文化效果的紫砂壶。刻画装饰的图案为陷入壶体的阴文。

③印纹装饰壶：将装饰图案先刻在细密坚硬的模板上，然后用压印出的带有图案的泥片制成壶体，以起到装饰效果的紫砂壶。印纹是由刻画衍生的装饰，图案为凸起的阳文。

④泥绘装饰壶：在已经成型且尚有一定湿度的壶体上，用其他多种色泥堆画一定厚度的花、鸟、山、水等图案，以表现出薄浮雕效果的紫砂壶。

⑤贴花装饰壶：将与壶体相同的泥料或多种不同的泥料先用印模加工好装饰的贴花图样，然后粘贴于壶体的装饰部位，以起到装饰效果的紫砂壶。相同泥料的贴花，效果沉着浑朴，具有透视感；不同泥料的贴花，特别是比壶体色泽浅淡的贴花，效果突出明显，对比强烈。

⑥捏塑装饰壶：在壶体上进行捏、雕、琢，加工出形象逼真的饰物（如竹叶、葡萄藤、瓜果、梅花、松鼠等），以增强装饰效果的紫砂壶。

⑦绞泥装饰壶：将两种不同色泽的泥料相间糅合，并挤压成壶体，形成似木理纹、水波纹、花石纹、蝴蝶纹和流云纹等自然花纹，以表现出色彩对比鲜明的自然之趣效果的紫砂壶。

⑧调砂、铺砂、色泥装饰壶。

调砂装饰壶：在制壶的细润泥料中掺以粗砂粒或细砂粒，烧成后可产生梨皮效果的紫砂壶。

铺砂装饰壶：在壶体表面嵌入本山绿泥砂粒，烧成后可产生星星闪烁艺术效果的紫砂壶。

色泥装饰壶：在壶体上用两种或多种色泥进行粉饰、点缀、嵌合，以起到丰富成壶形象效果的紫砂壶。

⑨釉彩装饰壶：在素烧的壶体上施加珐琅彩釉或粉彩釉，以表现出光彩照人效果的紫砂壶。

⑩镶嵌装饰壶：借鉴金银错工艺，先在壶体上刻好阴文纹样，烧成后再嵌入金、银、铜等金属丝整平磨光，从而使朱紫色的壶身展现出金黄色或银白色精美纹样和富丽堂皇效果的紫砂壶。

⑪浮雕、雕漆装饰壶。

浮雕装饰壶：使壶体上的浮雕图案起到装饰效果的紫砂壶。

雕漆装饰壶：借用髹漆工艺，在壶体表面一层一层地涂漆，积聚到一定厚度以后，在漆面雕饰花纹图案，以起到装饰效果的紫砂壶。

⑫其他装饰壶：如镶金边壶、包锡壶、包铜壶、抛光壶等。

2）紫砂壶的审美及鉴赏标准

（1）紫砂壶的审美

抽象地讲，紫砂壶的审美可归结为形、神、气、态四个要素。

形，即形式的美，是指作品的外轮廓；神，即神韵，是一种能令人体会出精神美的韵味；气，即气质，是壶艺所蕴含的特质美；态，即形态，是作品的高、低、肥、瘦、刚、柔、方、圆的各种姿态。只有从这四个方面融会贯通，才能创造出真正完美的紫砂壶。

（2）紫砂壶的鉴赏标准

鉴赏紫砂壶时应从以下方面着手：

①泥质。鉴赏紫砂壶首先要看紫砂的泥质，好泥料是制造好壶的基础。

②造型。紫砂壶的造型千姿百态，素有"方非一式，圆不一相"的赞誉。有人喜爱光货，有人偏好花货，还有人独爱筋囊货。这可谓仁者见仁，智者见智，全凭个人内心的理解和共鸣去感受紫砂壶从造型中流露出的感染力。

③工艺。紫砂壶的工艺包括两种：一是"圈泥"的打身筒成型法，适用于圆形壶、球形壶；二是"镶接"的镶身筒成型法，适用于方形壶。紫砂壶工艺的关键在于泥坯成型技巧的规范、表面的精加工、细致的拓平修整，这既是提高壶坯精确度的重要手段，也是充分发挥紫砂材质效果的最佳手段。

④款识。款识是在壶的底部、壶盖内口或壶把下沿等位置刻印的文字或印记，通常包括制壶人的姓名、堂号、年代等信息，有时还会刻有赞颂或祝愿的内容。款识不仅是鉴赏紫砂壶好坏的重要标准，而且体现了制壶人的艺术修养和人格魅力。

⑤装饰。装饰内容能够体现出紫砂壶的艺术气质。光货的线条，花货的浮雕、贴雕，筋囊货的纹样，镶嵌作品的材质、位置，书法、金石、绘画的功力等，都使得人们对紫砂壶充满了赏玩的兴趣。

⑥功能。紫砂壶是实用、陈设兼备的工艺品。壶盖能体现出紫砂壶的做工精湛与否，壶口与壶盖结合严密、气密性能好是紫砂壶的功能表现之一；壶嘴中空、通孔合适、壶嘴出水流畅是紫砂壶的功能表现之二；壶嘴、壶口与壶把分量均衡、造型标准是紫砂壶的功能表现之三；壶的容量适度、高矮得当是紫砂壶的功能表现之四。

3）紫砂壶的选择标准

①选择在性价比方面自己认同和能够接受的紫砂壶。紫砂壶可分为四个等级，即日用品（大路货）、工艺品（细货）、特艺品（名人名家的作品）、艺术品（富有艺术生命的作品）。

②选择在造型、泥料方面自己喜欢的紫砂壶。一般选择胎土纯正、线条流畅、造型自然的"一手壶"。需要注意的是：高壶小，宜泡红茶；矮壶大，宜泡绿茶；壶的高矮必须适度，过高则茶失味，过矮则茶易从盖溢出。

③选择壶把拿着舒适、稳当，拿起后重心适中的紫砂壶。

④选择口和盖配合严密（以一根手指插进壶把内圈，挑起紫砂壶时壶盖不会掉下来为好）的紫砂壶。

⑤选择气密性好的紫砂壶。出水时，堵住壶钮的气孔，水流即停；壶中装满水时，堵住壶嘴翻转紫砂壶，壶盖不会掉下来。

⑥选择俯视时，紫砂壶的壶嘴、壶钮、壶把处在同一直线上的紫砂壶。壶身线面

修饰平整，内壁收拾利落，落款明晰端正。

⑦选择壶嘴出水流畅，且水柱不散、不拧，出水圆润、畅快、长久，符合"注水七寸不泛花"要求的紫砂壶。

⑧选择收水干净利落，即收水时"口不流涎"的紫砂壶。

4）紫砂壶的使用和保养

（1）新紫砂壶的开壶方法

新紫砂壶的开壶方法有两种。

第一种方法：首先，选择干净无异味且口沿高过壶身的容器，注满清水；其次，将新的紫砂壶和壶盖分离，轻轻地全部浸没在水中，用中火开始烧；再次，在容器中的清水要开而未开之际，投入适量的干茶叶同煮，当水沸且茶汤颜色已深时，即可离火放置；最后，当容器中的茶汤冷却后，捞出紫砂壶与壶盖，放在干燥无味处自然阴干，即可开始正常使用。需要注意的是，以此种方法开壶后，只能冲泡与开壶用茶种类相同的茶叶。

第二种方法：首先，选择干净无异味且口沿高过壶身的容器，注满清水；其次，将新的紫砂壶和壶盖分离，在紫砂壶和壶盖内分别放入小块豆腐，轻轻地全部浸没在水中，用中火烧；再次，当容器中的水面出现一定量的黑脏浮沫以后，即可离火放置；最后，当容器中的水冷却后，捞出紫砂壶与壶盖，清除豆腐残渣和浮沫并冲洗干净，将紫砂壶与壶盖放在干燥无味处自然阴干，即可开始正常使用。以此种方法开壶后，能冲泡任何茶叶。

（2）紫砂壶的日常使用和清洁方法

紫砂壶的日常使用和清洁是同时进行的，方法主要有三种。

第一种方法：品茗后，将茶渣与茶汤继续留在紫砂壶内，存留时间视气温高低为6小时到24小时不等；然后将紫砂壶清空，随即将壶翻转置于干燥、通风、无异味处自然阴干；最后将紫砂壶盖上盖并存放起来，以备下次使用。此法主张不要过于勤快地清除壶身内外的茶渍，要隔一周或一周以上时间再彻底用茶巾将紫砂壶擦拭一番，如此周而复始。

第二种方法：品茗后，即将紫砂壶清空，用沸水涤除余汤残渣；然后将茶壶置于干燥、通风、无异味处自然阴干；最后将紫砂壶搁置起来，以备下次使用。此法主张"时时勤拂拭"，以保持紫砂壶内外的清洁卫生。

第三种方法：品茗后，立即将紫砂壶清空，用清水将紫砂壶洗净后，再用电吹风吹干备用。此法也主张勤擦拭。

（3）养壶的基本方法

养壶的基本方法有三个：一是手抚养护法，即经常用手抚摸紫砂壶的表面，以增加其"包浆"；二是茶巾养护法，即经常用蘸了茶水的茶巾擦拭紫砂壶的表面，以增加其"包浆"；三是茶笔养护法，即用蘸了茶汤的茶笔轻轻刷洗紫砂壶的表面及其细微处，以增加其"包浆"。上述方法宜配合使用，并注意用力均匀。

新紫砂壶开始使用的第一年，其外部变化是很大的，泥色会在原底色的基础上越发沉稳，外壁上的茶垢会先于壶内积存，壶盖与壶口之间的摩擦感基本消除并趋于光滑。从第二年开始到第五年之间，茶垢会使壶壁内外色调一致。这时，养壶已有初步效果，基本上脱尽燥气，泡茶时的香味也胜以往一筹，紫砂壶开始成为雅致的器物。从第六年开始，壶的感观变化会以肉眼难辨的速度缓慢进行，很难在 10 年、20 年间有很大突破，直至壶内茶垢积存明显，而外壁色泽虽然没有变深，但其光泽感更强，"包浆"的感觉也慢慢出来了。

壶身"包浆"能够激发出紫砂壶本身古玉般的光泽，使壶浑朴润雅，韵味无穷。久而久之，紫砂壶不仅手感舒适，而且可以形成人与壶之间的心灵沟通，达到"人壶合一"的境地。

4.3.3　紫砂名家

明代周高起在《阳羡茗壶系》中记载，紫砂壶的创始者是金沙寺僧，正始于供春，供春是当地名人吴颐山的书童。吴颐山在金沙寺读书，供春在闲时便模仿金沙寺僧制壶。供春壶价值极高，有"供春之壶，胜于金玉"的赞语。现存于中国国家博物馆的"树瘿壶"据传为供春所制，但原盖已失，曾由清末制壶家黄玉麟配制一瓜蒂盖，后被著名画家黄宾虹看出"张冠李戴"，遂又由制壶名家裴石民做了一个树瘿壶盖。

供春之后，出现了制壶的四大名家，即董翰、赵梁（又作赵良）、玄锡（《秋园杂佩》更正为袁锡）、时朋。同时，另一位制壶名家李茂林发明了将壶坯放入匣钵中烧制的方法，此方法烧出的壶表面洁净、无釉斑，色泽均匀一致。

明万历年间至清初，被公认为第一制壶大家的是时大彬（时朋之子）。时大彬与他的高徒李仲芳（李茂林之子）、徐友泉三人因在家中都是老大，故称"壶家妙手"之三大。时大彬另有四大弟子，即欧正春、邵文金（又名亨祥）、邵文银（又名亨裕）、蒋时英。此外，陈用卿、陈仲美、惠孟臣也是紫砂壶艺史上的重要人物。现在品饮乌龙茶时用的"茶室四宝"中的孟臣罐，即因惠孟臣而得名。

清代康熙年间，工匠们在紫砂器上试烧珐琅彩，雍正以后有紫砂的粉彩器及描金器出现，这促使紫砂名匠辈出，陈鸣远等人形成了不同的制壶流派和风格，紫砂工艺也渐趋精细。乾隆中后期至道光年间，在紫砂壶史上产生重大影响的人物是陈鸿寿。陈鸿寿，号曼生，曾设计了众多紫砂壶款式。著名的"曼生十八式"又称曼生壶，即由陈鸿寿设计，杨彭年、杨凤年兄妹制作而成，后人多学之。之后，又出现了黄玉麟、裴石民、朱可心、顾景舟、蒋蓉等制壶名人。

♪ **学有所悟 4-4**
　　曼生壶是文人参与紫砂艺术、文人与艺人珠联璧合成功创作的一代典范。曼生壶简洁明快的造型、深刻隽永的题铭及其蕴含的深刻哲理，值得后人细细品味。

悟茶道 4-4

曼生十八式
注解

顾景舟在壶艺上的成就极高，被誉为"一代宗师"，可与明代的时大彬齐名。蒋蓉等陶艺家承前启后，使得紫砂壶的制作又有了新的发展，并使得紫砂壶的制作工艺始终居于最高水平。如今，紫砂茶具已成为人们的日常用品和珍贵的收藏品。

问茶寮4-2   紫砂锔壶

在中国传统的行当中有一门手艺，即"锔锅、锔碗、锔大缸"，也就是将破裂的铁锅、饭碗、水缸用锔钉"锔"上。"锔"就是在破损的锅、碗或缸的两个相邻残片相对的边缘钻上小孔，然后用一排锔钉将若干个残片间的边隙紧密无缝地连接固定起来，从而将破损的锅、碗或缸修复如初，以达到滴水不漏的效果。修好的器物身上会多出数排锔钉自然形成的美丽花纹。"没有金刚钻，不揽瓷器活"说的就是这项手艺。

一只价值昂贵的瓷器或紫砂壶破损后，可利用锔活工艺将其修复。

在物质生活极大丰富的今天，一只破损的锅、碗或缸已经不值得修复，所以懂得锔活工艺的艺人已经很难见到，锔活工艺当属"凤毛麟角"之列。

有一种再加工的紫砂锔壶，其再加工工艺的操作方法如下：首先将待加工的紫砂壶中装满黄豆，遍身用铁丝缠紧；然后向壶中注入清水，等待黄豆膨胀；当黄豆开始膨胀并撑裂紫砂壶身时，用听觉辅助视觉，凭借经验判断壶身出现裂痕而没有破散的最符合锔活加工要求的位置，并迅速将已经膨胀的黄豆从紫砂壶中倒出；最后将铁丝拆掉，用锔钉将裂痕处锔上，从而加工出传世精品。常用的锔钉有黄金锔钉、白银锔钉和铜锔钉。一般的紫砂壶使用铜锔钉加工即可。锔壶有着自然朴素之美，是紫砂壶爱好者把玩的"宠物"。图4-15为锔壶示例。

图4-15　锔壶

4.4　　玻璃茶具

玻璃茶具是使用玻璃材质烧制而成的茶具。玻璃在中国也有着悠久的历史。

玻璃在中国周朝以"缪琳""火齐""琉璃""琅玕""颇黎""明月珠"等概念在诗文传志中出现。西周时期的玻璃器皿朴素无华，色彩晦暗，造型简单，质地疏松，制作粗糙。春秋战国时期的玻璃器皿以仿玉为主，光洁度好，工艺水平较高。两汉时期延续了这一传统。魏晋南北朝时期，出现了"玻璃""瑟瑟"等名词，这时的玻璃器物轻薄，透明度较好。

唐代时，随着中外文化交流的增多，西方的玻璃器物不断传入我国，这时的玻璃器物主要是玻璃瓶、玻璃茶具、玻璃杯等，器型都是中国的传统式样，采用吹制方法制成。陕西法门寺地宫出土的素面淡黄色琉璃茶盏和茶托是地道的中国玻璃茶具。唐代著名诗人韦应物曾写诗赞誉琉璃，称它"有色同寒冰，无物隔纤玉。象筵看不见，堪将对玉人"。玻璃茶具很快成为珍贵的茶具。宋元时期的玻璃器物小巧精致。清代的玻璃器物工艺高超、色彩绚丽，清代也因此成为中国玻璃工艺发展的鼎盛时期。清康熙年间在北京开设的宫廷琉璃厂，由养心殿造办处管理，专门为皇室制造各种玻璃器物。康熙后期，宫廷琉璃厂曾招募广州工匠；雍正时期，始用博山工匠；乾隆前期，虽有传教士参与，但仍以博山工匠为主。在清康熙、雍正、乾隆三代，玻璃器物的繁荣与发展和宫廷琉璃厂的建立是分不开的。在此期间，宫廷琉璃厂还新创了金星料、搅（绞）胎、套料、珐琅彩等多种装饰方法，并以套料最为著名，甚至生产出了品饮专用的玻璃茶具。

近现代，玻璃茶具有了更大的发展。玻璃具有质地透明、光泽夺目、外形可塑性强等特点，再配合细致的手工吹制技术，因此可以塑造出形态各异的玻璃茶具。玻璃茶具的化学稳定性好，与茶不产生任何化学反应，能够保持茶的原味。

使用玻璃茶具泡茶时，茶汤的鲜艳色泽、茶叶的细嫩柔软、茶叶在冲泡过程中的翩翩舞姿、叶片的逐渐舒展等一览无余，可称得上是一种动态的"茶舞"艺术欣赏。特别是在冲泡细嫩的名茶时，玻璃茶具晶莹剔透，杯中轻雾缥缈、澄清碧绿、芽叶朵朵、亭亭玉立，观之赏心悦目，别有一番情趣。玻璃茶杯的不足是质脆易碎，比陶瓷茶杯烫手。

在高级玻璃茶具家族中，钢化玻璃茶具的安全性更高。这是因为钢化玻璃具有三大优势：一是强度高，同等厚度下钢化玻璃抗冲击的强度是普通玻璃的 3～5 倍，抗弯强度是普通玻璃的 3～5 倍；二是承载能力增大，即使破碎，也只呈现类似蜂窝状的钝角碎小颗粒；三是热稳定性好，钢化玻璃能承受的温差是普通玻璃的 3 倍，对防止热炸裂有明显的效果。因此，玻璃茶具也非常受茶人喜爱。图 4-16 为玻璃茶具示例。

图 4-16　玻璃茶具

4.5　竹木茶具

4.5.1　木茶具

木茶具主要包括红木茶具、红豆杉茶具、崖柏木茶具和黄杨木茶具等。

1）红木茶具

红木茶具是以红木为原材料加工制作的茶具。

红木是"木"的最高境界。国家标准《红木》（GB/T 18107—2017）中规定，红木可分为五属八类二十九个树种。五属：紫檀属、黄檀属、柿属、崖豆属及决明属。八类：紫檀木类、花梨木类、香枝木类、黑酸枝木类、红酸枝木类、乌木类、条纹乌木类和鸡翅木类。

紫檀木类树种主要是檀香紫檀。檀香紫檀主要产于印度，我国云南、广州、海南等地有少量引种栽培。檀香紫檀心材新切面呈橘红色，久露空气后变成深紫色乃至黑紫色；纹理交错，结构致密；木质坚硬、细腻，耐腐性强，但生长速度缓慢。檀香紫檀是皇家使用的极品红木品种之一，因其出材率极低，所以有"十檀九空"之说。檀香紫檀适合制作高档的茶壶、茶杯、茶宠、茶盘和香具，檀香紫檀茶具有很高的观赏价值和收藏价值。

花梨木类树种包括安达曼紫檀、刺猬紫檀、印度紫檀、大果紫檀、囊状紫檀。花梨木主要产于东南亚、非洲等地，我国海南、云南、广东、广西等地也有引种栽培。花梨木结构细腻、纹理交错、年轮明显、富有光泽，材色较均匀，呈浅黄色至暗红褐色，心材呈红褐色、砖红色或紫红色。用花梨木制作的茶具有耐磨性和耐久性好、强度高、防白蚁等特点。

香枝木类树种主要是降香黄檀。降香黄檀别名海南黄花梨，是我国海南特有的珍稀树种，也是皇家使用的极品红木品种之一。该木材富有光泽，具有特殊香气；纹理斜或交错，结构细而均匀；木质坚硬，强度高，耐腐性强。海南黄花梨的生长速度极为缓慢，故有"生长三十几年的海南黄花梨只能做双筷子"之说。用海南黄花梨制作的茶壶、茶杯、茶宠等，具有极高的使用价值、观赏价值和收藏价值。由于海南黄花梨极为稀少，现在越南黄花梨也用来制作茶具，且价格在不断上涨。图4-17为海南黄花梨茶壶示例。

图4-17　海南黄花梨茶壶

红酸枝木类树种主要包括巴里黄檀、赛州黄檀、交趾黄檀、绒毛黄檀、中美洲黄檀、奥氏黄檀、微凹黄檀。清代中期以来，檀香紫檀和降香黄檀日渐难求，人们开始从南洋（东南亚一带）进口红酸枝木替代，红酸枝木在当时有"紫榆"之称。因其具有酸香气，广东地区称之为"酸枝"；因其颜色大多为红褐色，长江以北地区多称之为"红木"或"老红木"。《舟车闻见录》中记载："紫榆来自海舶，似紫檀，无蟹爪纹。刻之其臭如醋，故一名酸枝。"红酸枝木深色条纹明显；木材有光泽，多数酸香气无或很微弱；纹理斜或交错，密度高，含油脂，坚硬耐磨。红酸枝木常用来制作高档的茶桌、茶盘、茶宠等用具。

鸡翅木类树种主要包括非洲崖豆木、白花崖豆木、铁刀木。鸡翅木虽无香气，年轮也不明显，但肌理致密，紫褐色深浅相间成纹，尤其是纵切面呈纤细浮动的鸡翅状，给人以羽毛璀璨闪耀的感觉。鸡翅木常用来制作茶桌、茶盘等，深受文人雅士和茶人的喜爱。

2）红豆杉茶具

红豆杉茶具是以红豆杉为原材料加工制作的茶具。

红豆杉又称紫杉，也称赤柏松，是第四纪冰川遗留下来的古老树种，有"植物大熊猫"之说，是我国一级保护野生植物。此外，红豆杉树皮中含有的紫杉醇具有独特的抗癌功效，因此红豆杉是世界上公认的濒临灭绝的天然珍稀抗癌植物。由于红豆杉的生长速度缓慢，再生能力差，因此很长时间以来，世界范围内还没有形成大规模的红豆杉原料林基地。江西九江修水有1 000多亩天然红豆杉群落。红豆杉是极品珍贵木材，使用红豆杉制作的茶壶、茶杯等茶具，能够渗出含紫杉醇的红色水质，对人体有很好的保健作用，红豆杉茶桌也是人们收藏的热点之一。

3）崖柏木茶具和黄杨木茶具

崖柏木雕制的茶宠、茶盘、茶桌，黄杨木雕制的茶罐、茶则等，既是一种实用茶具，又是馈赠亲朋好友的艺术品。

问茶寮4-3　　　　　　　家庭饮茶待客最高礼节的用具——罗汉床

中国古代家具中卧具的形式有四种，即榻、罗汉床、架子床和拔步床。后两种只作为卧具，供睡眠之用；而榻和罗汉床除了供睡眠之用外，还兼有坐的功用。

隋唐以前，中国人的起居方式是席地而坐，生活中心必然围绕睡卧之地，待客均在主人睡榻周围，久而久之，便形成了国人待客的等级观。明清直至民国初年，国人待客的最高级别一直是在床上或炕上。榻和罗汉床的主要功用反而不是睡卧，而是待客。通览历朝历代的绘画作品，频频可见古人以榻或罗汉床为中心待客的场面。特别是在清代，这种以罗汉床为中心的最高层次的待客礼仪已成定式。因此，罗汉床的装饰也由朴素向华丽发展，逐步强调使用檀香紫檀、降香黄檀等名贵红木手工雕琢制作。

明代，罗汉床为三屏风式，装饰风格为正面围子略高于两侧围子。清代，罗汉床有五屏风式、七屏风式、九屏风式三种。罗汉床的正面呈现山字形围子，两侧常用台阶式围子，形成了中间高、两头矮，并且有一定落差的装饰风格。尤其是中间的一块围子一定要高，这样才能使前端围子几经落差后而不至于太矮。

今天，茶饮、茶艺已被越来越多的大众家庭所接受，家庭茶室也被越来越多的家庭所青睐。红木材质的罗汉床已经走向家庭茶室，并逐步成为家庭饮茶待客最高礼节的必备用具。图4-18为酸枝木罗汉床示例。

图4-18　酸枝木罗汉床

4.5.2　竹茶具

竹茶具是以竹子为原材料加工制作的茶具。

隋唐以前，我国的饮茶习俗虽然渐次推广开来，但仍属于粗放式饮茶。当时的饮茶器具除了陶瓷器具外，民间茶具多用竹子制成。陆羽在《茶经》中所列的茶具，许多都是用竹子制成的。由于竹茶具的材料来源广、制作方便且价格便宜，因此从古至今，竹茶具一直受到茶人的欢迎。竹茶具的缺点是易损坏，不能长时间使用，无法长久保存。

到了清代，四川出现了一种竹编茶具，它既是一种工艺品，又富有实用价值，主要品种有茶杯、茶盅、茶托、茶壶、茶盘等，多为成套制作。竹编茶具由内胎和外套组成。内胎多为陶瓷类饮茶器具；外套用精选慈竹，经劈、启、揉、匀等多道工序，制成粗细如发的柔软竹丝，经烤色、染色，再按茶具内胎形状、大小编织嵌合，使之成为整体如一的茶具。这种竹编茶具不仅能保护内胎、减少损坏，而且保温性能较好，泡茶后不烫手，同时色调和谐、美观大方，具有一定的艺术欣赏价值。

在抹茶、点茶茶艺所使用的茶具中，有一种由竹子制成的调茶工具，称为茶筅，其形状就像现代的鸡蛋搅拌器，作用是搅动茶汤泛花。宋徽宗所著的《大观茶论》中说："茶筅以筋竹老者为之。身欲厚重，筅欲疏劲，本欲壮而末必眇，当如剑脊之状。盖身厚重，则操之有力而易于运用。筅疏劲如剑脊，则击拂虽过而浮沫不生。"使用茶筅点茶时，拂击无力或注水过猛，都不利于茶汤泛花，故强调"手轻筅重，指绕腕旋"。

现今常用的竹茶具多为茶盘、茶筅等。图 4-19 为竹茶具示例。

图 4-19 竹茶具

4.6 其他茶具

4.6.1 石茶具

石茶具是指以天然石质材料制成的茶具。符合"安全卫生、易于加工、色泽光彩"要求的天然石料非常丰富，经过人工精雕细琢、磨光等多道工序，这些石料便可以制成石壶、石杯、石盏、石托、石茶盘、石茶桌。根据原料名称的不同，石茶具可分为玉石茶具、端石茶具、大理石茶具、磐石茶具、木鱼石茶具等。石料富有天然纹理，色泽光润美观，质地厚实沉重，保温性能好，有较高的艺术价值。安徽、山东、云南、上海等地都生产石茶具。随着雕刻技术的发展，现代石茶具更为精美，多成为工艺品。

石壶雕刻的技巧在于要将石壶的实用性融于雕刻艺术之中。其基本技法有圆雕、浮雕、透雕，以及深刻、浅刻、线刻等。石壶的造型千姿百态，雕刻技法丰富多样，观赏价值较高。

鉴赏石壶可从以下几个方面进行：

一看造型，石壶的外观要给人以美观、自然、协调的感觉，壶腹、把手、壶嘴、壶盖与整体的比例要恰当。

二看构图，一把艺术性强的石壶，不管从哪个角度去欣赏，它都是一幅完美的图画。

三看雕刻技巧，娴熟的刀工常常能够把艺术语言寓于作品之中，使作品没有丝毫刀刻斧凿的痕迹，宛若天成。

四看材质，制作石壶的材质很多，不同风格的石壶应选取不同的石材为原料。

五看构思，石壶的构思是作者社会阅历、文化修养、思想感情、艺术功底的综合体现。构思巧妙的石壶，常将其实用功能巧妙地包含在艺术形象之中。

石壶具有很高的实用价值：一是透气性强，制壶的天然石材分子间隙大，茶香更易渗透到壶壁之中，使茶更香；二是夏季泡茶不易变质，因为制壶的天然石材导热快；三是用石壶饮茶更有益健康，因为制作石壶的天然原料中（如灵璧石、菊花石、麦饭石、木鱼石等）含有对人体健康有益的微量元素。

1）玉石茶具

玉石的颜色美观，质地细腻坚韧，光泽柔润，是由单一矿物或多种矿物组成的岩石。狭义的玉石专指硬玉（如翡翠）和软玉（如和田玉、岫岩玉）；广义的玉石不仅包括硬玉和软玉，还包括绿松石、芙蓉石、青金石、玛瑙、玉髓、水晶等。玉石的形成条件极其特殊、复杂，它们大多来自地下几十千米深处的高温熔化岩浆，从地下沿着裂缝涌到地球表面，冷却后成为坚硬的石头。在这个过程中，只有某些元素能够缓慢地形成坚硬的玉石或宝石。

中国是世界上用玉最早的国家，至今已有7 000多年的历史。玉是矿石中比较贵重的一种石头。中国古人视玉为圣洁之物，玉是光荣和幸福的化身，是权力、地位、吉祥、刚毅和仁慈的象征。中国最著名的玉石是新疆和田玉，它与辽宁岫岩玉、河南独山玉及湖北绿松石（一说为陕西蓝田玉），并称为"中国四大名玉"。

在新石器时代，玉就是诸侯享有权力的标志。以后，许多君主的国玺也都是玉质的。商代就已经使用墨玉牙璋来传达君主的命令。文字记载，周朝开始将玉作为工具。秦汉直到唐代的达官贵人均将玉作为饰物。

宋元以后，社会上出现了玉雕市场和官办玉肆。明代万历年间，神宗皇帝将玉石制成茶具、酒具奖赏给有功的大臣。清代的玉雕艺术使玉器走向了新的高峰，玉器遍及生活的方方面面，玉雕小到寸许，大至万斤。慈禧太后更是对翡翠情有独钟，她居住的长春宫里随处可见各种翡翠用品：头发上插的是翡翠簪子；耳朵上挂的是翡翠耳钉；手指上戴的是翡翠戒指；手腕上戴的是翡翠镯子；手里经常把玩的是一颗翡翠白菜，翡翠白菜叶绿、心白，菜心上还落着一个满绿蝈蝈，菜叶旁还伏着两只黄色马蜂；饮茶用的盖碗也是翡翠制成的，满绿碧透，精美无比。

玉石自古就是高档茶具的首选材料。玉石茶具是以玉石为原材料精雕细琢制成的茶具。玉石茶具极富灵性，与茶并容。每一款玉石茶具都独具匠心，美观大方，极富个性。玉石茶具有不变形、不褪色、不吸色、易清洗等优点。玉石茶具的美更在于它的细腻、温润、含蓄、优雅。玉石茶具的颜色有草绿色、葱绿色、墨绿色、灰白色、乳白色等，色调深沉柔和，配以香茗，能够形成一种特有的温润光滑的色彩。玉石还富含人体所需的钠、钙、锌等多种微量元素，用玉石制成茶具来饮茶，不仅对人体有一定的保健作用，而且具有超凡脱俗、催人奋进的灵气。显而易见，玉石茶具乃茶具之佳品。玉石茶具承载着深厚的文化内涵，展现了流光溢彩的中国茶文化，可传世收藏。

悟茶道4-5

玉之五德

🍵 学有所悟4-5

　　玉的美好在于它能用美好的品质潜移默化地影响人，使人们感受到世间美好的那一部分，从而带来内心的中正与平和。我们在使用玉石茶具时，不但要欣赏其工艺价值，而且要研究其蕴含的深刻文化内涵。

2）木鱼石茶具

　　木鱼石是一种罕见的空心的石头。古人诗赞："曾见山有洞，罕闻石中空。虽非珠玉类，可在一绝中。"古代文人墨客利用木鱼石天然中空的特性为盂为砚，所盛水墨色味经久不变。李时珍所著的《本草纲目》中记载：木鱼石系珍稀中药材，其性甘平无毒，有定六腑、镇五脏之功效，久服有强力、耐寒、耐暑、不饥、轻身、延年不老之神奇疗效。因此，木鱼石有"得者有缘，无福妄得"之说，得者往往不传其产地，更使该石身价百倍。经鉴定，木鱼石含有锶、钼、锂、锌、硒等多种对人体有益的微量元素，具有很好的保健和美容作用。用木鱼石茶具饮茶，能起到延年益寿的作用。乾隆皇帝下江南途经山东，地方官员得知乾隆皇帝酷爱收藏各种名贵茶具，便向乾隆皇帝进贡木鱼石茶具一套共六件。乾隆见茶具外观温润圆滑，沏茶后茶香四溢，赞叹不已，欣然题写"清幽"二字，命宫廷造办处镌刻于壶身之上。这套茶具被列为国家一级文物，现藏于故宫博物院。

　　木鱼石茶具是指用整块木鱼石雕琢出来的茶具。木鱼石茶具主要包括茶壶、竹节杯、套筒杯、冷水杯、茶叶筒和水方等器具。用木鱼石茶具泡茶，即便是在酷暑季节，茶水放置5天仍可饮用而不会变质。将水盛放在木鱼石器具中2小时，水中溶解的微量元素和矿物质的含量就能够达到饮用天然矿泉水的国家标准。因此在茶室中，木鱼石制成的水方是最好的贮水用具。

4.6.2 金属茶具

　　金属茶具是指用金、银、铜、铁、锡等金属材料制作而成的茶具。金属茶具是"金"的最高境界，是我国最古老的日用器具之一。

1）金银茶具

　　金银茶具按材质分类，以白银为材质制成的茶具称为银茶具；以黄金为材质制成的茶具称为金茶具；银质基材且外饰金箔或鎏金的茶具称为饰金茶具。

　　金银茶具大多以锤锻或浇铸焊接成型，再辅以刻饰或镂饰。金银延展性强，耐腐蚀，又有美丽的色彩和光泽，故制作极为精致，价值很高。

　　中国自商代始用黄金，河南安阳殷墟曾出土过黄金小饰件。春秋战国时期，金银器技术有所进步。从出土文物中可以考证，南北朝时期，我国出现了包括饮茶器皿在内的金属器具。到隋唐时期，金属器具的制作达到高峰。

　　茶具从金银器皿中分化出来，是在中唐前后。20世纪80年代中期，陕西省扶风县法门寺地宫出土的一套由唐僖宗供奉的鎏金茶具，是金属茶具中的稀世珍宝。在唐代，金银茶具为帝王、富贵之家使用。

宋代崇尚金银茶具，不仅皇亲贵戚、王公大臣、富商巨贾使用，酒肆、上层庶民也有使用。宋代蔡襄在《茶录》中说："茶匙要重，击拂有力。黄金为上，人间以银铁为之。"他又说："瓶要小者，易候汤，又点茶注汤有准。黄金为上，人间以银铁或瓷石为之。"明代金银器的生产工艺更加精湛，珍品多出现在帝王陵墓之中，明定陵出土的万历皇帝使用的碗盖及托盘均为纯金錾刻而成。清代，金银器工艺空前发展，皇家使用金银茶具极为普遍。鉴于金银的贵重，现代人生活中极少使用金银茶具。

此外，用白银水壶烧水可以提高水的活性，用白银茶壶泡茶能够提高茶水的品质。图4-20为唐代金银茶具示例。

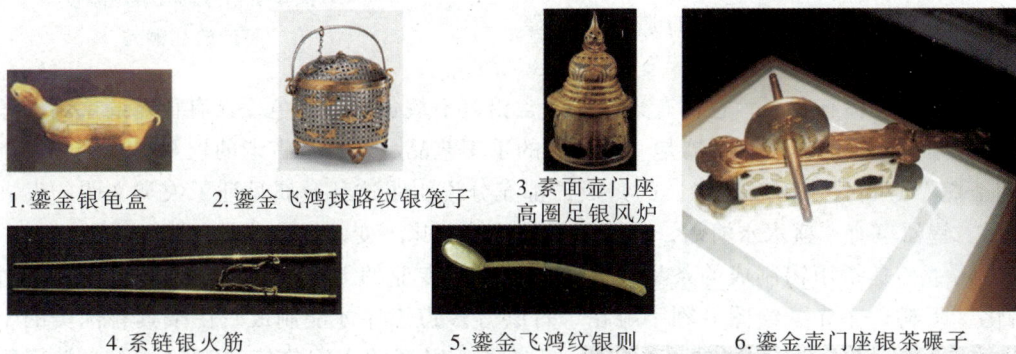

1. 鎏金银龟盒　　2. 鎏金飞鸿球路纹银笼子　　3. 素面壶门座高圈足银风炉

4. 系链银火筋　　　　5. 鎏金飞鸿纹银则　　　6. 鎏金壶门座银茶碾子

图4-20　唐代金银茶具

2）铜茶具

铜茶具是指以铜为原材料制成的茶具。铜茶具以纯紫铜和白铜为上品，这种材质的茶具少锈味，器具的类型以铜壶为主。

中国使用铜器的历史悠久。从公元前18世纪到公元前221年秦始皇统一六国的上千年间，青铜器得到了广泛应用。古人用青铜制盘以盛水，制爵、尊以盛酒，这些青铜器皿自然也可以用来盛茶。今天，四川等地的茶馆里仍可见到长嘴铜壶，北京、天津等地也可见到龙嘴大铜壶。云南彝族撒尼人将茶投入铜壶，称煮好的茶为"铜壶茶"。藏族茶具中的紫铜釜、铜壶、紫铜勺等均为铜制品。蒙古族、哈萨克族、维吾尔族等少数民族的茶具中也有数量不等、用途各异的铜茶具。

英国微生物学教授基维尔进行的有关铜杀菌能力的实验结果显示，金属铜能够帮助杀灭大肠杆菌，青铜和黄铜等铜合金也具有相同的杀菌效果。

将铜壶与不锈钢壶对比进行煮水测试：品尝铜壶煮开的水，可以感受到犹如泉水般清甜的味道，口感细腻、顺滑；品尝不锈钢壶煮开的水，入口粗糙，还伴随着一种不锈钢遗留的金属味道。值得一提的是，用黄铜壶煮的水较软，而用紫铜壶煮的水更软。用铜壶煮水泡茶，能使茶叶本身的品质发挥得淋漓尽致。

新铜壶在使用前必须进行开壶处理。首先，在新铜壶内放入约为壶容积80%的食用白醋，煮开后沸腾5分钟，使醋酸充分溶解分离新铜壶中的铜锈等脏东西；然后，倒掉白醋，放入清水，煮开后沸腾5分钟，充分清除白醋的味道；最后，倒掉铜壶中的沸水，用清水冲洗两遍，开壶成功。如果铜壶保存不当，壶内生了绿锈，也可以采用相同的办法解决问题。

使用和保养铜壶应注意以下两点：

一是每次使用完铜壶后，必须将壶内的水全部倒出，将铜壶烤干，这是使铜壶不氧化、不生锈的最好做法；否则，下次使用时必须先将第一壶煮开的水全部倒掉，第二壶水才能用于泡茶。

二是长期使用的铜壶表面会氧化，特别是在遇到水蒸气时，铜壶表面会加速氧化而变黑，因此应定期或不定期地用麻布或百洁布擦拭铜壶表面。

图4-21为广州天程铜艺打造的纯铜壶。

图4-21　广州天程铜艺
打造的纯铜壶

3）锡茶具

锡是一种稀有金属，它富有光泽，不含铅、不氧化、不变色，具有很好的杀菌、净化、保温、保鲜的作用。锡器是一种古老的手工艺品，从神秘古老的埃及锡手镯和锡制"朝圣瓶"到古代中国净化水质的锡板，都充分说明锡这种金属见证了人类文明的发展历程。锡器享有"盛水水清甜，盛酒酒香醇，储茶味不变，插花花长久"的美誉。

锡茶具是指用锡制成的茶具。锡茶具需要由专业的工艺师，采用高纯精锡，经过熔化、下料、车光、绘图、刻字雕花、打磨等多道工序才能制成。锡茶具有优美的金属色泽、极高的实用价值和观赏价值。精锡刚中带柔，密封性能好，延展性强，加工性能好，所制茶具多为贮茶用的茶叶罐，具有较好的防潮、避光性能，有利于散茶的保存。用锡茶具泡茶特别清香，能够逼真地展现茶道每一个细节的创意。锡茶具已被公认为是一种高档的馈赠佳品及非常有价值的收藏品，其中马来西亚和泰国出产的锡茶具最佳。图4-22为纯锡茶罐示例。

图4-22　纯锡茶罐

4）不锈钢茶具

不锈钢茶具是指用不锈钢制成的茶具。不锈钢茶具的特点是传热快、不透气、不生锈、外表光洁明亮、造型规整有现代感。典型的不锈钢茶具包括烧水的水壶、双层保温杯、过滤网，以及贮茶盒、贮茶筒、贮茶瓮、茶球等。

5）铸铁茶具

铸铁茶具是指用传统铸造方法把高温熔化的铁水注入模具成型并经纯手工打造成的生铁茶具。铸铁茶具中的铁含碳量较高，具有坚硬、耐磨、铸造性好、导热性优良等特点。铸铁茶具包括水壶、茶壶、火炉、壶垫、茶托、铁锅等。下面以铸铁壶为例，介绍铸铁茶具。

（1）铸铁壶的优点

①铸铁壶的壶壁厚实，用铸铁壶烧水的沸点要比用一般不锈钢壶烧水的沸点高出

2～3 ℃，保温时间也更长。用高温水泡茶可以提升茶的香气，而用铸铁壶烧开的高温水冲泡普洱老茶、大红袍或凤凰老丛，能够淋漓尽致地激发出茶的陈香，调出茶韵。

②用铸铁壶烧水，能够去除自来水中的氯气，改善并软化水质，使水质滑软微甜，从而改善和提升茶的口感。

③铁是人体内参与造血的元素。铸铁壶煮水时能够释放出易于人体吸收的二价铁离子，满足人体对铁的需要，从而有效预防贫血。

④铸铁壶的外部涂层是食品级材料，高温工艺涂装，无毒、耐擦且强度高。随着擦洗次数的增多，铸铁壶的外部会形成特殊"包浆"，使壶身呈现出金属质地的黯然之光，这也为铸铁壶注入了新的生命力，使铸铁壶别具赏玩价值。与古董一样，老壶兼具实用价值和收藏价值。铸铁壶也是人们赏茶、斗茶、鉴茶以及开展茶会活动必备的专业茶具。

（2）铸铁壶的种类

常见的铸铁壶有两种：一种是内壁用搪瓷处理的搪瓷内胆铸铁壶；另一种是内壁无处理的氧化膜铸铁壶。

搪瓷内胆铸铁壶的内壁经过高科技工艺处理后，其表面密布的无数毛细孔会直接贯通铸铁基材，既可起到防锈作用，也可令铁质渗出畅通无碍。搪瓷是在 800 ℃的环境下做成的，因此搪瓷内胆铸铁壶的内部光亮悦目，更显高档。此外，搪瓷内胆铸铁壶的壶壁厚，冬天更保温，清洗也很方便。

氧化膜铸铁壶就是内壁无涂层的、原生态的铸铁壶。每次倒完开水以后，应用壶的余温烘干壶内水分，并形成自然氧化膜，这对防止壶内壁生锈具有很好的效果。

图4-23为铸铁壶示例。

图4-23 铸铁壶

（3）铸铁壶的使用与养护

①铸铁壶底部平整，可用电磁炉或电炉加热，切忌使用瓦斯、酒精炉等加热。

②以木炭炉配合铸铁壶烧水是最佳的方法，因为这样既能养成壶身美丽的外表，同时木炭燃烧产生的远红外线还能起到杀菌的作用。

③铸铁壶还热时，严禁快速冷却，以防止破裂；切忌空烧铸铁壶，空烧会缩短铸铁壶的使用寿命，甚至导致铸铁壶破裂。

④铸铁壶很重，装水后重量会加倍，建议只装 2/3 的水，同时小心执壶。

⑤铸铁壶易生锈，每次使用完毕后，一定要洗净擦干再收存。

⑥切忌使用微波炉加热铸铁壶。

⑦如果铸铁壶长时间不使用，应用食用油将壶内部涂抹一遍，然后置于阴凉干燥处。再使用时，只要注水煮沸后将水倒掉即可。

（4）铸铁壶的除锈与防锈

除了铁本身的化学性质活泼，容易导致铸铁壶生锈以外，水分也是铸铁壶生锈的诱因之一。空气中的氧在有水的环境下会与铁反应，生成氧化铁，也就是铁锈。海绵状的铁锈特别容易吸收水分，如果不除去铁锈，铸铁壶很快就会烂掉。

清除铁锈的方法有两种：一是利用各种工具把铁锈铲掉；二是利用酸性溶液把铁锈溶解掉。去掉铁锈以后，一定要对铸铁壶的表面进行防锈处理，可以涂上一层食品级防锈材料，还可以在铸铁壶煮水后及时将其烘干，保持其表面洁净和干燥。

4.6.3 漆器茶具

漆器茶具是以竹、木或其他物质为胎体原料进行雕制，然后进行涂漆加工而制成的茶具。

漆器的起源很早，在河姆渡文化遗址中就发现有漆碗。舜、禹在位时，曾使用髹漆木器。

唐代时，漆器向工艺品方向发展。河南偃师杏园李归厚墓出土的文物中发现有贮茶用的漆盒。

宋元时，漆器可以分成两大类：一类以髹黑、酱色为主，光素无纹，造型简朴，制作粗放，多为民众所用；另一类为精雕细琢的产品，有雕漆、金漆、犀皮漆等品种，工艺奇巧，镶镂精细，甚至以金银为胎体原料，如浙江瑞安仙岩出土的北宋描金漆器。

明代时，髹漆有新发展，有名匠将时大彬的"六方壶"髹以朱漆，名为"时大彬"款紫砂胎剔红山水人物图执壶，这是漆与紫砂合一的绝品。

清乾隆年间，福州名匠沈绍安创制脱胎漆器，他所制茶具具有乌黑、清润、轻巧的特点。

脱胎漆茶具的制作精细复杂，首先要按照茶具的设计要求，做成木胎或泥胎模型，其上用夏布或绸料以漆裱上，连上几道漆灰料，然后脱去模型，经过填灰、上漆、打磨、装饰等多道工序，最终才能成为古朴典雅的脱胎漆茶具。脱胎漆茶具通常是一把茶壶连同四只茶杯，放在圆形或长方形的茶盘内，壶、杯、盘通常呈一色，多为黑色，也有黄棕、棕红、深绿等颜色。脱胎漆茶具融书画于一体，饱含文化意蕴；轻巧美观，色泽光亮，光可鉴人；不怕水浸，耐高温，耐酸碱腐蚀。脱胎漆茶具除了有实用价值以外，还有很高的艺术欣赏价值，常为鉴赏家所收藏。

图4-24　漆器茶具

北京雕漆茶具、福州脱胎漆茶具，以及江西宜春等地生产的脱胎漆茶具，都别具艺术魅力，其中以福州脱胎漆茶具为最佳。福州生产的漆器茶具多姿多彩，有"宝砂闪光""金丝玛瑙""釉变金丝""仿古瓷""雕填""嵌白银"等品种。特别是创造了"赤金砂"和"暗花"等新工艺以后，漆器茶具更加鲜丽夺目、惹人喜爱。这些漆器茶具精美异常，有的红如宝石，有的绿似翡翠，犹如明镜，光亮鉴人，是高贵的艺术品。图4-24为漆器茶具示例。

4.6.4 搪瓷茶具

搪瓷茶具是将铁质冲压、拉伸并加工成型为胎体，然后附加搪瓷表面而制成的茶具。搪瓷茶具以坚固耐用、图案清新、轻便耐腐蚀而著称。它起源于古代埃及，后传入欧洲。现在使用的铸铁搪瓷始于19世纪初的德国与奥地利。

搪瓷工艺传入我国，大约是在元代。20世纪初期，搪瓷茶具在我国开始大规模生产。典型的搪瓷茶具主要有：洁白、细腻、光亮，并且可与瓷器媲美的仿瓷茶杯；饰有网眼，并且层次清晰，有较强艺术感的网眼花茶杯；式样轻巧、造型独特的鼓形茶杯和蝶形茶杯；具有保温作用，并且携带方便的保温茶杯；用于放置茶壶、茶杯的加彩搪瓷茶盘。但是，搪瓷茶具传热快，易烫手，放在茶几上会烫坏桌面，加之"身价"较低，所以使用时会受到一定限制，一般不作为待客之用。

4.6.5 景泰蓝茶具

景泰蓝茶具亦称铜胎掐丝珐琅茶具，是以铜胎为基础，并在表面进行掐丝，然后经过以蓝色珐琅釉点蓝、烧蓝、磨光、镀金等工序而制成的茶具。景泰蓝茶具流行于明代景泰年间，因初创时只有蓝色，故名"景泰蓝"。景泰蓝茶具大多为盖碗、盏托等，内壁光洁，花纹繁缛，制作精细，蓝光闪烁，华贵夺目。

4.6.6 塑料茶具

塑料茶具是用塑料压制成的茶具。塑料茶具的主要成分是树脂等高分子化合物与配料。塑料茶具质轻、耐腐，色彩鲜艳，形式多样。用塑料茶具泡茶，经常会产生"水闷气"，从而影响茶汤品质。塑料茶具的种类不多，大多为水壶和水杯，更常见的是商用的PC塑料水瓶和PC塑料纯净水桶。

话茶事4-4

什么样的塑料水桶可以重复使用

4.6.7 果壳茶具

果壳茶具是指用硬质果壳制成的茶具。常见的果壳茶具主要由葫芦、椰子等果壳加工而成，如水瓢、贮茶盒等，其工艺以雕琢为主。果壳茶具虽少，但使用历史较长。陆羽在《茶经》中也记载了葫芦可制成瓢，并为历代沿用。葫芦茶具主要包括茶桌上用于舀水的葫芦瓢，以及小葫芦滤网、小葫芦茶宠等。椰壳茶具主要是工艺茶盒，其外形黝黑、雕刻字画，有的椰壳茶盒内衬锡胆，便于贮藏茶叶。果壳茶具长期受到茶人们的喜爱。

课堂互动4-1 茶具介绍

中国的茶具种类繁多、造型精美，你最喜欢哪种茶具呢？快来给大家介绍一下吧！

4.7 茶具选配

茶具选配的原则是：首先，要注重茶具在功能上的八大特性；然后，根据茶艺所用茶叶品种，选配与之相适宜的主泡茶具（包括茶具色泽）。

1）茶具的八大特性

（1）材质

茶具的材质与泡茶、品茶的个性相关联，茶类不同，对茶具材质的要求也不同。茶具的选材十分广泛，包括金、银、铜、铁、锡、玉、陶瓷、玻璃、木材、竹材等，但在茶的冲泡品饮过程中，选用最多的是玻璃、陶瓷和紫砂茶具。

（2）形状

茶具的形状不仅要满足外观审美的要求，而且要满足茶艺冲泡技术的要求。以茶壶为例，茶壶的大小、口腹比例、壶口到壶底的高度等都与泡茶的个性需求有关。

（3）体积

单件茶具在体积上应符合实际需求，同时各件茶具包括辅助用具在体积上应体现主次或层次性，从而使不同茶具相互匹配，具有和谐一致的统一性。

（4）感觉

感觉主要体现在品茗阶段。一方面，品茗杯的外形要有特色，色泽（特别是内壁色泽）应与茶叶品种相适宜；另一方面，要注重品茗杯的大小、壁厚、杯口的弧形特征，以保证端杯时有稳定感，品茗时有舒适的口感。此外，茶壶的盖、钮、把等也要做到手感好。

（5）保温

只有选配保温性能符合要求的茶具，才能确保茶艺全过程的完美。

（6）便携

外出时使用的茶具应便于携带。瓷壶或紫砂壶宜选用小的，品茗杯宜选用小巧壁厚的，其他茶具宜选用简易方便的，从而形成精巧的茶具组合。

（7）齐全

齐全是相对需求而言的。从茶艺的角度出发，茶具的齐全有助于对茶艺意境的追求。

（8）实用

选配茶具时，首先要考虑其实用性，再追求其艺术性，易碎、易烫手等因素要事先考虑排除，这样才能用准备好的茶具组合取得茶艺应有的效果。

2）各种茶类适宜选配的主泡茶具及茶具色泽

（1）绿茶类适宜选配的主泡茶具及茶具色泽

名优绿茶：宜选择透明无花纹、无色彩、无盖玻璃杯，或者白瓷、青瓷、青花瓷无盖杯，或者玻璃盖碗、瓷质盖碗。

大宗绿茶：对于单人用具，夏秋季可用无盖、有花纹或冷色调的玻璃杯；春冬季可用青瓷、青花瓷等各种冷色调的瓷盖杯。对于多人用具，宜用青瓷、青花瓷、白瓷等各种茶壶、茶杯。

（2）白茶类适宜选配的主泡茶具及茶具色泽

冲泡白茶宜选择白瓷或紫砂茶壶、茶杯，也可以用反差极大且内壁有色的黑瓷杯、碗，以衬托白茶的雅观。

（3）黄茶类适宜选配的主泡茶具及茶具色泽

冲泡黄茶宜选择白瓷、黄釉瓷茶壶、茶杯，或以黄、橙为主色的五彩茶壶、盖碗和盖杯。

（4）乌龙茶类适宜选配的主泡茶具及茶具色泽

轻发酵类乌龙茶：宜选择白瓷及白地花瓷茶壶、盖碗、盖杯。

半发酵及轻焙火类乌龙茶：宜选择紫砂朱泥壶或灰褐色系列瓷质茶壶、茶杯。

全发酵及重焙火类乌龙茶：宜选择紫砂茶壶、茶杯。

（5）红茶类适宜选配的主泡茶具及茶具色泽

条红茶：宜选择内白釉紫砂杯，或者白瓷、白地红花瓷、红釉瓷的茶壶、盖杯、盖碗。

红碎茶：宜选择内白釉紫砂杯，或者白、黄底色描橙、红花及各种暖色的瓷茶壶、盖杯、盖碗。

（6）黑茶类适宜选配的主泡茶具及茶具色泽

冲泡黑茶宜选择紫砂茶壶、茶杯，或者白瓷、白地红花瓷、红釉瓷的茶壶、盖杯、盖碗。

（7）花茶类适宜选配的主泡茶具及茶具色泽

冲泡花茶宜选择青瓷、青花瓷、斗彩瓷、五彩瓷等品种的盖碗、盖杯、茶壶；为了增加趣味，也可用短粗的高脚杯。

话茶事4-5

好茶需配
好茶具

4.8　香　具

4.8.1　香道起源于中国

香是"火"的最高境界，中国使用香的历史非常悠久。考古发现，中国早在新石器时代就有熏烧的器具出现。史载，周朝已有正式的焚香记录。中国的用香文化始于疆域开发及对外交通的发展，从而发现并进口了香料。周朝时期，由于政治的分合，在国土向南开发的过程中，人们陆续发现了香料。从此以后，用香逐渐成为周朝贵族的时尚之风。

春秋时期，孔子作《猗兰操》，吟咏的虽不是沉香，但他以物寄情，物与神交，确立了品香与儒家人格的内在联系，奠定了品香的文化内涵，这可以视为我国"香道文化"的发源。

秦汉时期流行焚香。东汉杨孚在《异物志》（又称《南裔异物志》《交州异物志》）中记载："蜜香，欲取先断其根，经年，外皮烂，中心及节坚黑者，置水中则沉，是谓沉香……"我国出土的汉代青铜器和陶器中，用于焚香的博山炉造型轻盈挺拔，炉盖仙峰层叠，焚香轻烟似雾，仿佛从空谷中缭绕而出，此情此景何等浪漫。

魏晋南北朝时期，沉香不仅为皇亲国戚所珍爱，也为上流社会所追捧，并成为身份的象征。人们视熏香为雅事，文人高士，隐于林泉，焚香操琴，品茗论道，成为社会时尚。相传"竹林七贤"中的嵇康精于茶道、香道和操琴，留下了千古绝唱——《广陵散》。

隋代经济繁荣、海陆通达、佛教兴盛，用香风气趋于普及。正如明代周嘉胄撰写的《香乘》一书所说："追炀帝（隋炀帝）除夜，火山烧沉香甲煎不计数，海南诸香毕至矣。"

盛唐时期，王公大臣"各携名香，比试优劣"，鉴香、品香、斗香已达到了"道"的完美境界。在陕西省扶风县法门寺地宫出土的唐代皇家器物中，不仅有整套茶具，还有可闭合、可悬挂、镂空球状的银香囊，上面刻有华丽精致的纹饰，构思巧妙，令人赞叹；同时出土的还有描金沉香山子若干块，每块沉香依山峦走势进行描金，说明沉香在当时已是皇家、佛界的珍稀贵重之物。这些香具、香料见证了唐代茶道和香道的发展。

香道发展至宋代更为鼎盛。宋徽宗赵佶追求道家淡泊静穆的境界，而香道恰好与这种精神相契合。宋代的汝窑、官窑、哥窑、钧窑、定窑五大名窑受其影响，有大量精美的香炉传世。故宫博物院藏有相传为宋徽宗赵佶所绘的《听琴图》，画中描绘了一位身着素服的方士，端坐松下，轻抚琴弦，身旁的香几上放置了一个造型精致的鼎式香炉，一缕青烟袅袅上升，微风轻拂，飘向操琴者的上方，形象地展现了文人高士焚香操琴的场景。诗人墨客也留下了大量品香、颂香的优美诗章，从一个侧面形象地反映了文人的香道生活。张择端所绘的《清明上河图》见证了北宋都城汴京（今河南开封）集市上繁闹的场景，其中就绘有专门经营香料的"刘家上色沉檀拣（拣）香"铺子，这证明了宋代的焚香、品香已经进入了社会各阶层，包括平民百姓之家。

宋代黄庭坚不仅是一位伟大的书画家和文学家，也是茶道香学大家。他总结了香之十德，即感格鬼神、清净心身、能除污秽、能觉睡眠、静中成友、尘里偷闲、多而不厌、寡而为足、久藏不朽、常用无障，对香的内涵做出了全面而深刻的分析和评价，指出了香在天人关系中的作用。

悟茶道4-6

香之十德

🔥 学有所悟4-6

　　黄庭坚的《香之十德》是中国古代香文化的瑰宝，它以深厚的文化内涵和独特的艺术形式，展现了香的多重价值和深远意义。黄庭坚将香提升到了精神层面，认为香不仅可以提升人的精神境界，而且可以帮助人们在繁忙的生活中找到宁静和闲适。这种将香融入生活的理念，使香不仅仅是一种艺术形式，更是一种生活方式和精神追求。

元代以后，香品的制作更加多元化。

到了明清时期，品香之风仍盛行不绝。皇帝之殿、王侯深院、道观禅寺、儒子书斋，乃至家道殷实的平民百姓的厅堂，都有丝缕轻烟溢香，各个阶层均视焚香、品香为高雅之事。此时的香具品类繁多，钟鼎瑞兽，造型极尽其巧。著名的宣德炉就是皇家用进口铜料经反复精炼铸造镌刻而成的，被后世文人香客奉为香炉具之极品，万金难求。

清代以后，香道文化逐渐式微，焚香、品香活动逐渐淡出人们的文化生活。

改革开放以后，我国经济发展，国力提升，人民生活水平得到了大幅度提高，香道文化重现和谐盛世，并越来越受到人们的理解乃至追捧。在焚香、品香的过程中，越来越多的人体验到了香道的美妙之处。可以说，不同身份、不同年龄、不同修养、不同心境的人对品香的体悟肯定各有不同。

综上所述，香道文化始于春秋，成长于汉，储备于唐，鼎盛于宋，风行于明清，流传至今。

香道是一种以天然芳香原料为载体，将自然科学和人文科学融为一体，以感受和美化自然生活，实现人与自然的和谐发展，创造人的外在美与心灵美的和谐统一的用香文化。

香道起源于中国，在物质文明高度发达的今天，人们需要一种具有天然趣味的、与和谐时代相呼应的精神文化来充实生活，而香道正是满足这一需求的精神文化之一。

香道源自天然。天然的芳香植物生机盎然，其天然的芳香伴随着呼吸沁人心脾，使人们能够产生愉悦的享受，从而放松精神，心胸也会变得宽广。芳香植物的美不单单是色泽，更是那种没有任何修饰的、自然和谐的美。与香相伴，人性会变得清纯而透明。人类用智慧将芳香植物中蕴藏的美化人们生活环境的有益精华成分提取出来，使得芳香植物的美得到了新的升华。

香道充满人情味。天然芳香启迪人们运用它的美去创造生活的美，如花草茶、芳香食品、芳香贴花，以及用芳香植物制作的各种艺术品等，从而使人们在美的自由空间中愉悦心情，品读人生。

香道有利于身体健康，可以美化肌肤、净化心灵，还可以促进人与人之间和睦相处的环境氛围的形成，这也是提高全社会文明程度的方法之一。

4.8.2　品香论道

品香者初入香道，识香可教，懂香靠悟。品香者要学会惜香、敬香、懂香。品香的特点可以概括为洁、圆、幽、通、和。

洁：香味气韵独特，清纯高妙，不浊不野，天下无双。

圆：香品圆润醇厚，甜馥内敛，不破不燥，回味无穷。

幽：香烟若即若离，若隐若现，宁静高远，曲径通幽。

通：香韵通达三界，开启灵窍，拔除沉疴，身心调谐。

和：香气绵长灵动，不疾不散，以香观心，神自归一。

品香入道者要从香料甄选、香具择用、焚香方法、品香环境四个方面进行细致考量，若这四个方面都完备，即可达到香道的最高境界，但初涉香道易，进入化境难。

1）香料甄选

香道中常用的天然香料有沉香、降真香、檀香三种。

沉香的香气丰富多变，生闻淡雅幽静，燃烧后则展现甜香、乳香、药香和凉香等多层次韵味，香味持久而绵延。焚香选料重在气味醇正，以香韵绵长为胜。顶级沉香奇楠有"一香五味"的韵致，初学者需要慢慢体验。

降真香具有强大的香用及药用功能，非常受古人推崇。《本草纲目》引珣曰："《仙传》拌和诸香，烧烟直上，感引鹤降……降真之名以此。"品降真香，生闻淡似兰麝，燃烧后则形味超然、余韵悠长。《新纂香谱》中记载："古人对降真香的利用基本与沉香、檀香并驱，若以沉香粉做篆香，必加少量降真香，才可提出至真至纯的香气。"降真香被古人列为"诸香之首"，故有世间"奇珍异宝"之称。

相较于沉香和降真香，檀香产量更高，价格也更亲民。檀香香味浓郁稳定，燃烧时香气柔和温润，令人放松。

2）香具择用

最重要的焚香器具是香炉。现今若得一古器，如清代景德镇仿哥釉炉、德化白釉炉等已属不易，宣德炉真品、宋代名窑所产瓷香炉则更为难求。一旦求得，应以"宝"视之。用古器焚香之时，追慕古人幽思，可增添古雅气氛。

3）焚香方法

古人的焚香方法十分考究，可供借鉴。先选用特制火炭，点燃后覆盖炉灰，置金银薄片于炭上，再用香匙舀取适量香料，缓缓放入炉中，用金属片之热力将香味慢慢炙出，切忌猛火烧烤，如燃焦炭，这无疑是暴殄天物。利用现代科技制作的电香炉，可调控温度，使用十分简便，是初涉香道者的首选。

4）品香环境

品香环境以静室为宜，如果能约上二三好友，寻一处林泉高远之清舍，焚香听曲，品茶论道，可谓人生一大乐趣，这对陶冶身心十分有利。在品香的五个特点中，"和"为香道文化之核心。品香不但对人体痼疾具有独特的疗效，更为宝贵的是，它能够调节现代人的浮躁心态，使人平和达观，心灵得以净化。

4.8.3 品茗熏香

香道在配合品茗上的应用可分为香气、烟景和意境三个方面。

1）香气的应用

茶与香，归之为"味"，即茶道与香道的异曲同工之处，均属"味道"。茶以口入身，身心同受；香以鼻入身，达身体经络。两者契合，相辅相成，妙趣横生，符合于道，安养于心，利于己身。

香气可以协助塑造品茗空间的气氛，使人们在进入一定香型、一定浓度的香气环境中后，能够自然地感悟到主人想要给予的美妙感觉；再配合视觉、触感，甚至听觉的音乐效用，更可以立体地传达出香气赋予的品茗环境语言。沉香的香气让人沉思，檀香的香气让人思古，茉莉的香气让人感受到青春的活力，玫瑰花的香气可将人带入爱情的浪漫之中。

香气的应用也不完全需要熏点香材或香料，也可将香花或香精等散发香气的材料置于香炉内，让香气在香炉中自然散发，这就是所谓的"空熏"。

然而，香道的香气在品茗时不能太强，否则就会干扰到品茗时的茶味及茶香。在茶会开始前打扫完房间，点上一炉香，当香气达到适当的浓度后立刻停止。这样，客人在进入茶室之后，既可体会到香气的存在，也可领会到本次茶会的风格。适宜的熏香浓度不会影响人们对茶香、茶味的欣赏。在品茶的过程中，人们还可感受到不发酵茶的豆花香和兰香、轻发酵茶的花香、重发酵茶的果香、全发酵茶的蜜香、后发酵茶的木香等，茶叶的香气会使人们更加深刻地体会到品茗的美妙和愉悦。

此外，熏香时也可应用茶叶本身的香气，即将干茶置于家庭用的小型烘焙笼中，给以适当的温度，芽茶类的温度设在80 ℃左右，叶茶类的温度设在90 ℃左右，烘焙出的茶香便可自然散发在茶室之中，当茶香的浓度适当后，立刻将烘焙笼的电源关掉。这种"以茶说茶"的香气的运用，有"相应茶香"和"相衬茶香"两种方法。"相应茶香"是指使用与品茗时相同的茶叶进行烘焙熏香。例如，人们在品饮铁观音时，多使用同种铁观音进行烘焙熏香。"相衬茶香"是指使用与品茗时不同的茶叶进行烘焙熏香。例如，人们在品饮具有清凉感的绿茶时，多使用具有温暖感的大红袍进行烘焙熏香。

2）烟景的应用

燃香时会冒出香烟，而香烟会因香材成分的不同而形成不同的烟形。油脂重的沉香类香材，其烟形偏横向发展；油脂轻的檀香类香材，其烟形往上冲。香烟也会因熏燃地方的温度与湿度的不同而产生不同的形态。温度低、湿度高，烟形的扩散就会较慢。

烟景还会受到香炉形状的影响。使用无盖的香炉时，香烟会先往上冲，再依其他因素发生变化；使用有盖的香炉时，香烟会在炉内先行聚集，然后才会由炉盖的缝隙飘出，这时烟形会发生较大的变化，有时香烟还会在盖面上盘旋一阵子才离去。如果赏烟环境绝对安静，还可获得"大漠孤烟直"的烟景享受。

还有一种倒流的"沉香烟"，点燃后，香烟从塔香底部的小孔处往下飘送，如果配合香炉的造型，则可以形成瀑布飞泻的效果，也可以形成彩带飞舞的画面。

烟景是用来欣赏的，如果将其应用在茶席的布置上，就必须将其与泡茶席分隔开来。在泡茶之前，先让客人欣赏烟景的变化，然后结束熏香，开始品茗。这段时间不宜太长，以免香气太重，影响品茗效果。烟景的欣赏也可以安排在茶会的中途，大家来到另外一个空间（如特设的"赏香室"），在那里赏烟景，品香气，这时就不用担心香气会对品茗造成干扰了。

3）品香的意境

焚香静气是茶道的前奏。茶艺爱好者在净手之后，方以虔诚之心燃香。一炷香，一道茶，既可养心又可安心。自香入茶（道）之后，焚香、品香也能够营造一种心灵回归的非常境界，尤其是香与茶相伴，会让人产生一种奇妙的遐想，这不仅仅是嗅觉因素和环境因素的作用，更是心理因素的作用。香烟绕梁，香气升腾，品茶的同时品香。人们只要闻到一缕缕恬淡的檀香或沉香，就会感到一种安慰，就会得到心灵的安宁与平和。

4.8.4 香道用香

香道用香从形态特征上划分主要有三种：一是型香（制作而成的线香、盘香、棒香和塔香）；二是香粉（磨成末状的粉）；三是材香（自然的檀香片、沉香片、降真香片）。

4.8.5 香道用具

香道用具包括香勺、香铲、灰押、羽尘、银叶镊、香签、香取、香炉、香盅、香碟、香篆、香插、香筒、银叶罐等。图4-25为香道用具示例。

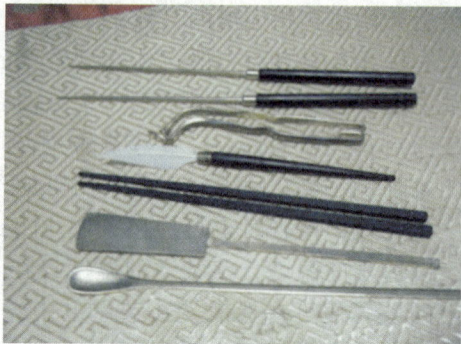

图4-25 香道用具

①香勺：取用香末的小勺子。

②香铲：整理香炉内香灰的小铲子。

③灰押：压平香炉内香灰的工具。

④羽尘：也称羽帚，清理沾有香灰的香炉炉壁的羽毛制成的清洁工具。

⑤银叶镊：夹取云母片到香炭上的工具。香炭是指专门为熏香设计的无味、无烟、闷烧时间长的特色木炭。云母片是指放在香炭与沉香之间的云母材质隔片（日本香道称银叶）。放置云母片的主要目的是不让香炭味或香灰味影响品香的质量。

⑥香签：在香炉中已经整理好的香灰上打孔用的两根签子。直径较大的香签是打放置香炭的焖香香孔用的；细长的香签是打火孔用的。

⑦香取：也称香箸、香筷，夹取香材（沉香片、檀香片等）的筷子。

⑧香炉：品香时使用的炉具。香炉的类型有：金属香炉，如金香炉、银香炉、铜香炉、锡香炉、铸铁香炉等；陶瓷香炉，如紫砂香炉、白瓷香炉、青瓷香炉等；红木香炉；翡翠玉石香炉。使用型香品香时，香炉可以小一些；使用香粉和材香品香时，香炉的直径至少应为8厘米。

⑨香盅：也称香粉罐，用来盛放香粉及防潮的罐子。香盅可分为金属罐和陶瓷罐等种类。

⑩香碟：也称烧炭盘，放置自然香料或调制香粉的碟子，也可用于存放香炭。

⑪香篆：也称香拓，将香粉打拓成图案后便于点燃熏香的模子。香篆模子多以木头制成。

⑫香插：中间带孔眼的可插放线香和棒香且能够接香灰的用具。

⑬香筒：长而直且便于存放线香的圆筒。香筒的材质多为竹子、红木、玉石或象牙。

⑭银叶罐：存放隔火熏香用的云母片的罐子，亦可用于存放沉香碎片。

4.8.6 熏香方法

常用的熏香方法有三种。

1) 型香的熏香方法

香具：香炉或香插等。

备用香料：檀香或沉香制成的型香。

操作方法：将点燃的线香或棒香插放在香炉或香插中，放置在品茗座位附近熏燃；或者将点燃的盘香或塔香挂（放）在香炉中，放置在品茗座位附近熏燃。

2) 香粉的拓形熏香方法

香具：香篆和香炉、灰押、香铲、香勺、香碟等。

备用香料：香粉、香灰。

操作方法：

①准备好打拓香粉的香具和香料。

②取适量的香灰铺入香炉之中，用灰押平整香灰。

③将香粉与香灰以3∶1的比例置入香碟，用香勺调匀备用。

④将香篆轻放于香灰之上。

⑤将调好的香粉填入香篆内打拓好形状。

⑥轻稳地提出香篆，香篆的拓形完成。

⑦使用点香器或打火机点燃香篆拓形的一端，燃熏香粉。

⑧将香炉的炉盖放回炉身，燃尽香粉。

3) 材香的隔火熏香方法（古法香法）

香具：香炉、灰押、香铲、香勺、香碟、香签、香取、银叶镊、羽尘等。

备用香料：沉香、香灰。

操作方法：

①烧炭。将香炭（香道专用）放在香碟中点燃，让炭慢慢烧透变至全部红色（如此品香才能完全无炭味）。

②捣松并压平香灰。用香铲将香炉内的香灰捣松，然后用灰押将香灰轻轻压平。

③挖炭孔。用香签在香灰正中心慢慢打开一个炭孔。

④入炭。将火红的香炭用香取夹入炭孔，再用香灰慢慢盖上，轻轻抹平，使香灰成为一个火山形；将香签插入香炭正中心，形成一个气孔，待香味产生时，表示香炭在香灰中保持燃烧，此时入炭完成。

一般来说，品香之香材若为生结奇楠，则香炭应埋得深一点；若为熟结奇楠，则香炭应埋得浅一点。

⑤切香。将沉香放于切香台上，根据沉香的外形选用适合的刀具，切成边长约0.5厘米的正方形薄片。

⑥置香。用银叶镊夹取云母片放在气孔上，再将沉香片放在云母片上；若出烟，则待无烟时再品香，或将香灰加厚一点再品香。

⑦清炉。用羽尘将香炉周围沾有香灰的地方轻轻扫干净，以表示对客人的尊敬。

⑧品香。左手持炉底，使香炉一脚朝外，右手半掩炉面，双臂抬起，低头将鼻子靠近香炉，缓缓吸气品香。换气时将头转向右边，切勿对香炉吐气，以免吹起香灰。

⑨记录。每次品香时，都可以把不同香材的香味特点记录下来，这样可以在无形中提升自己赏香、鉴香的功力，并作为自己日后采购沉香的依据。

问茶寮4-4　　　　　　　　　　　　　　　　**隔火熏香演示**

第一步，准备。将准备好的香材和香具置于操作台上，如图4-26所示。

第二步，点火。右手取点火器，将香炭放在香碟中点燃，并使香炭充分燃烧，如图4-27所示。

图4-26　隔火熏香演示——准备　　　　　　图4-27　隔火熏香演示——点火

第三步，挖炭孔。在压平香灰的品香炉中，用香签顺时针搅松香灰并在中心位置挖一个炭孔，炭孔的大小和深度以刚好能够将香炭完全埋入为宜，如图4-28所示。

第四步，入炭。用香取将香炭放入品香炉的炭孔中，平整香灰并盖住燃烧的香炭。覆盖香炭的香灰的厚度应根据需要而定，如果需要的温度较高，则要埋得浅一些，反之则要埋得深一些，如图4-29所示。

图4-28　隔火熏香演示——挖炭孔　　　　　图4-29　隔火熏香演示——入炭

第五步，压灰。右手持灰押斜侧着压灰，左手逆时针转动品香炉，将香炭周围的香灰轻轻按压形成一个圆锥形，并将该圆锥形分为相等的五个区域，打好主筋线，如图4-30所示。

第六步，造型。在每个区域中分别打九条小香筋，形成"九五之尊"的造型，如图4-31所示。

图4-30 隔火熏香演示——压灰

图4-31 隔火熏香演示——造型

第七步，清炉。用羽尘将品香炉内壁及炉边上沾的香灰，从左向右清理干净，如图4-32所示。

第八步，开火孔。将品香炉正面朝向自己，用香签从中插入直到香炭的位置，逆时针转动两次打开一个火孔，使其热度完全散发出来，温度烫到手心方可，如图4-33所示。

图4-32 隔火熏香演示——清炉

图4-33 隔火熏香演示——开火孔

第九步，放云母片置香。用银叶镊夹起云母片，放在打好的火孔上，中间稍压一下固定，云母片中心点与火孔重合，然后将沉香片放置在云母片的中心位置上，准备品香，如图4-34所示。

第十步，品香。首先用右手从香炉右侧将香炉水平端起并放在左手掌上，香炉的正面朝向自己，香炉的前脚在左手食指侧边落下，拇指扣在炉缘上，右手呈握球式包盖在炉口上缘。肩膀放松，双臂抬起，将品香炉移至鼻前，从右手拇指与食指间的缝隙处轻轻吸气闻香，慢慢享受沉香带来的惬意，以唤醒内心种种美好的感受，如图4-35所示。

图4-34 隔火熏香演示——放云母片置香 　　图4-35 隔火熏香演示——品香

　　第十一步，呼气。每次吸气闻香后，头向右转呼气。传给他人香炉时，应用左手传递，对方应用右手接过。

　　第十二步，记录。仔细观察并记录香材的颜色、形状、香味的变化情况，以积累经验。

4.9　花　器

4.9.1　花道起源于中国

　　花是自然界的精灵，是大自然给人类最美的馈赠。一片绿叶、一个花蕾、一个果实、一段枝蔓等所蕴含的蓬勃生气，诠释着生命的瑰丽，令人的心灵随之而动。

　　中国花道至少有3 000余年的历史，伴随着中华民族文明的演进，不断发展成为中华文化中最优美的古典艺术之一。中国花道萌芽于西周至春秋战国时期，起步于秦汉至魏晋南北朝时期，成长于隋唐五代时期，全盛于宋元，完善于明清，衰微于清代中叶，20世纪80年代后开始全面复苏壮大。

1）萌芽阶段

　　西周至春秋战国时期，折枝花（切花）开始应用。每逢节庆之日、踏青之时，人们都会将折枝花插在头上（头花）、戴于胸前（胸花）、系于腰间，以装扮自身；在举办祭祀活动时，人们会将折枝花成束地摆放于祖先牌位前，以传情抒怀、寄托心曲；还会将折枝花悬挂于屋梁、船头、木车等上面，起到美化的作用。这一时期，人们已有了插花制作的意识，并形成了多种表现形式。将自然美与人文美（品德、思想）融为一体，不仅体现了"天人合一"的自然观，而且充满了浪漫神奇的文化内涵，也为中国花道独特风格的形成奠定了坚实的基础。

2）初级阶段

　　秦汉至魏晋南北朝时期，人们已不满足折枝花的直接应用，而是将美丽的花草融入生活，从而产生了器皿插花。这一时期，受战事频繁、政局动荡的影响，文人雅士们为了寻求精神上的寄托与安慰，或虔诚于宗教，或隐居于山野，其文艺思想表现出了超脱世俗、追求怡然自得的境界，以山水花草为友，吟诗作画，痴迷于花事活动，插花成了他们的最大乐事，从而留下了不少脍炙人口的插花诗和画。例如，陆凯在《赠范晔诗》中云："折花逢驿使，寄与陇头人。江南无所有，聊赠一枝春。"

3）发展阶段

隋唐五代时期，插花成为一门艺术并得到广泛普及。杜牧在《杏园》一诗中云："夜来微雨洗芳尘，公子骅骝步贴匀。莫怪杏园憔悴去，满城多少插花人。"政局的稳定、经济的繁荣、文化艺术成就的辉煌，都为插花艺术的发展创造了良好的环境，加之插花备受君王的提倡、文人雅士的推崇，因此举国上下爱花、种花、赏花之风盛极一时，达到了"家家习为俗，人人迷不悟"的狂热程度，极大地推动了插花的普及与发展。

隋大业三年（607年），日本圣德太子派遣小野妹子（在隋的汉名为苏因高）访隋，小野妹子在学习佛法的同时，也将中国佛前供花的做法引入了日本，加之日本太子大兴寺庙、宣传佛法，从而促进了日本祭坛插花的兴起。小野妹子完成出使任务后，皈依佛门，居住在六角堂内的池坊潜心修习佛道，日夜以花献佛，并制定了祭坛插花的规矩，后经历代坊主的发扬光大，形成了日本最古老的插花流派——池坊流。唐代是中日文化交流的鼎盛时期，日本天皇多次派出使者到长安和洛阳全面学习和考察中国文化艺术，中国原产的梅、菊、桃、李、垂柳等观赏花木和赏花的习俗（如斗草、斗花），以及佛前供花的形式、器物等都于此时传入日本。

4）全盛阶段

宋元时期，插花艺术达到全盛阶段。宋朝经济繁荣，茶文化迅速发展，花道也得到普及。花道盛行于宫廷、官府、寺庙、道观以及茶楼、酒馆，形式多样，技艺精湛，意境深邃。北宋文学家欧阳修在《洛阳牡丹记》中描述："洛阳之俗，大抵好花。春时，城中无贵贱皆插花……"每到春天，人们都要举行盛大的花会和插花比赛，热闹非凡，除琴、棋、书、画外，还形成了插花、挂画、点茶和燃香的"生活四艺"。

5）完善阶段

明清时期，插花艺术更加系统化，花事及插花活动虽已不如唐、宋普及和盛行，尤其是宫廷已不提倡插花，仅限于重要节日插摆而已，但由于受商品经济的影响，以及科技进步的促进，花卉种植业获得空前发展。文人雅士积极参与插花活动，推动了插花艺术的进步，文人插花盛极一时。

6）衰微阶段

清代中期以后，中国战乱频发，花事及插花活动渐趋萧条。然而，仍有少数爱花学者时而赏玩研究，因此在插花技巧方面仍有诸多创造与革新。较为突出的是瓶花固定法——"撒"的发明、盘花固定器——剑山雏形的发明，以及"起把宜紧，瓶口宜清"插花法则的提出，都对中国花道技术的革新进步与理论的完善做出了重要贡献。

7）复苏壮大阶段

20世纪80年代以后，随着改革开放的不断深入，国内插花艺术如枯木逢春般快速复苏。全国各地的插花机构相继成立，开设专业花店数万家，建立各类插花培训班和学校数千个，插花大赛、展览表演等活动列入国家级花事展会中。

（1）花道是一门综合性的造型艺术

花道作品中包含了植物的自然形态美、构图的结构造型美、花器的造型美等方面，作品的意境和神韵都是通过造型艺术呈现出来的。

（2）花道是凝固的音乐

花道作品中那飘扬的丝带、斜逸的枝叶、优雅的造型和深邃的意境共同营造出了一种韵律，让人仿佛聆听到美妙的音乐，感受到音乐的节奏。

（3）花道是立体的画

花道作品的形象在空间构成上表现为三维，其立体感和观赏性比绘画更直接、更强烈。花道作品完成以后，仍可依据作者的构思不断进行修改和调整，以表达情绪的变化和内心的感受。

（4）花道是无声的诗

花道作品模拟植物的自然生态美，用夸张的手法表现景物或园林景观，或者以事件、人物为题材进行抽象的概括，在似与非似之间给人们留下无尽的想象，营造出如诗词、散文般的意境。

（5）花道是融生活、知识、艺术于一体的创作活动

花道作品因其简洁的表现形式、广泛的取材以及表现主题的多样化而具有雅俗共赏的特点。花道作品既不是对各种花材的单纯组合，也不是简单的造型，而是以形传神、以情动人，通过对鲜花生命凋零易逝的感悟，使人进一步领悟到光阴的飞逝与人生的短暂，从而萌生怜花、惜花、护花的情怀，启迪人们热爱生活、善待自然、珍惜生命。

4.9.2 赏花悟道

初习花道者需要研习技法，领悟意境，追求天人合一。赏花赏的是真、善、美、圣四大特征。

真：自然之"真"。崇尚自然，师法自然，物随原境，形肖自然，虽由人作，宛自天开。

善：人文之"善"。视花为友，迎花为客，尊花为师，传情明志，对花抒怀，陶冶情操。

美：艺术之"美"。素材美、布局美、色彩美、造型美、构思美、整体艺术美，内涵美、神韵美、意境美、人文美。

圣："圣"洁之尊。以花悟道、修身养性，心正花正、花正心正，神圣感、仪式感。

习花入道者要在布局构图、花材运用、花器选配、插花方法、赏花方式五个方面进行精心考究，若这五个方面和谐一致，就可达到花道的最高境界。但初习花道易，达到天人合一境界难。

1）布局构图

花道作品的布局构图不仅应表现花材的自然之美，而且应注重表现花文化的内涵、所蕴含的内在精神之美。大量积累美学知识可有效提高创作水平。

2）花材运用

花材运用应崇尚自然，讲究以形传神、以形达意、形神兼备、情景交融。木本植物的枝条线条流畅，形态曲折多变；草本植物广泛易得，易于加工。初习花道者需要积累实践经验，才能悟出使用之法。

3）花器选配

花器不仅可以盛放花材和水，以维持花材的生命、保持花材的鲜度，更是花道作品构图中不可或缺的组成部分。

4）插花方法

古人的插花方法极为精雅，可以借鉴。悬挂帷幔，修剪花枝，甘泉入缸，浸放花枝，花缸置于雕文台座上，准备茶酒，对花饮宴，作诗题咏。

5）赏花方式

赏花方式因时代风尚的变化而异，古人有酒赏、香赏、茗赏、乐赏、诗赏、琴赏、谈赏等众多方式，都以高歌吟咏，呈其志趣。赏花的最高境界是心中有花，心花如一。心花，便是赏花之真味。

4.9.3　品茗赏花

花道在品茗过程中的应用可分为花景和花境两个方面。

1）花景

花景是指单个或组合花道作品及其周围环境所组成的整体景象。

插花时，因花材的不同，会形成不同的花景。直立型花材主要表现花木直立生长的形态，其花景也呈现直立之美；直上型花材展开较窄，强调挺直向上，其花景也呈现直立向上之美；倾斜型花材主要表现枝条的自然弯曲或倾斜生长，其花景重点突出倾斜之美；平展型花材主要表现花枝的横向斜伸或平伸，其花景重点突出线条之美；下垂型花材主要表现花枝向下悬垂的形态，其花景修长飘逸，适宜仰视观赏。

创作者赋予各种花木许多寓意，或崇尚精神，或寄托情思，或抒发情怀。例如，荷花又称"净友"，它"出淤泥而不染"，被视为品行高尚的代表。牡丹又称"花中之王"，花大色艳、雍容华贵，是富贵的象征。梅花，有清高淡雅、傲雪凌霜的性格。桂花因为"桂"与"贵"谐音，因此象征着官运亨通。竹是君子的化身，具有自强不息、顶天立地的品格。松，象征着威严与长寿。此外，将一些品高韵胜的花材组合在一起，也能体现一定的意境。例如，玉兰、海棠、牡丹组合在一起，寓意为"玉堂富贵"；松、竹、梅组合在一起，誉为"岁寒三友"；梅、兰、竹、菊组合在一起，誉为"四君子"；荷花与百合花组合在一起，寓意为"百年好合"。

花景在品茗时甚至品茗前后的一段时间都可以欣赏，如果在茶席上应用，则必须和泡茶席分隔开来。在泡茶之前，可以先让客人欣赏中国花道。品茗的同时赏花悟道，应注意减少浓香花材的使用，因为浓郁的花香会影响品茗效果。

2）花境

花境是指将花道作品的花材寓意、构思造型与周围环境相互交融，使人获得美的感受、丰富的联想和无尽的回味，从而产生高于作品本身的艺术境界。

赏花，需要一颗纯净的心。茶艺爱好者在品茗之前，通过风格选定、主题创作，用花入境。一朵花，一席茶，静心凝气。茶性简朴，可爽神醒思，手持一杯香茗，静观插花之美。

中国花道将追求枝情花韵之美、突出花品花格的表现、强调意境与内涵的呈现视为最高艺术境界。插花创作者想要表达的思想内容与花的造型设计、赏花环境共同构成了花道作品的意境。当然，也有不少由茶道启迪花道意境的创作，茶道与花道在创作中互获灵感，强化了双方作品意境的深度。

4.9.4　花材分类

花道所用的植物材料统称为花材。花材可分为木本花材、草本花材；线状花材、团块状花材、特殊状花材等。

花材是花道作品的基本材料。花道用花，因季节而异。

1）春季花材

春季花材有：迎春、连翘、瑞香、桃花、榆叶梅、鸢枝、李花、梨花、杏花、海棠花、丁香花、琼花、绣球、玉兰花、白兰花、兰花、牡丹花、百合花、芍药、紫藤、紫荆、柳等。

2）夏季花材

夏季花材有：莲（荷）花、杜鹃花、石榴花、蔷薇花、虞美人、栀子花、含笑花、玉簪花、萱草、凤仙花、蜀葵、合欢花、美人蕉、夹竹桃、紫薇花、菖蒲、女贞花等。

3）秋季花材

秋季花材有：桂花、菊花、木芙蓉、扶桑、木槿、秋葵、晚香玉、鸡冠花、秋海棠、雁来红、芦花、佛手、茱萸、芭蕉、红枫等。

4）冬季花材

冬季花材有：梅花、山茶花、茶梅、水仙、万年青、南天竹、珊瑚珠、竹、松、杉、柏等。

5）无季花材

落花、落叶、野花、野草、连理枝、灵芝、苔藓等。

4.9.5　花器分类

插入花材的容器称为花器。花器在形状、质地、色彩、纹饰等方面必须与花材和谐，这样才能衬出花材的美，并使花境更为深远。图4-36为花器示例。

花器可以分为以下几类：

1）瓶类花器

瓶类花器一般指细长、口径小、贮水较深、腹大颈长的容器，但口径较大的尊器等也归此类。例如，玉壶春瓶、橄榄瓶、瓜棱瓶、胆瓶、方瓶、合欢瓶、梅瓶、弦纹瓶、花觚、多管瓶等。

图4-36 花器

2）盘类花器

盘类花器是指口径大、贮水浅的盘子，用于插制、盛放修剪后可直接浸或浮于浅水中，并且不用花插等支撑花枝的鲜花。例如，铜盘、白瓷盘、黑漆盘、玻璃盘、仿古塑料盘等。

3）篮类花器

篮类花器是指特制的花篮或柳、竹、草编制的小箩筐等。例如，竹编篮、草编篮、柳编篮、竹木食盒等。

4）碗类花器

碗类花器是指口大底小的器皿。例如，玻璃碗、钵、瓯、盂、笔洗、玉石碗、铜香炉、铜墨盒等。

5）缸类花器

缸类花器是指宽口、形阔、底稍窄的大型器皿。例如，鱼缸、龟缸、水缸等。

6）筒类花器

筒类花器是指圆筒状器皿。例如，竹筒、笔筒、木漆筒、瓷帽筒等。

7）异形花器

异形花器如香筒、竹夫人、壶器、螺贝、瓜果壳皮、树根壳等。

8）隐形花器

隐形花器是指特定情况下不使用容器插制时，固定花材的器具。例如，花泥、剑山、花留等。

4.9.6 茶艺插花方法

常用的茶艺插花方法有六种。

1）瓶花插花方法

花器：瓶类花器。

选用花材：时令折枝、团块状花材，适当配叶。

固定方式：特制"撒"技法（"撒"由我国明末清初著名戏剧家李渔发明，即使用鲜活的木本茎段，根据造型需要捆绑出一定形状，卡在花器内壁上，以固定花枝的方法）。特制"撒"技法如图4-37至图4-39所示。

选取线条美、姿容美的木本花材，插入瓶内，使瓶花更显端庄高雅与高耸之势。瓶花通常贮水陈设于厅堂、斋室等处。

2）盘花插花方法

花器：盘类花器。

图 4-37 特制"撒"技法之一　图 4-38 特制"撒"技法之二　图 4-39 特制"撒"技法之三

选用花材：时令团块状花材，适当配叶。

固定方式：剑山。

剪去部分枝梗，大小花朵与叶堆放于盘，使长短枝、大小花朵互为映衬，繁而不乱。盘花通常贮水陈设于桌几、宴席之上。

3) 篮花插花方法

花器：篮类花器。

选用花材：时令大朵团花，适当配叶。

固定方式：花泥、内置防水桶等。

插花时，可充满篮口，也可留出空隙，以大朵团花为中心，向四边伸出衬枝。篮花造型应有前、中、后的纵深感，以及上、中、下的层次感。

4) 碗花插花方法

花器：碗类花器。

选用花材：时令折枝、团花，适当配叶。

固定方式：剑山。

选取时令折枝，插入剑山，花脚宜聚插如柱，可正、可偏，以取其势，这样构图简洁、明快，极富端庄简约之美。

5) 缸花插花方法

花器：缸类花器。

选用花材：时令大朵花材，适当配叶。

固定方式：特制"撒"技法与花泥合用。

选取硕大的花朵，如牡丹、莲花、蜀葵、萱草等花材插制，花材的数量可以较多，以突出造型丰满、结构紧密，体现雄健气势和凝重美感。缸口不宜插满花枝，应留出部分空间，以凸显缸花的幽深感。缸花通常贮水陈设于厅堂、展览室等处。

6) 筒花插花方法

花器：筒类花器。

选用花材：时令折枝、轻盈花材，适当配叶。

固定方式：特制"撒"技法。

筒底铺沙土或石子以保证稳定，筒口或筒内做"撒"，选取轻盈花枝，插入筒内。筒花通常贮水陈设于书斋、厅堂等处。

话茶事 4-6

碗花演示

知识小结

　　中国是茶具的发源地。茶具与茶水融为一体，构成了茶水的载体，既能够烘托香茗之精，又能够展现茶艺之怡。"茶具"一词最早出现于西汉。魏晋以后，饮茶之风逐渐兴盛。晋代逐渐形成专属茶具系列。《茶经·四之器》对唐代茶具的制作和功能进行了详细说明。宋代形成了汝窑、官窑、哥窑、钧窑、定窑五大名窑，点茶法日渐盛行，黑釉盏备受青睐，紫砂茶具开始出现。元代，景德镇创烧青花瓷器，并受到了国内外的推崇，瓷质、紫砂陶质茶具得到发展。明代倡导散茶，注重"茶味"，讲究"壶趣"，茶盏、茶杯、茶壶等专为品茶而用的茶具逐渐定型，"景瓷宜陶"并驾齐驱。清代，彩瓷茶具得到发展，创制了珐琅彩、粉彩茶具，还创制了三才盖碗。景德镇瓷业密切依赖九江而发展繁荣。广州的织金彩瓷茶具、福州的脱胎漆茶具、四川的竹木茶具等相继出现，使得清代的茶具异彩纷呈。中国茶具经过不断发展和扬弃，在种类上形成了茶炉、茶壶、茶杯、茶碗、茶盏、茶盘等专用茶具系统，在构成上有陶、瓷、金、银、铜、锡、铁、玉、玛瑙、景泰蓝、红木、玻璃等材质。此外，现代茶具系统还应包括香具和花器。

听我学4-1

知识小结

主要概念

　　茶艺用的茶具　茶壶　茶船　茶盅　品茗茶杯　盖碗　容则　茶点盘　青瓷茶具　茶桌　釉　氧化焰　还原焰　开片　白瓷茶具　黑瓷茶具　彩瓷茶具　釉下彩茶具　釉上彩茶具　青花瓷茶具　釉里红茶具　斗彩茶具　珐琅彩茶具　颜色釉瓷茶具　紫砂壶　红木茶具　竹茶具　漆器茶具　香道　花器

知识巩固

4.1　填空题

1）狭义的茶具主要是指茶（　　）、茶（　　）、茶（　　）、茶（　　）、茶（　　）、茶（　　）等饮茶用具。广义的茶具泛指与（　　）相关的各种器具。

2）瓷质茶具的种类主要有（　　）茶具、（　　）茶具、（　　）茶具和（　　）茶具。

3）宜兴紫砂壶所用的原料包括（　　）泥、（　　）泥和（　　）泥三大类。

4）塑料茶具大多为水（　　）和水（　　），更常见的是商用的（　　）水瓶和（　　）纯净水桶。

5）香道在配合品茗上的应用可分为（　　）、（　　）和（　　）。

随堂测4-1

填空题

4.2　判断题

1）茶圣陆羽写出了历史上最早、最完整的茶具专著——《茶经·二之具》。（　　）

2）"茶具"一词最早出现在东汉宣帝神爵三年王褒所写的《僮约》中，其中有"武都（阳）买茶（茶）"和"烹茶（茶）尽具"。（　　）

3）彩瓷茶具的品种有青花瓷茶具、釉里红茶具、斗彩茶具、五彩茶具、粉彩茶

具、珐琅彩茶具、颜色釉瓷茶具等。 （　　）

4）紫砂树瘿壶是明代时大彬创制的传世之作。 （　　）

5）盖碗最适合冲泡铁观音。 （　　）

4.3　简答题

1）简述三才盖碗的优点。

2）茶具根据用途的不同可分为哪几类？

3）简述品茗用壶的构成及选择紫砂壶的标准。

4）简述按制造材质分类的茶具类别。

5）简述香道的最高境界。

6）简述中国花材的内容。

实践训练 ☑

1）评价一把紫砂壶的优缺点。

2）随机给出六大基本茶类中的任何两款茶叶，然后选配茶具。

3）选择合适的花器和花材，进行插花训练。

推荐阅读 ☞

[1] 梁连泉，杨幸福. 历代名家紫砂壶图鉴 [M]. 厦门：厦门大学出版社，2020.

[2] 郭丹英，王建荣. 中国茶具流变图鉴 [M]. 北京：中国轻工业出版社，2009.

[3] 杨洋. 茶具鉴赏 [M]. 北京：新世界出版社，2009.

[4] 傅京亮. 中国香文化 [M]. 济南：齐鲁书社，2008.

[5] 顾春芳，胡令远. 花道 [M]. 上海：上海辞书出版社，2007.

学习评价 ◎

本章学习评价表见表4-1。

表4-1　　　　　　　　　　　　　　学习评价表

学习内容	茶具选择		
	评价要点	学生自评（50%）	教师评价（50%）
知识掌握（30分）	了解茶具的起源和发展（15分）		
	熟悉茶具的类别（15分）		
能力提升（30分）	能够根据茶叶的种类选择不同的茶具（15分）		
	能够在茶艺插花中融入茶道精神（15分）		

评价要点		学生自评 （50%）	教师评价 （50%）
素质养成 （40分）	感悟中国茶器精湛的工艺水平及其体现的中国智慧，发扬创新精神（20分）		
	具有审美素养，颐养情怀，构筑高境界的文化美学（20分）		
综合评价成绩（100分）			
学生自评： 　　　　　　　　　　　　　　　　　　　　学生签字：			
教师评语： 　　　　　　　　　　　　　　　　　　　　教师签字：			

学习目标

知识目标

· 了解品茗环境的概念和分类。
· 熟悉自然品茗环境和人文品茗环境。
· 掌握茶艺人员必备的职业道德规范和礼仪修养。

能力目标

· 能够自主设计品茗场所。
· 能够为品茗场所的经营提供可行性对策。

素养目标

· 树立良好的职业道德，提高职业素养。
· 树立法治观念，依法诚信经营。

知识导图

品茗环境

品茗环境概述
- 品茗环境的概念
- 品茗环境的分类
  - 人境
  - 心境
  - 艺境
  - 物境

品茗的自然环境和人文环境
- 品茗的自然环境
- 品茗的人文环境

品茗场所的设计与经营
- 品茗场所的选址
- 品茗场所的设计
- 品茗场所的经营

茶艺人员职业道德规范与礼仪

茶艺的六要素包括人、茶、水、器、境、艺。形式高雅、充满美感的品茗活动，应力求做到人、茶、水、器、境、艺俱美，六美荟萃、相得益彰，这样才能使茶艺达到尽善尽美的理想境界。

5.1　**品茗环境概述**

5.1.1　品茗环境的概念

苏轼曰："仙山灵草湿行云。"茶出自深山幽谷，得益于山野宁静的自然造化，禀性高洁，不入俗流。沏上一杯茶，茶香缭绕，云气袅袅；细啜慢饮，悠悠回味，令人心旷神怡、物我两忘。品茗作为一种休闲方式，深受中国古代儒家、道家、佛家的青睐，"乐山乐水""返璞归真""淡泊随缘""天人合一"的思想无不与品茗相契合。中国茶文化倡导"中正平和"的茶道理念，品茗被当成一种高雅的艺术享受，既讲究泡茶技艺，又注重情趣，追求天然的野趣，从而使心灵的纯净与山水融为一体，达到"平生于物元无取，消受山中水一杯"的境界。

古代对茶境之美有真知灼见的品茗人，非明代徐渭莫属。徐渭说："茶宜精舍，宜云林，宜磁瓶，宜竹灶，宜幽人雅士，宜衲子仙朋，宜永昼清谈，宜寒宵兀坐，宜松月下，宜花鸟间，宜清流白石，宜绿藓苍苔，宜素手汲泉，宜红妆扫雪，宜船头吹火，宜竹里飘烟。"这段话一语道破了古今品茗人的心事和对茶境之美的终极追求。

"境"属于美学范畴，最早见于唐代诗人王昌龄所著的《诗格》。文中这样说："处身于境，视境于心，莹然掌中，然后用思，了然境象，故得形似。"品茶和作诗一样，也特别强调情景交融，特别重视环境之美。

品茗环境泛指人们在品尝香茗时所选择和营造的氛围及条件，包括自然景色、人工建筑和设施、茶具、饮茶对象、心情以及节令气候等因素。

5.1.2　品茗环境的分类

品茗环境可以分为四类，即人境、心境、艺境和物境，品茗时应做到四境俱美。

1）人境

茶艺是人与人之间高层次的交流，茶艺对品茗对象及人数的选择十分讲究。人境是指品茗时的品茗对象和人数。

最早对茶艺人数提出明确要求的是陆羽。陆羽在《茶经》中说："夫珍鲜馥烈者，其碗数三；次之者，碗数五。若坐客数至五，行三碗；至七，行五碗；若六人以下，不约碗数，但阙一人而已，其隽永补所阙人。"从陆羽的描述可知，他所设计的煮茶器皿，一次只能煮出三至五碗合乎标准的茶，饮茶时人数一般不会超过六人。明代张源在《茶录》中指出："饮茶以客少为贵，客众则喧，喧则雅趣乏矣。独啜曰神，二客曰胜，三四曰趣，五六曰泛，七八曰施。"周作人在《喝茶》中自述："我的所谓喝茶，却是在喝清茶，在赏鉴其色与香与味，意未必在止渴，自然更不在果

吟茶诗 5-1

《次韵曹辅寄壑源试焙新芽》

腹了……喝茶当于瓦屋纸窗下，清泉绿茶，用素雅的陶瓷茶具，同二三人共饮，得半日之闲，可抵十年的尘梦。"

现代茶人在古人的基础上提出：独饮得神、对饮得趣、众饮得慧。

（1）独饮得神

孤独，既不是寂寞，也不是无聊，而是一种心灵境界，是一种圆融的状态，其思想是自由的、高贵的。中国古代文人隐士在独处时，反躬自省、自由无我、怡然自得、淡泊名利、宁静致远，他们面对的是真正的自己，自得其乐、随遇而安，最终获得了人生境界的升华。

唐代诗人卢仝是一个在山间隐居的人，他在收到朋友孟谏议差人送来的新茶后非常高兴，一个人在家里煎茶，一口气喝了七碗，并写下了著名的《走笔谢孟谏议寄新茶》。部分诗文如下：

吟茶诗5-2

《走笔谢孟谏议寄新茶》

一碗喉吻润，两碗破孤闷。

三碗搜枯肠，唯有文字五千卷。

四碗发轻汗，平生不平事，尽向毛孔散。

五碗肌骨清，六碗通仙灵。

七碗吃不得也，唯觉两腋习习清风生。

苏轼仕途坎坷，屡遭小人陷害，后被发配到海南。宋代朱弁在《曲洧旧闻》里记载了一段关于苏轼的文字，表现了苏轼饮茶时开朗、豪放、豁达的心境。原文如下：

东坡与客论食次，取纸一幅，书以示客云：烂蒸同州羊羔，灌以杏酪，食之以匕不以箸。南都麦心面，作槐芽温淘，掺以襄邑抹猪，炊共城香粳，荐以蒸子鹅，吴兴庖人斫松江鲙。既饱，以庐山康王谷帘泉，烹曾坑斗品茶。少焉，解衣仰卧，使人诵东坡先生《赤壁前、后赋》，亦足以一笑也。东坡在儋耳，独有二赋而已。

南宋陆游对于饮茶则有另一种人生感悟。淳熙十三年，陆游赴临安等候皇帝的召见，年迈的他已不再有少年的壮志豪情，对于朝廷的北伐及收复中原，也已经不抱太大希望了。陆游在百无聊赖中写下了著名的《临安春雨初霁》。原文如下：

世味年来薄似纱，谁令骑马客京华？

小楼一夜听春雨，深巷明朝卖杏花。

矮纸斜行闲作草，晴窗细乳戏分茶。

素衣莫起风尘叹，犹及清明可到家。

总之，"独饮得神"中的"神"是品茗人内心的写照，是他们对世事人情的感悟。因此，卢仝品味到了悠闲、舒畅，苏轼品味到了豁达、惬意，陆游则品味到了无奈、孤寂。

（2）对饮得趣

知己对坐，品评茶道，纵论世道人心；闺蜜私语，烹煮香茗，闲聊家事人情。这样的对饮在知己好友之间是极富吸引力的。唐代诗僧皎然与茶圣陆羽是朋友，在陆羽寓居金陵的时候，皎然住在浙江苕溪，皎然经常去金陵探望陆羽，两个人一起品茶谈诗。因此，对饮必须是知己或志趣相投的人。这种意境可见于明代陈洪绶的《停琴品茗图》（如图5-1所示）。

宋代诗人杜耒的《寒夜》也表达了以茶敬客、雪夜对饮的情趣。原文如下：

寒夜客来茶当酒，竹炉汤沸火初红。

寻常一样窗前月，才有梅花便不同。

寒冷的冬夜，拥炉独饮之时，有故人不期而至，杜耒不禁喜出望外；然后二人促膝而坐，共同煮水煎茗。室外大雪纷飞，屋内炉火跳跃，釜中茶汤鼓浪、白气袅袅、香味四溢，此情可入诗，此景可入画。

图5-1 明代陈洪绶
停琴品茗图

（3）众饮得慧

三人为众，三人一块儿饮茶正合"品"字之义。从一开始，茶艺就是一种多人休闲娱乐的活动。陆羽在设计茶具时，也是按照多人饮用的要求来设计的。明代张源认为，多人饮茶有三种情形，即"趣、泛、施"，现代茶人则将之总结为"众饮得慧"。

许多人聚在一起，热热闹闹地喝茶，这才是中国人的最爱。例如，茶宴、茶会、茶馆、茶摊等，都是众人品茶的地方。特别是在茶馆，无论是南来的还是北往的，无论是达官贵人还是贩夫走卒，志同道合的人聚在一起，三五人围坐一张茶桌，或解渴歇脚，或喝茶闲聊，或品茗休闲，以期获得片刻休憩和轻松闲适的精神享受。宋代张择端在《清明上河图》中所绘的开封茶肆即描绘了这一景象（如图5-2所示）。特别是在现代，人们工作紧张，生活节奏快，寻一可心茶馆，约一二良友，叫上一壶好茶，边饮边聊，疲倦的身心顿时就会轻松很多。

图5-2 宋代张择端《清明上河图》中的
开封茶肆

《世说新语》中记载："晋司徒长史王濛好饮茶，人至辄命饮之，士大夫皆患之，每欲往候，必云：'今日有水厄。'"在晋代，茶已经开始在上层社会中流行，虽然还没有唐宋时的盛况，但也已为多数人所喜爱。王濛喜欢与客人一起饮茶，而他的那些客人虽然不太习惯这样的热情，但应该是喜欢这样的气氛的，说是"水厄"，不过是调侃罢了。当时好以"水厄"待客的还有桓温。《晋书》中记载，扬州牧桓温，性好节俭，每次宴饮只有七盘茶果，这可能是有明文记载的最早的茶会了。桓温是东晋的权臣，他的这一嗜好对茶饮的推广起到了非常大的作用。

佛教对"众饮"也起到了很大的推动作用。《封氏闻见记》中记载，唐开元年间，"太山灵岩寺有降魔师大兴禅教，学禅务于不寐，又不夕食，皆恃其饮茶。人自怀挟，到处煮饮。从此转相仿效，遂成风俗。起自邹、齐、沧、棣，渐至京邑。城市多开店铺，煎茶卖之，不问道俗，投钱取饮"。

此外，品茗对象的人品及素质如何，也会影响品茗的效果。陆羽是最早对茶人提出道德要求的人。《茶经·一之源》中指出："茶之为用，味至寒，为饮最宜精行俭德之人。"因此，共品佳茗的茶友应该是精行俭德之人。只有具有相同的道德情操和文化修养的茶友，才有共同的审美情趣，才能一起领会品茗艺术的真谛。

悟茶道 5-1

茶要与人分享，才能更有滋味

学有所悟 5-1

高僧净慧法师这样理解"分享"：用分享的心态喝这一杯茶，培养人们推己及人的仁爱胸怀，想到人间还有诸多苦难，想到社会还有种种缺陷，每个人都有责任把爱心奉献给对方，少一点私欲，多一份公心；少一点冷漠，多一份爱。"分享"之举主要包括两个层面：一是精神层面；二是物质层面。无论哪个层面上的"分享"，"分享"永远是美好的，快乐的。由此，与人分享茶其实是一种快乐，而且是一种加倍和增值的快乐。

皎然在《九日与陆处士羽饮茶》一诗中写道：

九日山僧院，东篱菊也黄。

俗人多泛酒，谁解助茶香。

在皎然看来，不懂得用菊花伴茶而只会泛酒之人就是俗人，能解助茶香者才是超脱尘俗之人。

2）心境

品茗是心的歇息、心的放牧、心的澡雪。在品茗时，一个好的心境极其重要。所谓好的心境，主要是指品茗时闲适、虚静、空灵的精神状态。

唐代诗人杜荀鹤在《题德玄上人院》中写道：

刳得心来忙处闲，闲中方寸阔于天。

浮生自是无空性，长寿何曾有百年。

罢定磬敲松罅月，解眠茶煮石根泉。

我虽未似师披衲，此理同师悟了然。

这首诗强调了品茶时的心境，诗的大意是：人生在世为名忙、为利忙，不时忙中偷闲，静下心来品茗。一旦我们的心静下来，那方寸大小的心便会变得比天空还辽阔。因此，品茶时只有有一个好的心境，才能真正体会到茶的真谛。

（1）以茶静心

中国人在开始饮茶时就发现，茶有静心宁神的作用。晋代名将刘琨镇守并州，因水土不服，再加上强敌环伺的巨大精神压力，他经常觉得烦躁。一次，他得到了安州干茶，煎服之后觉得非常舒服。他在给其侄子刘演的信中说："前得安州干茶二斤，姜一斤，桂一斤，皆所须也。吾体中烦闷，恒假真茶，汝可信致之。"南北朝时期，僧人和道士们在日常修行中，也通过饮茶来帮助自己保持心神宁静的清醒状态。

在日本幕府时代，村田珠光、千利休等人提倡"和、静、清、寂"的茶道四规。茶道给了人们很大的精神安慰，使得人们动荡的心绪得以安宁，甚至把好勇斗狠的武士也变成了修行的人。

陆羽在写《茶经》的时候发现，茶在宗教人士之间非常流行。元稹也曾说过茶"慕诗客，爱僧家"，无论是写诗文，还是悟禅机，都需要有一颗安静的心。因此，这两类人在饮茶的时候，多少都有些以茶静心的意思。

（2）心静茶香

茶的味道很丰富，有苦、涩、甘、酸、辛；水的味道很清淡，但也有甘、寒、淡的区别。煮沸的水与未沸的水不同，煮老的水与煮嫩的水也不同，这些味道都需要静下心才能品尝出来。因此，同样一盏茶，由不同的人来品，味道是不一样的。

平常心在茶艺中非常重要，只有拥有平常心，品茶时才能真正做到心静，才能真正品出茶的滋味。宁王朱权被明成祖排挤出权力中心以后，常以茶自娱，"取烹茶之法，末茶之具，崇新改易，自成一家"，与他一同饮茶的人都是"志绝尘境，栖神物外"的人。

静心由修炼得来，这种修炼首先是茶艺上的亲自劳作。许次纾在《茶疏》中说："煎茶烧香，总是清事，不妨躬自执劳。"元代画家倪赞曾用核桃、松子和淀粉做成白色的、石子状的小块，在为客人点茶时就将其放在茶里，名曰"清泉白石茶"。倪赞还自己窨制莲花茶。夏天，池中莲花盛开，在早饭前，他挑选池中正要开放的莲花，用手拨开，将茶叶放在花中，再用细麻丝扎起来；一夜过后，第二天早上将花摘下，取出茶，用纸包起晒干。这样重复三次，莲花茶就窨好了。如此麻烦的事情，倪赞却做得非常有耐心和趣味，如果他没有平和的心态是做不到的，而这个过程也是一个磨炼心性的过程。

与僧人交往也是古代文人静心的渠道。自从佛教传入中国以来，僧人就是文人的朋友。茶既是僧人日常生活的必需品，也是文人的雅好，三者结合得非常自然。唐代诗人白居易经常与僧人一起闲话饮茶，他所写的《招韬光禅师》一诗为我们描绘了他的一番素食安排，可见茶乃待客不可或缺之物。原文如下：

白屋炊香饭，荤膻不入家。

滤泉澄葛粉，洗手摘藤花。

青芥除黄叶，红姜带紫芽。

命师相伴食，斋罢一瓯茶。

3）艺境

唐代诗僧皎然认为，品茶是雅人韵事，宜伴琴韵、花香和诗章，他在《晦夜李侍御萼宅集招潘述、汤衡、海上人饮茶赋》一诗中描述了品茗的艺境。原文如下：

晦夜不生月，琴轩犹为开。

墙东隐者在，淇上逸僧来。

茗爱传花饮，诗看卷素裁。

风流高此会，晓景屡裴回。

这场茶宴的参加者有隐士，有僧人，他们品茗、赏花、吟诗、听琴，别有一番情趣。

"茶通六艺"，古人在品茶时讲究"六艺助茶"。六艺是指琴、棋、书、画、诗和金石古玩的收藏与鉴赏。挂画、插花、焚香与品茗构成了茶艺的系统，四者共同出现才是茶艺的体现。挂画、插花、焚香、品茗四艺一起出现是唐朝以后的事，宋代渐趋完备，明代才真正盛行。

现在，无论是表演茶艺还是生活茶艺，其品茗艺境都是由以下几个因素共同营造的：

吟茶诗 5-3

《晦夜李侍御萼宅集招潘述、汤衡、海上人饮茶赋》

（1）音乐

我国古代文人修身的四课包括琴、棋、书、画。其中，"琴"代表音乐。儒家认为，修习音乐可以陶冶情操，提高自身素养，使自己的生命过程更加美好，所以音乐是每个文人的必修课。

茶艺表演过程之所以重视用音乐来营造艺境，是因为音乐（特别是我国的古典名曲）的格调高雅，重情味、重自娱、重生命享受，有助于陶冶茶人的情操。中国茶道要求在茶艺过程中播放音乐，就是为了促进人的自然精神的再发现，以及人文精神的再创造。

高雅的茶艺馆和茶艺表演最宜演奏或选播以下三类音乐：

第一类是我国的古典名曲。其中，反映月下美景的古典名曲有《春江花月夜》《月儿高》《霓裳曲》《彩云追月》《平湖秋月》等；反映山水之音的古典名曲有《流水》《汇流》《潇湘水云》《幽谷清风》等；拟禽鸟之声的古典名曲有《海青拿天鹅》《平沙落雁》《空山鸟语》《鹧鸪飞》等。

第二类是近代作曲家为品茶而谱写的音乐，如《闲情听茶》《香飘水云间》《乌龙八仙》《幽兰》《桂花龙井》《清香满山月》《听壶》《一筐茶叶一筐歌》《奉茶》《竹乐奏》等。

第三类是精心录制的大自然之声，如山泉飞瀑、小溪流水、雨打芭蕉、风吹竹林、松涛海浪等的声音。

现场演奏宜选用古琴、古筝、箫等中国传统乐器。上述三类音乐超出了一般通俗音乐的娱乐性，能够把自然美渗进茶人的灵魂，能够引发茶人心中潜藏的美的共鸣，从而为品茶营造一个如沐春风的美好艺境。

（2）茶挂

茶挂即挂图，是指以茶画或茶诗词制成的挂画、楹联或屏风。茶挂中常见的诗句有：

戏作小诗君一笑，从来佳茗似佳人。（宋·苏轼）

琴里知闻唯渌水，茶中故旧是蒙山。（唐·白居易）

从来名士能评水，自古高僧爱斗茶。（清·郑板桥）

竹雨松风琴韵，茶烟梧月书声。（明末清初·傅山）

在品茗和茶艺表演时，无论是在经营性的茶馆、茶楼，还是在家庭茶室，茶挂都可以起到三方面的效果：一是营造高雅、古朴、宁静的品茗环境和艺术氛围；二是提升茶艺表演的艺术效果；三是增强茶文化的美学效果。

明代以后，茶挂以书法字轴为多，所挂字轴的内涵往往与季节、时间、所品的茶类、参加茶会的人，以及茶会的性质等相吻合。同时，茶挂以挂单幅为时尚，悬挂位置以茶室正位为上。

茶挂设置的要求：内容体现传统特色和茶的品格；大小、色泽适度；与周边环境氛围相协调；以简洁为佳，忌太杂；宜作为背景和左右屏风。

（3）焚香

对于焚香之趣，古书上多有论述。著名的有冒辟疆的《品香》和屠隆的《焚香之趣》。古代的文人雅士乐于焚香读书、品茗操琴，以此来修养心性。

香品的种类很多，包括植物性香品、动物性香品、合成性香品三种。植物性香品有茅香草、龙脑香、沉香、降真香等；动物性香品有龙涎香、麝香等；合成性香品是通过化合反应生成的香品。

根据香气散发方式的不同，焚香方法可分为燃烧、熏炙、自然散发三种。燃烧香品是指以香草、沉香做成的香丸、线香、盘香、环香、香粉等。配制熏炙香品的主要原料是龙脑等树脂性原料。自然散发香味的香品有香油、香花等。

品茗时，对香品的选择应注意以下事项：

首先，配合茶叶选择香品。浓香的茶需要焚较重的香品；幽香的茶需要焚较淡的香品。

其次，配合时空选择香品。春天、冬天应焚较重的香品；夏天、秋天应焚较淡的香品。若品茗空间较大，则需要焚较重的香品；若品茗空间较小，则需要焚较淡的香品。

最后，选择焚香效果。焚香除了散发香气以外，香烟也非常重要。不同的香品会产生不同的香烟，不同的香具也会产生不同的香烟。欣赏袅袅的香烟所带来的气氛，也是一种幽思和美的享受。

品茗焚香的香具以香炉为最佳。

挂画、插花、焚香、品茗本是一体的呈现，所以要特别注意它们之间的搭配与协调。例如，花有真香非烟燎，香气过重会损坏花的生机，因此花下不可焚香。焚香时，香案要高于花，插花和焚香要尽可能保持较远的距离。

（4）插花

品茗赏花所插的花称为"茶花"或"茶会之花"。茶室插花的目的是以花衬托品茗环境。茶室插花一般采用自由型插花，花器可选择碗、盘、缸、筒、篮等。插花可以表达主人的心情，亦可以寓意季节，突出茶会主题。

（5）其他

为了营造高雅的品茗艺境，我们还可以借助金石古玩等进行装饰。

4）物境

物境是指品茗的场所及时节，包括自然环境和人文环境两部分。其中，时令季节、名泉飞瀑、云间幽径、松涛月影、柳浪闻莺、茂林修竹等讲的都是自然环境。亭台楼阁、清幽寺观、园林建筑、茶室茶馆等讲的都是人文环境。物境与茶艺活动的氛围直接相关。如果物境好，那么即使是普通的茶，品茗者也能品出上好的味道来，纷乱的心情也会得到平静；如果物境不好，那么再好的茶、再细心的准备都会让品茗者觉得索然无味。因此，清雅的物境是品茗者进入茶艺氛围必不可少的条件。古人品茗对物境的共同追求是野、幽、清、静。明代朱权在《茶谱》中说，宜于品茶的环境"或会于泉石之间，或处于松竹之下，或对皓月清风，或坐明窗静牖"。在上述四种环境中，前三者都是自然环境，最后一个是人文环境。可见，自然环境是最理想的饮茶环境。

我们通常所说的品茗环境一般仅指品茗的物境，也就是品茗的自然环境和人文环境，对此本章后面将进行详细介绍。

　　冯可宾在《岕茶笺》中指出，"茶宜"有十三项，即无事、佳客、幽坐、吟咏、挥翰、徜徉、睡起、宿醒、清供、精舍、会心、赏鉴、文僮。一是"无事"，即品茶人神怡心闲，悠然自得，无牵无挂，无忧无虑。二是"佳客"，即知己良朋。三是"幽坐"，即环境幽雅才能心平气静，静心品茶。四是"吟咏"，即品茶吟诗，以诗助兴。五是"挥翰"，即泼墨挥洒，可助清兴。六是"徜徉"，同"徜徉"，即闲庭信步，自然有闲情品茶。七是"睡起"，即一觉醒来，香茶一杯，可清心净口。八是"宿醒"，即宿醉难消，茶能破之。九是"清供"，即有新鲜瓜果佐茶。十是"精舍"，即在精巧雅致的茶室里品茶。十一是"会心"，即心有灵犀，能在品茶中启迪灵性，彻悟人生。如果说前面讲的都是"雅品"，那么"会心"则是"神品"。十二是"鉴赏"，即有色、香、味、形俱佳的名茶可品。十三是"文僮"，即有文静伶俐又懂茶艺的茶僮侍坐，以供茶役，能使人舒舒服服地品茶。

　　与"茶宜"十三项相对应，冯可宾还提出了"茶忌"七项，即不如法、恶具、主客不韵、冠裳苛礼、荤有杂陈、忙冗、壁间案头多恶趣。一是"不如法"，即烧水、泡茶不得法。二是"恶具"，即茶器选配不当，或质次，或被污染。三是"主客不韵"，即主人和宾客口出狂言，行动粗鲁，缺少修养。四是"冠裳苛礼"，即官场间不得已的被动应酬。五是"荤有杂陈"，即大鱼大肉，有损茶的"本质"。六是"忙冗"，即忙于应酬，无心赏茶或品茶。七是"壁间案头多恶趣"，即室内布置零乱，垃圾满地，令人生厌，俗不可耐。

5.2　品茗的自然环境和人文环境

5.2.1　品茗的自然环境

　　中国茶艺讲究幽静，渴望回归自然。唐代诗僧灵一有诗云："野泉烟火白云间，坐饮香茶爱此山。岩下维舟不忍去，青溪流水暮潺潺。"诗中描述的就是茶人对自然环境的追求。

　　在这种环境中品茶，才是真正意义上的品茶；在这种环境中品茶，茶人与自然最易展开精神上的沟通，茶人的内心世界最易与外部环境交融，从而实现精神上的升华。

　　古代茶人对自然环境进行了全面分析，从时间、风景到气候，自然界的一切都是品茗自然环境的组成部分。

1）时间环境

　　人们多倾向于夏天饮茶，而冬天较少饮茶。对此，陆羽态度鲜明地说："夏兴冬废，非饮也。"他认为，这样的人不是真正爱茶的人，这部分人饮茶主要是为了解渴消暑。

　　唐朝茶道盛行的时候，人们饮茶是"尽日穷夜"，但一日之中，最宜饮茶的时间是清晨与夜间。清晨饮茶可以使人神清气爽；夜间饮茶的人主要是僧人和一些苦读的学子，僧人坐禅，学子夜读，都需要借茶来提神。

　　夜间饮茶还有另一番滋味，古人将煮水的声音比作"松声"。白天环境较为嘈杂，"松声"听得不是很清晰；夜深人静时就不一样了，"夜寒留客听松声，炼汞熔银著事成"，有了这种"松声"的衬托，夜显得格外安静。明代才子文徵明的《次夜会茶于家兄处》一诗描绘了文人们深夜品茶谈诗的场景：

　　　　慧泉珍重著茶经，出品旗枪自义兴。
　　　　寒夜清谈思雪乳，小炉活火煮溪冰。
　　　　生涯且复同兄弟，口腹深惭累友朋。
　　　　诗兴扰人眠不得，更呼童子起烧灯。

吟茶诗 5-4

《次夜会茶
于家兄处》

　　2）气候环境

　　"夜后邀陪明月"是夜间饮茶的一个选择。僧人文莹只喜欢在晴夜饮茶，他养了一只鹤，每逢月白风清的时候，他就坐在竹旁煮上一壶茶，调教他的那只鹤。与文莹相似的是唐代的李约，他养了一只猿猴，起名叫"山公"，每当他饮茶、赏月、弹琴的时候，"山公"就会发出啸声相和。丰子恺曾绘有一幅茶画（如图 5-3 所示），这幅茶画形象地描绘出了月夜饮茶的意境。有诗人为这幅茶画配了一首诗：

　　　　没什么，
　　　　只是月亮等我们。
　　　　没什么，
　　　　只是新茶等故人。
　　　　没什么，
　　　　只是岁月等春风，
　　　　山河等古今。
　　　　没什么，
　　　　只是藤椅等笑语，
　　　　茶壶等闲情。

图 5-3　丰子恺茶画

　　除了晴空朗月，雨雪天气也是品茶的好时候。唐宋时的团饼茶在饮用前有一个炙烤的过程，茶人用小竹夹夹住茶饼在小火上烤，茶饼发出的声音与室外的雪声、雨声相和成趣。清代刘瑞芬一首《雪后对月煮茶》诗，生动地展现了夜饮情趣与雪后风光：

　　　　闲庭尘迹绝，移榻坐前楹。
　　　　偶展新诗本，高歌对月明。
　　　　山寒梅影瘦，野霁雪痕清。
　　　　旧有荆溪茗，香泉手自烹。

　　此外，晴天饮茶也受到了很多人的喜爱。苏东坡的"禅窗丽午景"，陆游的"晴窗细乳戏分茶"等名句，都描写了晴天品茗的情景。

3）自然风景

中国古代知识分子深受传统哲学"天人合一"思想的影响，喜欢追求与自然的和谐，他们常把山水景物当成感情的载体，借自然风光来抒发自己的感情，所以喜欢到大自然中去品茶。陆羽在《茶经·九之略》中提到："其煮器，若松间石上可坐，则具列废……若瞰泉临涧，则水方、涤方、漉水囊废……若援藟跻岩，引絙入洞，于山口炙而末之，或纸包合贮，则碾、拂末等废……"可见，当时茶人们经常到野外松林下、岩石上，或者泉水边、溪涧旁，或者岩洞口去煮茶品茗。

图5-4　明代仇英
《松亭试泉图》

（1）名泉飞瀑

泉水叮咚，清澈宜茶。中国古代的文人雅士很喜欢在泉水边、溪涧边汲水煮茶（如图5-4所示），并且留下了不少赏泉品茗的名诗佳句。例如，唐代皮日休在《茶中杂咏·茶舍》中说："棚上汲红泉，焙前蒸紫蕨。"宋代戴昺在《赏茶》中说："自汲香泉带落花，漫烧石鼎试新茶。"宋代陆游有诗云："囊中日铸传天下，不是名泉不合尝。"元代蔡廷秀在《茶灶石》中说："仙人应爱武夷茶，旋汲新泉煮嫩芽。"

（2）云间幽径

沿着山间小径拾级而上，路旁两排笔直的古树枝叶相握于云间，根藤相连在地上，遮天蔽日，鸟儿归巢的叫声不时从林中传来。深深地呼吸几口山中的空气，再用山泉水泡上一壶庐山云雾茶，细细品尝，苦尽甘来的味道从口腔直入肺腑。古人有诗云：

婆娑绿阴树，斑驳青苔地。

此处置绳床，傍边洗茶器。（唐代白居易《睡后茶兴忆杨同州》）

袖拂霜林下石棱，潺湲声断满溪冰。

携茶腊月游金碧，合有文章病茂陵。（唐代杜牧《游池州林泉寺金碧洞》）

缭绕西南隅，鸟声转幽静。

秀公今不在，独礼高僧影。

林下器未收，何人适煮茗。（唐代韦应物《澄秀上座院》）

现代爱茶之人也于云山幽径之间获得了古人如诗如画般的畅意和享受（如图5-5所示）。

（3）松涛月影

古代普遍种植松树，很多茶人都喜欢在松林中品茶，或者扫松树上的积雪来煮茶，别有一番情趣（如图5-6所示）。

古人有诗云：

图5-5　庐山北香炉峰下曲径通幽
处品茗去处——月照松林

闲来松间坐，看煮松上雪。

时于浪花里，并下蓝英末。

倾余精爽健，忽似氛埃灭。

不合别观书，但宜窥玉札。（唐代陆龟蒙《奉和袭美茶具十咏·煮茶》）

古人对明月也情有独钟，爱在月夜里品茗，有诗云：

今宵更有湘江月，照出菲菲满碗花。（唐代刘禹锡《尝茶》）

新试茶经煎有兴，旧婴诗病舍终难。

常闻秋夕多无寐，月在高台独凭栏。（唐代李中《赠谦明上人》）

吟茶诗 5-5

《奉和袭美茶具十咏·煮茶》

图 5-6　庐山品茗之境

（4）风日晴和

唐代吕温在《三月三日茶宴序》中说："三月三日，上巳禊饮之日也。诸子议以茶酌而代焉。乃拨花砌，爱庭阴，清风逐人，日色留兴。卧措青霭，坐攀香枝。闻莺近席而未飞，红蕊拂衣而不散。乃命酌香沫，浮素杯，殷凝琥珀之色。不令人醉，微觉清思，虽五云仙浆，无复加也……"

在草长莺飞、鲜花盛开的春天，花草云天都融化在青霭之中，碗中的茶汤呈现琥珀的色泽，在这样美丽的环境中品茗，是一种美的享受（如图5-7所示）。

（5）茂林修竹

古时文人爱茶、爱竹，多选择竹下饮茶，他们对竹造幽香、茶添清香的清幽环境情有独钟。唐代诗人钱起在《与赵莒茶宴》中描写了他在浙江湖州野外竹林里品茗的情景，原文如下：

竹下忘言对紫茶，全胜羽客醉流霞。

尘心洗尽兴难尽，一树蝉声片影斜。

在竹林间、小池旁煮水品茗，别有一番情趣（如图5-8所示）。

图 5-7　庐山白居易"乐天草堂"户外赏茶

图 5-8　竹林间、小池旁煮水品茗

5.2.2　品茗的人文环境

品茗的人文环境即人造的品茗环境，由建筑物、园林、茶具等组成。清幽寺观、亭台楼阁、书院草堂、家庭茶室、茶馆等都被认为是理想的人文品茗环境。即使是人造的环境，也要尽量少一些烟火气，力求体现中华文化中"清雅幽寂"的艺术境界。

明代许次纾在《茶疏》中提到，茶艺不宜靠近的地方有"阴室""厨房"等，而茶艺的良友是"纸帐楮衾""竹床石枕""名花琪树"。

1）清幽寺观

古代的文人雅士经常到寺庙中品茶，寺庙多坐落在风景优美的山林之中，是最安静的品茶场所。人们听着晨钟暮鼓，暂离红尘俗世，和僧人交流禅学，俗世烦恼可以得到片刻的忘却，因此茶里所品到的也就不完全是茶的味道，更有对人生的理解。宋代林希逸有一首《烹茶鹤避烟》，原文如下：

> 隔竹敲茶臼，禅房汲井烹。
>
> 山僧吹火急，野鹤避烟行。
>
> 入鼎龙团碎，当窗蚓窍鸣。
>
> 紫云飞不断，白鸟去边明。
>
> 云舍飘犹湿，风巢远更惊。
>
> 通灵数椀后，骑汝访蓬瀛。

吟茶诗 5-6

《烹茶鹤避烟》

在林希逸的茶诗里，佛道的虚无与茶艺的清静融为一体。

历代茶人都很喜欢在寺院禅房中品茗，这自然是因为寺院处于风景极佳的山林之中，且易于与禅相通，可以提升饮茶的品位（如图5-9所示）。

我国最早的茶寮就是僧寮，据宋代钱易的《南部新书》所载，唐宣宗大中三年，东都洛阳有一个和尚活了120岁，皇帝问他为何如此长寿，他说没

图5-9　庐山长坞寺之"问茶寮"

有什么秘诀，只是每天喝茶百碗，喝得少的时候也有四五十碗。唐宣宗觉得这个和尚有些灵异，于是赐了他50斤茶，让他住在保寿寺，还将他饮茶的地方命名为"茶寮"。

2）亭台楼阁

亭台楼阁是凉亭、台榭、阁楼等精巧的装饰性园林建筑物的总称，泛指多种供游赏、休息的建筑物。亭台楼阁属于中国传统建筑，或面对巍巍群山，或俯视浩浩江水，或融于园林之中，或踞于市井之上，都体现了中华民族独特的审美情趣。作为一种文化，亭台楼阁体现了古人对生活的真切理解，能够使人产生达观、超脱、安谧、幽远、宁静、欢悦（或悲寂）之感。文人墨客登临远眺，品茗作诗，别有一番雅趣（如图5-10所示）。

茶人们喜欢在郊外绿竹红花簇拥的亭中品茶作诗，有诗云：

吟茶诗 5-7

《东亭茶宴》

> 闲朝向晓出帘栊，茗宴东亭四望通。
>
> 远眺城池山色里，俯聆弦管水声中。

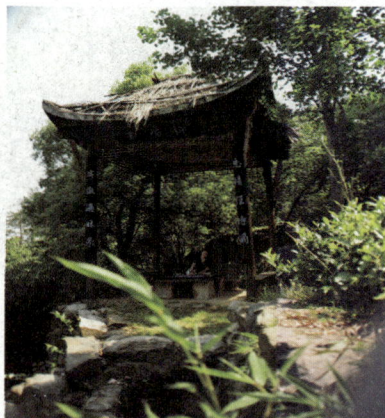

图5-10　草亭茶饮

幽篁引沼新抽翠，芳槿低檐欲吐红。

坐久此中无限兴，更怜团扇起清风。（唐代鲍君徽《东亭茶宴》）

有的诗人之所以在建筑物中的轩、台上品茶，是因为可以眺望周围的宜人景观。微风吹拂的平台上可以观赏到落日的壮观，在此环境中品茗赏景，自然是一种令人陶醉的艺术享受。

3）书院草堂

书院草堂也是品茶的好地方。《煎茶七类》中指出，饮茶的地方有"凉台静室，明窗曲几"，这是茶艺活动很重要的硬件条件。明代高濂对茶寮的室内摆设进行了精心设计，他主张茶寮要小，最好靠着书房，内放一只茶灶用来煮水，六个茶盏，不需要多余的装饰品。

图 5-11　庐山北香炉峰下白居易草堂前茶园品饮茶趣

唐代白居易谪居江州，在庐山上建了一处草堂（如图 5-11 所示）。草堂的陈设除了四张木榻、两扇屏风，还有一张漆琴。从草堂的结构与功能来说，它是高濂所称茶室的前身。

五架三间新草堂，石阶桂柱竹编墙。

南檐纳日冬天暖，北户迎风夏月凉。

洒砌飞泉才有点，拂窗斜竹不成行。

来春更葺东厢屋，纸阁芦帘著孟光。（唐代白居易《香炉峰下新卜山居草堂初成偶题东壁》）

4）家庭茶室

一般来说，家庭饮茶最好选择向阳靠窗处，配以茶几、沙发或台椅。窗台上摆设盆花，上方置藤蔓植物。花卉由于具有美丽的色彩、奇妙的形状、优美的姿态和高尚的品格，因此能美化环境，使人赏心悦目、心旷神怡。碧叶绿荫能消除眼部疲劳，使人感到轻松愉快。家庭饮茶要求安静、清新、舒适、干净，尽可能利用一切有利条件，如阳台、门庭小花园，甚至墙角等。只要布置得当、窗明几净，就能创造出一个良好的品茗环境。

图 5-12　家庭茶室

随着人们家居条件的改善和提高，现代人开始讲究品茗的品位和氛围，家庭茶室开始走进民间。给家设置一个茶室，设置一个多功能休闲区域，也能够给自己创造一个宁静的空间和独饮的意境（如图 5-12 所示）。

家庭茶室的风格多种多样，有中式、日式、田园式和休闲式等，主人可以依据自己的性格和偏好自由选择，但要注意与室内的整体装饰风格相协调。

（1）中式风格茶室

中式风格茶室适合布置典雅的空间，用上好的红木或仿明清的桌椅等家具进行装饰，如中国古代传统格调的红木家具——罗汉床（如图5-13所示），并配以素雅的书法条幅、意境悠远的山水国画，从而渲染出古香古色的浓郁氛围。在茶具的选配上，中式风格茶室最好选用宜兴的紫砂茶壶或细腻的青瓷盖碗，从而使茶室的气氛更加温婉和谐。

图5-13 罗汉床

（2）日式风格茶室

日式风格茶室适合布置现代风格的空间，一般采用简洁大方、线条流畅、色彩淡雅的设计（如图5-14所示）。日式风格茶室多采用实木地板，配以原木的矮桌，舒适的坐垫直接铺在地面上，桌上的红木托盘中摆放着全套茶具。

图5-14 日式风格茶室

（3）田园式风格茶室

田园式风格茶室完全采用朴实自然的材质，可以用原色的树皮装饰一面墙，用天然的原木作为桌子，再放几个木墩子作为凳子，桌上摆着粗瓷茶壶和茶碗，墙上挂着几串大蒜、辣椒。整个房间显得朴素无华，置身其中，人们仿佛闻到了田园的气息。

（4）休闲式风格茶室

休闲式风格茶室没有固定的模式，也不用刻意装饰，轻松自然就好。茶桌和茶具可以随意摆放，再选几件别致的小茶宠。在小小的茶室中品茗，人们能够彻底放松下来。

5）茶馆

（1）唐代茶馆

唐代，茶叶的种植已十分普遍，朝野上下、寺观僧道，饮茶成风，盛极一时。唐代城市经济有了一定的发展，商业交通十分发达，从京城长安、洛阳到四川、山东、河北等地的大中城市，都有频繁的商业往来。商人在外经商、交往，一要住宿，二要谈生意，三要解渴、吃饭。为了满足这些需要，开店铺煎茶、卖茶则成为必然。同时，城市经济的繁荣也形成了一个庞大的市民阶层。他们既不是经常调换岗位的文人官吏与士卒兵丁，也不是完全老死乡里的农民，而是活跃在各个城镇的商人、工匠、贩夫，以及为城镇上层服务的各色人员。活跃的市民阶层需要彼此沟通，而茶文化的功能之一就是沟通人际关系，于是茶馆文化便应运而生了。

比较早且较为明确的关于茶肆的记载出自唐代封演编撰的《封氏闻见记》。唐代长安外郭城有茶肆，城外有茶坊，民间还有茶亭、茶棚、茶房、茶轩和茶社等。唐代的茶馆虽然不太普及，也未完全独立，多与旅舍、饭店相结合，但也初具规模，为宋代茶馆的兴盛奠定了基础。

（2）宋代茶馆

宋代茶肆、茶坊已经独立经营，几乎各个大小城镇都有茶肆。究其原因主要有以下两个方面：

第一，宋代的茶叶种植广泛，且产量大大提高，制作茶叶的技术水平也迅猛提升，出现了众多名茶。

第二，宋代的商品经济、城市经济比唐代有了进一步的发展。大量人口涌进城市，他们需要住宿、饮食、娱乐、交流信息等，茶馆及各种服务性设施便应运而生。

在北宋都城汴京（今开封），茶肆十分普遍，"皆居民或茶坊。街心市井，至夜尤盛"（《东京梦华录》）。在南宋都城临安（今杭州），茶肆更是随处可见。杭州城内，除了固定的茶坊、茶楼外，还有一种流动的茶担、茶摊，称为"茶司"。

宋代茶肆已开始讲究经营策略，为了招揽生意，留住顾客，经营者常对茶肆进行精心的布置装饰。茶肆装饰不仅是为了美化饮茶环境、增添饮茶乐趣，而且与宋人好品茶赏画的特点分不开。

（3）元代茶馆

元代是中国历史上民族大融合的时代，城市人口大增，居民的成分复杂。为适应社会不同阶层和职业者的需要，元代茶馆的社会功能日趋多样化和复杂化。茶馆不仅是各阶层往来办事、歇脚的地方，也是人们聚会、传递消息的地方，还是官员、文人议事和娱乐的地方。特别是元朝废除了科举考试制度，失去了唯一仕途道路的文人改变了原来对茶馆"非君子驻足之地"的态度，开始热衷于泡茶馆，排解烦闷、附庸风雅、抒发情怀，由此促使元代茶馆日益发展和茶馆的文化功能（茶艺功能、文娱功能和信息功能）逐渐形成。从元曲中有关茶事的记载，包括茶品、茶礼、茶肆、茶俗和茶艺等各个方面，都可见元代茶馆的发达和充满生活情趣。

更有趣的是，从烧卖的起源也可看出元代茶馆的发达。烧卖最早出现于元代初期商贸、边贸发达的呼和浩特，商人们洽谈生意时酷爱泡茶馆。茶喝久了、喝多了，容易肚子饿，但茶馆不是饭店，不设菜肴和主食，个别茶馆只提供焙子（烘制的面饼），有时也会帮助客人把自带的肉菜夹在焙子里一起加热。时间长了，茶馆图方便，将焙子改为面皮子，为了区分客人们各自的菜，包的时候还不封口。《绥远通志稿》中记载："惟室内所售捎卖一中，则为食品中之特色，因茶肆附带卖之，俗语谓'附带'为捎，故称捎卖。"随着茶馆的普及，烧卖作为茶点便向全国普及开来。

由于蒙古族人性格豪爽质朴，对精致文雅的茶艺、茶技不感兴趣，喜欢直接冲泡茶叶，因此元代开始流行散茶，从而促进了饮茶程序的简约和茶馆的大规模发展。从元代茶馆中把"茶帖"（类似于现在的代金券，专门在茶馆中使用）当钱使用，可见元代"俗饮"茶馆数量之大。这种与百姓生活密切结合的"俗饮"现象，正是元代茶馆文化的精神所在。

（4）明代茶馆

明代茶馆较之宋元，最大的特点是更为雅致。茶馆饮茶十分讲究，对水、茶、器都有一定的要求。

明代散茶冲泡饮法的兴起，使得崇尚盏、碗的唐宋茶具不再适用，茶壶成为主要茶具，茶盏也由黑釉瓷变成白瓷或青花瓷。不过，当时最时尚的茶具还是宜兴紫砂壶。

明代的茶馆里供应各种茶果、茶点。茶果有柑子、金橙、苹婆、红菱、橄榄、雪藕、雪梨、大枣、荸荠、石榴、李子等。茶点有火烧、寿桃、蒸角儿、果馅饼、艾窝窝、荷花饼、乳饼、玫瑰元宵饼、檀香饼等。

明代以来，曲艺、评话兴起，茶馆成了这些艺术活动的理想场所。北方的大鼓书和评书，南方的评话和讲唱兼用的弹词，都在茶馆中进行。茶馆中的说书一般在晚上，听者多为下层劳动群众。这种茶馆文化促进了市民文学的发展，而市民文学的发展又使得茶馆文化更加走向大众化。

（5）清代茶馆

清代，社会经济的发展与繁荣，统一的多民族国家的最终形成和巩固，政治局面的相对稳定，都为茶馆的兴盛奠定了基础。

清代茶馆遍布城乡，多种多样。按经营方式的不同，清代茶馆大致可分为以下几种类型：

一是以卖茶为主的茶馆，也就是北京人所说的"清茶馆"。到清茶馆喝茶的人，以文人雅士居多，所以店堂一般都布置得十分雅致，器皿清洁，四壁悬挂字画。

二是兼营说书、演唱的茶馆，这是人们娱乐的好场所。清代北京东华门外的东悦轩、后门外的同和轩、天桥的福海轩，都是当时著名的书茶馆。上海的书茶馆主要集中在城隍庙一带，如春风得意楼、四美轩、里园、爽乐楼等。

三是与戏园紧密联系在一起的茶馆。著名京剧大师梅兰芳先生曾说："最早的戏馆统称为茶园，是朋友聚会、喝茶、谈话的地方，看戏不过是附带性质。"例如，清代北京前门外的广和楼，又名"查家茶楼"，是清代最著名的营业性戏楼。

话茶事 5-1

北京老舍
茶馆

5.3　品茗场所的设计与经营

品茗场所有经营性与非经营性之分。经营性品茗场所是指那些提供茶水、茶点服务，可供客人饮茶休息或观赏茶艺表演的经营性茶楼、茶室、茶坊、茶馆等。下面我们以经营性品茗场所为例，对其设计与经营进行介绍。

5.3.1　品茗场所的选址

1）品茗场所选址的基本原则

（1）满足人们的社会性需求

现代人品茶，十分讲究品茗环境。一般来讲，品茗场所应选择环境清幽之处。

（2）确保经营的可行性

一定的客源是品茗场所得以维持和发展的重要条件，因此品茗场所的选址除了要环境清幽，地理位置也十分重要。例如，上海湖心亭茶楼位于豫园商业旅游区的中心，与豫园相邻，可谓"风水宝地"，中外宾客纷至沓来。

2）品茗场所选址的基本分类

一是选在风景名胜区，山水俱佳，为品茗增色。自古以来，文人墨客特别喜爱在山涧、泉边、林间、石旁等处品茗赏景。如今在中国，几乎每个风景名胜区皆设有茶室，且茶室风格各异，游客在饱览大好风光之余、舟车劳顿之际，可在绿荫掩映中的茶室小坐片刻，泡一壶当地出产的名茶，慢慢品饮。凭窗而坐，远眺则湖光山色尽收眼底，近观则嘉木扶疏、鸟语花香。

二是选在闹市中心、交通要道旁边，但是也要闹中取静，营造一个幽静、舒适的环境。在此处设立茶室，可以使人们在工作之余得到片刻休闲，或供过往游客在候车、候船以及旅途中转之际歇脚小憩，同时也是商务人士洽谈生意、进行各种社交活动的场所。

三是选在小镇的生活中心。

5.3.2 品茗场所的设计

1）品茗场所的风格

（1）古典传统式

古典传统式，又称仿古式，是指现代品茗场所的主体建筑采用我国传统建筑施工方法建成的一层或多层的"茶楼"。其屋面大多采用庑殿式或歇山式，显得古朴雅致。有的还在四周设隔扇或栏杆回廊，更为品茗场所增添了高贵典雅的韵味。

成都有一家仿古茶楼，采用明清宫廷式的装饰风格，宫廷音乐萦绕耳畔，更显情趣悠悠。沈阳的和静园茶楼有"北方茶文化摇篮"之美誉，其主体建筑的设计以唐代建筑为基调，处处体现着华贵和精致之美。

（2）地域民族式

地域民族式，又称民居式。民居，是指各地具有地域风格的民用住房，如北京四合院、上海石库门、云南傣家竹楼、新疆毡包等。

南昌一家茶艺馆的主体建筑为江西民居，为增加其美感，建筑施工过程中采用了"叠落山墙"的方法，特点是房屋两侧山墙高出屋面，随屋顶的斜坡而呈阶梯形，俗称"马头墙"。飞檐式的门楼更增添了茶艺馆的古雅韵味。

在云南，我国不少旅游区都设有傣家竹楼茶馆，供游人小憩、品茶、观景。

在新疆，哈萨克族居民就在自己所住的毡包里开设茶馆、招待游人，游人可前往品尝奶茶以及各式茶点。

（3）江南园林式

中国园林虽系人工造就，但不留斧痕、宛若天成，因构成园林的主景不同而各具风姿。有的以水闻名，波光潋滟，荷花玉立，风雅恬静，富有魅力；有的以山石著称，徘徊其间，山色空蒙，宛若置身于崇山大壑、深谷幽岩之中，饶有妙趣；有的以花木增色，繁花锦簇，绿树葱茏，修竹茂密，摇曳弄影，人行其间，暗香随衣，令人心醉。

福建某茶艺馆的建筑格局参考了我国明清时期江南园林的建筑风格，在400多平方米的有限空间内布置了亭、台、楼、廊、水池、假山等不同景观。

杭州的茶人村、青藤茶馆等茶艺馆，不仅集名茶、名壶、名画于其中，而且依托西湖美景而筑，小桥、流水、假山、修竹与外部自然风光融为一体，突出了自然氛围与山野之趣。

（4）异国情调式

异国情调式是指品茗场所具有欧式、日式或韩式等异国风格。

（5）田园风光式

时下也有不少品茗场所融入了田园特色，令人耳目一新。音乐水车徐徐转动，或饰以蓑衣、斗笠等农家物件，并配以自然动听的音乐，极具农家田园风情。

悟茶道 5-2

茶室设计
需要有特色
和创意

> **学有所悟 5-2**
>
> 茶室设计要有特色和创意，才能吸引人们的目光。融合传统与现代、提供多样化的茶文化体验、营造舒适温馨的空间氛围和注重空间的流线与布局，都是打造独特魅力茶室的关键。设计师应具有独特的创意，使茶室成为人们追求放松和享受的理想场所，从而推动茶文化的传承和发展。

2）品茗场所的布局

（1）饮茶区

饮茶区是茶客品茗的场所。大型茶馆可分设散座、厅座、卡座及房座（包厢），或选设其中一两种；小型茶室可混设散座、卡座，但应注意合理利用空间，布局应讲究错落有致。

①散座。在大厅内摆设圆桌或方桌若干，每张桌视其大小配4~8把椅子。桌子之间的距离为两张椅子的侧面宽度加上60厘米通道的宽度，这样客人能够自由进出，无拥挤感。

②厅座。在一间厅室内摆放数张桌子，距离同上。厅室的四壁饰以书画条幅，墙角可放置绿色植物或鲜花，并赋予厅名。不同的厅室应具有不同的风格，并配以相应的饮茶风俗，从而使茶客有身临其境之感。

③卡座。它类似西式的咖啡座。每个卡座设一张小型长方桌，两边各设长条高背椅，以椅背作为座位之间的间隔。每个卡座可坐4人，两两相对，品茶聊天。墙面以壁灯、壁挂、装饰画或书法作品等为点缀。

④房座（包厢）。其面积可容纳4~5人或7~8人。四壁装饰简洁典雅，空间相对封闭，可作为商务洽谈或亲友聚会之用。

（2）表演区

在大型茶馆大堂的适当位置可设置茶艺表演台，力求使大堂内每一处茶座的客人都能观赏到茶艺表演。小型茶室中不设表演台，可采用桌上服务表演。

（3）工作区

①茶水房。茶水房应分隔成内外两间，外间为供应间，墙上可开设大窗，面对茶室，放置茶叶柜、茶具柜、消毒柜、电冰箱等；内间安装煮水器（如小型锅炉、电热开水箱、电茶壶）、热水瓶、水槽、自来水龙头、净水器、贮水缸、洗涤工作台、晾具架及晾具盘等。

②茶点房。茶点房同样应隔成内外两间。外间为供应间，面向茶室，放置干燥型及冷藏保鲜型两种食品柜和茶点盘、碗、碟、筷、匙等专用柜；内间为特色茶点制作处或热点制作处。

③其他工作用房。根据品茗场所规模的大小，还可设置经理办公室、员工更衣休息室、食品贮藏室等。

3）品茗场所的布置

品茗场所的布置往往体现了品茗场所的文化品位、文化氛围和经营者自身的文化修养。品茗场所的布置既要合理实用，又要兼备审美情趣，以下六个方面是需要认真考虑的：

（1）名家字画的悬挂

品茗场所内名家字画的悬挂通常采用卷轴和画框两种形式。根据品茗场所的布局，名家字画的悬挂大体上有以下几种情况：

①门厅内名家字画的悬挂。门厅也称前厅、迎宾厅，是品茗场所的入口和通向饮茶区的过渡空间。如果门厅占地面积较大，则可在正面墙上悬挂或安置大幅的中国画作品，使观赏者产生开门见山、清新宜人的感觉。

②走廊中名家字画的悬挂。走廊又称过道，是品茗场所营造文化氛围的重要区域之一。在走廊中悬挂名家字画，要使画与画之间保持一定的距离，宁疏勿密。如果画幅大小有差异，要注意画轴底边高度一致。在悬挂名家字画时，应尽可能将相近的色调隔开，从而使走廊墙面的画幅之间有轻重、冷暖等方面的节奏变化，同时又要保证整体的协调。

③楼梯墙面名家字画的悬挂。楼梯是品茗场所必须设置的通道，它能够丰富品茗场所的空间环境。在布置时，应注意楼梯侧面墙面和正面墙面的装饰。由于楼梯墙面的面积有限，因此以悬挂书画小品为宜；画框底线以符合成年人视线为妥，应便于字画作品自然进入茶客的视野。

④柱子上名家字画的悬挂。品茗场所内出现柱子有两种情况：一种是作为建筑结构部分的承重柱；另一种是根据空间气氛的需要而设计建造的柱子。根据柱子所处的空间位置和体积大小，结合品茗场所的整体装饰风格，可选择大小适宜的书画卷轴进行悬挂。若处理得当，这些书画卷轴就会成为品茗场所内的一个视觉中心，从而丰富空间层次，活跃空间气氛，使人感觉新颖、独特、自然。

⑤饮茶区内名家字画的悬挂。由于品茗场所的占地面积及布局设计不同，因此饮茶区可大可小。面积较大的饮茶区可布置成中国传统的厅堂式，主墙的墙面上可悬挂一幅中堂画，国画两旁可衬一副对联（书法作品），还可在墙上挂一排四幅国画或名人书法条幅。如果饮茶区面积略小，则可悬挂字画小品，可以只在一面墙上挂一幅画，也可以在四面墙上各挂一幅画。画的内容可以是人物、山水、花鸟，并以清新淡雅为宜。

（2）雕刻作品的陈列

书画可以营造品茗场所的文化氛围，中国的雕刻作品在烘托品茗场所的文化韵味方面也发挥了重要的作用，其中常见的有玉雕、石雕、竹刻、根雕等。

（3）景瓷宜陶的展示

在迎客厅或茶厅的陈列柜里摆放茶具，供茶客观赏，既可增添品茶的情趣，又可烘托品茗场所的文化氛围。有的品茗场所辟有专门的茶具陈列室，供茶客参观；有的品茗场所在"艺术走廊"的陈列架上展示名家名壶，供客人观赏，也可让客人选购；有的品茗场所还邀请制壶名家或制壶工艺师为客人现场制作茶壶，客人也可当场预订。

（4）名茶新茶的展示

品茗场所可以发挥自身优势，在厅堂的博古架或玻璃橱内陈列展示造型别致的各类名茶、新茶，这样不仅可以为茶客传递茶的信息，推动茶品的销售，而且可以借助琳琅满目的中国茶品，构筑出一道中国茶文化的风景线。

（5）绿色植物的点缀

绿色植物具有净化空气、美化环境、陶冶情操的作用。恰当点缀绿色植物，可以使品茗场所显得更加幽静典雅、情趣盎然，从而营造出赏心悦目、舒适整洁的品茗环境。

适宜品茗场所摆放的绿色观叶植物，既有多年生草本植物，又有多种木本、藤本植物，如万年青、不凋草、大王黛粉叶、观音莲、龟背竹、君子兰、散尾葵、橡皮树、棕竹、袖珍椰、绿萝、吊兰等。此外，还可选用相宜的插花、盆景，以增添品茗场所的雅趣。

（6）民族音乐的烘托

为了烘托典雅的氛围，不少品茗场所还专门安排演员在表演区演奏乐曲，或播放古典名曲，常见的如古琴乐曲、古筝乐曲、琵琶乐曲、二胡乐曲、江南丝竹等。

5.3.3 品茗场所的经营

1）品茗场所的经营法规

品茗场所的经营活动涉及许多法规，如《中华人民共和国食品安全法》（以下简称《食品安全法》）、《公共场所卫生管理条例》、《中华人民共和国消费者权益保护法》（以下简称《消费者权益保护法》）、《中华人民共和国劳动法》（以下简称《劳动法》）等，经营人员均应掌握和了解。

（1）《食品安全法》

《食品安全法》主要涉及下列活动：食品生产和加工、食品销售和餐饮服务，食品添加剂的生产经营，用于食品的包装材料、容器、洗涤剂、消毒剂和用于食品生产经营的工具、设备的生产经营，食品生产经营者使用食品添加剂、食品相关产品，食品的贮存和运输，以及对食品、食品添加剂、食品相关产品的安全管理。

与品茗场所的经营有关的安全要求主要有：

①保持该场所环境整洁，并与有毒、有害场所以及其他污染源保持规定的距离。

②有相应的消毒、更衣、盥洗、采光、照明、通风、防腐、防尘、防蝇、防鼠、防虫、洗涤以及处理废水、存放垃圾和废弃物的设备或者设施。

③餐具、饮具和盛放直接入口食品的容器，使用前应当洗净、消毒，炊具、用具

用后应当洗净，保持清洁。

④食品生产经营人员应当保持个人卫生，生产经营食品时，应当将手洗净，穿戴清洁的工作衣、帽等；销售无包装的直接入口食品时，应当使用无毒、清洁的容器、售货工具和设备。

⑤用水应当符合国家规定的生活饮用水卫生标准。

⑥使用的洗涤剂、消毒剂应当对人体安全、无害。

（2）《公共场所卫生管理条例》

①作为《公共场所卫生管理条例》适用的公共场所之一，品茗场所的下列项目应符合国家标准和要求：空气、微小气候（湿度、温度、风速）；水质；采光、照明；噪声；顾客用具和卫生设施。

②国家对公共场所实行"卫生许可证"制度。

③经营单位应当负责所经营的公共场所的卫生管理，建立卫生责任制度，对本单位的从业人员进行卫生知识的培训和考核工作。

④公共场所直接为顾客服务的人员，持有"健康合格证"方能从事本职工作。

⑤经营单位应当在营业前向设区的市级、县级人民政府疾病预防控制部门申请办理"卫生许可证"。

⑥公共场所因不符合卫生标准和要求造成危害健康事故的，经营单位应妥善处理，并及时报告卫生防疫机构。

⑦凡有下列行为之一的单位或者个人，卫生防疫机构可以根据情节轻重，给予警告、罚款、停业整顿、吊销"卫生许可证"的行政处罚：卫生质量不符合国家卫生标准和要求，而继续营业的；未获得"健康合格证"，而从事直接为顾客服务的；拒绝卫生监督的；未取得"卫生许可证"擅自营业，或者未办理卫生备案的。

⑧违反《公共场所卫生管理条例》的规定造成严重危害公民健康的事故或中毒事故的单位或者个人，应当对受害人赔偿损失；违反《公共场所卫生管理条例》致人残疾或者死亡，构成犯罪的，应由司法机关依法追究直接责任人员的刑事责任。

⑨对罚款、停业整顿及吊销"卫生许可证"的行政处罚不服的，在接到处罚通知之日起15天内，可以向当地人民法院起诉。但对公共场所卫生质量控制的决定应立即执行。对处罚的决定不履行又逾期不起诉的，由卫生防疫机构向人民法院申请强制执行。

（3）《消费者权益保护法》

作为义务主体的企业，应当依照有关法律、法规，诚实、守法地履行义务。作为权利主体的消费者，有权受到《消费者权益保护法》的保护，以避免自己的权益受到侵害；如果受到不当侵害，消费者有权得到应有的保护和获得赔偿。

①消费者的权利。消费者享有下列权利：消费者在购买、使用商品和接受服务时享有人身、财产安全不受损害的权利；消费者享有知悉其购买、使用的商品或者接受的服务的真实情况的权利；消费者享有自主选择商品或者服务的权利；消费者享有公平交易的权利；消费者因购买、使用商品或者接受服务受到人身、财产损害的，享有依法获得赔偿的权利；消费者享有依法成立维护自身合法权益的社会组织的权利；消

费者享有获得有关消费和消费者权益保护方面的知识的权利；消费者在购买、使用商品和接受服务时，享有人格尊严、民族风俗习惯得到尊重的权利，享有个人信息依法得到保护的权利；消费者享有对商品和服务以及保护消费者权益工作进行监督的权利。

②发生权益争议的解决途径。消费者和经营者发生消费者权益争议的，可以通过下列途径解决：与经营者协商和解；请求消费者协会或者依法成立的其他调解组织调解；向有关行政部门投诉；根据与经营者达成的仲裁协议提请仲裁机构仲裁；向人民法院提起诉讼。

（4）《劳动法》

①劳动者享有的权利。劳动者享有平等就业和选择职业的权利、取得劳动报酬的权利、休息休假的权利、获得劳动安全卫生保护的权利、接受职业技能培训的权利、享受社会保险和福利的权利、提请劳动争议处理的权利以及法律规定的其他劳动权利。

②用人单位应履行的义务。用人单位应当依法支付工资；用人单位必须建立、健全劳动安全卫生制度，严格执行国家劳动安全卫生规程和标准，对劳动者进行劳动安全卫生教育，防止劳动过程中的事故，减少职业危害；用人单位必须为劳动者提供符合国家规定的劳动安全卫生条件和必要的劳动防护用品，对从事有职业危害作业的劳动者应当定期进行健康检查；用人单位应当建立职业培训制度，按照国家规定提取和使用职业培训经费，根据本单位实际，有计划地对劳动者进行职业培训；用人单位必须依法参加社会保险，缴纳社会保险费。

③劳动争议的处理。劳动争议发生后，当事人可以向本单位劳动争议调解委员会申请调解；调解不成，当事人一方要求仲裁的，可以向劳动争议仲裁委员会申请仲裁。当事人一方也可以直接向劳动争议仲裁委员会申请仲裁。对仲裁裁决不服的，可以向人民法院提起诉讼。

2）品茗场所的经营策略

品茗场所的形象建设是经营策略中的重要方面。品茗场所在经营过程中，只有注重形象的创建、特色的体现，才能形成自己独特的品位，进而在市场上赢得消费者的青睐。

（1）弘扬茶文化，树立良好的企业形象

①体现文化品位，形成雅化标志。"茶"本身具有深刻的文化内涵。品茗场所作为人们品茗、休闲的场所，应处处体现一定的文化品位。在装潢设计或环境布置、所用茶具器皿、服务人员衣着服饰等方面，都应突出"茶"的主题，以中华文化为基调，融合美学、建筑学、民俗学，营造一种强烈的文化氛围，形成品茗场所雅化的标志。例如，为突出品茗场所的中国特色，服务人员的服装一般以中国各民族的传统服饰为主。

②体现多种功能，满足消费情趣。在保留品茗场所传统风格和面貌的基础上，还要结合现代人的生活特点，尽可能体现品茗场所的多功能性。例如，品茗场所在提供各种茶水、饮料、茶食的同时，如果有条件，还可以提供其他食品，从而使品茗场所不仅有休闲、解渴的功能，还有就餐的功能。

（2）注重饮茶时尚潮流，体现个性特色

①传统茶馆的经营特色。传统茶馆重视体现传统文化，处处显示中国茶馆特有的风貌。传统茶馆供应的茶品一般有龙井、碧螺春、毛峰、铁观音、茉莉花茶、祁门红茶等各类名茶。

②现代茶坊的经营特色。除了传统茶馆外，目前市场上还有相当数量的现代茶坊。与传统茶馆不同的是，现代茶坊既保留了传统茶馆的风格，又结合了现代元素；既体现了东方韵味，又融合了西方情调。现代茶坊供应的饮料一般由中国茶叶冲泡后加入各种辅料制成，如红茶中加入牛奶和"黑珍珠"等辅料，制成可口的珍珠奶茶；红茶中加入冰块，放入调酒器内，通过充分摇动，调制成清凉爽口的泡沫红茶；红茶中加入柠檬和糖，制成香甜的柠檬红茶。在茶具的使用上，现代茶坊也一改传统茶馆的紫砂壶和盖碗杯，而是使用如意壶和造型别致的玻璃杯。比起传统茶馆，现代茶坊的娱乐功能更为显著，茶客在喝茶的同时还可以开展各种娱乐活动，从而使品茶的过程充满了轻松、快乐和浪漫的情调。

5.4　茶艺人员职业道德规范与礼仪

5.4.1　茶艺人员的职业道德规范

1）职业道德

职业道德是指从事一定职业的人，在工作或劳动过程中应遵循的与其职业活动紧密联系的道德规范的总和。人们在长期的职业活动中，逐步形成了职业观念、职业良心和职业自豪感等职业道德品质。遵守职业道德有利于提高茶艺人员的道德修养，有利于形成茶艺行业良好的职业道德风尚，有利于促进茶艺事业的发展。遵守职业道德，热爱茶艺工作，不断提高服务质量，是茶艺师职业道德的基本准则。

培养茶艺人员职业道德的途径有：积极参加社会实践活动，做到理论联系实际；强化道德意识，提高道德修养；开展道德评价，检点自己的言行；努力做到"慎独"，提高精神境界。

2）职业守则

（1）热爱专业，忠于职守

只有对本职工作充满热爱，才能积极、主动、创造性地去工作。因此，茶艺人员应认识到茶艺工作的价值，热爱茶艺工作，忠诚地对待本职工作，以较高的职业水平完成茶艺服务。

（2）遵纪守法，文明经营

茶艺职业纪律是指茶艺人员在茶艺服务活动中必须遵守的行为准则，它是正常进行茶艺服务活动和履行职业守则的保证。因此，茶艺人员在服务过程中应严格执行各项制度，做到文明经营。

（3）礼貌待客，热情服务

礼貌待客是茶艺工作最重要的业务要求和行为规范之一。文明用语是茶艺人员在接待宾客时需要使用的一种礼貌语言，是茶艺人员与宾客进行交流的重要工具，具有体现礼貌和提供服务的双重特性。茶艺人员在茶艺服务活动中应做到语气平和、态度和蔼、热情友好，从而感染顾客，提高服务的质量和效果。

（4）真诚守信，一丝不苟

真诚守信是做人的基本准则，也是一种社会公德。对茶艺人员来说，真诚守信也是一种职业态度，真诚守信的基本作用是树立茶艺人员的信誉，树立值得宾客信赖的道德形象。因此，茶艺人员在服务过程中不能一味追求经济利益，应做到真诚守信、一丝不苟，这样才能赢得更多的顾客。

（5）钻研业务，精益求精

茶艺人员要为宾客提供优质的服务，使茶文化得到进一步发展，就必须具有丰富的业务知识和高超的操作技能。因此，自觉钻研业务、精益求精就成为一种必然的要求。茶艺人员首先要有正确的动机、良好的愿望、坚强的毅力，其次要以科学的态度认真对待自己的职业实践，这样才能练就过硬的基本功，才能做好茶艺工作。

5.4.2　茶艺人员的接待服务要求

品茗场所的经营活动应尽量考虑到消费者的利益，分析和了解消费者的消费心理和不同需求，这样才能做好接待服务工作。

1）接待服务的基本要求

宾客进入茶馆时，茶艺人员应笑脸相迎，并致以亲切的问候，通过礼貌的语言和真诚的笑容使宾客一进门就感到心情舒畅，同时将宾客引领到使他们感到满意的座位上。

如果一位宾客再次光临时又带来几位新的宾客，那么对待这些宾客要像对待老朋友一样，应特别热情地招呼接待。

留意宾客的特殊要求，如"用茶量的多少"等问题，一定要尊重宾客的意见，严格按宾客的要求去做。

当宾客对饮用什么茶或选用什么茶食拿不定主意时，应热情礼貌地推荐，使宾客感受到服务的周到。

与宾客交谈时，应站立并保持微笑，用友好的目光注视对方，思想集中、表情专注。无论宾客说话时的语气多么严厉或不近人情，都应耐心、友善、认真地听取，不能在表情和举止上流露出反感、蔑视之意，也不能当面提出否定意见，而应婉转地表达自己的看法。可以用关切的询问、征求的态度、提议的问话和有针对性的回答来促进与宾客的交流，从而提高服务质量。

茶艺人员在工作中应注意站立的姿势和位置，不要趴在茶台上或与其他服务人员聊天。在为宾客指示方向时，应掌心向上，面带微笑，眼睛看着目标方向，并兼顾宾客是否注意到目标，切忌用手指来指去，因为这样含有教训人的意思，是不礼貌的。

2）不同国家宾客的饮茶偏好及接待注意事项

英国人偏爱红茶，并且需要加牛奶、糖、柠檬片等；俄罗斯人也偏爱红茶，并且喜爱"甜"，他们在品茶时通常吃点心；摩洛哥人酷爱饮茶，加糖的绿茶是其社交活动中必备的饮料；多数美国人爱喝加糖和奶的红茶，也酷爱冰茶；土耳其人喜欢品饮加糖和柠檬片的红茶；巴基斯坦人饮茶带有英国色彩，普遍偏好牛奶红茶，巴基斯坦西北地区的人们也爱饮绿茶，并会在茶汤中加入糖。

在为日本和韩国宾客泡茶时，应注意泡茶的规范，因为他们不仅偏好饮茶，更注重茶道礼法，所以要让他们在严谨的沏泡技巧中感受到中国茶艺的风雅。

印度人和尼泊尔人习惯用双手合十礼致意，茶艺人员可采用此礼迎接宾客；另外，印度人拿食物、礼品或敬茶时用右手，不用左手，也不用双手，茶艺人员在提供服务时要特别注意。

3）国内不同民族宾客的接待服务要求

（1）汉族宾客的接待服务要求

汉族宾客大多推崇清饮，茶艺人员可根据宾客所点的茶品，采用不同的方法为宾客沏茶。采用玻璃杯、盖碗沏泡时，若宾客饮茶至杯、碗的1/3处，则需要为宾客添水。为宾客添水三次后，需要询问宾客是否换茶。

（2）藏族宾客的接待服务要求

藏族宾客喝茶遵循一定的礼节，喝第一杯时会留下一些，喝过三杯后，会把再次添满的茶汤一饮而尽，这表明宾客不再喝了，可停止斟茶。

（3）蒙古族宾客的接待服务要求

在为蒙古族宾客敬茶时，必须用双手，以示尊重；当宾客将手平伸，在杯口盖一下时，表明宾客不再喝茶了，可停止斟茶。

（4）傣族宾客的接待服务要求

在为傣族宾客斟茶时，应只斟浅浅的半小杯，以表示对宾客的敬重。

（5）维吾尔族宾客的接待服务要求

在为维吾尔族宾客服务时，应尽量当着宾客的面冲洗杯子，以示清洁；端茶时要用双手。

（6）壮族宾客的接待服务要求

在为壮族宾客服务时，要注意斟茶不能过满，否则会被视为不礼貌；奉茶时要用双手。

4）不同宗教信仰宾客的接待服务要求

在接待信奉佛教的宾客时应行合十礼，与信奉佛教的宾客交谈时不能问僧尼的俗家姓名，不能主动与僧尼握手；在接待信奉道教的宾客时，应双手相抱施拱手礼。

5.4.3 茶艺人员的礼仪

孔子曰："不学礼，无以立。"中国是礼仪之邦，礼仪是人立身处世的根本。茶艺礼仪是茶事活动的前提，学习茶艺必先学习茶艺礼仪。

茶艺礼仪是指茶艺人员在茶事活动中约定俗成的行为规范。

1）仪容

美好的仪容能够给人以健康自然、鲜明和谐、富有个性的深刻印象。容貌非自己所能选择，天生丽质是遗传之福，如果容貌平平，通过适当的修饰，不断提高个人的文化、艺术素养和思想、道德水准，也可以做到仪容美。茶艺人员切忌打扮得花枝招展，来自内心世界的美才是真正的美。男士长发不盖耳，不留胡须；女士长发要束起或盘起。

2）服饰

服装既从文化角度反映着一个民族的文化素养、精神面貌和物质文明发展程度，又从精神角度反映着茶艺人员的文化修养、审美意识，及对茶事活动的态度。茶艺人员的服饰要求是大方得体，与茶境相匹配。

3）仪态

仪态即人的姿态，茶艺人员要训练立、坐、走、蹲等基本姿态。

（1）立姿

①"V"形立姿。女茶艺人员站立时，要求双脚呈"V"形，两脚尖开度约50度，膝和脚跟靠紧；双手虎口相交叉，右手搭在左手上，如图5-15所示。男茶艺人员站立时，要求双脚稍分开，宽度窄于双肩；双手交叉，左手搭在右手上，置于小腹部，双手也可交叉放在背后，如图5-16所示。

②丁字步立姿。女茶艺人员站立时，要求双脚呈"丁"字形，左脚抵于右脚踝骨下方，两脚尖开度约90度，如图5-17所示。

图5-15 "V"形立姿（女）　　图5-16 "V"形立姿（男）　　图5-17 丁字步立姿

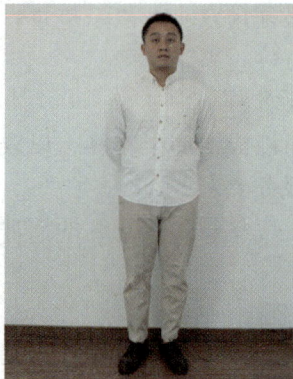

（2）坐姿

茶艺人员坐在椅子或凳子上时，应做到上身挺直，嘴巴微闭，双肩放松，面带微笑。

①标准式坐姿。茶艺人员入座时，走到座位前转身轻稳坐下，最好坐于椅子的一半或2/3处，女士穿裙子时要将裙子向前拢一下。小腿与地面基本垂直，两脚自然平落。女茶艺人员双脚双膝并拢，如图5-18所示；男茶艺人员两脚并拢，双膝之间可分开一些，如图5-19所示。

图 5-18　标准式坐姿（女）

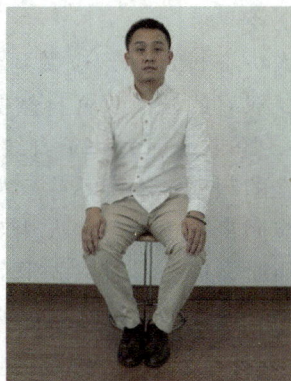

图 5-19　标准式坐姿（男）

②侧点式坐姿。侧点式坐姿分左侧点式坐姿和右侧点式坐姿。左侧点式坐姿要求双膝并拢，两小腿向左侧伸出，左脚掌内侧着地，右脚跟提起、脚掌着地，如图 5-20 所示。右侧点式坐姿方向相反。为了使小腿部看起来线条优美、略显修长，坐时可将膝盖到脚尖的距离尽量拉远。

③双腿叠放式坐姿。双腿叠放式坐姿适合穿短裙子的女士，要求双腿一上一下完全交叠在一起，交叠后的两腿之间没有任何缝隙，犹如一条直线；双腿斜放于左侧或右侧，斜放后的腿部与地面约为 45 度，如图 5-21 所示。

图 5-20　左侧点式坐姿

图 5-21　双腿叠放式坐姿

④跪式坐姿。跪式坐姿要求双膝跪于坐垫上，双脚背相搭着地，臀部坐在双脚上，腰挺直，双肩放松，双手五指并拢，重叠放在膝盖上。女茶艺人员采用此坐姿时，应将衣裙放在膝盖底下。

⑤盘腿坐姿。盘腿坐姿适合穿长衫的男士或表演宗教茶艺时使用，分为单盘和双盘两种。盘腿坐时，双手将衣服撩起徐徐坐下，衣服后面下端铺平。单盘即先把右脚（或左脚）置于左腿（或右腿）之上，再用双手将衣服前面下摆稍稍提起盖在双膝盖上（不可露膝），双手分搭于两膝之上。双盘即先把右脚（或左脚）置于左腿（或右腿）之上，再将左脚（或右脚）与右小腿（左小腿）交叉置于右腿（左腿）之上，最后用双手将衣服前面下摆稍稍提起盖在双膝盖上（不可露膝），双手分搭于两膝之上。

（3）走姿

茶艺人员在行走时，应做到上身正直平稳，目光平视，面带微笑，双肩放松，双臂自然摆动，手指自然弯曲，步幅约30厘米，跨步足迹为一条直线，如图5-22所示。行走时应保持一定的频率，不疾不徐。如果抵达客人面前时为侧身状况，则应回身，正面与客人相对，跨前两步进行各种茶道动作。返回时，应面对客人先退后两步，再侧身转弯，以示对客人的尊敬；转弯时，向右转则右脚先行，反之亦然。

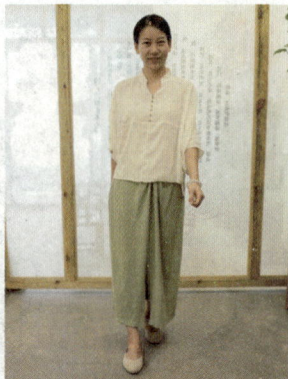

图5-22 走姿

（4）蹲姿

茶艺人员拿取低处的物品或拾起地上的东西时，需要采用蹲姿；否则，弯下身体翘起臀部，既不雅观，也不礼貌。蹲姿有交叉式蹲姿、高低式蹲姿和单跪式蹲姿三种。

①交叉式蹲姿。下蹲时，右脚在前，右小腿略倾斜于地面，右脚全脚着地；左腿在后与右腿交叉重叠，左膝由后面伸向右侧，左脚脚跟抬起，脚掌着地；两腿前后靠紧，合力支撑身体，臀部向下，上身稍向前倾，如图5-23所示。根据个人习惯，也可以采用左脚在前、右脚在后的交叉蹲姿。

②高低式蹲姿。下蹲时，右脚在前，左脚稍后，两脚不要重叠，两腿靠紧向下蹲；右脚全脚着地，小腿基本垂直于地面，左脚脚跟提起，脚掌着地；左膝低于右膝，左膝内侧靠于右小腿内侧，形成右膝高左膝低的姿态，臀部向下，基本上以左腿支撑身体稳定，如图5-24所示。根据个人习惯，也可以采用左脚在前、右脚在后的高低蹲姿。

图5-23 交叉蹲姿

图5-24 高低蹲姿

③单跪式蹲姿。男茶艺人员多采用单跪式蹲姿，右（或左）膝着地，右（或左）脚尖点地，其他姿态同跪坐。

4）礼节

茶艺活动中的礼节包括鞠躬礼、拱手礼、伸掌礼、叩指礼、奉茶礼、寓意礼六种。

（1）鞠躬礼

鞠躬礼是茶艺活动中常用的礼节，有站式、坐式和跪式三种。根据茶事对象和鞠躬幅度的不同，鞠躬礼还可分为真礼、行礼、草礼三种。真礼用于主客之间，鞠躬幅度为90度，如图5-25所示。行礼用于客人之间，鞠躬幅度为60度，如图5-26所示。草礼用于奉茶或说话前后，鞠躬幅度为30度，如图5-27所示。

  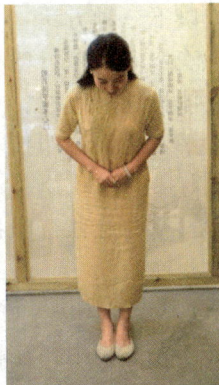

图5-25　真礼　　　　　　　　图5-26　行礼　　　　　　　　图5-27　草礼

①站式鞠躬。以站姿为预备，行真礼时，将两手分开贴着两大腿前慢慢下滑，直到手指尖碰到膝盖为止。鞠躬要与呼吸相配合，弯腰时吐气，身直时吸气，弯腰到位（切忌只垂头不弯腰或只弯腰不垂头），略作停顿，表明对对方的真诚敬意，然后渐渐直起上身，表明对对方源源不断的敬意。行礼的方法与真礼相似，但双手滑至大腿中部即可。行草礼时，身体向前稍作倾斜即可。

②坐式鞠躬。以坐姿为预备，行真礼时，将两手沿大腿前移至膝盖，腰部顺势前倾，稍作停顿，渐渐将上身直起，恢复坐姿。行礼的方法与真礼相似，但双手移至大腿中部即可。行草礼时，身体略向前倾，将两手搭在大腿根部即可。

③跪式鞠躬。以跪姿为预备，行真礼时，背、颈部保持平直，上半身向前倾，同时双手从膝盖处渐渐滑下，全手掌着地，两手指尖斜相对，身体倾至胸部与膝之间只留一个拳头的位置，身体前倾，稍作停顿后慢慢直起上身。行礼的方法与真礼相似，但双手仅前半掌着地（第二手指关节以上着地）即可。行草礼时，身体略向前倾，两手手指着地即可。

（2）拱手礼

拱手礼，又称作揖，是古时汉民族的相见礼。行礼时，身体立正，两臂如抱鼓伸出，双手互握合于胸前，不高于颚且不低于胸，自上而下，或由内而外，有节奏地晃动数下。

（3）伸掌礼

伸掌礼是茶事活动中用得最多的礼节。在主泡与助泡相互配合时，或者主人向客人敬奉各种物品时，都用此礼，表示"请"或"谢谢"之意。当两人相对时，可伸右手掌示意；若两人侧对，则右侧方伸右手掌示意，左侧方伸左手掌示意。标准的伸掌姿势为：四指并拢，虎口分开，手掌略向内凹，侧斜之掌伸于敬奉的物品旁，同时欠身点头，动作要一气呵成，如图5-28所示。

图5-28　伸掌礼

（4）叩指礼

在茶事活动中，以手代"首"，叩手即叩首，以此向斟茶者表示感谢、尊重。叩指礼有以下三种方法：

①晚辈向长辈行叩指礼：五指并拢成拳，拳心向下，五个手指同时敲击桌面，相当于五体投地跪拜礼，一般敲三下即可。

②平辈之间行叩指礼：食指和中指并拢，敲击桌面，相当于双手抱拳作揖，敲三下表示尊重。

③长辈向晚辈行叩指礼：食指或中指敲击桌面，相当于点头示意，敲三下表示特别欣赏此晚辈。

话茶事5-2

叩指礼的
由来

（5）奉茶礼

茶艺人员应用托盘将泡好的茶水端至客人面前，从客人的右方奉上，将茶杯放到合适位置后退后一步，躬身说"请用茶"，也可伸手示意，说"请"字。如果不使用托盘，则应双手将茶杯端至客人面前，注意手指不要触碰到杯沿。

奉茶时，要注意将茶杯正面对着客人。如果茶杯有柄，要将杯柄放到客人的右手边。

奉茶时，还要注意先后顺序，先长后幼、先客后主。

（6）寓意礼

在长期的茶事活动中，形成了很多带有寓意的礼节。

①茶壶放置：放置茶壶时，壶嘴不能正对着客人；否则，表示请客人离开。

②注水动作：右手按逆时针方向，或者左手按顺时针方向回旋注水，寓意招手"来！来！来"，表示欢迎客人；反之，则暗示挥手"去！去！去"。

③斟茶量：杯中茶汤倒入七分满为最佳，寓意"七分茶三分情"。茶倒七分满，客人喝茶时茶汤不会溅出、不烫手、不烫嘴，有利于客人完美愉快地品饮茶汤的滋味、香气。要及时为客人续茶，茶杯不可见底，寓意"茶水不尽，财源滚滚""慢慢饮，慢慢叙"。

④行茶动作：行茶时，壶底或杯底不要朝向客人。

悟茶道5-3

为什么茶倒
七分满

🍃 **学有所悟5-3**

茶倒七分满体现了中国文化"月满则亏，水满则溢"的道理，说明做人做事都要给自己和别人留有余地，强调的是中和之美、谦虚与和谐。

🍵 **课堂互动5-1**　　　　　　　　**茶艺礼仪展示**

茶艺礼仪是茶艺人员在茶事活动中的基本行为规范。同学们，让我们来比一比，看谁的礼仪最规范！

知识小结

中国古代文人雅士品茗时强调意境之美，注重对品茗环境的选择。品茗环境泛指人们在品尝香茗时所选择和营造的氛围及条件，包括自然景色、人工建筑和设施、茶具、饮茶对象、心情以及节令气候等因素。只有做到人、茶、水、器、境、艺俱美，六美荟萃、相得益彰，才能使茶艺达到尽善尽美的理想境界。

随着社会经济的发展和人民生活水平的提高，品茗作为一种传统的、高雅的休闲活动和艺术形式，已被大多数国人所喜爱，现代茶艺馆也发展成为重要的品茗、休憩、社交活动场所。要经营好、管理好现代品茗场所，必须合理选址，并结合中华文化元素进行布置和装饰，以营造古朴、高雅、幽静的品茗环境，同时茶艺人员应遵守职业道德规范，认真做好接待服务工作。

听我学5-1

知识小结

主要概念

品茗环境　人境　好的心境　物境　经营性品茗场所

知识巩固

5.1　选择题

1）在唐朝已出现将（　　）整合的娱乐活动。

A.挂画、插花、焚香、品茗　　　　　B.赋诗、作文、习字、品茗

C.练剑、击拳、擒拿、饮酒　　　　　D.作画、书法、抚琴、对弈

2）琴、棋、书、画是我国古代（　　）修身的四课内容。

A.儒家　　　　　B.道家　　　　　C.隐居者　　　　　D.文人

3）（　　）是最能反映月下美景的古典名曲。

A.《阳关三叠》　　　　　　　　　B.《潇湘水云》

C.《空山鸟语》　　　　　　　　　D.《彩云追月》

4）异国情调式是指品茗场所具有（　　）等异国风格。

A.中式　　　　　B.欧式　　　　　C.日式

D.韩式　　　　　E.老上海式

5）消费者和经营者发生权益争议时，可以通过（　　）等途径解决。

A.与经营者协商和解　　　　　B.要求经营者退赔货款

C.向人民法院提起诉讼　　　　　D.请旁观者调解

E.请求消费者协会调解

随堂测5-1

选择题

5.2　判断题

1）品茗赏花插的花称为"茶花"。　　　　　　　　　　　　　（　　）

2）明代以后，茶挂的内容主要有季节、时间、客人。　　　　（　　）

3）在日常生活中，书房不是家庭品茶的好场所。　　　　　　（　　）

4）在为宾客指示方向时，应掌心向上，面带微笑，眼睛看着目标方向，并兼顾宾客是否注意到目标。　　　　　　　　　　　　　　　　　　　　　　（　　）

5）茶艺师在接待僧尼时，应主动与其握手。　　　　　　　　（　　）

随堂测5-2

判断题

5.3　简答题

1）简述品茗环境中人境的主要内容。

2）高雅的茶艺馆和茶艺表演最宜选播的音乐有哪些？

3）品茗自然环境的选择有哪些？

4）茶馆的风格一般有哪几类？

5）简述茶艺人员的职业道德规范。

实践训练 ✅

1）利用周末或假期，选择一处自然环境或人文环境，进行一次品茗实践，体验相关古诗中的品茗意境。

2）参观本地一家知名的茶艺馆，分析该茶艺馆的选址、装饰和经营管理情况。

推荐阅读 👆

[1] 胡山源. 古今茶事 [M]. 北京：商务印书馆，2023.

[2] 吕才有. 茶馆设计与经营 [M]. 西安：世界图书出版西安有限公司，2014.

[3] 曾著强. 当代礼仪导论 [M]. 北京：中国经济出版社，2006.

学习评价 🐌

本章学习评价表见表5-1。

表5-1　　　　　　　　　学习评价表

学习内容	品茗环境		
	评价要点	学生自评（50%）	教师评价（50%）
知识掌握（30分）	了解品茗环境的概念和分类（10分）		
	熟悉自然品茗环境和人文品茗环境（10分）		
	掌握茶艺人员必备的职业道德规范和礼仪修养（10分）		
能力提升（30分）	能够自主设计品茗场所（15分）		
	能够为品茗场所的经营提供可行性对策（15分）		
素质养成（40分）	树立良好的职业道德，提高职业素养（20分）		
	树立法治观念，依法诚信经营（20分）		
综合评价成绩（100分）			
学生自评：			
			学生签字：
教师评语：			
			教师签字：

茶艺实践

第 6 章

学习目标

知识目标

· 了解茶叶冲泡的基本要素。
· 熟悉绿茶、红茶、青茶、黑茶的冲泡要点和考核要求。

能力目标

· 能够正确运用各种冲泡手法展示绿茶茶艺、乌龙茶茶艺、普洱茶茶艺。
· 能够创新设计新中式茶饮。
· 能够自主设计不同场景下的茶席。

素养目标

· 树立正确的劳动价值观，培养工匠精神。
· 弘扬中华优秀传统文化，坚定文化自信。

知识导图

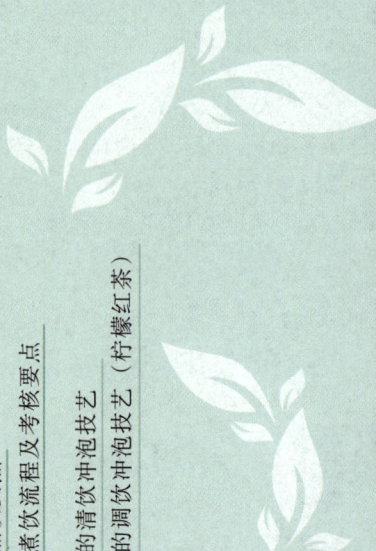

茶艺实践

茶艺技法
- 历史传承茶艺技法
- 茶艺技法五层茶饮
- 茶艺技法五要素
- 清饮与调饮技法

绿茶茶艺
- 绿茶冲泡准备
- 绿茶冲泡要点
- 绿茶冲泡流程及考核要点

黄茶茶艺
- 黄茶冲泡准备
- 黄茶冲泡要点
- 黄茶冲泡流程及考核要点

白茶茶艺
- 白茶煮饮准备
- 白茶煮饮要点
- 白茶煮饮流程及考核要点

红茶茶艺
- 红茶的清饮冲泡技艺
- 红茶的调饮冲泡技艺（柠檬红茶）

青茶茶艺
- 青茶冲泡准备
- 青茶冲泡要点
- 青茶冲泡流程及考核要点

黑茶茶艺
- 黑茶冲泡准备
- 黑茶冲泡要点
- 黑茶冲泡流程及考核要点

茶艺表演
- 绿茶茶艺表演
- 红茶茶艺表演
- 台湾乌龙茶茶艺表演
- 普洱茶茶艺表演

民俗茶艺
- 民族茶俗
- 民俗茶礼茶仪

茶席设计
- 茶席设计概述
- 茶席设计的基本构成要素
- 茶席设计的技巧

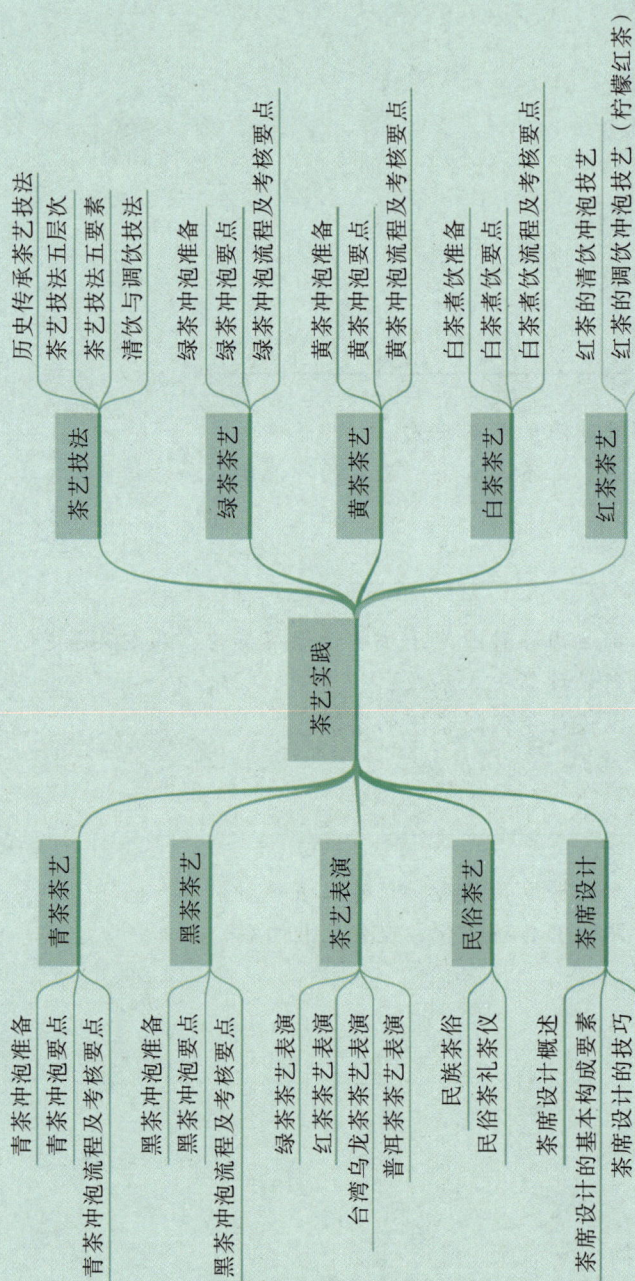

6.1 **茶艺技法**

6.1.1　历史传承茶艺技法

1）煮茶法

煮茶法是指将鲜茶或干茶直接放在釜中熟煮，待茶汤沸腾后，根据个人口味加入盐、姜、橘皮等调味品饮用茶汤的方法。其做法一般有两种：一是将茶鲜叶或干叶加水烹煮成羹汤加盐调味后饮用，这种方法脱胎于茶的食用之法；二是将茶鲜叶或干叶辅之以姜、桂、椒、橘皮、薄荷等调味品熬煮成汤汁而饮，这种方法脱胎于茶的药用之法。

（1）煮茶法的溯源

中国人饮茶是从鲜叶生吃咀嚼开始的。魏晋南北朝以及初唐时期，煮茶法是当时饮茶的主流方式，即直接采茶树生叶烹煮成羹汤而饮。晋朝文学家郭璞为《尔雅》作注，其中对"槚，苦荼（茶）"的注释为："树小如栀子，冬生，叶可煮作羹饮。"成书于三国魏明帝太和年间的百科词典《广雅》中记载："荆巴间，采叶作饼，叶老者饼成，以米膏出之。欲煮茗饮，先炙令赤色，捣末置瓷器中，以汤浇覆之，用葱、姜、橘子笔之。其饮醒酒，令人不眠。"中唐以后，随着制茶技术的提高和普及，人们用干茶辅以姜、桂、椒、橘皮、薄荷等熬煮成汤汁而饮，从而形成了茶的煮饮之法。唐宋以后各时期，在煎茶法、点茶法和泡茶法分别成为主流后，煮茶法仍在部分地区流行，如明代陈师的《茶考》中记载，苏吴一带人以佳茗入瓷壶煮饮。即便在今天，源于唐宋的紧压茶煮饮仍在藏族、蒙古族、回族、维吾尔族等少数民族中流行。

（2）煮茶法的操作

用料：煮茶法不限茶叶，无论是茶树鲜叶还是经过加工制作的各类茶叶，均可用来煮饮。团饼类茶叶应先加工成茶末，再进行煮饮。

用具：唐代以前，还没有专门的煮茶器具，茶器与食器往往混用，煮茶器具主要有锅、釜、鼎、碗、瓢等；唐代以来，随着饮茶之风的普及，煮茶的专用器皿随之出现，如釜、鍑、铛、铫、风炉、壶、罐、碗、盏、瓢、勺等。

煮茶方法：方法较为简单易行，可置茶入水，亦可加水入茶，水温可高可低，茶、水于容器内混合后置于火上熬煮，汤沸后即可盛出待饮；根据个人口味和习惯，可酌情添加盐、姜、椒、桂、橘皮等调味品后饮用。

2）煎茶法

煎茶法是对煮茶法的改良（尤其是对末茶煮饮方法的改良），二者具有传承关系。

煎茶法是指将烤炙、冷却后的饼茶碾罗成末，初沸调盐，二沸投末并加以环搅，三沸则止并分茶汤饮用的方法。

当水沸如鱼目般并微微有声时为一沸。当水沿着釜的边缘如涌泉连珠般冒出气泡时为二沸。当水面如波浪翻滚时为三沸。

煎茶法是陆羽在《茶经》中记录的饮茶方法，故又称陆羽式煎茶法。煎茶法是唐代饮茶的主流形式，也是中国茶艺最早的形式，曾流传于日本、韩国、朝鲜，在茶艺发展历史上产生过深远的影响。

（1）煎茶法的溯源

煎茶法具体可以追溯到西晋时期。西晋杜育在《荈赋》中有"惟兹初成，沫沈华浮，焕如积雪，晔若春敷"的描述，意思是说茶汤煎成之后，沫沉下，汤华浮上，明亮如冬天的积雪，鲜艳若春日的百花。《荈赋》中还有"水则岷方之注，挹彼清流"之说，意思是煎茶用的水是取自岷江中的清水。岷江是流经川西的主要河流，由此可见，煎茶的发明与蜀人有关。宋代苏辙在《和子瞻煎茶》一诗中说："煎茶旧法出西蜀，水声火候犹能谐。"这印证了煎茶法为蜀人创造，约始于西晋。

煎茶法在中唐时渐趋成熟，这一时期煎茶器具门类齐全、用途多样，煎茶用水讲究，煎茶方法也逐渐固定下来，遂成定制。唐诗中多有对"煎茶"的描述：刘禹锡在《西山兰若试茶歌》一诗中云："骤雨松声入鼎来，白云满碗花徘徊。"皎然在《对陆迅饮天目山茶，因寄元居士晟》一诗中云："文火香偏胜，寒泉味转嘉。投铛涌作沫，著碗聚生花。"白居易在《山泉煎茶有怀》一诗中云："坐酌泠泠水，看煎瑟瑟尘。无由持一碗，寄与爱茶人。"李商隐的《即目》一诗也饶有趣味："小鼎煎茶面曲池，白须道士竹间棋。何人书破蒲葵扇，记著南塘移树时。"

北宋时期，点茶之法盛行，煎茶渐渐失去风采，只在文人雅士中小范围存在。苏轼在《试院煎茶》一诗中云："君不见昔时李生好客手自煎，贵从活火发新泉。又不见今时潞公煎茶学西蜀，定州花瓷琢红玉。我今贫病长苦饥，分无玉碗捧蛾眉。且学公家作茗饮，砖炉石铫行相随。"李生即李约，唐代诗人，煎茶能手，潞公是北宋名臣文彦博，苏轼本人也学李约、文彦博，崇尚俭朴，用砖炉、石铫煎茶。苏辙在《和子瞻煎茶》一诗中也有"我今倦游思故乡，不学南方与北方。铜铛得火蚯蚓叫，匙脚旋转秋萤光"的诗句，苏辙也效家乡西蜀之法，用铜铛煎茶，既不学北方的煮茶法，又不学南方颇流行的点茶法。不过，苏轼、苏辙的煎茶只是偶尔为之，多数情况下他们用的是点茶法。南宋陆游在《效蜀人煎茶戏作长句》一诗中，亦提及陆羽式煎茶，但煎茶到南宋已是偶尔为之，陆游以后煎茶已成绝响。

总之，煎茶法萌芽于晋，盛于中晚唐，衰于五代，亡于南宋。煎茶法的衰亡之日，便是点茶法的隆盛之时。

（2）煎茶法的操作

用料：以饼茶、团茶或者散茶为原料，经炙、碾、筛等步骤加工成茶末，以备使用。

用具：为适应煎茶之需，陆羽发明了诸如茶碾、风炉、鍑、瓢、碗、水方、涤方等专用茶器，其中最典型的是风炉、鍑、碗，而越窑青瓷茶碗更是大受追捧。《茶经》中记载，煎茶器有二十四式，质地有金属、瓷、陶、竹、木等。

煎茶方法：

①烤茶。让茶饼受热均匀，在火上烤至其两面有蛤蟆背状凸起，散发茶香、手感

吟茶诗6-1

《和子瞻煎茶》

吟茶诗6-2

《西山兰若试茶歌》

吟茶诗6-3

《试院煎茶》

吟茶诗6-4

《效蜀人煎茶戏作长句》

柔软时为佳。

②包茶。将炙烤后的饼茶趁热用纸包好，以防香气散失。

③碾茶。待饼茶渐渐冷却后，将其碾磨成茶末。

④罗茶。将碾磨过的茶过罗筛，使之呈"细米状"，然后贮于盒内备用。

⑤煎茶。用特制的风炉和釜烧水至有鱼目状气泡涌出且微有声时，加入适量的盐调味；待水烧至二沸有气泡如涌泉连珠状时，舀出一瓢水并在釜边用茶夹边搅动边加入适量茶末；待水烧至三沸时，将先前舀出的那瓢水再次加入釜中，暂止沸腾，以育其华。这时可将茶汤舀至碗中，一升水分五碗，注意平均泡沫的数量，趁热饮用。

3）点茶法

点茶法是宋代饮茶的主流形式，也是中国古代茶艺的最高表现形式，曾传播到日本、韩国、朝鲜，对日本抹茶道和韩国茶礼影响颇大。

点茶法是指将茶叶碾成极细的茶末置于茶盏中，先注少量沸水调膏，继而一边冲入沸水一边用茶筅击拂形成可饮用的茶汤的方法。

将茶末用沸水冲调成浓稠状茶汤的过程称为调膏。在盏中将调好的茶膏边冲入沸水边用茶筅搅拌均匀的过程称为击拂。

（1）点茶法的溯源

点茶法源于煎茶法，是对煎茶法的改革。

点茶法的萌芽，可上溯到唐代中晚期，当时出现了一种简化的冲茶法，以沸水直接冲泡茶碗中的茶末，称为"泼茶"。唐德宗李适在一次偶然的机会，尝试了这种"泼茶"。某天，唐德宗微服出宫，行至长安延康坊西南隅右街（今西安市白庙村一带）的西明寺（唐代长安的主要寺院之一）时，忽然感到十分口渴，便道："茶请一碗。"适逢大臣宋济正坐在西明寺一个僧寮院落的小窗下抄写经书，他没想到是皇帝驾临，便头也不抬应声道："鼎火方煎，此有茶末，请自泼之。"僧人们平时喝茶是为了提神或解渴，没有太多时间烹茶品茶，便想出了这种简便的泼茶法。至此，唐德宗阴差阳错地享用了一碗水泼茶末，不想这却是一种超前的行为。到宋代，水泼茶末成为最正规的饮茶方式和整个社会的主流饮茶法，称为"点茶"。

五代宋初点茶大家陶谷在《荈茗录》中有"下汤运匕"之说，匕即茶匙。早期点茶，调膏、击拂均用茶匙。此外，从《荈茗录》中关于"并点四瓯，共一绝句""使汤纹水脉成物象者，禽兽虫鱼花草之属，纤巧如画"的记载可知，点茶的茶盏（瓯）一定较大，需要从大茶盏（瓯）分到小茶盏中饮用。最早具体描述点茶技艺的是北宋蔡襄的《茶录》。宋代释德洪在《空印以新茶见饷》一诗中曰："要看雪乳急停筅，旋碾玉尘深注汤。今日城中虽独试，明年林下定分尝。"这些都与《大观茶论》中的"匀其轻清浮合者饮之"相一致。

宋代点茶茶事在当时的绘画作品中也有具体反映。

《撵茶图》，南宋刘松年绘，绢本，台北"故宫博物院"藏。刘松年，自号清波，钱塘（今浙江杭州）人，宋代宫廷画家，擅长画山水、人物。其传世作品很多，仅涉及茶事内容的就有《斗茶图》《茗园赌市图》《博古图》《撵茶图》等多幅，对我们了

话茶事 6-1

刘松年绘画作品欣赏

吟茶诗 6-5

《空印以新茶见饷》

解宋代茶事有很高的学术参考价值。《撵茶图》以工笔白描的手法，细致描绘了宋代点茶的具体过程。画面可分为两个部分。画面左侧有两个人：一人跨坐于一方矮几上，正在转动石磨磨茶，神态专注，动作舒缓，显然是个好手；石磨旁横放一把茶帚，是用来扫除茶末的。另一个人伫立在茶案边，左手持茶盏，右手提汤瓶点茶；他左手边是煮水的风炉、釜，右手边是贮水瓮，桌上是茶筅、茶盏、茶托以及贮茶盒等用器。画面右侧有三个人：一个僧人伏案执笔，正在作书；一个羽客相对而坐，意在观览；一个儒士端坐其旁，似在欣赏。整个画面用笔生动，充分展示了宋代文人雅士茶会的风雅之情和高洁志趣，是宋代点茶场景的真实写照。同样的场景在《博古图》中也有体现，只是该画面以鉴赏古物为主，点茶场景只现一角。

彩绘壁画《茶道图》生动地再现了元代的饮茶习俗和饮茶场面。其中一幅壁画的内容为：长桌上有内置长匙的大碗、白瓷黑托茶盏、双耳瓶、绿釉小罐。桌前侧跪一女子，左手持棍拨动炭火，右手扶着炭火中的壶。桌后三人：右侧一女子，手托一茶盏；中间一男子，双手执壶，正向旁侧女子手中盏内注水；左侧女子一手端盏，一手执茶箸搅拌。

北宋中期，蔡襄的《茶录》对点茶器具、技法记录甚详，但只有"茶匙"而无"茶筅"。直到北宋末期，赵佶的《大观茶论》中始记载有"茶筅"，茶筅的发明更符合点茶、斗茶的需要，后来日本抹茶道中的茶筅即来源于中国宋代点茶法中所用的茶筅。

明朝初年，饮茶方法仍以点茶为主。朱权的《茶谱》中所记茶具为点茶茶器，技法为点茶技法，只是弃团茶而用叶茶，承袭了宋代在大茶瓯中点茶再分到小茶瓯中饮用的习惯。点茶法在明朝前、中期仍流行，直到明朝后期才被泡茶法所取代。

总之，点茶法萌芽于晚唐，始于五代，盛于两宋，衰于元，亡于明朝后期。

（2）点茶法的操作

用料：片茶、散茶、末茶不拘，但要加工成细密的茶粉。

用具：点茶法专用的茶具有风炉、汤瓶、茶碾、茶磨、茶匙、茶筅、茶盏等，点茶法尤其崇尚油滴天目盏、建州兔毫盏。

点茶方法：

①备茶。茶经炙、碾、磨、筛等工序加工成细密的茶粉待用。

②候汤。汤瓶置于风炉上取火候汤，点茶水温为初沸或二沸，过老或过嫩皆不好。

③烤盏。在注汤前用沸水或炭火给茶盏加热。

④置茶。用茶匙量取茶粉入茶盏。

⑤调膏。往盏中注汤少许，调成膏状。

⑥点茶。手持汤瓶，边注汤边用茶筅环搅，待盏面乳沫浮起即茶成。可直接在小茶盏中点茶，也可在大茶瓯中点茶，再用勺分到小茶盏中饮用。

4）泡茶法

泡茶法是中华茶艺的又一种典型形式，自明朝中期形成后流行至今。它不仅是明清以来的主导性饮茶方式，对日本煎茶道及其他亚非欧美国家的饮茶方式也有影响。

（1）泡茶法的溯源

泡茶法有两个来源：一是源于唐代"庵茶"的壶泡法；二是源于宋代点茶法的撮泡法。

庵茶法是指先将茶叶碾碎，再煎熬、烤干、舂捣，然后放在瓶子或细口器内，灌上沸水浸泡出庵茶茶汤以饮用的方法。"庵"字原指半卧半起的疾病，庵茶即夹生茶。在唐代，庵茶法不仅在民间流传，在宫廷中也很盛行。《唐人宫乐图》描绘了宫廷中用庵茶法冲饮的画面。由于使用瓶子和缶泡茶时斟茶很不便，因此改用有柄有流的壶来泡庵茶，从而形成了壶泡法。

在点茶法中，略去调膏、击拂环节，便形成了末茶的冲泡法。将末茶改为散茶，就形成了"撮泡"之法。

撮泡法是指将散茶或者捣碎的饼茶直接置入杯盏，然后根据不同的茶类冲入相应温度的水形成茶汤品饮的方法。撮泡法萌芽于南宋或元代，南宋画家刘松年的《茗园赌市图》、元代画家赵孟𬒎的《斗茶图》中都有左手持盏、右手拿汤瓶，直接在盏中注汤泡茶的人物形象。元代忽思慧所撰的《饮膳正要》中亦有关于撮泡法的记载。

明代田艺蘅所撰的《煮泉小品·宜茶》中记载："芽茶以火作者为次，生晒者为上，亦更近自然……生晒茶瀹之瓯中，则旗枪舒畅，清翠鲜明，尤为可爱。"这是关于散茶在瓯盏中冲泡的最早记录，时间为明朝中期。田艺蘅为钱塘（今浙江杭州）人，杯盏泡茶可能是浙江杭州一带人的发明，这种饮茶之法亦为钱塘人陈师的《茶考》所记载："杭俗烹茶，用细茗置茶瓯，以沸汤点之，名为撮泡。北客多晒之，予亦不满。"这种将细茗置茶瓯以沸水冲泡的方法又称撮泡，亦即撮茶入瓯而泡，是当时杭州人的习俗。

撮泡法在明朝使用无盖的盏、瓯；清代在宫廷和一些地方采用有盖和托的盖碗，便于保温、端接和品饮；如今人们多采用有柄有盖的茶杯泡茶，以便于端接，或采用敞口的玻璃杯来泡茶，透过杯子可观赏汤色、芽叶舒展的情形。采用撮泡法时，一人一杯茶，可直接在杯中续水，颇符合现代人的生活特点。

在当代，以壶泡法、撮泡法及工夫茶泡法为基础，加以变化，又产生了一些新的变式泡茶法。可以说，当代的泡茶法是百花齐放、不一而足。

（2）泡茶法的操作

用料：泡茶法不择茶叶，各种茶均可，只是紧压茶要捣碎后取用。

用具：泡茶的茶器主要有茶炉、茶铫（烧水壶）、茶壶、茶盏（茶杯、盖碗）等。泡茶法尤其崇尚景瓷宜陶，紫砂壶和盖碗杯是典型的泡茶茶具。

泡茶方法：备茶→备器→择水→取火→候汤→洁盏（杯）→投茶→冲注→品啜是撮泡法的具体步骤。备茶→备器→择水→取火→候汤→温壶→洗茶→投茶→冲注→分酾→品啜是壶泡法的具体步骤。

总而言之，中国历史上传承的饮茶法共两大类、四小类。两大类即煮茶法和泡茶法，四小类即煮茶法、煎茶法、点茶法和泡茶法。在煮茶法的基础上形成了煎茶法，煎茶法是特殊的煮茶法，从煮茶法演变成煎茶法是从一般到特殊；泡茶法是由点茶法演变而来的，点茶法是特殊的泡茶法，从点茶法到泡茶法的演化是从特殊到一般。煎茶法和点茶法形成于特定的历史时期，也曾广为流传、远播海外，但它们作为饮茶法的特殊形态，终归消亡，现今唯存煮茶法和泡茶法。

6.1.2　茶艺技法五层次

每一位初学茶艺的人都是从简单模仿他人的动作开始的，只知其然而不知其所以然；然后经过不断练习和思索，渐渐由形似到神似；最后进一步成熟，就有了自己的风格和创造，甚至成为一个流派。

1）茶艺的内涵是神韵

"神"是指茶艺的精神内涵，是茶艺的生命，是贯穿于整个沏泡过程的经脉。沏泡者的神态、思维活动和心理状态等，可以表现出不同的境界，这反映了沏泡者对茶道精神的领悟程度。能否成为一名茶道家，"神"是最重要的衡量标准。初学者不应只拘泥于沏泡动作到位与否，更应平时多读书、多揣摩，从各个方面努力提高自身的文化修养及领悟能力，这样才能在实践中逐渐体会到只可意会、不可言传的茶艺"神"之所在。

2）茶艺的核心是优美

进行茶的沏泡技艺展示，应该给人以美的享受，包括境美、水美、器美、茶美和艺美，此处重点谈谈艺美。茶的沏泡技艺之美表现为仪表美与心灵美。仪表是指茶艺师的容貌、举止等，心灵是指茶艺师的内心、精神、思想等。例如，取茶、置茶时不直接用手而使用茶则和茶匙，是茶艺师文明卫生的表现；冲泡时用"凤凰三点头"的手法，犹如茶艺师对客人鞠躬致意。在整个冲泡过程中，茶艺师应始终有条不紊地进行各种操作，双手配合，动作优雅自如，使主、客都全神贯注于茶的沏泡及品饮之中，忘却俗务缠身的烦恼，以茶修身养性、陶冶情操。

3）茶艺的追求是品质

品茶的目的是欣赏茶的质量，一人静思独饮、数人围坐共饮，乃至大型茶会，人们对茶的色、香、味、形的要求甚高，总是希望饮到一杯平时难得一品的好茶，茶艺师千万不可以为只要自己有青春容貌、华丽服饰、精巧茶具等优势就一定能够冲泡出好的茶汤来。

要泡好一杯茶，茶艺师应努力以茶配境、以茶配具、以茶配水、以茶配艺，要将冲泡理论融会贯通、合理运用。例如，绿茶的主要特点是其碧绿的色泽，有了"干茶绿、汤色绿、叶底绿"的名优绿茶，还要注意在贮存时控制多种条件，以保持其"三绿"的特点。沏泡时，能否使"三绿"完美显现，是茶艺的根本。一般说来，在冲泡前要请客人欣赏干茶样，干茶样较长时间暴露在空气中，会吸湿变潮，从而加速了自动氧化，有的干茶样还要经过鼻嗅、手摸等，导致茶的色、香、味、形都起了变化，因此这些小样在观看之后切勿再倒回茶样罐内，应单独放置以作他用。另外，冲泡时要注意水温的调整，绿茶宜用 80 ℃的开水冲泡，不加盖，以免高温烫熟叶底，使汤色、叶底泛黄。

4）茶艺的功力在于均匀

茶汤浓度均匀是沏泡技艺的功力所在。我国香港、台湾地区经常举行泡茶比赛，评分时除了仪容、动作之外，还要看同一种茶谁泡得恰到好处，即能使三道茶的汤色、香气、滋味最接近，这实质上就是比"匀"的功夫。

用同一种茶冲泡，要求每杯茶汤的浓度均匀一致，因此茶艺师必须凭肉眼就能准确控制茶与水的比例，这样才能使茶汤不会过浓或过淡。将一次冲泡改为两次冲泡就会有较好的效果。第一次：转动手腕，冲入容器1/4~1/3的水量，勿使茶叶漂浮在水面上，谓之浸润泡；第二次：当茶叶吸水舒展后（约20~60秒），用"凤凰三点头"的手法冲水入容器，使茶叶上下翻动，保证茶汤均匀。

若用壶泡茶，那么在分茶汤时要用巡回分茶法（美称"关公巡城"），并将最后几滴茶汤点入茶杯中，以调节各杯茶汤之间的浓度（美称"韩信点兵"），还可先将茶汤倒入茶盅，待其均匀后再分别注入杯中。在调节三道茶的"匀"度时，可利用茶中各种物质溶出速度及比例的差异，调整冲泡时间。

5）茶艺的根本是巧思

冲泡技艺能否巧妙运用，体现了茶艺师的水平。初学者往往不能真正领悟到沏泡精髓，无法因季节、制作工艺、品质特征等的不同来改变茶与水的比例，甚至调整水温和控制时间等。因此，茶艺师只有反复实践、不断总结，才能从单纯的模仿转为自我创新。例如，在冲泡庐山云雾茶时，要用沸水冲泡，这样可以迅速提香，增加茶汤的风味，改善茶汤的口感。在各种茶艺表演中，茶艺师要想具有随机应变、临场发挥的能力，必须从"巧"字上做文章。

6.1.3　茶艺技法五要素

1）投茶量

冲泡要素中最重要的就是投茶量，也就是茶艺师经常说的"茶水比"。在茶艺实践以及日常饮茶过程中，每位饮茶者的饮茶习惯、爱好以及要冲泡的茶类都有所不同，似乎很难做到统一标准，明确茶水比例。然而，茶艺师根据丰富的冲泡经验，确定了一个相对标准的投茶量。比如，冲泡绿茶时，1克茶叶搭配50毫升水。在日常生活中，品饮者可以根据个人喜好，相应增加或者减少标准的投茶量。具体原则如下：惯饮浓茶者，可以增加投茶量，反之则减少；若冲泡的茶叶质量优良，可酌情减少投茶量，反之则增加。

2）泡茶水温

泡茶水温是指冲泡茶叶时水的温度。这里需要特别强调的是，冲泡茶叶时水的温度并不是指冷水经加热烧至的温度，而是冷水加热至沸腾后经不同时间的冷却达到的温度。

在茶艺实践中，茶艺师发现冲泡时水温的高低对茶叶中可溶于水的浸出物的浸出速度影响很大。水温越高，茶叶中物质的浸出速度越快，反之则浸出速度越慢。在同样的冲泡时间内，物质浸出速度快，则茶汤的滋味浓，反之则淡。

在冲泡时，茶艺师应细心观察所要冲泡的茶叶，根据不同的茶叶选择不同的水温。一般来说，有如下几种常见情况：

第一种情况：低温泡茶，水温在80℃左右。

这种水温适合冲泡名优绿茶，如西湖龙井、碧螺春、信阳毛尖等。因为这类茶叶质细嫩，不耐较高的水温，高温会"烫熟"茶叶，破坏茶叶中的维生素C，并使茶汤色泽变黄，苦涩感增加，不仅会在视觉上破坏绿茶茶汤的美感，而且会大大影响茶汤的香气与滋味。若用80℃左右的水温冲泡，则汤色清澈、香气醇正、滋味鲜爽、叶底明亮。

第二种情况：中温泡茶，水温在90℃左右。

这种水温适合冲泡大宗绿茶、花茶、轻发酵乌龙茶及某些烘青类绿茶。在实践中，这些品种的茶叶对于冲泡的水温也有细微的差别，茶艺师应根据经验进行选择，这样才能冲泡出恰到好处的茶汤来。

第三种情况：高温泡茶，水温在95℃以上。

这种水温适合冲泡乌龙茶、普洱茶和沱茶等。因为这类茶叶质粗老，故冲泡时需要高水温，否则不利于茶性的发挥，俗称"泡不开"。少数民族同胞常饮的砖茶，因为外形紧结，所以在冲泡前需要撬开或敲碎，再置于壶中或锅中熬煮。

绿茶中比较特殊的是庐山云雾茶，只有用100℃的水冲泡，才能激发出"味浓性泼辣"的独特韵味。

3）冲泡时间

茶叶的冲泡时间与茶叶的种类、泡茶水温、置茶量和饮茶习惯等都有关系，不可一概而论。

一般而言，茶的滋味是随着冲泡时间的延长而逐渐变浓的。据测定，用沸水泡茶，首先浸出来的是咖啡因、维生素、氨基酸等，大约3分钟时，浸出物浓度最佳，这时茶汤有鲜爽甘醇之感，但缺少饮茶者需要的刺激味。以后，随着时间的增加，茶多酚等浸出物含量逐渐增加。因此，为了获取一杯鲜爽甘醇的茶汤，对大宗红、绿茶而言，头泡茶以冲泡后3分钟左右饮用为好。

总之，当用茶量较大、水温偏高，或水量过多、茶叶较细嫩时，冲泡时间可相对缩短；反之，当用茶量较小、水温偏低，或水量较少、茶叶较粗老时，冲泡时间可相对延长。

4）冲泡次数

一杯、一碗或一壶茶，究竟能够冲泡多少次？在茶艺实践中，这个问题的答案是不确定的，决定茶叶冲泡次数的主要因素是茶的类别。

一般而言，绿茶尤其是名优绿茶，因其叶质细嫩，故不耐冲泡，一般冲泡2～3次就要换茶；白茶、黄茶在加工制作过程中轻微发酵，一般也是冲泡2～3次；红茶相比于前三者更为耐泡；乌龙茶或大宗红、绿茶可连续冲泡5～6次，乌龙茶甚至有"七泡有余香"之说。

在生活中，有些人习惯于泡一杯茶喝上一整天，事实上，这个方法会给饮用者的健康带来很大隐患。因为茶叶经过多次冲泡，不仅口感寡淡、风味丧失，茶叶中的有害物质很可能也会浸泡出来，故不宜再饮用，以免对人体造成危害。

5）冲泡方法

常用的冲泡方法有单边定点法、环绕法、中间定点法、螺旋法四种。

（1）单边定点法

单边定点法是指冲水时，壶嘴低就，只向茶壶（茶杯、盖碗）边缘一个固定的点缓缓注水。这种注水方式适合需要出汤很快的茶或碎茶。

（2）环绕法

环绕法是指环绕着茶壶（茶杯、盖碗）的边缘一圈，回旋冲水。注水时要注意根据注水速度配合旋转速度，若水柱细就慢旋，若水柱粗就快旋。这样的注水方式适合嫩度比较高的绿茶。

（3）中间定点法

中间定点法是指冲水时，壶嘴低就，只向茶壶（茶杯、盖碗）中间的一个点缓缓注水。单边定点法是定点边缘，中间定点法则是定点中间。

（4）螺旋法

螺旋法是指从容器的中间开始注水，然后环绕着茶壶（茶杯、盖碗）的边缘回旋冲水，最后回到中间位置。

一般来说，茶叶在刚开始冲泡时适宜采用单边定点法，冲泡多次之后，茶汤滋味变淡，可以改用螺旋法或中间定点法，这样更有利于激发茶味。

在洗茶时，一些比较蓬松的茶叶会漂起来，采用单边定点法可能无法完全淋湿干茶，这时可以采用环绕法或螺旋法。

上述四种冲泡方法没有高下之分，在日常实践中选择自己偏好的方法即可。

6.1.4 清饮与调饮技法

1）清饮技法

（1）撮泡清饮法

撮泡清饮法是指用开水冲泡茶叶，饮汤留渣的品饮方法。茶汤中不加调味品、不配食品，这种饮法在我国汉族人中使用最为普遍。具体方法通常有四种：一是"杯泡口饮"。取茶叶入茶杯用开水冲泡，候温持杯口饮。此法适合欣赏茶叶的色、香、味、形，也适合为宾客单泡，以示敬重。二是"壶泡杯饮"。泡一大壶茶，然后分别倒入茶杯供客人饮用，此法比较省茶、省事。三是"冲泡茶卤"。茶壶中放入较多茶叶，泡成浓茶汁卤，饮时持杯倒取一些茶卤，再兑入开水稀释饮之。喜浓喜淡，兑水或少或多，因人而异，各择其宜。四是"泡饮工夫茶"。使用特制的小壶小杯，茶壶中放入较多的乌龙茶，用开水闷泡，出汁后分酌入小茶杯，茶汤很浓，供饮者小口品啜。此法多为闽、粤、台地区的人们所使用。

（2）汤渣同饮法

汤渣同饮法即点茶品饮方法，是指将细嫩的茶叶碾磨成细茶粉备用，饮时用匙取定量茶粉入茶碗，用80 ℃的开水冲泡，用茶筅在碗内搅转调匀茶汤，最后将茶汤与茶粉一起喝下的方法。这是宋代的饮茶法，目前只有日本的"抹茶道"采用，并且具有固定的茶道仪式。

（3）烤茶泡饮法

烤茶泡饮法是指将一定量的普洱散茶（晒青）放入有柄的粗陶罐中，置炭火上翻转、炙烤，当罐中茶叶透出浓浓茶香（不可烤煳）时，趁热冲入开水形成茶汤品饮的方法。烤茶泡饮法能去湿气，云南一些少数民族习惯采用这种饮茶方法。

（4）罐装茶水冷饮法

罐装茶水冷饮法有两种：一种是工厂化生产标准商品茶水饮用的方法，开盖即饮，方便解渴。另一种是冷水浸泡法，是指取干茶叶入矿泉水瓶，待茶汁溶出后饮用的方法。罐装茶水冷饮法是外出旅游时使用的简便饮法。

2）调饮技法

西方有调饮酒，东方有调饮茶。调饮茶是以茶叶为主体，加入其他植物、糖、奶等配料调制而成的饮品。新式调饮茶在外观设计上年轻化、时尚化，在食品搭配上健康化、养生化，已经成为当下时尚的调茶饮品。《调饮师国家职业标准（2023年版）》中指出：调饮师是在饮品店、餐厅等服务场所，以茶、果品、蔬菜、乳制品等食材为原料，设计、调配、制作口味多元化调制饮品并进行销售及调制展示的人员。

悟茶道6-1

调饮师：
调出人生
好滋味

学有所悟6-1

新职业的出现，得益于新产业的发展。调饮师之所以获得社会能见度，背后的深层动力是新茶饮的蓬勃发展。调饮师持证上岗，职业素养提高，新茶饮行业势必会更加规范化、标准化，从而有利于形成健康、向上的行业风气，大众对于新茶饮也会更加放心。

调饮技法是指在茶汤中加入调味品和配食品，烹制调和成茶汤饮用的方法。调味品可将茶汤调成甜味或咸味、酸味、酒味、香味、辣味等；茶汤中可加配的食品有奶类、酥油、果酱、蜂蜜、柠檬、豆浆、姜、花椒、薄荷、苦艾、豆蔻、鲜花、时令鲜果、盐等，还可以加入滋补品。在国内外多种调饮法中，具有代表性的有以下几种：

（1）薄荷糖茶调饮法

薄荷糖茶调饮法是指先将壶中的水煮开，然后取茶叶入壶，稍煮即将茶水倒去，再加水、白糖和新鲜薄荷嫩枝叶（茶叶市场有售或自种备用）并煮开，5~10分钟后，将煮好的茶汤倒入杯中品饮的方法。饮后再补添茶叶、白糖，加水煮第二次。如法煮饮，一壶可连续煮饮三次。薄荷糖茶调饮法主要流行于西北欧各国，以摩洛哥最为典型。

（2）奶茶咸味调饮法

奶茶咸味调饮法是指煮茶时将砖茶（青砖茶、茯砖茶、红砖茶等）砍下一块入小臼内捣碎，装入白布袋内入锅熬煮，提袋即除渣，然后在茶汤中掺入适量牛奶或马、驼、羊奶，放入适量食盐煮沸，最后将奶茶舀入大茶壶并分倒入茶碗中以供饮用的方法。我国西北边疆以畜牧业为主的少数民族及蒙古国、中亚等牧业国家的人们习饮咸奶茶。在牧区，人们多食牛羊肉，食用蔬菜较少，饮茶可弥补维生素摄入量的不足，有助于消化，并有"宁可三日无粮，不可一日无茶"之说。

（3）泡沫奶茶调饮法

泡沫奶茶调饮法是指先在玻璃杯中注入较浓的红茶，然后将牛奶倒入小瓶子中，上下晃动出均匀的奶泡，最后缓慢注入红茶杯中，待奶泡布满杯面后品饮的方法。运用此方法，调饮师可以在奶茶表面拉出桃心、树叶或其他美观的形状，以增加调饮乐趣。

🍵 问茶寮6-1　　　　　　　调饮奶茶时，是先倒茶，还是先倒奶？

调饮奶茶时是先倒茶，还是先倒奶？这是一个争论不休的经典话题。

针对这个问题，调饮者产生了两个极有趣的派系：赞成先倒奶者，称为 MIF（milk in first）；赞成先倒茶者，称为 MIA（milk in after）。双方都有自己的立场与观点，壁垒分明，互不相让。

《红茶经》的作者叶怡兰女士具有多年的调饮经验，她更倾向于MIF，且认为应该先放糖，然后倒温牛奶，最后冲入滚热的红茶。她觉得先倒牛奶，高温的红茶能够激发出茶香与奶香，红茶的涩味似乎也在牛奶的温和包裹下变得柔和。

叶怡兰女士还在分子厨艺学代表人物埃尔韦·蒂斯教授的著作《锅里的秘密》中找到了MIF的理论依据。根据埃尔韦·蒂斯教授的研究，奶茶之所以美味，是因为牛奶中含有可抵消红茶苦涩味道的蛋白质。若将牛奶加入滚烫的红茶里，蛋白质会因过热而变性失效；反之，若将热茶注入牛奶中，牛奶受热温度较低，蛋白质仍能起到有效的作用，奶茶自然比较好喝。

资料来源　叶怡兰.红茶经［M］.北京：中信出版社，2018.

（4）酥油茶调饮法

酥油茶调饮法是指将普洱砖茶、茯砖茶、康砖、金尖茶等敲取一块入锅熬煮、滤渣，将茶汤倒入专用的酥油茶筒内，兑入适量酥油（牛、羊奶中提炼的脂肪）、食盐，用专用的长木棒在筒内上下抽打，调匀装入大茶壶，分酌入茶碗内供饮用和佐食三餐的方法。从古至今，藏族同胞每日必饮酥油茶，以适应高原生活。

（5）芝麻豆子饮茶法

芝麻豆子饮茶法是指将茶叶与炒熟的芝麻、黄豆和菊花、生姜、食盐等一同泡饮的方法。我国江西、湖南洞庭湖区一带有此习俗，逢年过节，客来串门，人们会泡芝麻豆子茶待客。宋代诗人黄庭坚在《奉谢刘景文送团茶》一诗中便有"鸡苏胡麻煮同吃"之说。

吟茶诗6-6

《奉谢刘景文送团茶》

（6）三炮台饮茶法

三炮台饮茶法是指取茶叶入盖碗，加入桂圆肉、枸杞、红枣、冰糖等滋补品，用开水冲泡，稍闷出汁后饮用的方法。三炮台茶是我国宁夏回族自治区民间珍贵的休闲饮品。

（7）擂茶调饮法

擂茶调饮法是指将茶叶和白米、姜末、芝麻、花生等放入专用擂钵，用木棍碾成粉状，入锅稍炒，加水煮沸，加盐调味饮用的方法。擂茶相传是由三国时期的"三生饮"流传而来的。宋代吴自牧在《梦粱录》中记载了当时的茶食店便有卖"七宝擂茶"的。

（8）打油茶调饮法

打油茶调饮法是指在锅内放入茶籽油，将茶叶、芝麻、花生、生姜、肉末等用旺火炒熟，加盐、葱花调味，最后用沸水冲泡饮用的方法。它是我国广西、贵州、湖南等地少数民族的传统饮茶方法。

（9）冰茶调饮法

冰茶调饮法是指取速溶茶粉入玻璃杯，加入凉开水，再加入糖、柠檬和人造冰块，调和冷饮的方法。这种饮法通常为美国人、加拿大人所采用。

（10）泡沫红茶调饮法

泡沫红茶调饮法是指将红茶泡成茶汤，倒入不锈钢调酒器，加入冰块和少许蜂蜜，盖好调酒器盖，手持调酒器快速摇晃约5分钟，使茶汤产生如啤酒沫状的泡沫，最后倒入玻璃杯内供饮用的方法。

（11）药茶调饮法

药茶调饮法是指将茶与一味或几味中药进行调饮的方法。

陈皮红茶：陈皮具有理气开胃、健脾化痰等功效，红茶可以养胃驱寒，两者混合调饮，理气降逆、调中开胃的功效会加倍。

菊花红茶：菊花具有清肝泻火、解毒明目的功效，红茶中所含的咖啡碱能够控制体温调节中枢，达到清热生津的作用，两者混合调饮更有益于身体健康。

罗汉果绿茶：罗汉果具有清热解毒、润肺止咳的功效，绿茶中含有丰富的茶多酚和抗氧化物质，有助于提神醒脑、降低血压和胆固醇。两者混合调饮，具有清热润肺、止咳化痰、润肠通便等功效。

6.2　绿茶茶艺

1）绿茶冲泡准备（如图6-1所示）

托盘1个、电陶炉1个、煮水壶1个、水盂1个、玻璃杯3个、茶叶罐1个、茶艺用品组1套、奉茶盘1个、竹茶荷1个、浅色茶巾1块。

2）绿茶冲泡要点

投茶量：3~5克（1∶50）。

水温：80~90℃。

浸泡时间：30~50秒。

3）绿茶冲泡流程及考核要点

（1）布具（如图6-2所示）

将电陶炉、煮水壶、水盂放在茶桌右侧，玻璃杯呈一字形或品字形摆放，将茶艺用品组放在茶桌左上角，将茶叶罐放至茶桌左下角，将茶荷端至身前桌面左侧，将茶巾放在身前桌面右侧，从左到右进行翻杯。

（2）温杯（如图6-3、图6-4所示）

从左侧开始，依次倒入1/4杯开水，右手捏住杯身，左手托杯底，轻轻旋转清洗杯身，然后将水倒入水盂。

图6-1 绿茶冲泡准备

图6-2 绿茶布具

图6-3 绿茶温杯1

图6-4 绿茶温杯2

（3）赏茶（如图6-5所示）

开启茶叶罐，慢慢旋转倾倒出适量茶叶置于茶荷，将茶荷呈于客人面前，供客人观赏品鉴干茶之外形、色泽、香气。

（4）置茶（如图6-6所示）

用茶匙将干茶拨入玻璃杯中准备冲泡，茶水比约为1∶50。

图6-5 绿茶赏茶

图6-6 绿茶置茶

（5）润茶（如图6-7所示）

向杯中注入适量沸水，置水量为茶杯容量的1/4或1/5。放下水壶，取杯按逆时针方向转动数圈，目的在于使茶叶浸润、缓缓舒张，便于内含物质浸出，时间以透出茶香为准。

（6）冲泡（如图6-8所示）

采用"凤凰三点头"的手法冲水入杯，杯中茶叶上下翻滚，使茶汤浓度一致。冲水量为茶杯容量的七分满，意为"七分茶，三分情"，向客人致意。

图6-7 绿茶润茶

图6-8 绿茶冲泡

（7）奉茶（如图6-9所示）

用双手捧杯至宾客面前，行奉茶礼，请宾客品饮香茗。

（8）品茶

引领宾客观杯中汤色、闻杯中香气、品杯中滋味，领略绿茶茶汤层次丰富的美感。

（9）收具

冲泡完毕，将茶具收回托盘，并进行清洗、消毒，摆放整齐，以备下次冲泡时使用。

图6-9 绿茶奉茶

问茶寮6-2　　　　　庐山云雾茶的"一泡六味"

"一泡六味"是指在长期的茶艺实践中，庐山茶人总结出了珍贵的冲泡庐山云雾茶的经验：相同分量的庐山云雾茶在不同水温、不同手法、不同冲泡时间等因素的作用下，冲泡出的茶汤层次鲜明、香气多变、口感各异，具有独特的韵味，令品茗者啧啧称奇。原中国美术出版社副编审、《连环画报》主编于秀溪先生赋诗：

一泡六味茶

——戊子夏日匡庐记事

庐山名茶源于云雾，谷帘招隐源自陆羽，名泉名茶妙在一泡，一茶六味堪称一绝，庐山一泡当以咏之。

庐山云雾茶，隐隐藏玄机。云聚凝茶魂，雾罩茶会意。

香茗如佳人，茶童解秘籍。一泡六味茶，着实悟真谛。

一味清如许，天然含稚气。微风拂嫩柳，雏燕衔春泥。

二味如豆蔻，含羞枝头倚。小荷尖尖角，晨兴玉露滴。

三味入佳境，风动春潮急。芳菲桃花渡，依依怅别离。

四味如青莲，忽遇骤雨袭。孤芳不自赏，远香溢池堤。

五味秋风爽，浪高有冲力。高处难胜寒，冷艳如临敌。

六味寒霜降，星光点点稀。回甘有轮回，九九八十一。

回味一十八，心海荡涟漪。云遮五老峰，雾涌谷帘底。

茶泉总相宜，平淡即真趣。陆羽倘在世，亦喜添新喜。

天下爱茶人，一泡堪称奇。世上茶千种，贵在云雾里。

茶缘与人缘，天地人合一。

庐山云雾茶产于高海拔之云雾高山，具有芽头肥大、青翠多毫、兰香幽馥、外形紧结、条索粗壮等特点，十泡仍有余香，传统的玻璃杯冲泡法不能彰显其美、其香。故庐山茶人采用容量250~300毫升的大型盖碗作为冲泡器皿，用100℃的水冲泡，以激发庐山云雾茶的品质和内涵，从而冲泡出了香气浓郁、甘美醇厚、回味悠长的"庐韵"滋味。同时，使用盖碗可自由控制茶汤浓淡，不仅提香迅速，而且留香持久。这种冲泡方法也有利于辨别庐山云雾茶的真假。

6.3　黄茶茶艺

黄茶冲泡采用与绿茶相似的方法，可以用玻璃杯冲泡，也可以用盖碗或壶冲泡。君山银针是黄茶中的优良品种，其叶质细嫩、形态独特、外形美观，冲泡时要尽量展示茶叶在水中的姿态，因而适宜用玻璃杯进行冲泡，以呈现完美的视觉效果。下面我们以君山银针为例介绍黄茶的冲泡技艺。

赏茶艺6-4

黄茶

1）黄茶冲泡准备

酒精炉组1套、茶艺用品组1套、无花透明玻璃杯3个、茶叶罐1个、茶荷1个、茶巾1块、水盂1个、奉茶盘1个、莲花香炉1个。

2）黄茶冲泡要点

投茶量：3~5克（1：50）。

水温：90℃。

浸泡时间：30~50秒。

3）黄茶冲泡流程及考核要点

（1）布具

将茶艺用品组放在茶桌右上角，将酒精炉和玻璃水壶放在茶桌右下角，将茶叶罐放在茶桌左上角，将水盂放在茶桌左中部，将茶荷端放至茶桌左下角，玻璃杯呈一字形或品字形摆放，将茶巾放在身前桌面左侧，从左到右进行翻杯。

（2）赏茶（如图6-10所示）

开启茶叶罐，慢慢旋转倾倒出适量茶叶置于茶荷中，将茶荷呈于客人面前，看茶如观景，鉴茶如赏玉。优质的君山银针芽头壮实，芽身黄似金，茸毫白如玉。

（3）温杯（如图6-11所示）

依次倒入1/4杯开水，从左侧开始，右手捏住杯身，左手托杯底，轻轻旋转清洗杯身，然后将水倒入水盂。

图6-10 黄茶赏茶

图6-11 黄茶温杯

（4）注水（如图6-12所示）

向玻璃杯中注入约1/4杯开水。

（5）投茶（如图6-13所示）

将君山银针投入玻璃杯中，金黄闪亮的茶芽徐徐降落杯底，形成一道美丽的景观，恰似洞庭湖中君山小岛的72座山峰，也寓意各位宾客家庭幸福、生活甜美、金玉满堂。

图6-12 黄茶注水

图6-13 黄茶投茶

（6）冲泡（如图6-14所示）

采用"凤凰三点头"的方法将水冲至七分满。玻璃杯上方热气袅袅、经久不散，杯中沸水翻腾，恰似洞庭湖水"气蒸云梦泽，波撼岳阳城"。

（7）奉茶（如图6-15所示）

用双手将冲泡好君山银针的玻璃杯敬奉至宾客面前。

图6-14 黄茶冲泡

图6-15 黄茶奉茶

（8）赏茶舞（如图6-16所示）

君山银针冲泡后，呈现八景奇观，因逐时变幻，需耐心等待，静心欣赏。杯中的热气形成一团雾气，好像君山岛上常年缭绕的云雾。

（9）品茶

玉液凝香，品君山银针，嗅闻茶汤香气。

（10）收具

尽杯谢茶。

图6-16 黄茶赏茶舞

6.4 白茶茶艺

白茶的冲泡方法也与绿茶相似，因其未经揉捻，冲泡后茶汁不容易浸出，所以冲泡时间要比绿茶稍微久一点。老白茶煮饮有药用功效，需要配姜、盐等调料，下面介绍老白茶的煮饮技艺。

1）白茶煮饮准备

煮水壶1个、电陶炉1套、公道杯1个、水盂1个、茶荷1个、茶夹1个、茶匙1个、奉茶盘1个、品茗杯5个、杯托5个、老姜或胡椒若干、矿盐若干。

2）白茶煮饮要点

投茶量：10～15克。

水温：95 ℃。

煮饮时间：煮沸后第一泡为3分钟，以后每泡加5分钟。

3）白茶煮饮流程及考核要点

（1）布具

通常来说，将煮水壶、电陶炉、水盂放至茶桌右侧，将公道杯置于茶桌中间下侧，将老姜及矿盐放在茶桌左上角，将茶荷放在茶桌左下角，将茶杯及杯托放在茶桌中间上侧，从左到右进行翻杯。

（2）温具（如图6-17至图6-19所示）

将开水倒入公道杯和煮茶壶1/4处，左手持茶巾托住壶底，右手按住壶盖，轻轻旋转湿润壶身，然后将水倒入水盂。

将公道杯中的热水逐一注入品茗杯1/4处，其余热水弃至水盂，再将品茗杯中的水弃入水盂。

（3）赏茶

将茶荷呈于客人面前，欣赏将要煮饮的老白茶。

（4）投茶（如图6-20所示）

将老白茶投入煮茶壶中。

赏茶艺6-5

白茶（1）

赏茶艺6-6

白茶（2）

图6-17 白茶温具1

图6-18 白茶温具2

图6-19 白茶温具3

图6-20 白茶投茶

（5）温润泡

将开水注入煮茶壶并没过茶叶，茶叶温润后迅速将温润泡水弃至水盂。

（6）加料（如图6-21所示）

将适量老姜、矿盐加入老白茶中，继续进行熬煮。

（7）煮茶（如图6-22所示）

采用高冲水的方法将水冲至七分满，熬煮老白茶。

图6-21 白茶加料

图6-22 白茶煮茶

（8）分茶（如图6-23、图6-24所示）

将煮好的老白茶倒入公道杯，然后分入品茗杯中。

（9）奉茶（如图6-25所示）

双手持杯托，将品茗杯和杯托一起置于奉菜盘上，有礼貌地奉茶给宾客。

图 6-23 白茶分茶 1

图 6-24 白茶分茶 2

图 6-25 白茶奉茶

（10）品茶

经过煮饮的老白茶饮后微微有汗，一股暖意从脾间升起。

（11）收具

冲泡完毕，将所用茶具放回原位，并进行清洗、消毒，摆放整齐，以备下次冲泡时使用。

6.5 红茶茶艺

红茶的冲泡有清饮冲泡与调饮冲泡两种。下面分别介绍红茶的清饮冲泡和调饮冲泡技艺。

6.5.1 红茶的清饮冲泡技艺

1）红茶清饮冲泡准备

托盘 1 个、煮水壶 1 个、白瓷水盂 1 个、茶艺用品组 1 套、白瓷盖碗 1 个、玻璃滤网 1 个、玻璃公道杯 1 个、白瓷品茗杯 5 个、白瓷杯托 5 个、茶叶罐 1 个、茶荷 1 个、深色茶巾 1 块、奉茶盘 1 个。

2）红茶清饮冲泡要点

投茶量：条红茶 1 : 50（或 60）。

水温：90 ℃（细嫩红茶）。

赏茶艺 6-7

红茶（1）

赏茶艺 6-8

红茶（2）

浸泡时间：30～60秒。

3）红茶清饮冲泡流程及考核要点

（1）布具（如图6-26所示）

将开水壶及水盂端放至茶桌右侧，将茶叶
罐、茶荷放在茶桌左侧，将盖碗、滤网、公道
杯放在茶桌中间下侧，将茶杯及杯托放在茶桌
中间上侧，将茶巾、茶则放在身前桌面上。从
左至右逐一将反扣的品茗杯翻转过来。

（2）温具（如图6-27、图6-28、图6-29
所示）

图6-26　红茶布具

向盖碗中注入1/5杯热水，左手托碗底，
右手食指压住盖钮，大拇指和其余三指握住碗身按逆时针方向转动盖碗一次进行温
碗。温碗后，将水倒入公道杯，再将公道杯中的热水按从左至右的顺序注入品茗杯。
最后将品茗杯中的水弃入水盂。

图6-27　红茶温具1

图6-28　红茶温具2

（3）赏茶（如图6-30所示）

开启茶叶罐，慢慢旋转倾倒出适量茶叶置于茶荷，将茶荷呈于客人面前，供客人
观赏品鉴干茶之外形、色泽、香气。

图6-29　红茶温具3

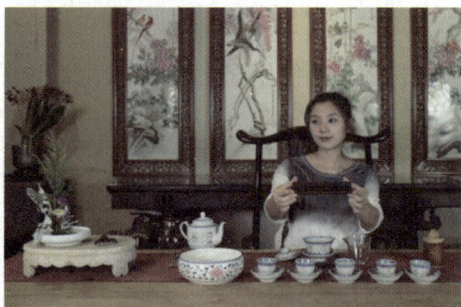

图6-30　红茶赏茶

（4）置茶（如图6-31所示）

用茶匙将干茶拨入盖碗中准备冲泡。

（5）温润泡

将90℃左右的开水注入盖碗，使之没过茶叶，待茶叶温润后迅速将温润泡水弃

至水盂，避免长时间温润影响茶汤的质量。

（6）冲泡（如图6-32所示）

将90 ℃左右的开水以高冲法注入盖碗，浸泡时间约1分钟。

图6-31 红茶置茶

图6-32 红茶冲泡

（7）分茶（如图6-33所示）

将冲泡好的茶汤分至各品茗杯中，每杯斟至七分满。

（8）奉茶（如图6-34所示）

双手持杯托，将品茗杯和杯托一起置于奉茶盘上，有礼貌地奉茶给宾客。

图6-33 红茶分茶

图6-34 红茶奉茶

（9）品茶

端杯开饮前，要先闻其香，再观其色，最后品尝滋味。清新扑面的香气，红艳油润的汤色，浓郁鲜爽的滋味，让人赏心悦目。

（10）收具

冲泡完毕，将所用茶具放回原位并进行清洗、消毒，摆放整齐，以备下次冲泡时使用。

6.5.2 红茶的调饮冲泡技艺（柠檬红茶）

1）柠檬红茶冲泡准备

茶叶罐1个、茶匙1个、茶巾盘1个、开水壶1个、赏茶盘1个；左侧大茶盘中放置柄杯、杯托、匙各4个，糖缸（带夹）1套，柠檬切片盘（带夹）1套；右侧中茶盘中放置滤茶壶1个。

2）柠檬红茶冲泡要点

投茶量：红碎茶1∶70（或80）。

水温：95 ℃（粗老红茶）。

浸泡时间：2分钟。

3）柠檬红茶冲泡流程及考核要点

（1）赏茶

开启茶叶罐，慢慢旋转倾倒出适量茶叶置于茶荷上，将茶荷呈于客人面前，供客人观赏品鉴干茶之外形、色泽、香气。

（2）置茶

捧起茶叶罐，用茶匙将红碎茶拨入滤胆中。

（3）冲泡

右手提开水壶，左手用茶巾托住壶底，用巡回手法冲入95 ℃左右的开水，冲水后静置约2分钟。右手提起滤茶壶，左手持茶巾托住壶底，轻轻旋转壶身，使茶中内含物质加速溶于开水中。

（4）分茶

将左侧大茶盘端放到胸前桌上，右手拇指和食指握茶杯柄，左手搭在杯柄对侧，这时双手都是手背朝上，同时转动手腕，将扣放的杯子杯口朝上。右手握壶把，左手拿茶巾托住壶底，将茶水倒入杯内六七分满。

（5）添料

右手夹取方糖1～2块置于茶杯中，然后夹取柠檬片（预先在圆片半径处切一刀）骑放在杯沿上。

（6）奉茶

将糖缸和柠檬切片盘移至大茶盘右侧，将4杯茶依次放在茶盘中。茶艺师端起茶杯时，杯柄在自己的右侧；送给宾客时，端放到桌上要转180度，使杯柄在客人的右侧，再行伸掌礼。

（7）品尝

宾客用右手取茶匙搅动茶水，按逆时针方向搅动数下，使茶与添加物混合均匀，然后提起茶匙在杯内壁上停放一下，使匙中茶汤滴入杯中，取出茶匙放在杯柄一侧。右手拇指与食指端起茶杯，先闻香、观色，再啜饮。

（8）收具

将桌上所有物品收于盘内，行鞠躬礼，退至后场。需要注意的是，分茶之后，茶艺师也可将茶壶（内有余茶）、糖缸、柠檬切片盘全部端放到宾客席上，由宾客根据自己的偏好自行添加。

6.6 青茶茶艺

我国青茶品种丰富，茶叶外形差异较大，如凤凰水仙系的乌龙茶、武夷岩茶、文山包种茶呈粗壮的条索形，铁观音呈螺钉状，台湾冻顶乌龙呈紧结的半球状。因此，投茶量应有所不同。一般来说，冲泡青茶适宜使用江苏宜兴出产的紫砂壶，壶的大小根据品茶人数而定，投茶量视青茶的品种和条形而定，冲泡方法分为潮州工夫茶泡法、福建工夫茶泡法和乌龙茶盖碗泡法，下面介绍乌龙茶盖碗泡法。

1) 青茶冲泡准备

电陶炉1个、煮水壶1个、盖碗1个、公道杯1个、滤网1个、茶船1个、水盂1个、茶巾1块、茶叶罐1个、茶荷1个、品茗杯和闻香杯各5个、杯托5个、奉茶盘1个。

2) 青茶冲泡要点

投茶量：1∶20。条形紧结的半球形乌龙茶，用量以盖碗（或壶）的二三分满为宜；松散的条索形乌龙茶，用量以盖碗（或壶）的六七分满为宜。如果是中发酵的铁观音和焙火的铁观音，置茶量为盖碗的1/2；如果是轻发酵的铁观音，正常的置茶量为盖碗的1/3～1/2，太多易苦涩。

水温：95 ℃左右。

浸泡时间：第一泡1分钟左右；从第二泡起，每泡比前一泡加15秒左右。

3) 青茶冲泡流程及考核要点

（1）备具

将准备好的茶具放在茶台中并端至泡茶桌上，做好亮相姿势。

（2）布具（如图6-35所示）

将煮水壶置于茶台右下方，将水盂置于茶台右上方，将茶叶罐置于茶台左上方，将茶荷置于茶台左下方，将盖碗、茶船、公道杯置于茶台中间；将闻香杯与品茗杯一一对应，并列立于茶台中间上方。

赏茶艺6-9

青茶（1）

赏茶艺6-10

青茶（2）

图6-35　青茶布具

（3）温具（如图6-36、图6-37、图6-38所示）

温具不仅要温盖碗、公道杯，还要温品茗杯和闻香杯。用右手拿起煮水壶，接着注热水入盖碗内。温碗后将水倒入公道杯，然后将公道杯中的热水依次注入品茗杯。最后将品茗杯中的热水倒入水盂中。

图6-36　青茶温具1

图6-37　青茶温具2

（4）赏茶（如图6-39所示）

用茶匙将茶叶轻轻拨入茶荷，供宾客欣赏。

图6-38 青茶温具3

图6-39 青茶赏茶

（5）投茶（如图6-40所示）

用茶匙轻拨茶荷中的茶叶入盖碗。投茶量约为盖碗容积的1/3～1/2。

（6）温润泡

右手执煮水壶，将95 ℃的水高冲入盖碗。用碗盖刮去浮沫，将浮沫冲去后的茶汤注入公道杯。将公道杯中的热水依次注入闻香杯，最后将闻香杯中的热水倒入水盂中。

（7）冲泡（如图6-41所示）

执煮水壶高冲沸水入盖碗，使茶叶在盖碗中尽量翻腾，盖上碗盖，激发茶香。第一泡时间为1分钟。

图6-40 青茶投茶

图6-41 青茶冲泡

（8）分茶（如图6-42所示）

将盖碗中的茶汤注入公道杯中，再用公道杯将茶汤分到各闻香杯中。

（9）扣杯（如图6-43所示）

将品茗杯倒扣在闻香杯上。

图6-42 青茶分茶

图6-43 青茶扣杯

（10）翻杯（如图6-44所示）

大拇指压住品茗杯杯底，食指和中指夹住闻香杯，将闻香杯与品茗杯翻转180°，注意幅度不要过大。

（11）奉茶（如图6-45所示）

双手端起杯托，将闻香杯、品茗杯与杯托一起送至宾客面前，请宾客品尝。

图6-44　青茶翻杯

图6-45　青茶奉茶

（12）闻香（如图6-46所示）

先闻茶汤之香，然后闻杯中的余香。

（13）品茗（如图6-47所示）

闻香之后可以观色品茗。品茗时分三口进行，从舌尖到舌面再到舌根。不同的位置，香味会有细微的差异，需细细品味，才能有所体会。

图6-46　青茶闻香

图6-47　青茶品茗

（14）再次冲泡

第二次冲泡的手法与第一次相同，只是时间要比第一泡增加15秒。以后每冲泡一次，冲泡的时间都要相对增加。优质乌龙茶内质好，如果冲泡手法得当，可以冲泡十几次，并且每次冲泡后的色、香、味都基本相同。

（15）再次奉茶

从第二次冲泡起，可直接将茶分至每位客人面前的闻香杯中，然后重复闻香、观色、品茗、冲泡。

（16）收具

将桌上所有物品收于盘内，行鞠躬礼，退至后场。

6.7 黑茶茶艺

在全国各地茶艺高手的引领下，黑茶茶艺逐渐演变、发展成为一套别具一格的迎宾茶艺。迎宾茶艺不但能够展示茶具，而且体现了主人的热情好客和文化修养，其精华在于"鉴赏、敬奉、品位"三个层面。

1）黑茶冲泡准备

煮水壶1个、茶盘1个、紫砂壶1把、紫砂茶船（壶承）1个、水盂1个、公道杯1个、品茗杯4个、茶罐1个、茶则1个、茶拨1个、深色茶巾1块。

2）黑茶冲泡要点

黑茶讲究用沸水冲泡，最好用铸铁壶烧水。因为铸铁壶可以较长时间保持100 ℃，有利于泡出黑茶的味道。如遇贮存时间较长（如50年以上）的黑茶，建议采用煮饮法。

投茶量：1：30（或50），盖碗投茶量为5～8克，茶壶投茶量为壶容积的1/5~2/5。

水温：100 ℃。

浸泡时间：第一泡10秒，第二泡15秒，第三泡开始依次冲泡20秒，至第七泡后再增加浸泡时间。

3）黑茶冲泡流程及考核要点

（1）备具

将准备好的茶具放在茶盘中并端至茶桌上，做好亮相姿势。

（2）布具（如图6-48所示）

将煮水壶放在茶桌右侧桌面，将茶盘放在茶桌中间，将紫砂壶、茶船、公道杯放在茶盘中间，将4个茶杯放在茶盘上侧，将茶巾、茶则、茶拨放在茶桌左侧桌面。

（3）温具（如图6-49、图6-50所示）

向紫砂壶中注入1/4热水，左手托壶底，右手食指压住盖钮，大拇指和其余三指握住壶把逆时针方向转动紫砂壶一周，温壶后将水倒入公道杯，再用左手将公道杯中的热水按从左至右的顺序注入品茗杯，最后将品茗杯中的水倒入水盂。

图6-48　黑茶布具

图6-49　黑茶温具1

（4）赏茶（如图6-51所示）

将普洱熟茶从茶罐取出，放在茶则中呈于宾客面前，供宾客观赏品鉴干茶的外形、色泽、香气。

图6-50　黑茶温具2

图6-51　黑茶赏茶

（5）置茶（如图6-52所示）

用茶匙将干茶拨入紫砂壶中准备冲泡，投茶量为壶容积的1/5～2/5。

（6）温润泡（如图6-53所示）

因为普洱熟茶经过人工渥堆又长期存放，难免惹上灰尘，所以第一次温润泡的速度要快，只要能将茶叶洗净即可，不需要将味道浸泡出来。第二次温润泡是为了唤醒茶叶的味道，所以注水只要盖过茶叶即可，20～30秒出水（具体时间根据紧压程度而定，压得紧则时间稍长，压得松则时间稍短；散茶可适当缩短时间，一般为5～10秒）。

图6-52　黑茶置茶

图6-53　黑茶温润泡

（7）冲泡（如图6-54所示）

冲泡前将水加温至沸腾，将100℃左右的水沿壶壁斟入，切记水流要低而缓，使茶汁慢慢浸出，特别是普洱紧压茶撬下时非常松散，高冲容易把茶叶冲碎。

（8）淋壶（如图6-55所示）

用开水淋壶增温，以激发茶香。

（9）分茶（如图6-56所示）

将冲泡好的茶汤分至各品茗杯中，每杯斟至七分满。

（10）奉茶（如图6-57所示）

将品茗杯置于杯托之上，用双手持杯托，有礼貌地奉给宾客。

图 6-54　黑茶冲泡

图 6-55　黑茶淋壶

图 6-56　黑茶分茶

图 6-57　黑茶奉茶

（11）品茶

先观汤色，然后闻香，最后用心品啜，细细体味经长期贮存而形成的"陈香"。熟茶的要求是滑厚、细柔，上好的熟茶还含有陈香、参香、枣香等口感。

（12）收具

冲泡完毕，将所用茶具放回原位并进行清洗、消毒，摆放整齐，以备下次冲泡时使用。

6.8　茶艺表演

图 6-58　绿茶茶艺——冰心去凡尘

6.8.1　绿茶茶艺表演

绿茶茶艺表演的基本程序如下：

第一道：冰心去凡尘（如图 6-58 所示）。茶至清至洁，是天地之灵物，泡茶要求所用的器皿也必须至清至洁。"冰心去凡尘"就是用开水再温润一遍本来就干净的冲泡用具，使冲泡用具冰清玉洁、一尘不染。

第二道：玉壶养太和。绿茶属于芽茶类，茶叶细嫩，若用滚烫的开水直接冲泡，会破坏茶芽中的维生素并造成熟汤失味，故只宜用80 ℃的水进行冲泡。"玉壶养太和"就是把壶盖打开，使水温降至80 ℃左右。

第三道：清宫迎佳人（如图6-59所示）。苏轼有诗云："戏作小诗君一笑，从来佳茗似佳人。""清宫迎佳人"就是用茶匙把茶叶投放到冰清玉洁的玻璃盖碗中。

第四道：甘露润莲心（如图6-60所示）。好的绿茶外观如莲心，"甘露润莲心"就是在开泡前先向玻璃盖碗中注入少许热水，以起到润茶的作用。

图6-59 绿茶茶艺——清宫迎佳人	图6-60 绿茶茶艺——甘露润莲心

第五道：凤凰三点头。冲泡绿茶时也讲究高冲水。"凤凰三点头"就是在冲水时水壶在手腕的带动下有节奏地三起三落，好像凤凰向宾客点头致意，寓意祝福。

第六道：碧玉沉清江。冲入热水后，茶先是浮在水面上，然后慢慢沉入杯底，称之为"碧玉沉清江"。

第七道：冰心献吉瑞。用双手将泡好的茶依次敬给宾客，茶艺师行伸掌礼，表示请用茶；宾客点头微笑，以示谢意。

第八道：春波展旗枪。杯中的热水如春波荡漾，在热水的浸泡下，茶芽慢慢地舒展开来，尖尖的叶芽如枪，展开的叶片如旗。千姿百态的茶芽在杯中随波晃动，好像一个个绿色的精灵在舞蹈，十分生动有趣。

第九道：慧心悟茶香。品绿茶要一看、二闻、三品味，在欣赏"春波展旗枪"之后，要闻一闻茶香。绿茶的茶香清幽淡雅，只有用心灵去感悟，才能够闻到那春天般的气息，以及清醇悠远的生命之香。

第十道：淡中品至味。绿茶的茶汤虽然不像红茶那样浓艳醇厚，也不像乌龙茶那样岩韵醉人，但是只要你用心去品，就一定能从淡淡的绿茶香中品出天地间至清、至醇、至真、至美的韵味来。

第十一道：自斟乐无穷。饮茶有三乐：一曰独饮得神，一个人面对青山绿水或高雅的茶室，通过品茗，心驰宏宇，神交自然，物我两忘，此一乐也；二曰对饮得趣，两个知心朋友相对品茗，无须多言即心有灵犀一点通，或推心置腹述衷肠，此亦一乐也；三曰众饮得慧，"三人行，必有我师焉"，众人相聚品茶，相互沟通，相互启迪，可以学到许多书本上学不到的知识，这同样是一大乐事。在品饮头道茶后，茶艺师还可以请宾客自行冲泡，此举可让宾客在茶事活动中修身养性，体悟人生的无穷乐趣。

6.8.2 红茶茶艺表演

红茶茶艺表演的基本程序如下：

第一道：备器候用（如图6-61所示）。将泡茶用具准备好，包括酒精炉组、茶艺用品组等，并依沏泡需要合理放置。

第二道：焚香净室（如图6-62所示）。品茶之前要清除浊气，使空气变得清新。另一层意思是，茶是神农氏所赐，因而品茶时应特别恭敬。

图6-61　红茶茶艺——备器候用

图6-62　红茶茶艺——焚香净室

第三道：超尘脱俗（如图6-63所示）。通俗地说就是洗尘静心，以求进入另一个境界。洗尘静心是为了使品茶进入意念中的那种精神境界。

第四道：满室生辉（如图6-64所示）。红茶经过精心制作之后，用红颜色的丝线缠成中国毛笔笔头的形状，黄庭坚将它称为"明珠"，欧阳修将它称为"红纱"。

图6-63　红茶茶艺——超尘脱俗

图6-64　红茶茶艺——满室生辉

第五道：仙女卸妆（如图6-65所示）。解去包裹茶的丝线，显现出仙女真颜。

第六道：明珠入宫（如图6-66所示）。用拇指和食指撮着茶叶，其余三个指头张开成孔雀状，将茶放入杯中，这个手法叫孔雀点头。

图6-65 红茶茶艺——仙女卸妆

图6-66 红茶茶艺——明珠入宫

第七道：玉泉催花（如图6-67所示）。"玉泉"是指开水，且要求为"活泉"，即奔流的泉水；催花就是泡上开水，开水围绕着明珠缓缓冲下。最后，加盖蕴香。

第八道：云腴献主（如图6-68所示）。轻轻揭开杯盖，明珠变成了一朵盛开的花。这时细观茶水，呈金红色，称为"金汤"。轻轻晃动，茶水立即掀起一层微波，金鳞片片，璀璨夺目。

图6-67 红茶茶艺——玉泉催花

图6-68 红茶茶艺——云腴献主

第九道：评点江山（如图6-69所示）。评点江山即品茶。

第十道：九九归一，收具谢客。

6.8.3 台湾乌龙茶茶艺表演

图6-69 红茶茶艺——评点江山

台湾乌龙茶茶艺侧重于对茶叶本身和与茶相关事物的关注以及饮茶氛围的营造。欣赏茶叶的色、香及外形，是茶艺中不可缺少的环节；冲泡过程的艺术化与技艺的高超，使泡茶成为一种美的享受；对茶具的欣赏与应用，对饮茶与自悟修身、与人相处的思索，对品茗环境的设计，都包容在茶艺之中。将艺术与生活紧密相连，将品饮与人性修养相融合，形成了亲切自然的品茗形式，这种形式也越来越为人们所接受。

台湾乌龙茶茶艺表演的基本程序如下：

第一道：焚香静气，活煮甘泉（如图6-70所示）。焚香静气就是通过燃香来营造一个祥和肃穆、无比温馨的气氛，希望这沁人心脾的幽香能使宾客心旷神怡，并随着这袅袅的香烟升华到悟道的境界。苏东坡是一位精通茶道的诗人，他总结泡茶的经验说"活水还须活火烹"。活煮甘泉，即用旺火煮沸壶中的泉水。

图6-70　台湾乌龙茶茶艺——焚香静气，活煮甘泉

第二道：孔雀开屏（如图6-71所示），叶嘉酬宾（如图6-72所示）。"孔雀开屏"是向同伴展示自己美丽的羽毛，这里借此向各位宾客介绍有关泡茶用的精美茶具。"叶嘉"是苏东坡对茶叶的赞美，"叶嘉酬宾"就是请宾客鉴赏乌龙茶。

图6-71　台湾乌龙茶茶艺——孔雀开屏

图6-72　台湾乌龙茶茶艺——叶嘉酬宾

第三道：大彬沐淋（如图6-73所示），乌龙入宫（如图6-74所示）。"大彬沐淋"就是将烧沸的开水冲入紫砂壶内，再逐一倒入公道杯、闻香杯和品茗杯内，其目的是提升茶具的温度，使茶叶能够更好地展示自身的色、香、味。"乌龙入宫"就是把乌龙茶放入紫砂壶内。

图6-73　台湾乌龙茶茶艺——大彬沐淋

图6-74　台湾乌龙茶茶艺——乌龙入宫

第四道：涤茶留香（如图6-75所示），春风拂面（如图6-76所示）。乌龙茶的制作工艺比较复杂，"涤茶留香"就是用水洗涤一下茶叶，并让茶叶吸收一定的水分，使茶叶处于一种含香欲放的状态。"春风拂面"是指用壶盖刮去茶壶表面泛起的泡沫

及茶叶，使壶内的茶汤更加清澈洁净。

图 6-75 台湾乌龙茶茶艺——涤茶留香

图 6-76 台湾乌龙茶茶艺——春风拂面

第五道：乌龙入海（如图 6-77 所示），重洗仙颜（如图 6-78 所示）。泡茶时有"头泡水，二泡茶，三泡、四泡是精华"之说。头泡冲出的茶水一般不喝，注入茶盅，因茶汤呈琥珀色，从壶口流向茶盅就好似蛟龙入海一样，故称"乌龙入海"。"重洗仙颜"是指第二次冲泡完加上壶盖后，还要用开水洗烫壶的表面，内外加温，有利于激发茶香。

图 6-77 台湾乌龙茶茶艺——乌龙入海

图 6-78 台湾乌龙茶茶艺——重洗仙颜

第六道：游山玩水（如图 6-79 所示），慈母哺子（如图 6-80 所示）。紫砂壶泡好茶后，用茶巾擦干壶底的残水，然后将茶水注入公道杯，此过程就叫"游山玩水，慈母哺子"。

图 6-79 台湾乌龙茶茶艺——游山玩水

图 6-80 台湾乌龙茶茶艺——慈母哺子

第七道：祥龙行雨，凤凰点头（如图6-81所示）。将公道杯中的茶汤快速均匀地依次注入闻香杯，称为"祥龙行雨"，有"甘露普降"的吉祥之意。当公道杯中的茶汤所剩不多时，改为点斟，要求一高一低有节奏地点斟茶水，此法称为"凤凰点头"。

第八道：龙凤呈祥（如图6-82所示），鲤鱼翻身（如图6-83所示）。将刻有龙的品茗杯倒扣在刻有凤的闻香杯上，称为"龙凤呈祥"，也称"夫妻和谐"。把扣好的品茗杯、闻香杯一并翻转过来，称为"鲤鱼翻身"。中国古代传说"鲤鱼跳龙门"有吉祥的寓意，茶艺师借此祝福宾客家庭和睦、事业发达。

图6-81　台湾乌龙茶茶艺——祥龙行雨，
凤凰点头

图6-82　台湾乌龙茶茶艺——龙凤呈祥

图6-83　台湾乌龙茶茶艺——鲤鱼翻身

第九道：众手传盅（如图6-84所示），喜闻茶香。用双手将龙凤杯奉给各位宾客，要求龙、凤正对客人，从右到左依次奉上，表示对客人的尊敬。"喜闻茶香"是品茶之闻中的头一闻，即请客人闻一闻杯底留香，第一闻主要是闻茶香的纯度，看是否香无异味。

第十道：杯里观色（如图6-85所示），品味再三。冲泡好的乌龙茶茶汤清澈明亮，颜色金黄，观之令人赏心悦

图6-84　台湾乌龙茶茶艺——众手传盅

目。中国的"品"字由三个口组成，也就是一口为尝、二口为回、三口为品，所以品这杯茶要三口。

第十一道：尽杯谢茶，和敬清寂（如图6-86所示）。

图6-85 台湾乌龙茶茶艺——杯里观色

图6-86 台湾乌龙茶茶艺——尽杯谢茶，和敬清寂

6.8.4 普洱茶茶艺表演

第一道：温壶烫盏（如图6-87所示）。用开水洗净茶具。

第二道：普洱入宫（如图6-88所示）。把普洱茶投入茶具，投茶量占茶具的1/5。

图6-87 普洱茶茶艺——温壶烫盏

图6-88 普洱茶茶艺——普洱入宫

第三道：洗去沧桑（如图6-89所示）。用滚水冲泡普洱茶，冲刷掉上面附着的灰尘杂质。

第四道：春风拂面。用壶盖或瓯盖轻轻刮去漂浮的泡沫，使其清新洁净。

第五道：吊出陈韵（如图6-90所示）。将冲泡1～2分钟后的茶水注入公道杯中。

图6-89 普洱茶茶艺——洗去沧桑

图6-90 普洱茶茶艺——吊出陈韵

第六道：普降甘霖（如图6-91所示）。将茶水均匀地分入品茗杯中。

第七道：敬献佳茗（如图6-92所示）。将品茗杯置于杯托之上，双手持杯托将茶有礼貌地奉给宾客。

图6-91 普洱茶茶艺——普降甘霖

图6-92 普洱茶茶艺——敬献佳茗

第八道：时光倒流。普洱茶的汤色红艳，表面有一层淡淡的薄雾，乳白朦胧，令人浮想联翩。普洱茶的香气和汤色随着冲泡次数的增加而不断变化，将宾客带回到逝去的岁月，令其感悟到人世间沧海桑田的变化。

第九道：感悟历史（如图6-93所示）。普洱茶的陈香、陈韵和茶气、茶味在宾客口中慢慢弥散，宾客一定能品出历史的厚重，感悟到逝者如斯。

图6-93 普洱茶茶艺——感悟历史

课堂互动6-1　　　　　　　　　　**茶艺表演**

从六大茶类中任选一种进行茶艺表演，比一比，谁的表演最精彩！

6.9　民俗茶艺

6.9.1　民族茶俗

我国地大物博，民族众多，历史悠久，民俗也多姿多彩。饮茶是我国各族人民的共同爱好，无论哪个民族，都有独具特色的饮茶习俗。

1）藏族的酥油茶

藏族同胞主要居住在我国西藏地区，在云南、四川、青海、甘肃等地也有分布。

西藏地区地势极高，有"世界屋脊"之称，由于这里空气稀薄，气候高寒干旱，因此藏族同胞以放牧或种旱地作物为生，常年以奶、肉、糌粑为主食，蔬菜、瓜果很少食用。"其腥肉之食，非茶不消；青稞之热，非茶不解。"茶成为当地人补充营养的主要来源，喝酥油茶同吃饭一样重要。

酥油茶是一种在茶汤中加入酥油等作料，经特殊方法加工而成的茶汤。所谓酥油，是指将牛奶或羊奶煮沸，经搅拌冷却后凝结在奶液表面的一层脂肪。茶叶一般选用紧压茶中的普洱茶或金尖。制作酥油茶时，首先将紧压茶打碎，在壶中加水煎煮20～30分钟；然后滤去茶渣，将茶汤注入长圆形的打茶筒内，同时加入适量酥油，还可根据需要加入事先已炒熟、捣碎的核桃仁、花生米、芝麻粉、松子仁之类，以及少量的食盐、鸡蛋等；最后用木杵在圆筒内上下抽打，根据藏族同胞的经验，当抽打时打茶筒内发出的声音由"咣当、咣当"转为"嚓、嚓"时，表明茶汤和作料已混为一体，酥油茶才算打好了，随即将酥油茶倒入茶瓶待喝。

由于酥油茶是一种以茶、盐巴、酥油为主料，并加有多种食料经混合而成的液体饮料，因此其滋味多样，喝起来咸里透香、甘中有甜，既可以暖身御寒，又能补充营养。在草原或高原地带，人烟稀少，家中少有客人进门，偶尔有客来访，可招待的东西很少。酥油茶由于自身的独特作用，因此成为藏族同胞款待宾客的珍贵饮品。

藏族同胞大多信奉藏传佛教，祭祀时，虔诚的教徒要敬茶，富裕的教徒要施茶，他们认为这是积德行善之举。所以，在西藏的寺庙里，多备有一口特大的茶锅，通常可容茶数担，遇上节日，向信徒施茶，是佛门的一种施舍，这种习俗至今仍随处可见。

2）维吾尔族的香茶

维吾尔族同胞主要居住在新疆天山以南，他们主要从事农业劳动，偏好面食，最常见的面食是用面粉烤制的馕。馕的色泽金黄，又香又脆，形若圆饼。维吾尔族同胞喜欢将馕与香茶伴食，平日也爱喝香茶，香茶具有养胃提神的作用，是一种营养价值极高的饮品。

南疆维吾尔族同胞煮香茶时，多使用铜制的长颈茶壶，也有用搪瓷长颈壶的，这与北疆维吾尔族同胞煮奶茶时使用的茶具不同。制作香茶时，首先将茯砖茶敲碎成小块状，然后在长颈壶内加水至七八分满并加热，当水刚沸腾时，抓一把碎块砖茶放入壶中，当水再次沸腾约5分钟时，将预先准备好的适量姜、桂皮、胡椒等细末香料放进煮沸的茶水中，轻轻搅拌，经3～5分钟即可完成。煮茶的长颈壶上往往套有一个过滤网，以免倒茶时茶渣、香料混入茶汤。

南疆维吾尔族同胞喝香茶时，习惯于一日三次与早、中、晚三餐同时进行，通常是一边吃馕，一边喝茶。这种饮茶方式与其说把茶看成一种解渴的饮料，还不如说把茶看成一种佐食的汤料，实为一种以茶代汤、以茶代菜之举。

3）回族的刮碗子茶

回族同胞主要居住在我国西北地区，以宁夏、青海、甘肃三省（区）最为集中。这一地区气候干旱寒冷，蔬菜缺乏，因此回族同胞以牛羊肉、奶制品为主食。茶叶中存在大量的维生素和多酚类物质，不但可以补充蔬菜供应的不足，而且有助于去油除腻。所以，茶一直是回族同胞的生活必需品。

回族同胞的饮茶方式多样，其中最有代表性的是刮碗子茶。刮碗子茶用的茶具俗称"三件套"，由茶碗、碗盖和碗托或盘组成。茶碗盛茶，碗盖保香，碗托防烫。喝茶时，一手提托，一手握盖，并用盖顺碗口由里向外刮几下，这样一则可以刮去浮在茶汤表面的泡沫，二则可以使茶味与添加食物相融合，刮碗子茶的名称也由此而生。

冲泡刮碗子茶多用普通炒青绿茶，茶碗中除放茶外，还放有冰糖与多种干果，如苹果干、葡萄干、柿饼、桃干、红枣干、桂圆干、枸杞等，有的还要加上白菊花、芝麻之类，通常多达八种，故美其名曰"八宝茶"。由于刮碗子茶中的食品种类较多，加之各种配料在茶汤中的浸出速度不同，因此每次续水后喝起来的滋味都是不一样的。一般来说，刮碗子茶用沸水冲泡，随即加盖，5分钟后开饮，第一泡以茶的滋味为主，清香甘醇；第二泡因糖的作用，所以有浓甜透香之感；从第三泡开始，茶的滋味开始变淡，各种干果的味道凸显，具体依所添加的干果而定。大体说来，一杯刮碗子茶，能冲泡5~6次，甚至更多。

回族同胞认为，喝刮碗子茶次次有味，且次次不同，既能去腻生津，又能滋补强身，是一种甜美的养生茶。

4）蒙古族的咸奶茶

蒙古族同胞主要居住在内蒙古及其边缘的一些省区，喝咸奶茶是蒙古族同胞的传统饮茶习俗。在牧区，他们习惯于"一日三餐茶"，却"一日一顿饭"。每日清晨，主妇做的第一件事就是煮一锅咸奶茶，供全家整天享用。早上，他们一边喝茶，一边吃炒米。剩余的茶会放在微火上暖着，供随时取饮。通常来说，一家人只在晚上放牧回家时才正式用餐一次，但早、中、晚三次喝咸奶茶一般是不可缺少的。

咸奶茶的原料多是青砖茶或黑砖茶，煮茶的器具是铁锅。制作咸奶茶时，首先把砖茶打碎，并将洗净的铁锅置于火上，盛水2~3千克，烧水至刚沸腾时，加入打碎的砖茶25克左右；当水再次沸腾5分钟后，掺入奶，用量为水的1/5左右；稍加搅动，再加入适量盐，等到整锅咸奶茶开始沸腾时，即算煮好，可盛在碗中待饮。茶汤滋味的好坏、营养成分的多少，与用茶、加水、掺奶以及加料次序的先后有很大关系。如果茶叶放迟了，或者加茶和奶的次序颠倒了，茶味就会释放不出来；如果煮茶时间过长，则会丧失茶的香味。蒙古族同胞认为，只有器、茶、奶、盐、温五者互相协调，才能制出咸香宜人、美味可口的咸奶茶。蒙古族妇女都练就了一手煮咸奶茶的好手艺。蒙古族姑娘从懂事起，做母亲的就会悉心向女儿传授煮咸奶茶技艺。姑娘在新婚之际，也得当着亲朋好友的面显露一下煮咸奶茶的本领。

5）侗族、瑶族的油茶

居住在云南、贵州、湖南、广西及毗邻地区的侗族、瑶族和这一地区的其他兄弟民族，相互之间虽然习俗有别，却都喜欢喝油茶。因此，凡在喜庆佳节或亲朋贵客进门时，他们总喜欢用做法讲究、用料精致的油茶款待客人。

做油茶在当地称为打油茶，一般需要经过以下几道程序：

第一道程序是选茶。通常有两种茶可供选用：一种是经专门烘炒的末茶；另一种是刚从茶树上采下的幼嫩新茶。这可根据个人口味而定。

第二道程序是选料。油茶的用料通常有花生米、玉米花、黄豆、芝麻、糯米饭、笋干等，应预先制作好待用。

第三道程序是煮茶。先生火，待锅底发热后，放适量食用油入锅；当油面冒青烟时，立即投入适量茶叶入锅翻炒；当茶叶发出清香时，加上少许芝麻、食盐，再炒几下，然后放水加盖，煮沸3~5分钟，即可将油茶连汤带料盛碗待喝。

如果是制作庆典或宴请用的油茶，那么还得进行第四道程序，即配茶。配茶就是将准备好的食料先行炒熟，取出放入茶碗中备好；然后将煮好的茶汤捞出茶渣后，趁热倒入备有食料的茶碗中供客人吃茶。

最后一道程序是奉茶，当主妇快要把油茶打好时，主人就会招待客人围桌入座。由于喝油茶时碗内有许多食料，因此还得用筷子相助，所以与其说是喝油茶，还不如说是吃油茶更为贴切。吃油茶时，客人为了表示对主人热情好客的回敬，总是边喝、边啜、边嚼，在口中发出"啧啧"的声响，还要赞美油茶的鲜美可口，称赞主人的手艺不凡。

6）土家族、客家人的擂茶

主要生活在湘、鄂、赣、闽、粤等地区的土家族同胞和客家人，从宋朝开始，至今仍保留着一种古老的吃茶法，这就是喝擂茶。

擂茶，又名三生汤，是用生叶（指从茶树上采下的新鲜茶叶）、生姜和生米仁三种原料经混合研碎加水后烹煮的茶饮。相传三国时期，张飞带兵进攻武陵壶头山，路过乌头村（今湖南常德桃花源）时正值酷暑，当地瘟疫蔓延，张飞部下数百将士病倒，连张飞本人也未能幸免。正在危难之际，村中一位郎中有感于张飞大军的纪律严明、秋毫无犯，便献出了祖传除瘟秘方——擂茶，结果"茶到病除"。其实，茶能提神祛邪，清火明目；姜能理脾解表，去湿发汗；米仁能健脾润肺，和胃止火。所以，擂茶被视为一种治病良药是有科学道理的。

随着时代的变迁，现今的擂茶在原料的选配上已发生了较大的变化。在制作擂茶时，通常用的原料除茶叶外，还可配上炒熟的花生、芝麻、米花及生姜、食盐、胡椒粉之类。首先将茶和其他原辅料放在特制的擂钵内，然后用硬木擂棍用力旋转，使各种原料相互混合，最后取出——倒入碗中，用沸水冲泡，用调匙轻轻搅动几下，即可调成擂茶。也有少数地方省去了擂研程序，直接将多种原料放入碗内，用沸水冲泡，从而得到擂茶，但此种情况下冲茶的水必须是现沸的。

土家族同胞习惯在午餐之前喝上几碗擂茶。有的老年人倘若一天不喝擂茶，就会感到全身乏力、精神不爽，因此他们认为喝擂茶同吃饭一样重要。不过，当有亲朋登门拜访时，在喝擂茶的同时还必须配上几碟茶点。茶点以清淡、香脆食品为主，如花生、薯片、瓜子、米花糖、炸鱼片等，以增添喝擂茶的情趣。

7）白族的三道茶

白族同胞主要聚居在云南大理，散居在西南地区，习惯饮用三道茶。三道茶是指在喜庆节日或亲朋来访之际，白族人民款待宾客的一种茶俗，第一道为苦茶，第二道为甜茶，第三道为回味茶。

制作三道茶时，每道茶的制作方法和所用原料都是不一样的。

第一道茶："苦茶"。制作时，先将水烧开，再将一只小砂罐置于文火上烘烤。待罐烤热后，随即取适量茶叶放入罐内，并不停地转动砂罐，使茶叶受热均匀，待罐内茶叶"啪啪"作响、叶色转黄、发出焦糖香时，立即注入已经烧沸的开水。片刻之后，主人将沸腾的茶水倒入茶盅，再用双手举盅献给客人。由于茶经烘烤、煮沸而成，看上去色如琥珀，闻起来焦香扑鼻，喝下去滋味苦涩，故称为"苦茶"。第一道茶通常只有半杯，可以一饮而尽，寓意做人的哲理——"要立业，就要先吃苦"。

第二道茶："甜茶"。当客人喝完第一道茶后，主人重新用小砂罐置茶、烤茶、煮茶，与此同时，还要在茶盅内放入少许红糖，将煮好的茶汤倒入盅内八分满。这样沏成的茶甜中带香，非常好喝，寓意"人生在世，做什么事，只有吃得了苦，才会有甜香来"。

第三道茶："回味茶"。方法与前两道相同，只是茶盅内放的原料换成了适量蜂蜜、少许炒米花、若干粒花椒、一撮核桃仁，茶汤容量通常为六七分满。饮第三道茶时，一般是一边晃动茶盅，使茶汤和作料均匀混合；一边口中"呼呼"作响，趁热饮下。这杯茶喝起来甜、酸、苦、辣，各味俱全，回味无穷，寓意凡事要多"回味"，切记"先苦后甜"的哲理。

8）基诺族的凉拌茶和煮茶

基诺族同胞主要分布在我国云南西双版纳，其中景洪地区最多。他们的饮茶方法较为罕见，常见的有两种，即凉拌茶和煮茶。

凉拌茶是一种较为原始的食茶方法，它的历史可以追溯到数千年以前。凉拌茶是指以现采的茶树鲜嫩新梢为主料，配以黄果叶、辣椒、食盐等作料制成的食品。做凉拌茶的方法并不复杂，首先将从茶树上采下的鲜嫩新梢用洁净的双手捧起，稍用力搓揉，将嫩梢揉碎，放入清洁的碗内；然后将黄果叶揉碎，辣椒切碎，连同适量食盐投入碗中；最后，加入少许泉水，用筷子搅匀，静置15分钟左右即可食用。

基诺族同胞的另一种饮茶方式，就是喝煮茶。首先用茶壶将水煮沸，随即从陶罐中取出适量已经加工过的茶叶，投入正在沸腾的茶壶内，经过3分钟左右，待茶叶的内含物质充分溶入水中，即可将壶中的茶汤注入竹筒，供人饮用。竹筒一头平，便于摆放，另一头稍尖，便于饮用，基诺族同胞既用它当盛具（劳动时可盛茶带到田间饮用），又用它作饮具。

9）傣族的竹筒香茶

傣族同胞世代生活在我国云南的南部和西南部地区，并以西双版纳最为集中。傣族是一个能歌善舞又热情好客的民族，竹筒香茶是傣族同胞别具特色的一种茶饮料。

竹筒香茶的制作方法很独特，一般可分为以下四道程序：

第一道程序是装茶。将采摘下来的嫩茶经初加工制成毛茶，然后将毛茶放在生长期为一年左右的嫩香竹筒中，逐层装实。

第二道程序是烤茶。将装有茶叶的竹筒放在火塘边烘烤，使筒内茶叶均匀受热，通常每隔4～5分钟翻滚一次竹筒。当竹筒色泽由绿转黄时，筒内茶叶就达到了停止烘烤的标准。

第三道程序是取茶。茶叶烘烤完毕后，用刀劈开竹筒，就制成了清香扑鼻的竹筒香茶。

第四道程序是泡茶。取适量竹筒香茶置于碗中，用刚沸腾的开水冲泡，3～5分钟后即可饮用。

竹筒香茶喝起来既有茶的醇厚高香，又有竹的浓郁清香，深受傣族同胞喜爱。

10）拉祜族的烤茶

拉祜族同胞主要居住在云南澜沧、孟连、沧源、耿马、勐海一带。在拉祜语中，称虎为"拉"，将肉烤香称为"祜"，因此拉祜族被称为"猎虎"的民族。作为拉祜族一种古老的饮茶方法，饮烤茶至今仍然盛行。

饮烤茶通常包括以下四道程序：

第一道程序是装茶抖烤。首先将小陶罐放在火塘上用文火烤热，然后放入适量茶叶抖烤，使茶叶均匀受热，待其叶色转黄并发出焦糖香气时为止。

第二道程序是沏茶去沫。用沸水冲满盛茶的小陶罐，随即拨去上部浮沫，再注满沸水，煮沸3分钟后待饮。

第三道程序是倾茶敬客。将罐内的茶水倒入茶碗，奉茶敬客。

第四道程序是喝茶啜味。拉祜族同胞认为，只有香气足、味道浓的烤茶才能振奋精神，才是上等好茶。因此，拉祜族同胞喜欢啜饮热茶。

11）纳西族的"龙虎斗"和盐茶

纳西族同胞主要居住在风景秀丽的云南丽江，他们平日爱喝一种具有独特风味的"龙虎斗"，此外还喜欢喝盐茶。

"龙虎斗"的制作方法很独特。首先用水壶将水烧开，然后另选一个小陶罐，放入适量的茶，连罐带茶烘烤。为了避免将茶叶烤焦，还要不断转动陶罐，使茶叶均匀受热。待茶叶发出焦香时，向罐内冲入开水，烧煮3～5分钟。同时，准备茶盅，放入半盅白酒，最后将煮好的茶水冲进盛有白酒的茶盅内。这时，茶盅内会发出"啪啪"的响声，纳西族同胞认为这是吉祥的征兆。声音越响，在场者就越高兴。纳西族同胞认为"龙虎斗"还是治感冒的良药，因此提倡趁热喝下。如此喝茶，香高味酽，提神解渴，甚是过瘾！

盐茶的冲泡方法与"龙虎斗"相似，不同的是，在预先准备好的茶盅内放的不是白酒而是食盐。此外，也有不放食盐而改放食用油或糖的，并分别取名为"油茶"或"糖茶"。

6.9.2 民俗茶礼茶仪

悠悠数千年的岁月，浩瀚无际的长江、黄河，孕育出了中华博大精深、瑰丽多姿的民风民俗，中华茶俗就是中华民俗中一颗耀眼的明珠。不同的民族、不同的时代、不同的地区和不同的社会经济表现出了不同的饮茶习俗。五彩缤纷的茶俗始终伴随着人们的日常生活，丰富着人们的生活情趣，在人们眼前闪烁，在人们身边传播。

茶作为民俗礼仪的使者，千百年来一直为人们所重视。随着岁月的流逝，各种饮茶习俗世代相传，既有宫廷的华章、庙堂的雅乐，又有民间的山歌、野曲，既凝聚着历史的积淀，又富有时代气息。它渗透到社会生活的各个领域、各个层面，融文学、哲学、宗教学、社会学和民俗学于一身。它美化人生、雅俗共赏，源于民间、长于民间，又服务于民间，因而最为广大群众所认同和接受。

在有着数千年文明史的礼仪之邦——中国，以茶待客是最普及、最具平民性的日常生活礼仪。客来宾至，清茶一杯，可以表敬意、洗风尘、叙友情、示情爱、弃虚华。茶与礼仪已紧紧相连，密不可分。

1）婚嫁茶礼

茶在民间婚俗中历来是"纯洁、坚定、多子多福"的象征。明代许次纾在《茶疏》中说："茶不移本，植必子生。古人结婚，必以茶为礼，取其不移植子之意也。"古人认为，茶树只能以种子萌芽成株，不能移植，故历代都将茶视为"至性不移"的象征。另外，"茶性最洁"，可示爱情"冰清玉洁"；"茶不移本"，可示爱情"坚贞不移"；茶树多籽，可象征子孙"绵延繁盛"；茶树四季常青，可寓意爱情"永世常青"，祝福新人"相敬如宾"乃至"白头偕老"。所以，民间男女订婚通常以茶为礼，茶礼成为男女之间确立婚姻关系的重要形式。男子向女子求婚，用茶作聘礼，称"下茶"或"定茶"；女方受聘茶礼，则称"受茶"或"吃茶"，即成为合法婚姻。如果女子再受聘他人，会被世人斥为"吃两家茶"，为世俗所不齿。

民间向来有"好女不吃两家茶"之说。旧时，江浙一带将婚姻礼仪统称为"三茶六礼"。其中的"三茶"，即订婚时的"下茶"、结婚时的"定茶"、同房时的"合茶"；也有人将"提亲、相亲、入洞房"的三次沏茶合称为"三茶"。举行婚礼时，还要行"三道茶"仪式：第一道为百果；第二道为莲子或枣；第三道才是茶叶，都取其"至性而不移"之意。吃"三道茶"时，接第一道茶要双手捧之，并深深作揖，然后用嘴唇轻轻触一下茶杯，就由家人收去；接第二道茶依旧如此；至第三道茶时，方可接杯作揖后饮之。

在浙西地区，人们也将媒人在男女双方之间的说合称为"食茶"。媒人说媒后，倘女方应允，则泡茶、煮蛋相待。

我国浙江德清地区的婚俗更为丰富多彩，举例如下：

"受茶"：男女双方对上"八字"后，经双方长辈同意联姻，由男方向女方赠聘礼、聘金，如女方接受，则称为"受茶"。

"定亲茶"：男女双方确定婚姻关系后即可举行定亲仪式。这时双方必须互赠茶壶十二把并用红纸包花茶一包，分送各自亲戚，称为"定亲茶"。

"大接家茶"：女子结婚后，由娘家备发芽蚕豆、茶点分送双方亲邻，称为"大接家茶"。

"毛脚女婿茶"：来待字闺中的姑娘家里串门的小伙子特别多，因此姑娘家往往要备上好茶，以招待来客中的未来女婿，称为"毛脚女婿茶"。

"亲家婆茶"：女子出嫁后的第三天，父母要去看望女儿，去时必须随身携带一两茶叶（最好为雨前茶）、半斤烘豆、二两橙子皮拌野兰麻，称为"亲家婆茶"。

"新娘子茶"：娘家父母看望女儿后，新媳妇的婆婆要到女方家请亲家公、亲家婆及亲家的近亲到自己家喝喜茶，称为"新娘子茶"。

在我国湖南地区，男子去姑娘家相亲，姑娘需给男子递上清茶一杯。男子饮后，置贵重物品或钱钞于杯中回赠姑娘，如果姑娘当即接受，即示"心许"。在结婚入洞房前，要以红枣、花生、桂圆、龙眼等泡入茶中，再拌以冰糖来招待宾客，取"早生贵子""跳龙门"之意。新人入洞房前，夫妇要共饮"合枕茶"。新郎用双手捧一杯清茶，先给新娘喝一口，然后自己喝一口，意味着完成了人生大礼。婚礼过后的第二天，新郎、新娘需捧着盛满香茶的茶盘向长辈们"献茶"，行拜见礼。长辈们喝了茶，要摸出红包放于茶盘上作为"见面礼"。

在我国云南地区，举行婚礼时有"闹茶"的习俗。"闹茶"一般在新婚三天内，每天晚上，由新郎、新娘在客堂的中间向亲朋好友敬茶。茶内必须放红糖，取"甜蜜"之意。闹茶时，宾客负责出题，要求新郎、新娘以绕口令、猜谜语、咏诗歌等形式回答。若新郎、新娘不从，则宾客会拒绝饮茶。闹茶取"越闹越热"之意。

江苏地区有一个旧俗，大户人家联姻，新郎去新娘家迎亲，每进女家的一重门，都要作揖一次，直到进堂屋见岳丈、岳母时止。饮茶三次以后，才能暂时歇息，耐心等待新娘上花轿，称为"开门茶"。

有趣的是，在我国的婚礼中，茶不但与订婚、结婚关系密切，与退婚也有关联。茶不但是联姻的使者，也是断亲的表示。旧时在贵州地区，姑娘往往被父母包办婚姻。订婚后，姑娘若对亲事不满意，想断亲，可用纸包一包茶叶，选择适当时机，在高度"机密"的情况下带至未婚夫家，借故与男方父母客套一番后，放下茶叶包迅速离去，意思是退了"定亲礼"，称为"退茶"。如果事先被男方知道"退婚"的用意，那么姑娘一旦被男方或男方家人抓住，则男方可立即杀猪设宴与该女成婚。因此退茶时，一要保密，选好时机极为重要，一切由姑娘在绝密中进行；二要事先探明去男方家的路线，抓住未来的公婆在家，而又无其他人在场的时机，才能确保退茶成功。敢于退茶，又退茶成功的姑娘，会受到众人的称赞。退茶后，姑娘免不了会遭到父母的责备，但过后女方家长还得正式去男方家办理退婚手续。

2) 宗教茶礼

茶与宗教的关系相当密切。最早将茶引入宗教的是道教。在唐代，茶是道家轻身延年、修炼仙道的辅助手段，是长生不老的灵丹妙药。在"打醮"（道士设坛做法事）等场合，献茶是程序之一。道士们既品茶也种茶，道教宫观林立之地都是盛产茶叶之地，如武夷山武夷宫、青城山上清宫、庐山简寂观。道士们在山谷、岭坡、沟壑处栽种茶树，采制茶叶，以饮茶为乐，提倡以茶待客，将茶作为祈祷、斋戒乃至驱鬼妖的贡品之一。

佛教修行之法为"戒、定、慧"。"戒"，即不饮酒，戒荤吃素；"定、慧"，即坐禅修行，要求坐禅时头正背直、不动不摇，进入专注忘我的境界。坐禅耗费精神、损伤体力，而饮茶正好可以调整精气，故饮茶自古以来就备受僧人的推崇。坐禅是僧人的重要修行内容之一，而坐禅与饮茶是密不可分的。僧人坐禅，又称禅定，唯有镇定精神、排除杂念、清心静境，方可自悟禅机。饮茶不但能"破睡"，而且能清心寡欲、养气颐神，故有"茶中有禅、茶禅一体、茶禅一味"之说，品茶是参禅的前奏，参禅是品茶的目的，茶禅水乳交融。

在佛教昌盛的唐代，僧众坐禅修行，不仅以茶为饮，而且广栽茶树、采制茶叶。"名山有名寺，名寺有名茶"，我国南方几乎每个寺庙都有自己的茶园，名山、名寺、名茶相得益彰。例如，庐山东林寺、庐山招贤寺、南京栖霞寺、福州鼓山涌泉寺、泉州清源寺、武夷山瑞岩寺、杭州龙井寺、余杭径山寺、宁波天童寺等，历史上都出产名茶，名噪一时。饮茶成了禅寺的日常制度，成了僧众的主要生活内容，由此形成了一系列庄重肃穆的饮茶礼仪。我国各类寺院大都专设"茶堂"，作为寺僧辩说佛理或招待施主佛友时的品饮之地。寺院法堂的左上角设"茶鼓"，按时敲击，以召集僧众饮茶。寺僧坐禅时，每焚完一支香就要饮茶，以提神集思。有的寺院设有"茶头"，专司烧水煮茶、献茶待客之职；有的寺院寺门前站立"施茶僧"，为游人惠施茶水，广行善举。以茶供奉佛祖、菩萨时，称"奠茶"；僧人在寺院挂单时，要按照"戒腊"（即僧侣受具足戒以后之年数）从上位次第开始饮茶，称"戒腊茶"；平日里，寺院住持请全寺僧众吃茶，称"普茶"；逢佛教节庆大典时，还要举行庄严、盛大的"茶仪"。

在寺院中，饮茶不仅有清心养身之功效，还有联络僧众感情、团结合作之功用。据记载，寺院一年一度的"请职"期间，在新任西序职事僧（除住持外寺院中地位最高之人）确定后，住持就要设茶会，邀请新任职事僧、前任职事僧与会，借以对前任职事僧表示感谢，并希望前任职事僧帮助新任职事僧开展工作。举办茶会之日的清晨，住持特请新任西序职事僧首座饮茶。入座前，先由住持的近侍写好"茶状"（类似请柬），当众授予新任西序职事僧；新任西序职事僧接状后，先要拜谢住持，再由住持亲自送其入首座并为其执盏点茶。新任西序职事僧受过住持茶礼后的次日早晨，也需要邀请寺内其他职事僧及僧众饮茶。饮茶前也要写好"茶状"，交茶头贴于僧堂之前，以便众僧周知；然后挂起点茶牌，待僧众齐集僧堂，新任西序职事僧必须亲自为众僧执盏点茶；点茶后，其他职事僧下"茶状"，请住持饮茶；最后新任、前任西序职事僧需要互相请茶，以互示敬意及表示今后通力合作。

在宋代，寺院举办斋会时，有些施主往往以"茶汤"助缘，供大众饮用，作为佛门乐善好施的"善举"之一，称为"茶汤会"。

在茶与中国佛教结缘的过程中，禅茶文化逐渐兴起并且日益兴盛，其中不得不提九江东林寺的净土宗禅茶。净土宗之所以能自成一宗，除其历史背景之外，还在于净土宗禅茶具有"味外之味"。净土宗禅茶文化包括三个层次：一是净土宗禅茶文化的功能性。它和柴、米、油、盐、酱、醋一样，没有高下之分，为形而下之。二是净土宗禅茶文化的审美性。它和琴、棋、书、画、诗、曲同为艺，没有差别，为形而上之。三是净土宗禅茶文化的超越性。净土宗禅茶文化是超越了茶的净土宗禅茶茶道，此"道"意在通过净土宗茶事活动引导众生走向加强品德修养以实现人类和谐的安乐之道。

🍵 问茶寮 6-3　　　　　　　　　　　　　"吃茶去"

　　"吃茶去"是茶史上一个著名的公案：唐代从谂禅师在赵州观音院修禅时，有僧来拜谒。师问二新到："上座曾到此间否？"云："不曾到。"师云："吃茶去。"又问那一人："曾到此间否？"云："曾到。"师云："吃茶去。"院主问："和尚，不曾到，教伊吃茶去，即且置；曾到，为什么教伊吃茶去？"师云："院主。"院主应诺。师云："吃茶去。"从谂禅师在禅学、茶学方面均有很高的造诣，这三声"吃茶去"初看平淡无奇，细品深有禅意。参禅和喝茶看起来不搭界的两件事，就这样被赋予了深刻的联系，正所谓"茶禅一味"。

6.10 茶席设计

茶席是茶道的外在表现形式和物质载体，茶席的精心布置使人、茶、器、艺和境融于一体，使品茗不仅仅是味蕾的享受，更是五感的交融与畅快，进而升华为审美的盛宴，达至精神的欢愉和心灵的超脱。

6.10.1 茶席设计概述

1）茶席的概念

"席"的本义是指用芦苇、竹篾、蒲草等编成的坐卧垫具，如竹席、草席、苇席、篾席、芦席等，可卷而收起；后来引申为酒席、宴席，甚至主席。

虽然唐代有茶会、茶宴，但在中国古籍中并未发现"茶席"一词。茶席是从酒席、筵席、宴席转化而来的，"茶席"名称最早出现于日本、韩国的茶事活动中。"茶席"一词在日本茶事中比较常见，有时也兼指茶室、茶屋。韩国也有"茶席"一词，意思是为喝茶或喝饮料而摆的席。

著名茶文化活动家童启庆认为："茶席，是泡茶、喝茶的地方，包括泡茶的操作场所、客人的座席以及所需气氛的环境布置。"

著名茶道专家周文棠认为："茶席是沏茶、饮茶的场所，包括沏茶者的操作场所、茶道活动的必需空间、奉茶处所、宾客的座席、修饰与雅化环境氛围的设计与布置等，是茶道中文人雅艺的重要内容之一。"

茶席的概念有狭义与广义之分。狭义的茶席是指为泡茶、品饮及奉茶而设的桌席或席面。广义的茶席是指茶席所在场所以及场所内、外部环境包括的空间，如挂画、插花、焚香、背景音乐和庭院等，也是茶席的组成部分。

2）茶席设计的概念

茶席设计，就是以茶为灵魂，以茶具为主材，以铺垫等器物为辅材，并与焚香、插花、挂画、音乐等艺术形式相结合，在特定的空间形态中，布置出具有一定意义或功能的茶席，并以此演绎茶艺之美和阐释茶道精神。

茶席设计是茶艺编创的基础，而茶艺作为茶道的载体，又是实现茶道这一饮茶最高追求和最高境界的途径。好的茶席设计不是精美的茶具展示，也不是单纯的茶艺表演，它要求茶品、茶具等物品搭配得当、颜色协调，还要敢于创新、主题鲜明，充分展现设计者的审美情趣、创作灵感和艺术才华。

根据场地、季节、功能等不同条件，为了更好地营造泡茶、饮茶环境和氛围，在茶席设计的过程中，设计者应围绕特定的主题和要求，大胆创意、精心准备，从选茶、择水、备具到铺垫、焚香、插花、挂画乃至服饰搭配，都应力求把所泡之茶的特色最大限度地展现出来，从而使人获得最佳的品茗享受，产生丰富的联想。因此，茶席设计是高级茶艺人员的必修课程。

6.10.2 茶席设计的基本构成要素

1）茶品

茶，既是茶席设计的灵魂，也是茶席设计的思想基础；既是茶席设计的理念源泉，也构成了茶席设计的主要内核。

世界上茶的种类异常丰富，尤其是在中国，有绿茶、红茶、黄茶、白茶、青茶、黑茶等之分，扑鼻的茶香、绝佳的滋味、千姿百态的形状、诗情画意的名称，令人未饮先醉。一些极佳的茶席设计作品，如《龙井问茶》《大佛钟声》《春到黄山》《品梅》等，都是直接以茶为主线展开的。

2）茶具组合

茶具组合，是茶席构成因素的主体，其基本特征是实用性和艺术性相融合。茶具的质地、造型、体积、色彩、内涵等，都应作为茶席设计的重要部分加以考虑，并使其在整个茶席布局中处于最显著的位置。

茶具组合既可按规范样式配置，也可创意配置，并且以创意配置为主；既可齐全配置，也可基本配置。创意配置、齐全配置在个件选择上随意性、变化性较大；而规范样式配置、基本配置在个件选择上一般较为固定，主要有传统样式和少数民族样式之分，如唐代煎茶茶具组合、宋代点茶茶具组合、武夷工夫茶茶具组合、潮州工夫茶茶具组合、江南农家茶具组合、川渝盖碗茶具组合、佤族烤茶茶具组合、傣族竹筒茶茶具组合、藏族酥油茶茶具组合、白族三道茶茶具组合和侗族打油茶茶具组合等。

3）铺垫

铺垫，是指茶席整体或局部物件摆放下的各种衬托物、装饰物的统称。

铺垫的质地、大小、色彩、花纹等，应根据茶席设计的主题与立意来确定，同时充分运用对称、不对称、烘托、反差、渲染等方法。

（1）铺垫的类型

一是织品类：棉布、麻布、化纤、蜡染、印花、毛织、织锦、绸缎、手工编织等。

棉布质地柔软，吸水性强，易裁易缝，不易毛边。新布较适合铺桌面，平整挺括，视觉效果柔和，不反光。缺点是清洗后易皱、易掉色，必须及时烫平。棉布在茶席设计中主要用于表现传统题材和乡土题材。

麻布有粗麻与细麻之分。粗麻和细麻均可在茶席设计中使用。粗麻硬度高，柔软度差，不宜大片铺设，可作小块局部铺垫，以衬托重要器物。细麻相对柔软，且印有纹饰，可作大面积铺垫。麻布古朴大方，极富怀旧感，在茶席设计中主要用于表现古代传统题材、乡土题材及少数民族题材。

其他质地的织品铺垫也各有特色，应与茶艺主题、茶具组合及茶艺师的服饰、环境色彩相配合。

二是非织品类：竹编、草编、树叶、纸、石、瓷砖和不铺。

不铺以桌、台、几本身为铺垫。不铺的前提是桌、台、几本身的质地、色彩、形状具有某种质感和色感。例如，红木桌、台、几，古朴而有光感；原木桌、台、几，自然而现木纹；仿古茶几，喻示某个朝代。看似不铺，其实也是一种铺。善于不铺，也能体现茶席设计者的文化与艺术功底。

（2）铺垫的色彩

铺垫的色彩应遵循以下基本原则：单色为上，碎花为次，繁花为下。

（3）铺垫的方法

铺垫的基本方法有平铺、对角铺、三角铺、叠铺、立体铺、帘下铺等。

平铺，又称基本铺，是茶席设计中最常见的铺垫方法，即将一块长和宽都比桌（台、几）大的正方形或长方形铺品四面垂下，遮住桌沿。垂沿，可触地遮，也可随意遮。当然，也可不遮沿铺，即在桌（台、几）上铺比四边线稍短一些的铺垫。在正面垂沿下，常会缝上一排流苏或其他垂挂，这样可以更显庄重与艺术美感。三角铺、对角铺等是以平铺为基础的再铺垫。

叠铺，是指在不铺或平铺的基础上，做出两层或多层铺垫。叠铺属于铺垫中最有层次感的一种方法。叠铺最常见的手法是将纸类艺术品，如书法、国画等相叠铺在桌面上。另外，也可将多种形状的小铺垫叠铺在一起，组成某种叠铺图案。

立体铺，是指在织品下先固定一些支撑物，然后将织品铺在支撑物上，以构成某种物象的效果，如一群远山及山脚下连绵的草地，或绿水从某处弯弯流下等，最后在面上摆置器件。

帘下铺，是指将窗帘或挂帘作为背景，在帘下进行桌铺或地铺。帘与铺常用两块不同质地、色彩的织品，以形成巨大的反差，给人以强烈的层次感。若帘与铺的织品采用同一质地和色彩，则会造成一种从高处一泻而下的宏大气势。由于帘具有较强的动感，因此能够给静态的茶席增添韵律感。

4）插花

插花，是指人们以自然界的鲜花、叶草与枝干为材料，经过艺术加工，对花卉形象的再塑造。插花作为茶席的组成元素之一，可以使茶席生机盎然，富于色彩的变化，充满大自然的气息。

茶席中的插花，要把握"以茶为主"的原则，体现茶的精神，追求崇尚自然、朴实秀雅的风格，并且寓意深远。花的香气、造型的大小、花朵的颜色都要符合茶席的气氛与主题，做到简洁、淡雅、小巧、精致。鲜花不求繁多，只插一两枝便能起到画龙点睛的效果。同时，追求线条、构图的美和变化，以达到朴素大方、清雅绝俗的艺术效果。

（1）茶席插花的形式

茶席插花的形式一般可分为直立式、倾斜式、悬崖式和平卧式四种。直立式是指鲜花的主枝干基本呈直立状，其他插入的花卉也呈自然向上姿态的插花样式；倾斜式是指第一主枝倾斜于花器一侧的插花样式；悬崖式是指第一主枝在花器上悬挂而下的插花样式；平卧式是指全部花卉基本上都在一个平面上的插花样式。

花器，是茶席插花的基础和依托。花器的质地一般以竹编、草编、藤编和陶瓷为主，以体现原始、自然、朴实之美。茶席中通常采用瓶式插花，其次是盆式插花。

（2）茶席插花的基本原则

①虚实相宜。花为实，叶为虚，做到实中有虚、虚中有实。

②高低错落。花朵的位置切忌在同一直线上。

③疏密有致。每朵花、每张叶都具有观赏效果和构图效果，过密则复杂，过疏则空荡。

④顾盼呼应。花朵、枝叶要围绕中心、相互呼应，在反映作品整体性的同时，保持作品的均衡感。

⑤上轻下重。花苞在上，盛花在下；浅色在上，深色在下，显得均衡自然。

⑥上散下聚。花朵枝叶的基部聚拢似同生一根，上部疏散多姿多态。

在茶席插花中，应选择花小而不艳、香清淡雅的花材，最好是含苞待放或花蕾初绽。崇尚简素，忌繁复。插花只是衬托，为茶艺服务，切忌喧宾夺主。至于选择什么类型的插花，要视具体的茶艺而定。

5）焚香

焚香，在茶席中占有十分重要的地位。焚香不仅作为一种艺术形态融于整个茶席中，它美好的气味也弥漫于茶席四周的空间，使人在嗅觉上获得了非常舒适的感受；有时，焚香还能唤起人们潜意识中的某种思绪，使茶事活动更加富有内涵。

香料的种类繁多，茶席中使用的香料一般以自然香料为主。在自然香料中，又注重从自然植物中选择香料。

茶席中用于焚香的香炉，应根据茶席所表现的题材和内涵来选择。香炉大多为仿古样式，有鼎、乳炉、鬲炉、敦炉、钵炉、洗炉、筒炉等；在质地上有铜炉、铁炉、陶炉、瓷炉等。

香炉在茶席中的摆放，应把握不夺香、不抢风、不挡眼三个原则，即不影响茶的香味、方便茶艺表演和有利于茶席结构的形成。

6）挂画

挂画是指将书法、绘画等作品靠挂于茶室的墙上、屏风上，或悬空吊挂。所挂的书画要与茶席或茶室相协调，其内容和风格要与茶席的主题相一致。

7）相关工艺品

相关工艺品包括自然物类，如石头、花草、树枝、树叶等；生活用品类，如文具、玩具、体育用品等；艺术品类，如乐器、民间艺术品、演艺用品等；宗教用品类，如佛教用品、道教用品等；传统劳动用具类，如农业用具、木工用具、纺织用具等；历史文物类，如古代兵器类、文物古董类等。只要能够表现茶席的主题，都可运用。

茶席中的主器物与相关工艺品在质地、造型、色彩等方面应属于同一个系列。在色彩上，同类色最能相融，在层次上也更加自然、柔和。

相关工艺品在茶席布局中，数量不需要太多，并且应处于茶席的旁、边、侧、下及背景的位置，服务于主器物，以有效烘托茶席的主题。

8）茶果茶点

茶果茶点是指在饮茶过程中佐茶茶食的统称。在茶席中，茶果茶点的主要特征为：分量少，体积小，制作精细，样式典雅。

茶果茶点应根据茶席中不同的茶品和茶席表现的不同题材、不同季节、不同对象来配制。一般原则是红配酸、绿配甜、乌龙配瓜子，水果、干果、糕饼等都可以有，也可根据需要采用西式糕点。茶果茶点一般摆放在茶席的前中位置。

9）背景

茶席的背景是指为获得特定视觉审美效果，设定在茶席之后的某种环境艺术形态。

茶席的背景形式有室外背景和室内背景两种。室外可用树木、竹子、假山、庭院、湖光山色、大海蓝天等作为背景。室内可用舞台、门窗、廊口、房柱、装饰墙面、博古架等作为背景。

6.10.3 茶席设计的技巧

1）茶席题材的选取

凡与茶有关的人、事、物，只要内容积极、健康，有助于美好道德和情操的培养，能够给人美的享受，都可作为茶席的题材。常见的茶席题材主要有以下几大类：

（1）以茶品为题材

茶品的名称、形态、颜色、香气、滋味等各具特色、不尽相同，都可以作为茶席的题材。茶品本身的历史文化，茶产地的自然景观、人文风情、风俗习惯、制茶手艺、饮茶方式、品茗意趣、茶典志录、故园采风等，也是茶席设计取之不尽的题材。

（2）以茶事为题材

可成为茶席题材的事件，大致有如下几种：

一是重大的茶文化历史事件，如神农尝百草、《茶经》问世、罢造龙团等。

二是特别有影响的茶文化事件，即在某个时期特别有代表性甚至影响至今的茶事，如陆羽设计风炉、供春制壶等。

三是自己喜爱的茶文化事件，即对自己印象深刻，或富于意义，或寄托情感，或符合自己审美情趣的茶事。

（3）以茶人为题材

凡爱茶之人、事茶之人、对茶有所贡献之人、以茶的品德勉励自己之人，均可称为茶人。例如，神农屡尝百草，将生死置之度外，实为古今茶人之楷模；陆羽踏遍青山只为茶，终成《茶经》；从谂大师、百丈怀海禅师、圆悟克勤禅师等僧佛禅家，教化世人领悟来世今生；卢仝、苏轼、陆游、皎然，以诗唱茶，以茶著文，品多少茶之深味，吟无数茶之真情；唐僖宗李儇、宋徽宗赵佶、清乾隆皇帝，从来佳茗似佳人，不可一日无茶。

2）茶席设计的构思

茶席设计的构思，就是对选取的题材进行提炼、加工，对作品的主题进行酝酿、确定，对表达的内容进行布局，对表现的形式和方法进行探索的过程。

茶席设计的构思，要在以下三个方面下功夫：

（1）创新

创新不仅是内容和思想上的创新，还有表现形式和布局结构上的创新。创新首先表现在它的内容上，即便是老题材，若立意新、思想新，同样具有新鲜感。此外，设计新颖的服饰、动听的音乐，及新颖的其他茶席构成要素等，都是创新内容的组成部分。创新的内容还要通过新颖的形式来体现。例如，同样是表现花的内容，可用花茶，也可用花景；可用花器，也可用花香；可用插花，也可用屏风。

（2）内涵

内涵是指概念所反映的对象的本质属性的总和。茶席设计的内涵，就是它的灵魂所在。

一是内涵的丰富性。内涵首先表现为丰富的内容，内容的丰富性和广泛性是一个茶席设计作品存在意义的具体体现。

二是内涵的深刻性。一个茶席设计作品是否有深度，主要看它的思想内容。思想内容的深度，不是靠说教，而是通过娴熟和老练的艺术手法，将无形的思想不显山、不露水地融于作品之中。

（3）美感

在茶席设计中，美感是它的根本价值所在，表现为茶席的形式美和情感美。

①茶席的形式美具体表现在以下几个方面：

◎器物美：它是茶席形式美的第一特征，即茶席的具体形象美。器物的优良质地、别致造型、美好色彩等，是器物美的具体特征。

◎色彩美：它是形式美的第一感觉，表现得最直接，也最强烈。色彩美的最高境界是和谐，最典型的特征是温和。温和常以淡色为主色调，给人以宁静、平衡之感，强烈地体现着亲近、亲切与温柔。

◎造型美：茶席的美感也表现为线条的变化，线条的变化决定了器具形状的变化，由此带来了造型的美感。

◎铺垫美：它是茶席美感的基础，以大块的铺垫衬托器物的色彩，是铺垫美的基本原则。

◎背景美：它是建立茶席空间美的重要依托，起着调整审美角度和距离的作用。

由于茶席设计还需要进行动态演示，因此茶席的形式美还包括动作美、服饰美、音乐美及语言美等诸多方面。

②茶席的情感美主要体现在以下几个方面：

◎真：茶席内容所体现的纯真、率真、真实的感受，茶席形式表现中的真诚及人格力量。

◎善：茶席内容所体现的某种道德因素。以人为本、人文关怀及人性关怀等内容，都是善的具体体现。

◎美：心灵的触动和感化是情感美中最动人的一面，也是情感中保留最长久的一种感觉。

3) 茶席设计的结构布局

茶席设计中首先讲究的一定是结构布局，就是在限定的空间条件下，使茶席中各种元素的搭配主次分明、相互映衬、彰显主题、富于美感。

设计茶席犹如绘制一幅中国山水画，其整体结构布局可以借鉴绘画的理念、规律和技巧。中国山水画讲意境、重内涵，精神上重视天人合一——和谐的观念，构图上提倡层次分明、虚实相生、疏密繁简、纵横开阖。因此，茶艺师可根据茶席设计的主题，将各种元素按照主次、大小、高低、多少、远近等构图比例和要求进行布局，并以追求总体和谐与美感为最高目标。

茶席设计的结构布局形式多样，总体上可分为中心结构式和多元结构式两种类型。

（1）中心结构式

所谓中心结构式，是指在茶席有限的铺垫或茶席总体表现空间内，以空间距离中心为结构核心，其他各要素均围绕结构核心来表现各自的比例关系的结构布局形式。

中心结构式的核心往往以主器物的位置来体现。一般而言，在茶席的各类器物中，茶具是茶席的主器物，直接供人品饮的茶杯则是主器物中的核心器物。有时候，根据特定的茶席题材和茶艺表演要求，其他茶具也可以作为茶席设计的结构核心。另外，为了突出茶作为茶事活动的本源，在中心结构式中，有时也将茶（茶盒或茶罐）作为结构核心。

中心结构式还必须做到大与小、上与下、高与低、多与少、远与近、前与后、左与右的比例合理。

（2）多元结构式

多元结构式又称非中心结构式，是指茶席结构中心丧失，茶席各要素在铺垫空间范围内自由组合、放置的结构布局形式。

多元结构式形态自由，不受任何束缚，结构核心可以在空间距离中心，也可以不在空间距离中心。需要注意的是，在多元结构式中，各种茶席要素从表面上看是散乱无章的，实际上是"形散而神不散"，也要围绕茶席设计的主题，做到整体上和谐一致，以符合人们的审美习惯和要求。

多元结构式的代表形式有：流线式、散落式、桌和地面组合式、器物反传统式、主体淹没式等。流线式以地面结构最为多见，通常表现为地面铺垫的自由倾斜状态；散落式的主要特征为铺垫平整，器物摆放规则，其他装饰品自由散落在铺垫之上；桌和地面组合式基本上属于现代改良的传统结构方式，其结构核心在地面，地面承以桌面，地面又以器物为结构核心；器物反传统式多用于表演性茶席，首先表现为用器具的反传统样式来达到动作的创新化，其次在器物的摆放上也不按传统的基本结构进行；主体淹没式常见于一些茶馆的环境布置，具体表现为茶席主器物淹没在大量工艺品之中，以满足不同茶客的需求，因此其实用性大于艺术观赏性。

悟茶道6-2

茶席设计，
修炼身心，
返璞归真

话茶事6-4

茶席设计
赏析

听我学6-1

知识小结

学有所悟6-2

茶席是以茶为中心，融合东方美学和人文情怀所构成的茶空间，也是现代人崇尚的一种健康生活方式。生活需要仪式感，喝茶同样也是。茶席可以修炼人，在习得诗书琴画的基础上，将自己的审美情趣付诸在一席茶的摆设上，这不仅是对茶席功能的提升，而且是弘扬中华茶文化、提高生活品质的时代需求与选择。

4）茶席设计的注意事项

第一，装饰或点缀要适当。例如，布置茶席时，无须放置各种复杂的装饰或点缀，以免画蛇添足或泡茶的时候碍手碍脚。

第二，布置要合乎人体工学原理，即茶器的摆放要体现使用的方便性。

第三，席位设置要合理、舒适。例如，桌椅的高度要符合泡茶人的身材，座椅要稳定、舒适，便于手脚伸展。

第四，环境要幽雅、别致。虽然茶席设计可以有各种各样的主题，但是总体来说，各种茶席的设计都要遵循环境幽雅、别致的原则。

第五，光线要柔和、温馨，不能有太炫目的声光背景，也不能太昏暗。

第六，整体搭配要和谐。整个茶席的环境、器具、泡茶人或品饮人的服饰、所使用的音乐等都要完美组合、和谐一致。

知识小结

中国地域广阔，民族众多，在不同的生活环境中形成了许许多多茶叶类别，而不同的茶叶类别要求使用不同的冲泡器具、不同的冲泡方式，这一过程极具表演的艺术性。

本章追溯了历史上煮茶、煎茶、点茶以及泡茶等不同时期对茶的不同利用方式，对不同民族独特而有趣的饮茶风俗进行了极为详尽的介绍，同时从民俗、宗教等层面介绍了内涵丰富的茶文化，尤其是在艺术层面上介绍了绿茶、黄茶、白茶、红茶、青茶以及黑茶的冲泡和品饮之法。本章还介绍了茶席的起源，茶席设计的概念、构成要素，讲解了茶席设计的技巧和注意事项。

主要概念

煮茶法　煎茶法　一沸　二沸　三沸　点茶法　庵茶法　撮泡法　撮泡清饮法　汤渣同饮法　烤茶泡饮法　冷水浸泡法　调饮法　薄荷糖茶调饮法　奶茶咸味调饮法　泡沫奶茶调饮法　酥油茶调饮法　芝麻豆子饮茶法　三炮台饮茶法　擂茶调饮法　打油茶调饮法　冰茶调饮法　泡沫红茶调饮法　药茶调饮法　茶席设计

知识巩固

6.1　选择题

1）凉拌茶是（　　　）同胞最原始的饮茶方法。

A.藏族　　　　　　B.赫哲族　　　　　　C.基诺族　　　　　D.蒙古族

2）（　　）是陆羽在《茶经》里所创造、记载的一种烹茶方法。

A.煮茶法　　　　　　B.煎茶法　　　　　　C.点茶法　　　　　　D.泡茶法

3）清代出现（　　）品饮艺术。

A.乌龙工夫茶　　　　B.白族三道茶　　　　C.宁红太子茶　　　　D.云南普洱茶

4）乌龙茶艺持杯方法被喻为（　　）。

A.仙女卸妆　　　　　B.云腴献主　　　　　C.三龙护鼎　　　　　D.观音捧玉瓶

5）铺垫的基本方法有（　　）。

A.平铺　　　　　　　B.叠铺　　　　　　　C.立体铺　　　　　　D.帘下铺

随堂测6-1

选择题

6.2　判断题

1）宋代的主流饮茶方式是煮茶。　　　　　　　　　　　　　　　　　　　　（　　）

2）龙井茶茶艺的"凤凰三点头"的寓意是向宾客三致意。　　　　　　　　　（　　）

3）"三道茶"是维吾尔族同胞招待贵宾时的一种饮茶方式。　　　　　　　　（　　）

随堂测6-2

4）泡饮红茶一般将茶叶放在锅中熬煮。　　　　　　　　　　　　　　　　（　　）

5）玉泉催花是宁红太子茶茶艺中分茶的雅称。　　　　　　　　　　　　　（　　）

6）茶具组合既可按规范样式配置，也可创意配置，并且以创意配置为主。

判断题

（　　）

6.3　简答题

1）简述绿茶玻璃杯茶艺的基本程序。

2）为何寺院僧人以饮茶为生活常态？

3）简述煎茶法的特点。

4）简述点茶与抹茶的关系。

5）简述新中式调饮茶的基本技法。

6）简述茶席设计的注意事项。

实践训练 ✓

1）绿茶茶艺训练。

2）黄茶茶艺训练。

3）白茶茶艺训练。

4）青茶茶艺训练。

5）红茶茶艺训练。

6）黑茶茶艺训练。

7）练习奉茶的礼仪。

8）茶席设计训练。

推荐阅读

［1］张亚峰.茶席设计［M］.北京：中国轻工业出版社，2024.

［2］李洪.轻松茶艺全书［M］.北京：中国轻工业出版社，2010.

［3］乔木森.茶席设计［M］.上海：上海文化出版社，2005.

学习评价

本章学习评价表见表6-1。

表6-1　　　　　　　　　　　　学习评价表

学习内容	茶艺实践		
	评价要点	学生自评（50%）	教师评价（50%）
知识掌握（30分）	了解茶叶冲泡的基本要素（15分）		
	熟悉绿茶、红茶、青茶、黑茶的冲泡要点和考核要求（15分）		
能力提升（30分）	能够正确运用各种冲泡手法展示绿茶茶艺、乌龙茶茶艺、普洱茶茶艺（10分）		
	能够创新设计新中式茶饮（10分）		
	能够自主设计不同场景下的茶席（10分）		
素质养成（40分）	能够树立正确的劳动价值观，培养工匠精神（20分）		
	积极弘扬中华优秀传统文化，坚定文化自信（20分）		
综合评价成绩（100分）			
学生自评： 学生签字：			
教师评语： 教师签字：			

名茶认赏

第 7 章

学习目标

知识目标

· 了解名茶的基本知识。
· 熟悉名茶的由来和主要特征。

能力目标

· 能够对国内名茶进行品赏。
· 能够对国外名茶进行品赏。

素养目标

· 学会去伪存真，在实践中检验和发展真理。
· 弘扬中华优秀传统文化，坚定文化自信。

知识导图

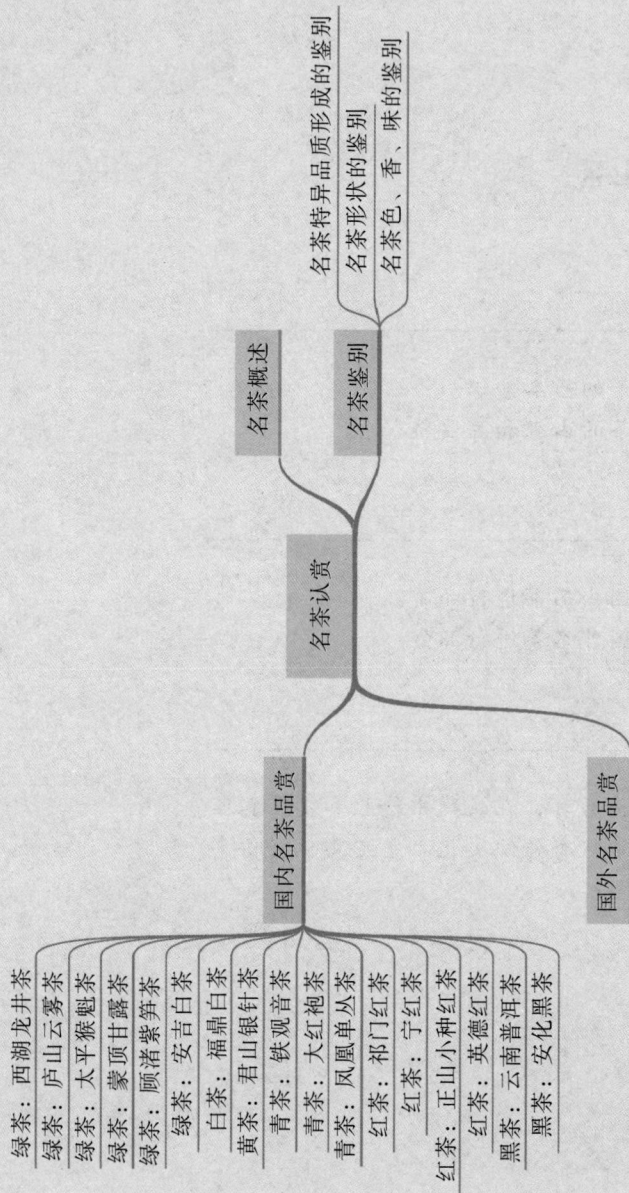

名茶认赏

名茶概述

名茶鉴别
名茶特异品质形成的鉴别
名茶形状的鉴别
名茶色、香、味的鉴别

国内名茶品赏
绿茶：西湖龙井茶
绿茶：庐山云雾茶
绿茶：太平猴魁茶
绿茶：蒙顶甘露茶
绿茶：顾渚紫笋茶
绿茶：安吉白茶
白茶：福鼎白茶
黄茶：君山银针茶
青茶：铁观音茶
青茶：大红袍茶
青茶：凤凰单丛茶
红茶：祁门红茶
红茶：宁红茶
红茶：正山小种红茶
红茶：英德红茶
黑茶：云南普洱茶
黑茶：安化黑茶

国外名茶品赏

7.1　名茶概述

我国是茶叶生产大国，不仅盛产多种优质的茶叶，而且培育出了品类繁多的名茶。名茶是我国茶叶中的珍品，是悠久的茶叶生产历史和丰富的制茶经验及茶文化的结晶，是我国茶叶百花园中的奇葩。

名茶是指具有独特的外形、风格和优异的色、香、味品质，拥有历史传承和较高的知名度、美誉度及附加值，被特定消费人群认同、欣赏和喜爱的好茶。

名茶的形成往往具有一定的历史渊源或特定的人文地理条件（如出产于风景名胜区，或有优越的自然生长条件和生态环境，或有名人大家赏鉴）。此外，名茶往往具备优秀的品质、良好的培育及生产管理条件、严格的采摘标准和精湛的工艺技术，具有无公害茶、绿色食品茶和有机茶等认证基础。

贡茶是指中国古代茶产地定点定量专门进贡皇室，供帝王贵族享用的最好品质的茶叶。由于历代王朝对贡茶品质的苛求和求新的欲望，贡茶得到不断创新和发展，从而促进了制茶技术的改进与提高。随着历史的发展，贡茶的品目越来越多，从某种意义上说，贡茶的发展为中国名茶的产生和发展奠定了基础。历史上很多贡茶品目，至今仍然保留着传统的品质与风格，具有丰富的历史文化内涵、广泛的影响力和极高的知名度，这是历朝历代茶人对中国茶业的贡献。

早在周武王时期（公元前11世纪），茶叶便已成为贡品，迄今已有3 000多年的历史。春秋战国时期（公元前770—公元前221年），茶叶作为祭祀用品和蔬菜替代品使用。西汉时期（公元前202—公元8年），茶叶已经成为商品。西晋时期（266—317年），寺庙栽培的茶树已有一部分被确定为贡茶。到了唐朝，宫廷大兴饮茗之风，形成了贡茶制度，唐代名茶皆为贡茶。宋代设立规模宏大的贡茶院，龙凤团茶采制技术精益求精，贡茶的发展促进了品饮技艺的提高。元代官府为督办贡茶建立"御茶园"。明代贡茶改为散茶。清代贡茶的品种、数量均达历史顶峰，直至清末罢贡。

贡茶产生的地区很广，按现在的行政区域划分，涉及湖北、湖南、河南、陕西、四川、安徽、浙江、江苏、江西、福建等省。在各地茶界的能工巧匠和制茶师傅的创造下，名茶层出不穷。名山、名寺出名茶；名种、名树生名茶；名人、名家创名茶；名水、名泉衬名茶；名师、名工制名茶。"名茶源于贡茶"，很多名茶因纳贡而身价倍增，声名鹊起。现在，我国的许多名茶都是由贡茶演化而来的，如庐山云雾茶、顾渚紫笋、西湖龙井、碧螺春等。名茶中的精品、极品、绝品成为贡品，其余大部分进入市场成为商品。

贡茶和名茶都是品质优良的茶叶。贡茶与名茶就茶叶品质这一自然属性来说是相同的，但贡茶只作为产品，无偿奉献纳贡，名茶则可作为商品进入市场交换。在市场经济条件下，开发名茶，发展名茶生产，要注重名茶的商品属性。没有一定生产量而进入茶叶市场的名茶，只能是名茶样品。

陕西紫阳生产的紫阳毛尖，在东汉时即被列为贡茶，当时茶名为"紫邑宦镇毛尖"，这可称为我国贡茶时间最早的茶叶。浙江湖州顾渚紫笋从唐广德年间开始即被列入贡品，历经唐、宋、元、明四个朝代，直到明洪武八年（1375年）罢贡，历时长达600多年，其贡奉历史之长，居全国贡茶之首。历史上进贡时间最短的贡茶是江西修水的宁红茶。宁红的珍品太子茶于光绪三十年（1904年）被列入贡茶，至清朝覆灭，仅有7年的贡茶历史。

作为封建制度的产物，贡茶在中国历经几千年的沧桑沉浮，终于随着最后一个封建王朝——清朝的覆灭而终止了。毫无疑问，历代贡茶兴起与衰败的史实，从一个侧面反映出了中国茶叶生产与发展的历史。

资料来源　品茗客人. 历史上时间最长和最短的贡茶 [EB/OL]. [2020-03-05]. https://minsu.httpcn.com/info/html/202035/TBCQUYRNIL.shtml.

7.2　名茶鉴别

名茶的基本特征是：鲜叶品质好；制作技术优良；干茶外形美观（芽叶完整、大小一致、形状一致、洁净度好）、色泽艳丽（红茶要红、绿茶要绿、色泽要一致）；香气醇正悠长；口感醇和、回甘好。

7.2.1　名茶特异品质形成的鉴别

名茶具有色、香、味、形皆优的品质特征，其形成要素如下：

1）精细的采制技术

在采摘方面，多数名茶要求鲜叶原料细嫩、匀净、新鲜。采摘标准大多为单芽或一芽一叶初展、一芽一叶（一叶展开为较差）、一芽二叶初展、一芽二叶（二叶展开为较差），大小相称，匀净无杂。有的名茶还规定了采摘时间，如庐山云雾茶。每年春分至谷雨前采摘并当天加工的茶叶才是正宗的庐山云雾茶，谷雨后采摘加工的茶叶则不能称为庐山云雾茶。

名茶在采摘时，要轻采轻放，避免机械损伤，采后适当摊放、自然散干，尤其要晾干表面水分，以保证原料新鲜、无损。

在加工方面，各类名茶都有特定的技术规程和制作加工工艺。例如，西湖龙井的制作以"色绿、香郁、味甘、形美"著称，外形具有"扁、平、匀、直、光"等特点。

2）得天独厚的生长环境

"茶宜高山之阴，而喜日阳之早。"这句话概括了茶树对生长环境的要求，明确指出优质茶叶产于向阳山坡有树木荫蔽的环境。也可以说，名茶大多产于风景优美、气候温和、土壤肥沃的名山。因为这里海拔高，气候凉爽，昼夜温差大，云雾缭绕，漫射光多，有利于茶树有效利用光能，增强光合作用，促进茶叶内质有规律地积累。同时，这样的环境也有利于氮化物的合成，能够使氨基酸、咖啡因和蛋白质含量增加。另外，高山土壤肥沃，有机质层厚，排水性好，病虫害少，无春寒冻害，最宜茶树生长。优越的生长环境为名茶形成优异的品质创造了先天条件。

例如，素以"馨香、味厚、色翠、汤清"著称的庐山云雾茶，产于峰峦起伏、云雾缥缈、奇秀甲天下的庐山。皖南山区以祁门县为主产地的祁门红茶，与祁门境内春夏季节"晴时早晚遍地雾，阴雨成天满山云"直接相关。武夷岩茶产于悬崖高耸、坑谷幽深、溪流纵横的武夷山，在山坑岩壑之间形成了独特的"岩韵"。

3）优良的茶树品种

茶树品种是构成名茶品质特征的重要因素。比如白毫银针，顾名思义是由富有白毫的单芽组成的，多采自大白茶树和水仙茶树品种，因为这些品种具有芽头壮、白毫多的特点，符合白毫银针的外形要求。龙井茶要求叶形短小，多采自龙井群体品种，尤其以选育的龙井 43 号最为适宜，而使用芽叶茸毛密布的福鼎白毫品种，是制不出扁平挺秀、光滑匀齐、不显白毫的龙井茶的。乌龙茶，特别是其中的绝品名茶，大多采自特定的茶树品种，且以茶树品种命名，如铁观音、大红袍、凤凰单丛等。

7.2.2　名茶形状的鉴别

我国名茶的形状可谓千姿百态，根据造型方法和形状特点可分为干茶形状和叶底形状两种类型。

1）干茶形状

干茶形状根据茶树品种和采制技术的不同，可分为条形、卷曲形、尖形、片形、圆形、针形、扁形、螺钉形、花朵形、束形、毛笔形、颗粒形、砖形、饼形、碗形及枕形等。

条形：外形呈条索状，且条索松紧程度一致，如庐山云雾茶、安吉白茶、信阳毛尖、祁门红茶、小种红茶、普洱散茶等名茶。

卷曲形：鲜叶细嫩，满布白毫，条索紧细卷曲，如碧螺春、蒙顶甘露、高桥银峰、都匀毛尖等名茶。

尖形：干茶两叶抱芽，并自然伸展，两端略尖。比如太平猴魁，一芽二叶、芽壮叶厚，在自然状态下，若将芽与两叶的尖端三尖相连，则近似为直线，制作后二叶包芽，扁展似玉兰花瓣。

片形：可分为整片形和碎片形两种。整片形如六安瓜片，叶缘略向叶背翻卷，形似瓜子；碎片形如秀眉、三角片。

圆形：可分为珠圆形和腰圆形两种。珠圆形如珠茶、珍珠等；腰圆形如涌溪火青，腰圆卷结，造型很美。

针形：茶叶条紧圆挺直，两端略尖似针状。例如，白茶类的白毫银针、黄茶类的君山银针，都是用肥厚芽头制成的，满布白毫。

扁形：条形扁平挺直（制茶工艺中有专门做扁动作），如龙井茶、旗枪茶、大方茶等，并以龙井茶最为典型。高级龙井茶扁平光滑，挺直尖削，芽稍长于叶，芽峰显露，形似碗钉。旗枪茶形状近似龙井（现在多称为越州龙井、钱塘龙井），但不及龙井茶细嫩，有旗（叶）有枪（芽）。高级大方茶比龙井茶和旗枪茶均长而厚，鲜叶为一芽三四叶，干茶形似竹叶，俗称竹叶大方。

螺钉形：鲜叶生长比较成熟，小开面或近开面，一般为新梢二三叶，经过揉捻或包揉，使茶条顶端扭转似螺钉形，如青茶中的铁观音、乌龙茶等。

花朵形：鲜叶较嫩，制作中不经或稍经揉捻再进行烘干的茶叶属于花朵形。此类茶的芽叶相连似花朵，如白牡丹、小兰花等。

束形：将初制后的芽叶一条条顺理，用丝线捆扎成不同形状的工艺茶均属于束形。

2）叶底形状

叶底是指茶叶冲泡后剩余的茶渣。茶叶在冲泡时会吸收水分并涨大到鲜叶时的大小，所以很容易通过叶底分辨茶叶的真假，通过叶底还可大致分辨品种栽培情况和采制中的一些情况，以便全面鉴别茶叶的形状。

通常，叶底形状可分为以下四类：

①芽形。由单芽组成的叶底属于芽形，如君山银针、蒙顶石花、白毫银针，这类叶底均具有欣赏性。其中，君山银针芽头肥壮，冲泡时，芽头骤浮水面，而后徐徐下沉，直至沉于杯底，芽形叶底一般呈雀嘴形张开，茸毛满布。

②朵形。凡叶底叶芽完整成枝，并且扭盘成朵状的均属于朵形，如火青、猴魁、白牡丹、龙井、毛尖、毛峰等。

③整叶形。由芽叶或单叶制成叶底，整叶或枝叶完整无缺的属于整叶形，如烘青、炒青、红茶毛茶，未精制且芽叶完整。六安瓜片由半成熟单叶制成，叶底全叶、完整无缺。

④半叶形。经过精制筛切后的条形茶属于半叶形，如精制炒青、精制烘青、精制红茶和普洱散茶等。

7.2.3 名茶色、香、味的鉴别

1）名茶色泽的鉴别

色泽是区分茶叶的重要依据，也是区分茶叶品质优劣的重要因素。不同嫩度的茶叶，其色泽有明显的差别。色泽的微小变化容易被人们的眼睛所感知，因为视觉分辨色泽的能力比嗅觉分辨香气、滋味的能力更强。抓住色泽因素，就有可能从不同的色泽中鉴别出茶叶的优劣。

各类名茶由于品种栽培条件和鲜叶老嫩、色泽的不同，因此有不同的色泽特点。鲜叶内所含与色泽有关的物质存在差异，经过不同的制茶工艺，就形成了色泽不同的名茶。例如，名优绿茶的色泽要求是"三绿"：干茶要绿、汤色要绿、叶底要绿。干茶色泽以绿润为好，汤色、叶底色泽以绿亮为佳。

不同名茶干茶色泽如下：

①翠绿色干茶。鲜叶嫩度好，为一芽一叶或二叶初展。此类茶有六安瓜片、龙井茶、庐山云雾茶、蒙顶甘露等。

②深绿色干茶。此类茶有高级炒青、太平猴魁等。

③金黄色干茶。此类茶有君山银针、黄山毛峰等。

④灰绿色干茶。此类茶有白牡丹、白毫银针等。

⑤砂绿色干茶。色泽砂绿且有光泽，俗称"砂绿润"。此类茶有铁观音、乌龙茶等。

⑥乌黑色干茶。色泽乌黑且有光泽。此类茶有工夫红茶、高级条形红茶等。

2）名茶香气的鉴别

名茶的香气也有各自的特点，如嫩香型、毫香型、清香型、熟板栗香型、花香型、果香型和松香型等。

香型与鲜叶嫩度关系密切的，称为"原料香"。鲜叶嫩度高，制出的茶叶往往是嫩香型；鲜叶嫩度高且多毫，制出的茶叶往往是毫香型。

香型与制作技术关系密切的，称为"制工香"。例如，清香型、熟板栗香型往往受制作过程中的火候影响。

香型与生态环境密切相关的，称为"生态香"。花香型茶叶多产于生态条件特殊的高山环境中，品质最优的庐山云雾茶生长在庐山野生兰花中间，茶叶本身就有幽幽的兰花香气。

3）名茶滋味的鉴别

高级绿茶滋味鲜醇爽口、浓而不苦、醇而不淡、回味甘甜，茶汤更是先微苦后甘甜，似新鲜橄榄味是高级绿茶真正的茶性。武夷岩茶滋味浓醇、生津回甘，虽浓饮而不见苦涩。正山小种入口清甜，香气高，微带自然柏香或松烟味。宁红龙须茶入口醇香，回甘幽厚，蜜味绵长。

7.3 国内名茶品赏

我国茶叶生产历史悠久，品类繁多，外观造型千姿百态，香气、滋味各具特色。名茶中有绿茶、白茶、黄茶、青茶、红茶和黑茶，下面结合历史，对我国传统名茶进行品赏介绍。

7.3.1 绿茶：西湖龙井茶

1）西湖龙井茶的溯源

西湖龙井茶居中国名茶之冠，产于浙江省杭州市西湖龙井村周围的群山之中。杭州不仅以美丽的西湖闻名于世界，也因西湖龙井茶而誉满全球。西湖龙井村周围的群山产茶已有千年的历史，在唐代就享有盛名，在清代成为皇室贡品，但形成扁形的龙井茶还是近百年的事。传说乾隆皇帝下江南时，来到杭州龙井狮峰山下，看见几个乡女正在采茶，心中高兴，也学着采了起来。刚采了一把，忽然太监来报："太后身体抱恙，请皇上急速回京。"乾隆皇帝听说太后病了，随手将刚采的一把茶叶向衣袋内一放，便日夜兼程赶回京城。其实太后只是山珍海味吃多了，一时肝火上升，双眼红肿，胃里不适，并没有大病。太后见皇儿来到，只觉一股清香传来，便问带来了什么好东西。乾隆皇帝也觉得奇怪，不知是哪来的清香。他随手一摸，原来是采自杭州狮峰山的一把茶叶，几天过后已经干了，浓郁的香气就散发出来了。太后便想尝尝茶叶的味道，宫女将茶泡好，送到太后面前，果然清香扑鼻。太后喝了一口，双眼顿时舒适多了，喝完茶，红肿消了，胃不胀了。太后高兴地说："杭州龙井的茶叶，真是灵丹妙药。"乾隆皇帝见太后这么高兴，立即传令下去，将杭州龙井狮峰山下的18棵茶树封为御茶，每年采摘新茶，专门进贡太后。至今，这18棵茶树依然完好，每年都吸引着众多游客前来参观。

2）西湖龙井茶的生长环境

西湖龙井茶区分布在西湖湖畔的狮峰、龙井、虎跑、梅家坞一带的秀山峻岭之上，依山傍湖，海拔多在300米左右。西北有天竺山和白云山作为天然屏障，东南有九溪十八涧，南有钱塘江，东边是西湖，常年云雾缭绕，雨量充沛，土壤结构疏松、土质肥沃，气候温暖湿润。

西湖龙井茶以"狮（峰）、龙（井）、云（栖）、虎（跑）、梅（家坞）"排列品第，以产地海拔358米的狮峰龙井为最。

3）西湖龙井茶的采摘标准与加工工艺

（1）采摘标准

西湖龙井茶以采摘细嫩芽叶为基本，按照开采期的先后和茶青的嫩老程度可分为莲心、雀舌、极品、明前、雨前、头春、二春、长大八个级别。

清明前开采的茶青，只采单芽和一芽一叶初展，芽要长于叶；清明后、谷雨前开采的茶青，只采一芽一叶半开展或开展、一芽二叶初展；谷雨后开采的茶青，只采一芽二叶、一芽三叶和同等嫩度的对夹叶。

其中，用清明前所采茶芽制成的茶叶，称为"明前茶"。炒500克明前茶需要七八万芽头，属龙井茶之极品。

（2）加工工艺

西湖龙井茶的加工需要经过摊放、青锅、回潮、辉锅、分筛、挺长头、归堆、收灰等工序。传统的龙井用七星灶炒制，素有"七分灶火，三分炒"的说法，现在一般采用电锅炒制，"青锅"和"辉锅"两道工序是整个炒制作业的重点。炒制手法一般有抖、带、甩、挺、拓、扣、抓、压、磨、挤等。西湖龙井茶的外形和内质与其加工工艺密切相关。

4）西湖龙井茶的品质特征

西湖龙井茶外形扁平光滑、苗锋尖削、均匀整齐，色泽绿中显黄。冲泡后，香气清高持久，香馥若兰；汤色杏绿，清澈明亮；叶底嫩绿，匀齐成朵；芽芽直立，栩栩如生。

5）西湖龙井茶的冲泡

冲泡西湖龙井茶时最好选用透明玻璃杯，采用下投法。茶与水的比例约1:50，水温在80 ℃左右。

话茶事 7-3

"吓煞人香"
与"从来佳
茗似佳人"
的渊源

吟茶诗 7-1

《坐龙井上
烹茶偶成》

7.3.2 绿茶：庐山云雾茶

1）庐山云雾茶的溯源

庐山云雾茶是烘青绿茶，为中国绿茶中的珍品，主产地是江西庐山。自汉代以来，隐居庐山中的修行者就在山中采野茶，时称"庐山茶"。

东晋时期，佛教净土宗初祖慧远大师在庐山修行时，曾带领僧众在庐山的山坡种茶、举行佛茶会。这一时期的庐山茶因具有"味醇、色秀、汤清、香细如幽兰"等特点而开始作为贡茶。

唐末五代时，佛教曹洞宗传人行因大师在庐山佛手岩（今庐山仙人洞）隐居时，就常煮庐山茶，并设茶宴招待信众僧徒，成为庐山当年一大趣景。行因大师圆寂前作偈曰："前朝诏住栖贤寺，雪夜逃居岩石间。想见煮茶延客处，直缘生死不相关。"这四句诗将其平生经历和眼前状况全部道出。

几百年前流行于庐山的《采茶谣》说："不堪叹息提筐回，寺中有客城中来。自称公府门下役，朱票买茶一百六。票书专得雨前茶，色香幽细比兰花。刻限三日交如数，官价一斤一钱足。老僧闻言面如土，顾谓徒属收拾走。"这既反映了庐山茶的上优品质，又反映了当时的贡茶弊政。

从明朝开始，庐山茶被称为"庐山云雾茶"。明代李日华在《紫桃轩杂缀》中记载，匡庐绝顶，产茶在云雾蒸蔚中，极有胜韵。明清之后，九江以万里茶道起点和重要集散枢纽的地域优势及庐山云雾茶的上佳品质获得了"三大茶市之一"的盛名。吴觉农先生创建的江西省茶叶改良场（现九江市修水茶叶科学研究所）是我国最早的茶叶科研机构，该机构的主要工作是对茶树种植、茶叶加工技术进行改良、研究、示范和推广。生长于茶乡、对茶情有独钟的长寿元帅朱德品饮庐山云雾茶后赞美曰："庐山云雾茶，味浓性泼辣。若得长时饮，延年益寿法。"

2）庐山云雾茶的生长环境

庐山云雾茶的产地庐山是一座呈东北西南走向、占地面积达300多平方千米的断块山，山体覆盖着古老的火山岩和沉积岩风化形成的含有极为丰富有机质的棕色土壤。庐山因位于长江和鄱阳湖之滨，多高山谷地，林泉丰盛，降水丰沛，昼夜气温差异大，再加上一年四季受江河湖泊的冷热气流关爱，所以常年云雾缭绕。如此环境下生长的茶树，新枝粗壮，叶绿且厚，芽叶展开慢，在云雾和多日照的交互作用下，庐山云雾茶聚合了更多的芳香物质，从而成就了庐山云雾茶独特的风味品质。

庐山云雾茶分布在整个庐山的汉阳峰、五老峰、小天池、大天池、含鄱口、花径、天桥、修静庵、中安、捉马岭等地，其中五老峰与汉阳峰所产茶叶品质最好。

3）庐山云雾茶的采摘标准与加工工艺

（1）采摘标准

庐山云雾茶只制作一季春茶。

采摘标准：一芽一叶或二叶，芽长于叶或芽叶一样长。晴天采，雨天停。有八不采规则：冻叶不采、老叶不采、病虫叶不采、瘦弱叶不采、紫芽叶不采、单片叶不采、鱼叶不采、雨水叶不采。

（2）加工工艺

庐山云雾茶的加工需要经过选芽、杀青、揉捻、理条、烤干、再干等工序。

4）庐山云雾茶的品质特征

庐山云雾茶有"六绝"：条索粗壮、青翠多毫、汤色明亮、叶嫩匀齐、香馨持久、醇厚味甘。庐山云雾茶的香型有幽兰花香、板栗香、豆花香等。

5）庐山云雾茶的冲泡

庐山云雾茶的冲泡方式有两种：一是用玻璃杯冲泡；二是用传统的景德镇瓷质盖碗冲泡。

用玻璃杯冲泡的程序为：润杯、投茶、润泡、弃汤、试香、冲泡、品尝。用玻璃杯冲泡时，茶水比例在1.5∶50左右，水温在95 ℃左右。

用瓷质盖碗冲泡的程序为：润碗、投茶、摇香、润泡、弃汤、冲泡、品尝。用瓷质盖碗冲泡时，茶水比例在1∶50～2∶50、水温在95～100 ℃。

吟茶诗7-2

[QR code]

《庐山云雾茶》

7.3.3　绿茶：太平猴魁茶

1）太平猴魁茶的溯源

尖茶是安徽省的特产，产于太平、泾县、宁国一带。除普通尖茶外，还有太平魁尖、泾县特尖、宁国黄花云尖。各类尖茶的采制技术较为相似，内在品质却各具风格。太平猴魁茶为尖茶之极品，曾在1915年巴拿马太平洋万国博览会上获得金质奖章。

关于太平猴魁茶还有一个动人的民间传说。从前，在黄山的狮子山山坑里，住着村夫王老二和他的女儿秀姑。一次王老二上山采药，遇到一只生病的白猴，便将其背回家精心治疗、调养。白猴病好后便与父女俩一起生活。八年后，白猴年高死去。王家父女找了个山坑，将白猴埋葬了，白猴之灵甚是感激。第二年春天，白猴墓周围长满了绿油油的茶树。一家人精心种茶、采茶、制茶，逐渐成为当地茶人之首。一家人为感谢白猴的帮忙，就将种茶处起名为"猴坑"，将茶叶称为"猴魁"。

2）太平猴魁茶的生长环境

太平猴魁茶产于黄山市黄山区太平湖畔的猴坑一带，那里依山傍水，林茂景秀，湖光山色，交融辉映。凤凰尖海拔750米，为黄山山脉北麓余脉。这里的茶园多分布在25～40度的山坡上，由于山峦重叠，终日云雾弥漫，昼夜温差大，降水丰沛，加之土壤肥沃，土层通气透水性好，因此茶树生长良好，芽叶壮。当地茶树90%以上为柿大茶，分枝稀、节间短、叶片大、色泽绿、茸毛多，是制作猴魁茶的良种资源。

3）太平猴魁茶的采摘标准与加工工艺

（1）采摘标准

谷雨前后，当20%的芽梢长到一芽三叶初展时，即可开园。其后3～4天采一批，到立夏停采，立夏后改制尖茶。太平猴魁茶有"四拣八不采"的规定："四拣"即一拣高山、阳山、云雾笼罩的茶山；二拣茂盛的柿大茶品种的茶树；三拣粗壮、挺直的嫩枝；四拣一芽带二叶的尖头。"八不采"即芽叶过大不采、过小不采、瘦弱不采、弯曲不采、色淡不采、紫芽不采、对夹叶不采、病虫叶不采。太平猴魁鲜叶在晴天上午采，中午拣，当天制完。

（2）加工工艺

太平猴魁茶的加工包括拣尖、杀青、毛烘、足烘和复焙等工序。

4）太平猴魁茶的品质特征

太平猴魁茶的外形为两叶抱一芽，扁平挺直，自然舒展，白毫隐伏，叶色苍绿匀润，叶脉绿中隐红。太平猴魁茶汤嫩绿明亮，叶底嫩绿匀亮，芽叶成朵肥壮，饮之兰香高爽，滋味醇厚回甘。

太平猴魁茶的产地仅限于猴坑一带，其他地区所产之茶统称"魁尖"。魁尖色泽鲜绿，芽叶柔软轻薄，香短味淡，叶底欠明亮。尖茶按品质分等级确定名称：猴魁为上品，分上魁、中魁、次魁三个等级；魁尖次之，也分三个等级；其余统称"尖茶"，依次为贡尖、天尖、地尖、人尖、和尖、元尖、弯尖等。泾县所产最优秀者称为"提魁"，品质不及猴魁，稍次者称"泾县特尖"。

5）太平猴魁茶的冲泡

太平猴魁茶是历史悠久的名茶，冲泡时最好用瓷盖碗或大口瓷壶。茶与水的比例约1.5∶50，水温为80 ℃。

太平猴魁茶也可以采用透明玻璃杯冲泡，根部朝下投7～8片魁叶在玻璃杯中，用80 ℃的水沿杯壁注入杯中快速洗茶，然后在杯中加入七八分水泡茶，观赏芽叶徐徐展开，视觉效果甚佳。

吟茶诗7-3

《漫游黄山仙境·太平猴魁》

7.3.4　绿茶：蒙顶甘露茶

1）蒙顶甘露茶的溯源

"扬子江心水，蒙山顶上茶"，这是古往今来名茶爱好者赞誉蒙顶甘露茶的著名诗句。蒙顶甘露茶是蒙山上最光彩夺目的一颗明珠，其历史十分悠久。明嘉靖年间已有"蒙山上清峰产甘露"的记载。

蒙顶甘露茶在东汉时被称为"圣阳光"（吉祥花），采制后献给当地官员。蒙顶甘露茶从唐朝起成为贡茶，每年春天茶芽萌发时，县官即卜择吉日，率领僚属及全县72座寺院的和尚上山焚香祭拜后开采，按一年的天数采360叶，并禁止百姓采摘。采摘后送交专门的制茶僧炒制，炒茶时，寺僧还要盘腿诵经。茶叶制成后装入特制的银盒中进贡，专供皇帝祭祀天地和祖宗之用。

2）蒙顶甘露茶的生长环境

蒙顶山位于四川雅安，山势北高南低。蒙顶山林木丰茂，层峦叠嶂，峭壁奇峰。蒙顶山区年平均气温为15 ℃，冬无严寒，夏无酷暑；年平均降水量为1 500毫米，年平均相对湿度为82%；土壤大多数为酸性或微酸性。

3）蒙顶甘露茶的采摘标准与加工工艺

（1）采摘标准

蒙顶甘露茶必须采摘细嫩茶芽。每年春分时节，当茶园中有5%左右的茶芽萌发时，即开园采摘，标准为单芽或一芽一叶初展。

（2）加工工艺

蒙顶甘露茶是在总结宋朝创制的"玉叶长春"和"万春银叶"两种茶炒制经验的基础上研制成功的。它继承了上述两种茶炒制方法的优点，又加以改进提高，逐步形成了蒙顶甘露茶独特精湛的炒制技术。蒙顶甘露茶的加工包括高温杀青、三炒三揉、解块整形、精细烘焙等工序。

4）蒙顶甘露茶的品质特征

蒙顶甘露茶的外形紧卷多毫、嫩绿色润，香气馥郁、芬芳鲜嫩，汤色微黄、清澈明亮，滋味鲜爽、浓郁回甜，叶底嫩芽秀丽、匀整。

5）蒙顶甘露茶的冲泡

冲泡蒙顶甘露茶时，最好选择扬子江的江水或优质的矿泉水，茶与水的比例为 1∶50，水温在 85 ℃左右，器具用玻璃杯或盖碗，容量为 100～150 毫升。在茶艺表演时，茶艺师采用"龙行十八式"献茶。

吟茶诗 7-4

《和公仪湖上烹蒙顶新茶作》

🍵 问茶寮 7-2　　　　　　　　蒙顶茶"龙行十八式"茶艺

"龙行十八式"是指蒙顶山"禅茶"中独创的十八道献茶技艺。相传，"龙行十八式"是北宋高僧禅惠大师在蒙顶山结庐清修时所创，作为僧人修行的一门功课，只在蒙顶山僧人中流传，直到清代才逐渐传入民间。"龙行十八式"融传统茶道、武术、舞蹈、禅学、易理于一体。茶艺师手持嘴长 1 米多的铜壶，翻转腾挪，提壶把盏，准确地将蒙顶茶水注入杯盏中。茶艺的每一式均模仿龙的动作，式式龙行云动，令人目不暇接，体现了阳刚豪迈之美。

第一式至第十八式依次为：蛟龙出海、白龙过江、乌龙摆尾、飞龙在天、青龙戏珠、惊龙回首、亢龙有悔、玉龙扣月、祥龙献瑞、潜龙腾渊、龙吟天外、战龙在野、金龙卸甲、龙兴雨施、见龙在田、龙卧高岗、吉龙进宝、龙行天下。

7.3.5　绿茶：顾渚紫笋茶

1）顾渚紫笋茶的溯源

顾渚紫笋茶为历史名茶，创于唐代，是我国著名的贡茶。

"凤辇寻春半醉回，仙娥进水御帘开。牡丹花笑金钿动，传奏吴兴紫笋来。"这是唐代诗人张文规对当时紫笋茶进贡情景的生动描述。

顾渚紫笋茶自唐广德年间开始以龙团进贡，至明洪武八年罢贡，改制条形散茶。唐代诗人钱起夸它比流霞仙酒还好喝。白居易在苏州做官时，夜闻贾常州与崔湖州在顾渚山上的境会亭举行茶宴，曾寄诗一首："遥闻境会茶山夜，珠翠歌钟俱绕身。盘下中分两州界，灯前合作一家春。青娥递舞应争妙，紫笋齐尝各斗新。自叹花时北窗下，蒲黄酒对病眠人。"此诗既描写了当时境会亭茶宴的盛况，又表达了自己因坠马损腰、身体不适而不能参加这次茶山盛宴的惋惜心情。

唐代制作紫笋茶，以蒸汽杀青，经捣、拍、碾、压成茶饼。宋代的紫笋茶经蒸汽杀青后，再研膏、模压为龙团茶。明代洪武年间罢贡龙团茶，以茶芽作为贡茶，即成为烘炒的条形散茶。从此茶的形态大有改变，杀青方式开始由蒸汽杀青转变为锅炒杀青。

自明末清初开始，紫笋茶逐渐消失。到20世纪40年代，顾渚山的茶园大半荒芜凋落，紫笋茶亦停产失传。20世纪70年代末，为了恢复紫笋名茶，浙江长兴有关单位紧密合作，努力挖掘创新，取得了可喜的成果。

2）顾渚紫笋茶的生长环境

顾渚紫笋茶生长于浙江长兴的顾渚山。顾渚山与江苏宜兴的茶山紧密相连，东临太湖，四季分明，属于典型的亚热带季风气候，年平均气温为15 ℃，年平均降雨量为1 500毫米。山地土壤主要为砾壤和山地黄壤，有机质含量可达7%，土壤pH值为4.5～6.0。

茶树大部分种于山坞，当地人称为"界"。西坞界、竹坞界、方坞界、高坞界等地出产的顾渚紫笋茶品质较为优良。

3）顾渚紫笋茶的采摘标准与加工工艺

（1）采摘标准

茶叶采摘按大小分为紫笋、旗芽、雀舌等品类，紫笋茶一般在4月5日至20日采摘，以一芽一叶初展至一芽二叶初展的正常茶叶为原料。采摘时要做到不采深紫色的芽叶、冻焦斑芽叶、病虫危害芽叶、无叶单芽、无芽对夹叶、雨水叶、露水叶、带蒂芽叶。采下的芽叶用竹篮或篾篓盛装，以保持芽叶新鲜和外形良好，并及时运送茶厂。

（2）加工工艺

顾渚紫笋茶的加工包括杀青、炒干整形、烘焙等工序。

4）顾渚紫笋茶的品质特征

顾渚紫笋茶外形紧直略带扁、显露毫峰，色泽绿润，汤色清澈明亮，清香持久、滋味鲜爽甘醇，叶底芽嫩明亮。

5）顾渚紫笋茶的冲泡

冲泡顾渚紫笋茶时，茶与水的比例为1∶50，水温在85 ℃左右，最好用玻璃杯或盖碗。冲泡程序为：润具、投茶、浸润泡、摇香、试香、冲泡、品饮。

吟茶诗7-5

《尝顾渚新茶》

7.3.6 绿茶：安吉白茶

1）安吉白茶的溯源

安吉白茶是变异的绿茶类品种，本身呈米白色。安吉白茶的氨基酸含量在5%～10.6%，比普通绿茶要高3～4倍；微量元素硒的含量明显高于其他茶品，营养保健成分十分丰富。

安吉白茶曾生长在浙江北部的安吉县，清乾隆年间，人们发现了两株春天芽叶是白色的茶树，但并没有给予重视。20世纪80年代，农技人员发现了一株树龄逾百年的白叶茶树，并对其进行繁育，他们剪了500多个插穗移植到安吉县溪龙乡黄杜村，成活200多株。

2）安吉白茶的生长环境

安吉白茶目前生长在海拔 700～1 000 米的山上，这里土壤肥沃，常年云雾缭绕、雨量充沛，极利于茶树生长。

3）安吉白茶的采摘标准与加工工艺

（1）采摘标准

安吉白茶的采摘采取早采、嫩采、勤采和净采的原则，标准为一芽一叶和一芽两叶初展。

（2）加工工艺

安吉白茶的加工需要经过高温杀青、理条、摊凉散热、复烘等工序。

4）安吉白茶的品质特征

安吉白茶外形条索挺直、似兰花，色绿翠，白毫显露。冲泡后，汤色清澈明亮，清香四溢，叶底芽叶肥壮、嫩绿、明亮。饮之则香甜爽口、生津止渴、齿颊留香、沁人心脾，令人回味无穷。

5）安吉白茶的冲泡

冲泡安吉白茶时，茶与水的比例为 1.5：50，水温为 70～85 ℃，泡茶器皿采用瓷盖碗或玻璃杯。冲泡程序为：润具、投茶、冲泡、摇香、倒出、观杯色、复入冲泡器内、分茶。

7.3.7 白茶：福鼎白茶

1）福鼎白茶的溯源

福鼎白茶源自福建福鼎太姥山。相传在尧帝时，太姥山称为"才山"，当时山上有一位老母以种兰为生，为人乐善好施，常常用自己种的绿雪芽茶为山下的小孩治疗麻疹，并且救活了很多患病小孩。因此，绿雪芽茶被奉为"圣药"，人们对老母感恩戴德，将她奉为神明，尊称她为"太母"，这座山也因此改名为"太母山"。到汉武帝时，汉武帝派遣东方朔到各地授封天下名山，太母山被封为天下三十六名山之首，并正式改名为"太姥山"。目前，福鼎太姥山还留有相传是太姥娘娘手植的福鼎白茶原始母树——绿雪芽古茶树，以及太姥娘娘发现绿雪芽的山洞和浇灌绿雪芽的丹井。

2）福鼎白茶的生长环境

福鼎白茶凭借独特的品种优势和独特的地理、气候、土壤优势而著称于世。太姥山挺立于东海之滨，三面临海，一面背山。气候四季分明，具有海洋性季风气候特点，年平均气温东麓为 18.8 ℃，西麓为 15 ℃，年降水量在 1 600 毫米以上，年相对湿度在 78% 以上。土壤有红壤、黄壤、紫色土和冲积土，土壤 pH 值为 4～6.3，有机质含量高。

福鼎白茶树高 1.5～2 米，幅宽 1.6～2 米，树势半开张，为小乔木型，分枝较密，树皮呈灰色。福鼎白茶树的发芽期在 3 月上旬，11 月中旬停止生长，全年生长期达 8 个月。其特点有：长势旺盛，抗逆性强，耐旱亦耐寒，在 −4 ℃ 或更低温度时亦不受冻；繁殖力强，压条、扦插发根容易，成活率达 95% 以上；产量比当地其他茶种高；制成红茶、绿茶、白茶，品质均佳。

3）福鼎白茶的采摘标准和加工工艺

福鼎白茶的品种主要有白毫银针、白牡丹和寿眉。

（1）采摘标准

白毫银针全部以大白茶的芽制作，采时只在新梢上采下肥壮的单芽，也可采下一芽一叶、一芽二叶后再行"抽针"。如果采一芽二叶、一芽三叶，以绿叶夹以银白毫心，如花朵一样，就称"白牡丹"。单纯采一芽二叶、一芽三叶者为"寿眉"，品质次于白牡丹。

（2）加工工艺

白毫银针的制作方法是把茶芽薄摊在水筛（或萎凋槽）上，每筛约半斤，要摊得均匀，不可重叠。摊放后放在架上不翻动，天气适宜的话一般晒一天就可达八九成干；再加文火，火温30~40℃，将其慢慢烘到足干时即可贮藏。如遇南风天，一般晒一天只能达到六七成干，第二天还要继续晒至八九成干，最后同样要用文火烘至足干。如果当天不能晒至六七成干，或者第二天遇到阴雨天，则当晚或第二天即用文火烘干，火力可稍高，火温控制在40~50℃。

白牡丹、寿眉初制的过程主要是萎凋，这是发酵的过程，白茶发酵到一定程度，即可得到杏黄色或橙黄色茶汤的合格品。

毛茶经筛、拣后按等级分别拼堆、复火、成箱。复火温度一般为130℃，约25分钟后，趁热装箱，俗称"热装"。由于白茶叶展开后容易吸收水分，因此要随烘随装，减少断碎。

4）福鼎白茶的品质特征

与其他茶种相比，福鼎白茶的自由基含量最低，黄酮含量最高，氨基酸含量平均值较高。福鼎白茶外形芽毫完整，汤色杏黄清澈，滋味清甜爽口。

5）福鼎白茶的冲泡

盖碗冲泡：取盖碗，烫碗，往盖碗中投茶叶3~5克。首先要洗茶（也称温润泡），将杯中的茶叶全部浸润在水中；然后正式冲泡，较快出汤。接下来的每一泡比前一次长45秒左右，这样泡出来的茶汤清甜爽口。福鼎白茶通常在盖碗中冲泡，一碗茶冲10次左右口感还很好。

玻璃杯冲泡：取玻璃杯，用温水烫杯，防止玻璃杯破裂，接着向杯中投茶叶3~5克。正式冲泡前，先往玻璃杯中加入1/3的温开水洗茶，洗茶完毕后加入90℃左右的开水至杯身2/3处，晾置1分钟再往杯里注入开水至杯子的七分满即可。

紫砂壶冲泡：先烫壶，然后往壶里放入老白茶3~5克，用沸水冲泡。由于紫砂壶透气性强，因此只适合冲泡比较粗老的茶叶，这样泡出来的白茶口感更好。

福鼎白茶用紫砂壶或银壶煮饮效果更佳。

7.3.8 黄茶：君山银针茶

1）君山银针茶的溯源

君山银针茶为历史名茶，属于黄茶类，首创于唐代，产于洞庭湖中的君山。

相传舜帝南巡时，不幸驾崩于九嶷山下。他的两个爱妃——娥皇和女英前往奔丧，坐船过洞庭湖时被风浪打翻，幸亏湖上飘来72只青螺，相聚成山，将她们托起。她们扶竹泪望茫茫湖水，眼泪滴在竹子上，点点成斑。因为她们是君妃，所以后人就把小岛称为"君山"。君山不仅产好茶，更有好水。相传君山有一口仙井，名为"柳毅井"，井水酿酒格外香甜，正所谓"柳井有泉好作饮，君山无处不宜茶"。正是君山特有的气候土壤条件，成就了茶叶的优异品质。唐代诗人将君山描写为"玉镜嵌君山，银盘托青螺"。唐代称君山银针茶为"黄翎毛"，因为茶叶满披茸毛，底色金黄，冲泡后像黄色羽毛一样根根竖立。

君山银针茶在后唐时期成为贡品。清乾隆皇帝非常喜爱君山银针茶，规定每年必须进贡18斤，并且由地方官府派人监督制造。从古至今，君山银针茶因其色、香、味、形四绝被誉为"黄茶之冠，杯中极品"。

2）君山银针茶的生长环境

君山为湖南岳阳洞庭湖中的一个小岛。该岛四面环水，无高山深谷，年平均气温16 ℃，年平均降水量1 340毫米，3—9月间相对湿度约80%。岛上土壤肥沃，竹木丛生，生态环境适宜茶树生长。

3）君山银针茶的采摘标准与加工工艺

（1）采摘标准

君山银针茶的采摘始于清明节前3天左右，拣采芽头，标准是芽长25～30毫米、宽3～4毫米，芽蒂长约2毫米，一芽头包含3～4个已分化却未展开的叶片。君山银针茶有"九不采"，即雨天不采、露水芽不采、紫色芽不采、空心芽不采、开口芽不采、冻伤芽不采、虫伤芽不采、瘦弱芽不采、过长或过短芽不采。

（2）加工工艺

君山银针茶的加工主要有杀青、摊凉、初烘、再摊凉、初包、复烘、复包、足火、拣选等工序，历时三昼夜。为了形成特有的色、香、味，君山银针茶在制作中采用"双闷黄"工艺，即通过两次闷黄发酵，使茶叶在湿热作用下发生一系列化学反应，从而形成独特的"三黄"品质，这也是君山银针茶最核心的制作工艺。

4）君山银针茶的品质特征

君山银针茶芽头苗壮挺直，大小长短均匀，芽身金黄，满披银毫，汤色橙黄明净，香气清鲜，滋味甜爽，叶底嫩黄匀亮。根据芽头的肥壮程度，君山银针茶分为特号、一号、二号三个等级。

5）君山银针茶的冲泡

冲泡君山银针茶时，茶水比例为1∶50，水温为95 ℃左右，泡茶器具可用玻璃杯。冲泡程序为：润杯、投茶、润泡、摇香、试香、冲泡、观赏、品饮。

用玻璃杯冲泡君山银针茶时，可看到初始芽尖朝上，蒂头朝下，悬空垂立；随后缓缓降落，竖沉于杯底，忽升忽降，最多可达三次，故君山银针茶有"三起三落"之称。根据"轻者浮，重者沉"的科学原理，"三起三落"是由于茶芽吸水膨胀和重量的不同步，芽头比重瞬间变化引起的，即最外一层芽肉吸水，比重增大即下降，随后芽头体积膨大，比重变小则上升，继续吸水又下降……冲泡时芽头起落的现象在其他芽头肥壮的芽茶中也偶尔可见，但都不及君山银针茶明显。由此可见，君山银针茶芽头的肥壮程度也是出类拔萃的，这也是黄茶品质的一大特点。

> **◆ 学有所悟7-1**
>
> 　　君山银针茶汤橙黄明亮，味醇甘爽，长久放置也不会变坏。这可比经商，只有德行深厚，助人助己，事业才能做得长久。君者，有德；银，有高洁之意；针，直而铮亮，无勾曲。这样的茶名也处处在提示我们要重视品德操守。蝇营狗苟，斤斤计较，甚至以利害义，是不可取的。那样虽然会带来一时的财富，但会在以后让人付出更多的代价。相反，讲究诚信，不损害他人利益，甚至仗义疏财帮助别人，虽然会使自己的利益一时受损，但从长远来看，是会得到回报的。

悟茶道7-1

君山银针：
商道有德

7.3.9　青茶：铁观音茶

1）铁观音茶的溯源

铁观音茶是1723—1735年间创制出来的介于绿茶和红茶之间的半发酵茶类，主要产于福建省泉州市安溪县，属于乌龙茶类，是中国十大名茶的代表。

相传在1720年前后，安溪尧阳松岩村有一个叫魏荫的老茶农，勤于种茶，又笃信佛教，敬奉观音。有一天晚上，他梦见自己扛着锄头走出家门，来到一条溪涧旁边，忽然发现石缝中长着一株茶树，枝壮叶茂、芳香诱人，与自己所见过的茶树都不同……第二天早晨，他顺着昨夜梦中的道路寻找，果然在一个石隙间找到了梦中的茶树。仔细观看，只见茶叶椭圆、叶肉肥厚、嫩芽紫红、青翠欲滴。魏荫十分高兴，将这株茶树挖回种在家中一口铁鼎里，悉心培育。因茶树是观音托梦得到的，所以取名"铁观音"。

2）铁观音茶的生长环境

铁观音茶主要产于福建安溪县西坪镇、祥华乡和感德镇等海拔较高的山区。这里群山环抱，峰峦绵延，云雾缭绕，年平均气温17 ℃，年降水量1 700~1 900毫米，相对湿度在78%以上。大部分为酸性红壤，土壤pH值为4.5~5.6，土层深厚，特别适宜茶树生长。

3）铁观音茶的采摘标准与加工工艺

（1）采摘标准

春、秋茶"开面采"，采摘一芽二叶或三叶；夏、暑茶适宜嫩采，采用小开面。采摘时不折断叶片，不折叠叶张，不碰碎叶尖，不带单片、鱼叶和老梗。另外，不同生长地带及不同采摘时间的鲜叶要分开制作，特别是早青、午青、晚青，要严格分开制作。其中，午青的品质最优。

采摘方式包括手工和机械两种，机械采摘比手工采摘的效率高4~13倍，成本降低40%，鲜叶质量基本能达到手工采摘标准。

（2）加工工艺

铁观音茶的加工主要有晒青、做青、炒青、揉捻、初焙、复焙、复包揉、文火慢烤、拣簸等工序。

4）铁观音茶的品质特征

铁观音茶的茶条卷曲、肥壮圆结、沉重匀整、色泽砂绿，整体形状似蜻蜓头、螺旋体、青蛙腿。冲泡后汤色金黄似琥珀，有天然馥郁的兰花香，滋味醇厚甘鲜，独具"观音韵"——清香雅韵、香高持久，故有"七泡余香溪月露，满心喜乐岭云涛"之称。

5）铁观音茶的冲泡

冲泡铁观音茶的程序为：洗杯、落茶、冲茶、刮沫、分茶、点茶、看茶、品茶。铁观音茶应趁热细啜，先嗅其香，后尝其味，边啜边嗅，浅斟细饮。

吟茶诗7-7

《咏安溪铁观音》

7.3.10　青茶：大红袍茶

1）大红袍茶的溯源

在武夷岩茶中，大红袍茶享有最高的声誉，可谓乌龙茶中之圣。大红袍茶具有的特异品质，增加了岩茶爱好者对它的好奇心，因此有关大红袍茶的传说颇多。有人说茶树野生绝壁，人莫能登，每年采茶季节，寺僧以山猴采之。有人说树高十丈、叶大如掌，寺僧制好的茶能治百病。当地还有传说，大红袍为岩上之神所有，寺僧每于元旦日烧香礼拜，泡少许茶供佛前，茶可自顾，不需要管理。有偷窃者，立即腹痛，非弃不愈，因系岩神所栽，凡人不能先尝。

武夷岩茶根据产地地势高低可分为正岩茶、半岩茶和洲茶三类；按茶树品种可分为单丛、无性系和有性系三种。武夷岩茶中最著名的是四大名丛，即大红袍、水金龟、白鸡冠、铁罗汉。其中，品质绝佳的首推大红袍。大红袍茶树都是灌木型，叶质较厚，芽头微微泛红，阳光照射茶树和岩石时，红灿灿十分醒目。

2）大红袍茶的生长环境

大红袍茶产于天心岩九龙窠的高岩峭壁之上，这里日照时间不长，多反射光，昼夜温差大。更巧妙的是，岩顶终年有细小甘泉由岩谷滴落，滋润茶地。随水流落下来的还有苔藓类有机物、鸟粪等，这使得大红袍茶具有特殊的品质。

3）大红袍茶的采摘标准与加工工艺

（1）采摘标准

已形成驻芽（又称无芽鲜叶）采第三或四叶（对夹叶可采），俗称"开面采"。一般掌握中开面采为宜，即第一叶伸展平坦，叶面积小于第二叶，是第二叶面积的2/3左右。全年三季，春茶采摘在谷雨后、小满前，雨天不采，露水叶不采，烈日不采，前一天下大雨不采。

（2）加工工艺

加工大红袍时，重在"看青做青"：上午8：30采摘，9：30晒青，历时1小时，翻拌一次；10：30晾青，历时15分钟，10：45移入青间；次日1：45开始炒青；摇青历时14小时40分钟，摇青7次，摇青转数顺序为16转、80转、100转、40转、144转、100转、60转；摇青后，还要经过初炒、复炒、初烘、复烘等工序。

4）大红袍茶的品质特征

大红袍茶外形条索紧结、色泽绿褐鲜润，冲泡后汤色橙黄明亮、叶片红绿相间，有典型的"绿叶红镶边"的美感。大红袍茶的品质最突出之处是香气馥郁且有兰花香，岩韵明显，冲泡九次仍有余香。

5）大红袍茶的冲泡

冲泡大红袍茶可用紫砂壶（中型）或瓷质小盖碗，茶水比例约 1 : 15，水温 100 ℃，使用瓷质小杯作为品饮器具。冲泡程序为：润具、投茶、润泡、冲泡、淋壶（盖碗略）、试香、分茶。只有用武夷山的山泉来冲泡，用小杯细品慢饮，才能真正品尝出岩茶之巅的韵味来。

吟茶诗 7-8

《夜宿天心》

7.3.11　青茶：凤凰单丛茶

1）凤凰单丛茶的溯源

凤凰单丛茶产于广东省潮州市凤凰镇，是从凤凰山上的凤凰水仙群体中选出的优异单株，经精工单株培育、单株采摘、单株制作而成的名茶。凤凰单丛茶属乌龙茶极品，在众多茶叶评比会上屡获殊荣，驰名中外。《潮州日报》曾报道：美国前总统尼克松访华时，品尝凤凰单丛茶后，称赞其比美国的花旗参还要提神；日本茶叶博士松下智曾评价，凤凰单丛茶是中国的国宝。2020 年，凤凰单丛茶入选《中欧地理标志协定》保护名单。

有"潮汕屋脊"之称的凤凰山是畲族的发祥地。相传，凡是畲族聚居地，就有茶树种植。隋朝年间，因地震引起山火，凤凰山狗王寮（畲族始祖的居住地）一带的茶树被烧死，仅存乌岽山、待诏山（今大质山）等地仍有种植。

古书中记载，南宋末年（1278—1279 年），宋帝赵昺被元兵追赶，经过凤凰山时口渴难忍，山民献"红茵茶汤"，宋帝饮后感到生津止渴，赐名"宋茶"，后人称"宋种"。还有人称"凤凰鸟闻宋帝等人口渴，口衔茶枝赐茶"，因此该茶又被称为"鸟嘴茶"。

明弘治中兴年间，产于待诏山的凤凰单丛茶已经成为贡品，称为"待诏茶"。撰成于明嘉靖二十六年（1547 年）的《潮州府志》中记载：饶平县（1958 年 11 月以前，凤凰镇隶属饶平县，现隶属潮安区）每年须贡"叶茶一百五十斤三两，芽茶一百八斤三两"。可见，凤凰单丛茶的质量与产量之高。

清康熙元年（1662 年），饶平总兵吴六奇派遣兵士和雇用民工在乌岽山腰开垦茶园，种植凤凰单丛茶，采制的茶叶不仅纳贡，而且供给凤凰山太平寺和饶平县衙的人饮用，并在县城、新丰、内浮山市场销售。

光绪年间，凤凰人携茶叶渡洋过海开设茶行，销售茶叶。

1915 年，开设在柬埔寨的凤凰春茂茶行选送凤凰水仙茶参加巴拿马太平洋万国博览会，荣获银质奖章。

1923 年，茶商大量收购、装运茶叶出洋，使得茶价猛涨，福南、东兴、下埔、虎头、上春等村的农民纷纷上山开种凤凰单丛茶树。据记载，1930 年，凤凰镇茶叶产量达到 3 000 担（约 30 万斤），由茶商装运出口的约 2 400 担。

2）凤凰单丛茶的生长环境

凤凰镇属亚热带季风气候，雨量充沛，春冬不严寒，夏暑无酷热。境内以山地为主，土壤深厚肥沃，富含有机质，是典型的红黄壤茶园土。海拔 1 391 米的乌岽山，地理环境优越，气候温和，为凤凰单丛茶树提供了良好的生长环境。

3）凤凰单丛茶的采摘标准与加工工艺

（1）采摘标准

凤凰单丛茶的采摘标准是鲜叶原料为适度成熟的对夹叶，即当新梢芽头形成驻芽，顶叶开展，有 60%~70% 的新梢形成对夹叶状态（俗称"中开面"）时，是最适宜的采摘节点。凤凰单丛茶一般选在晴天下午采摘。新梢三叶，采摘二叶留一叶；五叶以上，采三叶以上，留二叶。

（2）加工工艺

凤凰单丛茶的加工包括晒青、晾青、做青、杀青、揉捻、烘焙等工序。

①晒青。晒青即日光萎凋，按"一薄、二轻、二重、一分段"的原则将鲜叶薄置，散发茶青中部分水分和青草气，增强茶多酚氧化酶的活性，促进茶青内含物及香气的变化，为后续做青的发酵过程创造条件。这是凤凰单丛茶优异品质形成的第一个环节。

②晾青。晾青即复式萎凋，是指将晒青后的茶叶移至室内阴凉通风处，散发热气、蒸发水分和平衡分布水分。晾青实际上是短时间内的自然萎凋，属于静置阶段，目的是提高氧化酶的活性，从而发展香气。

③做青。做青是茶香气形成的关键工序，也是半发酵和半萎凋（即轻发酵和轻萎凋）的综合过程。做青需要碰青、摇青和静置三个过程交替进行数次，当叶片呈现"叶缘二分红，叶腹八分绿"或"叶缘三分红，叶腹七分绿"（俗称红边绿腹），叶形呈汤匙状时，即做青适度。做青也是凤凰单丛茶初制过程中最复杂、最细致的工序。

④杀青。做青结束堆放一小时后进行杀青。将青叶投入锅内，均匀翻动，先扬炒，后闷炒，炒至叶面完全失去光泽、青臭味变成清香味、质地柔软、便于揉捻为宜。炒青工序实质上是凤凰单丛茶内质基本定型的过程。

⑤揉捻。揉捻的目的是使茶叶紧卷成条，外形美观；叶汁挤出，茶叶内含物渗出黏附于叶面，经过生化作用，使茶叶色泽油润、汤色艳亮、滋味浓醇。

⑥烘焙。烘焙分为初烘、摊凉、复烘三个阶段，目的是挥发叶内多余水分，增进和固定茶叶品质，以利贮藏。

4）凤凰单丛茶的品质特征

凤凰单丛茶以"形美、色翠、香郁、味甘"四绝闻名。紧结壮直的外形、优雅清高的天然花香气、鲜爽回甘的滋味、橙黄明亮的汤色、柔软鲜亮的叶底，是凤凰单丛茶的重要特征。

凤凰单丛茶香型众多，主要有蜜兰香、芝兰香、黄栀香、桂花香、杏仁香、玉兰香、夜来香、肉桂香、茉莉香、柚花香等，每一种香气都有独特的韵味，被誉为"茶中香水"。

5）凤凰单丛茶的冲泡

①煮水。冲泡凤凰单丛必须使用沸水，沸水使茶汤韵味更足，茶叶更耐冲泡。

②烫杯。用沸水烫盖碗和茶杯，既可以起到预热茶具的作用，也可以起到清洁的作用（由于凤凰单丛茶枝叶粗壮挺拔，因此使用盖碗操作更方便）。

③投茶。使用 70 毫升的小盖碗，每泡加入茶叶约 8 克，操作熟练后可依据个人口味适当增减。

④注水。适当抬高水壶壶嘴，让沸水从高处冲入盖碗内的一侧，即"高冲"，其目的是让沸水在盖碗内冲击茶叶。

⑤洗茶。用碗盖抹掉漂浮起来的茶沫，然后迅速将第一冲茶水倒掉。

⑥出汤。凤凰单丛茶的冲泡时间较短，一般立即出汤不闷泡。随着冲泡次数的增加，可适当延长冲泡时间。

⑦品饮。用小杯分二至三次吸入口中，全面感受凤凰单丛茶的香与韵。

学有所悟 7-2

悟茶道 7-2

随"神舟十三号"飞船奔赴太空的潮州凤凰单丛茶茶种，如今已回到家乡栽种。种业是国家战略性、基础性的核心产业，是促进农业长期稳定发展的根本。此次航天育种，对扩大凤凰单丛茶的种质资源库、提升凤凰单丛茶的知名度具有里程碑的意义。

凤凰单丛茶
太空茶种
"回家"种植

7.3.12　红茶：祁门红茶

1）祁门红茶的溯源

祁门红茶简称"祁红"，为工夫红茶中的珍品，与印度大吉岭红茶和锡兰红茶并称"世界三大高香红茶"。祁门红茶产于安徽祁门、石台、东至、贵池、黟县以及江西浮梁一带。祁门红茶的自然品质以祁门的历口、闪里、平里一带最优。

祁红源于宁红。清光绪元年（1875 年），祁门南乡贵溪人胡元龙（1836—1924年）在培桂山房筹建日顺茶厂，用自产茶叶请宁州师傅舒基立按宁红工艺试制红茶，经过不断改进提高，终于在清光绪八年（1882 年）制成色、香、味、形俱佳的上等红茶，并取名为"胡日顺"牌红茶。

在遍及全球的红茶品种中，祁门红茶独树一帜、百年不衰，以其"高香形秀"著称，香气独特、持久，被国内外茶师称为"砂糖香"或"苹果香"，并蕴藏有兰花香，在国际市场上称为"祁门香"。在英国伦敦市场上，祁门红茶被列为茶中"英豪"，是英国女王和王室的至爱饮品，他们认为"在中国的茶香里，发现了春天的芬芳"，赞美此茶为"群芳最"和"红茶皇后"，全国上下都以能品尝到祁门红茶为口福，皇家贵族也将祁门红茶作为时髦的饮品。1915 年，祁门红茶在巴拿马太平洋万国博览会上荣获金质奖章。

2）祁门红茶的生长环境

祁门红茶的产区位于皖赣两地毗邻的丘陵山区之中，"云以山为体，山以云为衣"，自然条件优越，山地林木众多，温暖湿润，土层深厚，雨量充沛，云雾多，很适宜茶树生长，加之当地茶树的主体品种——槠叶种内含物丰富、酶活性高，很适合工夫红茶的制作。

3）祁门红茶的采摘标准与加工工艺

（1）采摘标准

祁门红茶的采制工艺精细，采摘一芽二叶、一芽三叶和同嫩度的对夹芽叶为原料。按芽叶嫩度、匀度、新鲜度对茶叶进行分级，祁门红茶可分为八级。

（2）加工工艺

经过萎凋、揉捻、发酵，芽叶由绿色变成紫铜红色，香气透发，然后文火烘焙至干。红毛茶制成后，还必须进行精制，精制工序复杂，包括筛分（毛筛、抖筛等）、切断、风选、拣剔、补火、匀堆、装箱等。

4）祁门红茶的品质特征

祁门红茶因"香高、味醇、形美、色艳"四绝而驰名中外。祁门红茶条索紧细、色泽乌润，冲泡后茶汤红浓、香气清新芬芳，有明显的甜香，有时还带有玫瑰花香。祁门红茶的香气似花、似果、似蜜，被称为"祁门香"。

5）祁门红茶的冲泡

祁门红茶最宜清饮，但也适于加奶或加糖调饮。

7.3.13 红茶：宁红茶（宁红金毫茶和宁红龙须茶）

1）宁红茶的溯源

宁红茶是中国最早的红茶，主产地是江西省修水县。修水古称宁州，唐太宗兵至宁州漫江时重病卧床，百姓以变色茶药（发酵红茶）奉饮，唐太宗饮尽数杯后，身轻如燕、病除康健，便赐此茶为"宁红"，寓意百姓安宁。茶圣陆羽也曾到宁州品味宁红茶并咏诗："返照空堂恨，月夜思故人。今宵宁红至，山月何有边。"宁红茶选料讲究、制作精细、风格独特、品质优异，从成品茶的形状上看，有宁红金毫茶和宁红龙须茶之别。

宁红金毫茶因条索紧结秀丽、水色鲜红诱人、金毫显露、锋苗挺拔、色泽乌润、香味持久、叶底红亮、滋味浓醇的特色而驰名中外。

宁红龙须茶"身披红袍，外形似须"，是宁红茶中的极品。取中国传统金、木、水、火、土五行之意，宁红龙须茶用五彩花线集束成大毛笔头似的形状，每根叶条似龙须一样活灵活现。自清代开始，宁红龙须茶出口前要在第一批茶箱里放 5~24 个龙须茶盖面，作为水运安全的彩头和标记，产品畅销欧美各国，享有"宁红不到庄，茶叶不开箱"的尊荣。

清光绪年间，漫江罗坤化开设的"厚生隆茶行"特制的宁红太子茶在汉口销售，每箱（25 千克）卖出了白银 100 两的高价，后又获赠"茶盖中华，价甲天下"匾额。

著名农学家、农业经济学家吴觉农先生曾题词："宁红、祁红并称世界（红茶）之首。"

2）宁红茶的生长环境

宁红茶的产地位于幕阜山脉和九岭山脉之间，气候温和，年平均气温 16.5 ℃，雨量充沛，年平均降水量 1 577.4 毫米。山中 90% 为红、黄壤，土层深厚，养分丰富，渗透性良好，土壤 pH 值为 4.5 ~ 6.5。春夏之际，山间云雾缭绕，形成了宁红茶生产的独特自然生态环境。

3）宁红茶的采摘标准与加工工艺

（1）采摘标准

宁红茶只采芽头壮硕且嫩性强的一芽一叶和一芽二叶茶青，芽叶要一样长。

（2）加工工艺

宁红茶初制工序包括萎凋、揉捻、发酵、烘干等。宁红茶精制工序包括取料、筛分、风选、切轧、拣剔、复火、匀堆等。

4）宁红茶的品质特征

宁红金毫茶外形条索紧而圆直，锋苗挺拔、略带红筋，色泽金黄润亮。冲泡后，汤色红亮，口感醇厚甜和，叶底红匀。

宁红龙须茶香气鲜爽馥郁，滋味甘醇爽口，汤色红艳明亮。冲泡 3 ~ 5 次后，色、香、味仍佳。

5）宁红茶的冲泡

宁红金毫茶的冲泡宜用紫砂壶和瓷壶，茶与水的比例在 1 ∶ 50 左右，水温为 90 ℃左右。冲泡程序为：润具、投茶、摇香、润泡、弃汤、试香、冲泡、分茶、品尝。

宁红龙须茶宜用玻璃高脚杯或玻璃盖碗冲泡，冲泡时先抽掉四色彩花线，只留白线，然后放入杯碗中，冲入 90 ~ 95 ℃的开水。在冲泡过程中，宁红龙须茶成束下沉，而茶的芽叶朝上散开，形如一朵菊花，故有"杯底菊花掌上枪"之称。冲泡好的宁红龙须茶汤色红艳，滋味甘醇浓厚，叶底嫩匀有光。冲泡程序为：润具、投茶、润泡、弃汤、冲泡、分茶、品尝。

吟茶诗 7-9

《宁红茶诗》

7.3.14　红茶：正山小种红茶

1）正山小种红茶的溯源

正山小种红茶产于福建崇安（今武夷山市）星村桐木关一带，也称桐木关小种或星村小种。正山小种红茶的"正山"表明是在高山地区生产的，所以武夷山中所产的茶均称为"正山"。

相传，明隆庆二年，时局动乱不安，桐木地区由于是入闽的咽喉要道，因此时有军队入侵。有一次，一支军队从江西进入福建过境桐木，占驻茶厂，茶农为躲避战争而逃至山中，已进厂的青茶因此无法及时烘干（当时茶农初制青茶，鲜叶经萎凋、摇青、揉捻、烘焙后即出售给茶厂，仅六七成干，茶行俗称"湿坯"，由茶厂完成后续工序）。所存青茶因为积压发酵变成了红色，并产生了特殊的气味，茶厂主人心急如焚。军队走后，茶厂赶紧用锅炒和松柴烘干，稍加分拣，便装箱运往福州，托洋行试销。不料这种有特殊香味的小种红茶竟引起了外商的兴趣，生意大好，获利不少。从此以后，小种红茶风靡世界。小种红茶当时颇受英国女王的赏识，逐渐成为英国皇家的御茶。

正山小种红茶畅销时，福安、政和、屏南、古田等地也用工夫红茶熏烟仿制小种，称人工小种或烟小种，价格低于正山小种。正山小种红茶全盛时期最高产量为300吨，都集中在星村精制、成箱，全部外销。中华人民共和国成立后，正山小种红茶每年出口约90吨，销至英国、德国、荷兰等国。

2）正山小种红茶的生长环境

福建星村的桐木关一带，地处武夷山脉的北段，地势高峻，海拔1 000～1 500米，冬暖夏凉，年平均气温18 ℃，昼夜温差大，年降水量在2 000毫米以上。由于四周均被原始森林覆盖，因此该地区终年云雾缭绕，空气湿度大，日照时间短。在峡谷两侧的山麓，自谷底上升至200～300米的山腰都有零星分散的茶园。土壤以灰棕壤为主，pH值为5.0～6.5，表土厚达1米以上，腐殖质层厚5～10厘米，土质肥沃，土中夹杂碎石，多空隙、易渗透，有利于茶树根系的生长发育。

3）正山小种红茶的采摘标准与加工工艺

（1）采摘标准

桐木关地区茶叶的开采期在立夏以后，以小开面二叶或三叶采为优先。

（2）加工工艺

正山小种红茶的加工包括萎凋、揉捻、发酵、锅炒、复揉、烘焙、筛分、拣剔、复焙、匀堆等工序。

①萎凋。正山小种红茶的萎凋工序实行日光萎凋与加温萎凋相结合的方法。

②揉捻。小型揉捻机每次揉捻的投放量为10千克，以每分钟50转的揉捻速度计算，需要90分钟左右，当茶汁溢出黏于茶表时才能完成。

③发酵。正山小种红茶采用热发酵的方法。发酵时将揉捻适度的茶坯置于竹篓或木箱内，上盖麻布或厚布，用力压紧，在火炉或烘青炉上加温，经6～8小时，当80%以上茶坯呈红褐色、无青草气味并带清香时，即可取出"过红锅"。

④锅炒。正山小种红茶的锅炒又叫"过红锅"。过红锅是正山小种红茶制作中的一个重要环节。过红锅的目的在于利用高温迅速制止酶的活性，停止继续发酵，彻底散发青草气，促进芳香物质的形成，提高茶叶的醇度和甜度。

⑤复揉。茶坯经过锅炒之后，茶条有所回松，必须复揉，以再紧茶条，增进部分细胞的破损。

⑥烘焙。将复揉后的茶坯均匀抖摊于水筛上，每筛2～2.5千克，厚1～2厘米。烧松柴明火，让茶坯吸附松烟，制造正山小种红茶的特有香气——松烟香味。

⑦筛分、拣剔。分筛出各号茶，拣去粗大叶片、粗老茶梗及非茶类夹杂物。

⑧复焙、匀堆。经复焙的各号茶叶匀堆装箱，即可出售。

4）正山小种红茶的品质特征

正山小种红茶外形条索肥壮、紧结圆直；内质保持传统的香气，芬芳浓烈；汤色红艳浓厚，滋味醇厚，经久耐泡，带有松烟香和桂圆汤蜜枣味。若加入牛奶，茶香味不减，形成糖浆状奶茶，甘甜爽口，汤色更为绚丽多彩。

5）正山小种红茶的冲泡

冲泡正山小种红茶可用紫砂壶或白瓷壶，茶与水的比例为1∶50，水温在95 ℃以上。冲泡程序为：润具、投茶、浸润泡、摇香、试香、冲泡、观色、复入壶、分茶。

正山小种：
为了那片
"中国红"

学有所悟7-3

党的二十大报告指出："加快构建新发展格局，着力推动高质量发展。"正山小种红茶是世界红茶的鼻祖，至今有超过400年的发展史，我们应将这一传统手艺不断传承下去，造福百姓。同时，我们应将历代茶人的好精神、好工艺，结合时代发展要求做出相应表达，不断探索茶叶高质量发展路径，做精茶文化，做优茶产品，传播好品牌，光大中国红茶。

7.3.15 红茶：英德红茶

1）英德红茶的溯源

英德红茶产于广东英德。英德产茶历史悠久，可追溯到距今1 000多年的唐朝，茶圣陆羽所著《茶经》中记载，"岭南生福州、建州、韶州、象州……往往得之，其味极佳"。当时的韶州就包括英德。唐朝时，英德南山风景区建有煮茗台。南山北宋《众乐亭记》摩崖石刻云："刻绝壁间涵晖谷、凌烟嶂……煮茗台、寒翠亭，皆唐人遗迹。"南宋汪任写诗赞美煮茗台，诗曰："石梯千级杖藜行，行到山腰足暂停。旋汲灵泉煮佳茗，渴心滋润困魔醒。"明代，英德已成为茶叶贡品之地。清康熙年间撰写的《重修英德县志·贡献志》中记载："叶茶七十斤七两，国朝；芽茶一十四斤五两，进贡朝廷。"这表明唐宋至明清时期，英德茶叶生产兴旺，产地众多、品质优良，还出贡茶。

庄晚芳教授在《中国名茶》（1979年出版）一书中高度评价英德红茶：英红是1956年创办的英德茶场的新产品，是我国红茶中的一朵新花。1959年初次出口供应市场，博得茶界人士推荐，被誉为红茶后起之秀，堪与印度、斯里兰卡红茶媲美。英红身骨结实，色泽乌润，外形匀整优美，金毫显露，具有香气浓郁、汤色红艳、滋味浓烈等特点。饮后甘美怡神，清鲜可口。单独泡饮，或加奶、糖冲泡，均很适宜，特别是加牛奶、白糖后，色香味俱佳，极受国外市场欢迎。

英德红茶自创制以来，以其极佳的形、色、香、味博得了世界人民的喜爱，远销世界各地。

1969年，广东省茶叶进出口公司电文称：从中国驻英国大使馆经济参赞处电文获悉，英国皇室喜爱英德红茶，1963年英国女王在盛大宴会上用英德红茶FOP（花橙黄白毫，即叶茶一号）招待贵宾，受到高度称赞和推崇。

1996年9月19日，中国香港《东方日报》以《英德红茶香滑不苦提神醒脑》为题目发表文章，其中记载："英国皇室所享用的靓红茶都是中国货，如福建的正山小种和英德红茶。英德红茶原汁香味足而苦涩味薄。懂冲泡之法香味足又滑而不苦涩。有时泡英德红茶便知红茶极品，又香又特别提神醒脑呢。"

2008年，英德获"中国红茶之乡"美誉。2019年，英德红茶被授予"世界高香红茶"称号。2020年，英德红茶入选《中欧地理标志协定》保护名单。2024年，英德入选"2024年度茶业重点（原百强）县域"，这是英德连续第15年获得此项荣誉。

2）英德红茶的生长环境

英德红茶的产地英德市地处南岭山脉东南部，全境地势北高南低，属南亚季风型气候，温暖多雨，既无严寒，亦无酷暑，年平均气温为 20.7 ℃，年平均降水量为1 876.8毫米，年平均相对湿度为79%，全年无霜期316.7天。大小茶场建于地势开阔的红壤土和黄壤土的丘陵缓坡上，土层深厚肥沃，有机质和含氮量都在中等以上，土壤酸度适宜，pH值为4～5.5。茶区峰峦起伏，江水萦绕，喀斯特地形地貌构成了洞邃水丰的自然环境，有利于以云南大叶与凤凰水仙两优良群体为基础栽培的英德红茶（英红九号）茶树的生长。

3）英德红茶的采摘标准与加工工艺

（1）采摘标准

英德红茶采摘一芽二、三叶茶青为原料。特级一等（金毫茶）按单芽采摘；特级二等（金毛毫）按单芽和一芽一叶初展采摘；一级按一芽一叶和一芽二叶采摘；二级按一芽二叶和一芽三叶采摘；三级按一芽二叶、一芽三叶和一芽四叶采摘。

（2）加工工艺

英德红茶的加工工艺执行《地理标志产品 英德红茶》（DB4418/T 0001—2018）。

英德红条茶的加工包括萎凋、揉捻、解块、发酵、干燥、筛分、包装等工序。

英德红碎茶的加工包括萎凋、揉切、解块、筛分、发酵、干燥、毛茶筛分、风选、拣梗、飘筛、拼堆、包装等工序。英德红碎茶是将鲜叶切碎后再发酵、干燥的红碎茶。初制红碎茶通常叫作毛茶，毛茶是长短、轻重、粗细、整碎、梗杂混合总体，通过精制划分花色、提高净度、调整品质，充分发挥毛茶原料的经济价值。红碎毛茶经精制加工后产生叶茶、碎茶、片茶、末茶四类产品。

4）英德红茶的品质特征

英德红茶外形紧结重实，色泽油润，金毫显露，滋味甜醇鲜爽，汤色红艳明亮，金圈明显，叶底柔软红亮。特别是加奶后茶汤棕红瑰丽，滋味浓厚清爽，色、香、味俱佳。

5）英德红茶的冲泡

冲泡英德红茶时，一般先向茶碗中投放5～7克干茶，然后加入150毫升90 ℃左右的开水，浸泡5～15秒，最后将茶水过滤后即可饮用。英德红茶中也可加入牛奶、白糖，调制成奶茶后饮用。

7.3.16 黑茶：云南普洱茶

1）云南普洱茶的溯源

普洱茶为历史名茶、贡茶，属黑茶类。清代阮福在《普洱茶记》中说："西蕃之用普茶，已自唐时……"可见，唐朝就有普洱茶贸易了。

云南普洱茶分为普洱散茶和普洱紧压茶两种，普洱紧压茶又可分为七子饼茶、砖茶、沱茶、方砖茶、条砖茶等。普洱茶的历史悠久，据《滇略》《普洱茶记》《普洱府志》等文献记载，东汉时期，云南开始人工种植茶叶；唐代，晒青茶开始作为商品行销西藏等地；清代，普洱茶已成为有名的贡茶。

历史上，云南晒青毛茶从六大茶山由马帮运出，通常采用人背马驮的方式运到云南南部的咽喉要地——普洱，进行交易后由马帮从传统的茶马古道送达拉萨。马帮在这条路上行走需要 100 余天，路途遥远，日晒雨淋，茶叶在漫长的运输途中自然发酵，形成了特有的普洱茶。普洱茶独特的陈香和甘醇的滋味深受藏族同胞乃至全国人民的喜爱。

2）云南普洱茶的生长环境

云南产茶区位于热带、亚热带高原地区，年平均温度为 18 ℃，年降水量为 1 200～2 000 毫米，土壤主要为砖红壤、山地红壤和山地黄壤等。

云南产茶区土层深厚，有机质含量高，土壤 pH 值为 4.0～6.0，优越的自然条件非常适宜大叶种茶的生长。由于高山云雾弥漫，雾日多，终年湿润，故茶叶品质优良。

3）云南普洱茶的采摘标准与加工工艺

（1）采摘标准

云南普洱茶的原料采自野生或人工栽培的高山乔木型茶树和灌木型大叶种茶树。云南普洱茶的鲜叶原料为一芽一叶到一芽四叶及同等嫩度的对夹叶，不同茶区、不同等级的茶叶采摘标准不同。

（2）加工工艺

云南普洱茶经杀青、揉捻、解块、干燥（晒干）制成各种嫩度的晒青毛茶，再经熟成、整形、归堆、拼配而成各种名称和级别的普洱茶。熟成是指云南大叶种晒青毛茶及其紧压茶在良好储存条件下长期储存（10 年以上）并自然发酵，或云南大叶种晒青毛茶经人工渥堆发酵，使内含茶多酚等物质经氧化聚合、水解等系列生化反应，最终形成普洱茶特定品质的加工工序。

4）云南普洱茶的品质特征

外观上，云南普洱茶色泽褐红（即猪肝色）；形状匀整端正，不缺边少角，模纹清晰；包心不外露，厚薄一致，松紧适度；条索肥嫩、紧结（因采用大叶种原料）。内质上，普洱茶汤色红浓（或深红），有陈香或甜香、樟香、桂圆香气，滋味醇厚、爽滑回甘；叶底含芽（带毫）量多、柔软、肥嫩，富有弹性和光泽。

5）云南普洱茶的冲泡

冲泡云南普洱茶最好选用紫砂壶，因为紫砂壶具有良好的透气性能，泡茶不走味，能较好地保持普洱茶的香气和滋味。与紫砂壶配套的茶具可选用玻璃公道杯，普洱茶汤色红浓明亮，盛在玻璃公道杯中如红酒一般晶莹剔透，极具观赏性。

泡茶用的水原则上应选择软水，如纯净水。要泡好一壶普洱茶还要掌握水温、投茶量、冲泡时间三个要素。茶与水的比例约为 1：50，水温在 95 ℃以上。冲泡程序为：润具、投茶、温润茶、正式冲泡。一般情况下，每壶茶可连续泡 8～10 次。

品饮时，第一口茶入口后稍停片刻，细细感受茶的醇度；第二口体会普洱茶的润滑和甘厚；第三口领略普洱茶的柔顺和回韵。

吟茶诗 7-10

《谢赐普洱茶》

7.3.17 黑茶：安化黑茶

1）安化黑茶的溯源

安化先有茶后有县。安化在明代前期（15世纪）参照四川乌茶的制作方法，并加以改进，制成黑茶。青茶是蒸青（水煮）茶，黑茶是杀青（锅炒）茶，相比之下，黑茶除掉了青叶气，滋味醇和，有松烟香，更受西北各少数民族的欢迎。当时，西藏僧人常至京师礼佛朝贡，请求赏赐。回藏时，明朝廷便赏赐了许多礼物，礼物之一茶叶指定由四川官仓拨给，僧人们却绕道湖广收买私茶。因为湖广黑茶最符合他们的口味，而黑茶主产于安化一带，后统称安化黑茶。

15世纪以后，安化黑茶通常经由湖北运销北方和西北。由于安化黑茶滋味浓厚醇和，且量多价廉，因此茶商常常越境至湖南采购私贩。从明朝至清朝，茶叶都属于朝廷的"计划供应商品"，而四川茶、汉中茶在明代是朝廷的"定点生产商品"，利厚畅销的安化黑茶很快让汉中茶和四川茶市场冷落下来。清道光元年以前，陕西商人驻益阳委托行栈汇款到安化购买黑茶，或以羊毛、皮袄换购。受托行栈雇人下乡采买茶叶原料，捆绑成包，以利运输。茶叶包最初的形状和重量不一，后来逐渐统一为小圆柱形，重约老秤10斤，称为"百两茶"。清同治年间，晋商"三和公"茶号在"百两茶"的基础上选用较佳原料，增加重量，用棕与篾捆压成圆柱形，圆柱长约5尺（166.7厘米）、圆周约1.7尺（56.7厘米），每支净重1 000两（16两老秤合37.27千克），称为"千两茶"。

2009年，首届中国·湖南（益阳）黑茶文化节暨安化黑茶博览会在益阳茶业市场隆重举行，"中国黑茶之乡"称号正式花落益阳。

由刘仲华教授领衔的研究项目《黑茶提质增效关键技术创新与产业化应用》荣获2016年度国家科学技术进步奖二等奖，这是2016年度全国茶学界唯一的获奖项目。

2）安化黑茶的生长环境

安化地形复杂，山地占82%，山地气候特征明显，年平均气温为16.2 ℃，年平均日照时数为1 376.1小时，年平均降水量为1 622毫米。由于安化特殊的山地条件，空气湿度大，雾气较重，可见光中的红色光和黄色光得到加强，因此有利于提高安化茶叶中叶绿素和氨基酸的含量。安化地区多原始森林，地表覆盖着一层腐殖质，土壤多呈红黑色，pH值为4.5～6.0，土壤风化完全，通透性能好，有机质含量高。安化茶树生长健壮，茶叶丰满，节间长，颜色绿，茸毛多，叶中营养物质丰富。

3）安化黑茶的采摘标准与加工工艺

（1）采摘标准

安化黑茶的鲜叶采摘一般从3月下旬开始至9月底，标准为一芽一叶初展至一芽四叶、一芽五叶和对夹叶驻梢及同等嫩度的其他鲜叶。

（2）加工工艺

①黑毛茶的加工工艺为：杀青、揉捻、渥堆、烘焙干燥。渥堆时间为18～24小

时，七星灶松柴明火干燥。

②湘尖茶的加工工艺为：筛分、拣剔、高温蒸茶、紧压、捆包、刷字、晾置。天尖原料以一级黑毛茶为主，贡尖原料以二级黑毛茶为主，生尖原料以三级或四级黑毛茶为主。

③黑砖、花砖的加工工艺为：筛茶、截茶、拼堆、蒸茶、压砖、退砖、干燥。干燥温度不大于65 ℃。

④茯砖的加工工艺为：毛茶筛拼、蒸茶、渥堆、称茶蒸压、发花、干燥。发花必须在特制的烘房内进行，温度需要控制在25～45 ℃，湿度需要控制在75%～90%，时间为15～22天。

⑤安化千两茶的加工工艺为：蒸茶、装篓、捆压、晾置。蒸茶温度为110 ℃左右，时间约8分钟。蒸后变软的茶叶装入特制篾篓，篓内垫棕片和蓼叶，经滚、踩、压、绞、锤等技术手段使茶紧结成圆柱形，摆放在晾置棚内经日晒夜露自然晾干，用时约为50天。

4）安化黑茶的品质特征

安化黑茶外形条索紧结扁直、色泽黑润；内质香气醇正带松烟香；汤色橙黄，滋味浓厚，叶底黄褐或带棕褐，尚嫩匀。

5）安化黑茶的冲泡

冲泡安化黑茶宜用盖碗或飘逸杯，投茶8～10克，以沸水冲泡。具体方法如下：

①洗茶：洗茶需要8秒左右，能够起到润茶的作用，这是黑茶冲泡的艺术性步骤。

②醒茶：洗茶之后，把盖碗的盖子拿开，即醒茶，时间30秒即可（注：如需去掉较重的松香味，醒茶时间可适当延长）。

③冲泡饮用：冲泡的水沿盖碗内弧边慢慢流入。第一泡的时间为10秒左右，第三泡至第七泡时间可缩短至6秒，冲水的速度可以稍加快，第八泡以后时间稍加延长至12秒左右，应把握好节奏。

④第五泡至第十泡的茶汤金黄明亮，口感甜醇而不腻，滑爽清香。将第一泡至第四泡的茶汤单独置于一个公道杯中，待第十泡时，用第十泡之后的茶汤与此前第一泡至第四泡的茶汤进行匀合，大概可以加到第十二泡，再进行品饮，这就与第五泡至第十泡的茶汤风味相差不大了。同样，品饮者可以根据自己的口味对不同泡数的茶汤进行匀合饮用。

冲泡安化黑茶时必须注意，茶叶入水不能高冲，只能沿着器壁缓慢入水。茶叶不能用坚硬物挫刺，以保证茶叶处于自然状态浸泡。

吟茶诗7-11

《咏安化茶》

🌱 **课堂互动7-1** 名茶分享

同学们，你们的家乡都有哪些名茶呢？它有什么特点？快来和大家一起分享吧！

7.4　国外名茶品赏

7.4.1　日本玉露茶

1）日本玉露茶（Gyokuro）的溯源

日本的茶源于中国。日本完全吸收、传承、发展了中国的茶树种植、加工工艺和品饮方法，并演化为日本茶文化。805年，日本最澄和尚把中国茶籽带回日本并进行播种。次年，日本空海和尚又从中国带回茶籽，献给嵯峨天皇。在嵯峨天皇的倡导下，中国唐代的饼茶煮饮法在日本弘仁年间得到发扬光大，形成"弘仁茶风"。1191年，日本荣西和尚再次带中国茶籽植于平户富春院后山和背振山等地，并将南宋制茶法和点茶法传入日本，最终演化为日本"抹茶"茶道。明末清初，福建黄檗山万福寺东渡日本讲经传禅的隐元禅师将福建的煎茶法传到日本，同时传去的还有中国紫砂茶具，到18、19世纪，日本的煎茶道才逐渐形成。随着时代的变迁和技术的发展，由中国的"蒸青"工艺形成的"抹茶"和"煎茶"在日本得以保存和发展，并演化成为日本独树一帜的"抹茶"和"煎茶"茶道文化，这深刻体现了中日文化交流的印记，成为世界茶领域的一枝奇葩。日本玉露茶依然保留着我国唐代的"蒸青"绿茶制作技艺，是日本茶中的精品，素有"日本国茶"的美誉。玉露茶是日本人招待客人的首选茶，其品质可与中国湖北恩施玉露相媲美。

2）日本玉露茶的生长环境

玉露茶是煎茶中的名贵品种，茶园大多建在山上，靠近小河、小溪和湖泊，气候温暖、雨量丰富、常有浓雾的地方，因此茶叶中氨基酸的含量丰富。从摘前准备、采摘到制作加工，都需要极为谨慎、精细和小心。从5月份开始，茶树就必须保持90%遮阴约20天。新芽一开始形成，专门生产玉露茶的种植园就被竹席、芦苇席或帆布遮盖起来。光线的减少可以使小叶片具有更高的叶绿素含量（使茶叶的绿色比正常情况下更深）和较低的茶多酚含量（使茶叶更甜、更醇和）。

3）日本玉露茶的采摘标准与加工工艺

采收时，用手或机械剪将较软、较新鲜的叶子采摘下来。茶叶被迅速运到工厂，约蒸30秒，以保持风味和阻止发酵；然后，用热空气使茶叶变软，挤压、干燥直至其含水量降到原有含水量的30%左右；重复揉捻，使茶叶变成纤细暗绿色的针状，挑拣出茶柄和老叶，干燥制成玉露茶。

4）日本玉露茶的品质特征

日本玉露茶呈纤细暗绿的针状外形，香气清幽扑鼻，茶汤青翠碧绿，滋味清淡舒爽，叶底色绿明亮。

5）日本玉露茶的冲泡

①使用铁壶或银壶煮水可以软化水质，冲泡玉露茶可以提升口感，激发茶叶的香气。

②水温不可超过 60 ℃，否则会将咖啡因和茶碱激发出来，导致茶汤苦涩。

③茶叶不可泡在水里，这是能够品味到第二杯美味玉露的关键。

④玉露茶还可以冰饮。在玉露茶上面放适量的冰块，当冰块自然融化后，就可以品尝到独一无二的"冰出玉露"的鲜美味道了。

7.4.2　印度大吉岭红茶

1）印度大吉岭红茶的溯源

印度大吉岭红茶（Darjeeling Black Tea）中的最高级称为"特级毛尖花香金色白毫茶"，其英文全称是 Super Fine Tippy Golden Flowery Orange Pekoe（SFTGFOP），白毫茶（Pekoe）源自中国闽南语 Pehho（白毫），这足以证明中国是世界红茶的发源地。

2）印度大吉岭红茶的生长环境

印度大吉岭红茶是小叶种茶树，生长在喜马拉雅山南端、印度西部地区的大吉岭地区。茶园分布在高原地带云雾缭绕的山坡上，气候凉爽，环境无污染，独特的生态环境孕育出了印度大吉岭红茶与众不同的品质和迷人的茶香，故有"茶中香槟""茶中蓝山"之称。每年 3 月中旬至 4 月中旬第一场春雨过后，薄雾笼罩着茶园，大吉岭茶树开始发芽产茶。

3）印度大吉岭红茶的采摘标准与加工工艺

印度大吉岭红茶分四季采摘，3—4 月为初摘茶，5—6 月为次摘茶，7—8 月是雨季茶，9—10 月为秋季茶。

茶叶由人工采摘，再送到工厂集中加工。采摘后的茶叶置于自然通风的开放室内，经低温萎凋、揉捻、解块、发酵、干燥等工序制作完成。制作完成的茶叶，还要进行精制。产量多的会再进行茶叶分级筛选，最后装袋或装箱并区分等级；产量少的则经人工筛选后，才装箱标示。

4）印度大吉岭红茶的品质与特点

印度大吉岭红茶外形条索紧细、白毫显露、香高味浓，发酵程度达 80% 左右。初摘的一号茶多为青绿色，汤色呈淡橘黄色，味道清新，散发出温和淡涩的清香；次摘的二号茶为金黄色，拥有高昂的身价，茶的味道、色泽、香气最为醇厚，以"麝香葡萄"的风味最为闻名。

5）印度大吉岭红茶的冲泡

印度大吉岭红茶最适合清饮，但由于茶叶较大，需稍久焖（约 5 分钟），以使茶叶尽舒，这样才能得其味。印度大吉岭红茶种类众多，不同的茶园、不同的采收期所产的茶冲泡出来的茶汤相差甚多，浸泡时间不同也会带来不同的风味。

7.4.3　印度阿萨姆红茶

1）印度阿萨姆红茶的溯源

中国的茶树传播到印度，最早就是在阿萨姆，由此还产生了中国茶树的阿萨姆变种。历史上，阿萨姆是继中国之后第二个商业茶叶生产地区。

2）印度阿萨姆红茶的生长环境

印度阿萨姆红茶产于印度阿萨姆邦的阿萨姆溪谷一带。除了西部以外，阿萨姆邦三面被高地和高原环绕，丘陵和山脉绵延不绝，自然景色非常秀丽。当地属亚热带季风气候，降水量丰富，年降水量为2 200～2 750毫米，3—9月是降雨集中的月份。当地夏季十分潮湿，日照强烈，白天温度高达40 ℃，气候条件非常适合阿萨姆大叶种茶树的生长。中国茶和当地茶杂交的品种更适合当地的土壤和气候。现在的阿萨姆红茶，其实是中国茶和印度茶的混合。

3）印度阿萨姆红茶的采摘标准与加工工艺

印度阿萨姆红茶以6—7月采摘的品质最优，但10—11月产的秋茶较香。阿萨姆红茶的C.T.C制法与传统红茶的制法相似，只是揉捻过程中使用的揉捻机不同。C.T.C揉捻机有两个钢制滚筒，边缘为锯齿状，两个滚筒来回快速运动（每分钟70～700次），压碎及撕碎叶片，快速破坏茶叶的细胞结构，并将碎叶片快速揉捻卷绕，压迫成颗粒状后再进行发酵及烘焙。C.T.C揉捻机制出的红茶外形与传统红茶有所不同，倾向于片状，色泽偏向棕色或淡红色。

4）印度阿萨姆红茶的品质特点

印度阿萨姆红茶外形细扁、色呈深褐，汤色深红稍褐，带有淡淡的麦芽香、玫瑰香，滋味醇厚、回味甘爽，叶底呈深红褐色，较为匀整。

5）印度阿萨姆红茶的冲泡

冲泡印度阿萨姆红茶时最好用95～100 ℃的热水，选用紫砂茶具、白瓷茶具或玻璃茶具，并根据品饮需要确定投茶量和冲水量。浸泡时间依碎叶茶及全叶茶而不同：碎叶茶的浸泡时间需稍短些，最好是在早上饮用且添加许多鲜乳，否则容易伤胃。全叶茶的浸泡时间则视叶片大小而定，若叶片超过1厘米，则浸泡时间为4～5分钟，不过叶片大，口感上会厚重些，添加鲜乳亦是少不了；若叶片在1厘米左右又有些叶芽，则浸泡时间约3分钟，此类茶在添加鲜乳方面可稍作斟酌，未必需要加太多。阿萨姆红茶一般可以冲泡3～5次，品饮时需细品慢饮。

7.4.4 锡兰红茶

1）锡兰红茶的溯源

锡兰是斯里兰卡的旧称，斯里兰卡茶业始于1867年，由英国人詹姆斯·泰勒（James Taylor）从印度引种。当时，斯里兰卡的主要作物是咖啡，但在随后的十几年中，由于咖啡叶锈病的发生和蔓延，几乎所有咖啡园都遭到了毁灭性的打击，茶叶取而代之，并得到迅速发展。如今，斯里兰卡茶叶总产量和出口量均居世界前列。

2）锡兰红茶的生长环境

斯里兰卡是印度洋上的岛国，位于赤道以北，在南亚次大陆南端，西北隔保克海峡与印度相望。斯里兰卡接近赤道，一年皆夏，年平均气温达28 ℃，各地年降水量为1 283～3 321毫米不等，属于热带季风气候，多高原、多河流、多瀑布是斯里兰卡地形的重要特点。斯里兰卡有世界上最适宜种植茶叶的好土，素有"印度洋上的珍珠"之称。锡兰红茶按照茶叶生长地的海拔高度可粗略分为三大类：海拔600米以下为低海拔茶叶；海拔600~1 200米为中海拔茶叶；海拔1 200米以上为高海拔茶叶。其中，南部高地海拔在2 000米以上的茶园采摘的茶叶质量最好。

3）锡兰红茶的采摘标准与加工工艺

锡兰红茶的采摘时间主要集中在每年1—3月和7—9月两个时间段。采摘时主要选择一芽一叶或一芽二叶的嫩芽，避免采摘过老或受损的茶叶。

锡兰红茶经萎凋、揉捻、发酵、烘干等工序制成后，还需要进行精制。精制工序复杂，包括毛拣、筛分、切断、风选、拣剔、补火、拼合、装箱等。

4）锡兰红茶的品质特点

锡兰红茶通常制成碎形茶，呈赤褐色。其中，乌沃茶汤色橙红明亮，上品的汤面环有金黄色的光圈；汀布拉茶汤色鲜红，滋味爽口柔和，带花香，涩味较少；努沃勒埃利耶茶无论色、香、味都较前两者淡，汤色橙黄，香味清芬。

锡兰红茶的特征是钠含量低。对于有高血压、需要摄取少量钠的人来说，是理想的饮品。

5）锡兰红茶的冲泡

按人均3~5克茶叶用勺取之，放入茶杯或茶壶中，将山泉水或矿泉水烧沸，冲泡1分钟后轻轻摇动，浸泡3分钟后倒入茶杯，随个人喜好加糖、柠檬或牛奶等饮用。不要等到杯中的茶汤都喝尽再蓄水，最好在茶汤剩下1/3左右时就蓄水，以保证茶汤的温度和浓度适宜，每杯红茶蓄水3次口感最佳。

7.4.5 肯尼亚红茶

1）肯尼亚红茶的溯源

1903年，英国人凯纳（Caine）将茶树引进肯尼亚，在之后不到100年的时间里，肯尼亚便发展成为世界第四大产茶国，年产量达30万吨，占世界茶叶产量的1/10。肯尼亚是世界上最大的红茶出口国，茶业在肯尼亚经济中占有重要地位，是肯尼亚三大创汇产业之一。

2）肯尼亚红茶的生长环境

位于东非大裂谷西部边缘地带的南迪山地区是肯尼亚最著名的茶叶产地，位于东非大裂谷东部边缘的利穆鲁等地出产的茶叶则是世界上公认的最好的茶叶之一。茶树具有喜温、喜湿、喜酸性土壤的生态特征，生长的最适宜温度是15~25℃。肯尼亚的茶树基本上都分布在东非大裂谷两侧，这些地区的海拔都在1 500~2 700米，年平均气温为21℃，光照充足，雨量丰富，略带酸性的火山灰土壤极其肥沃。得天独厚的自然条件赋予了肯尼亚红茶无与伦比的鲜亮颜色、芳香气味和甘醇口感。

3）肯尼亚红茶的采摘标准与加工工艺

肯尼亚种植的所有茶树都是经过精心挑选的，具有产量高、抵御病虫害能力强等特点。茶树的种植过程讲究纯天然，不用任何农药和化学肥料，连手工采茶的过程都是小心翼翼的，以保证所有采下来的茶都是一芽二叶的精品。

肯尼亚红茶采用C.T.C法制成，先将鲜叶稍作萎凋和轻揉，然后马上送入C.T.C揉捻机快速碾碎、撕裂、卷起，最后进行发酵及烘焙。

4）肯尼亚红茶的品质特点

肯尼亚红茶全部为红碎茶，气味浓郁鲜烈，汤色红艳透亮，口感甘醇，味道似姜汤和清茶的混合体。

5）肯尼亚红茶的冲泡

首先，将新鲜的冷水注入煮水壶煮沸，再冲泡肯尼亚红茶，这样可以将肯尼亚红茶的香气充分引导出来。

其次，将预先冲泡好的肯尼亚红茶茶汤倒入喜爱的茶杯中，这样既可以让饮茶人充分享受茶的芳香，还能陶冶情操。

最后，依据个人口味添加适量的糖和牛奶，口感会更丰富。

7.4.6 英国立顿红茶

1）英国立顿红茶的溯源

英国立顿红茶的创始人汤姆斯·立顿（1850—1931年）出生于苏格兰中部的格拉斯哥，他15岁远渡重洋到美国闯荡，18岁成为纽约一家百货公司食品部门的助手，学到了许多美式商店管理技巧。由于伶俐勤快，汤姆斯·立顿迅速成为公司的重要人物。1870年，汤姆斯·立顿回到格拉斯哥，次年就开起了第一家立顿食品店。到1880年，他已拥有20多间食品分店。当时，红茶是只能在药店、五金行和咖啡屋称重购买，并用斧头劈开煮水喝的米砖茶，经中间商多层盘剥后，价格很昂贵，深知英国百姓喜爱红茶的汤姆斯·立顿决定让红茶便于大众购买。为了让红茶真正成为英国人的日常饮料，他直接向进口商购买茶叶，以降低成本；创立原味红茶"立顿"品牌，并将茶叶分成1/4磅、1/2磅、1磅等不同重量的小包装，以保证茶叶的风味和品质；将立顿红茶与店里的火腿、培根等日常食品一起陈列出售，以方便人们购买和安心消费。汤姆斯·立顿还发现，红茶会因水质的不同有口味上的微妙差异，如适合曼彻斯特水质的红茶来到伦敦便完全走味。于是，他让各地分店定期送来当地的水，并创立了"与您家乡的水完美组合的立顿红茶"的宣传广告，进行独特营销以吸引消费者。经营红茶不到1年，丰厚的获利促使汤姆斯·立顿明智、大胆地购买了7 000英亩锡兰茶园。汤姆斯·立顿是一位一流的红茶营销人员，他不断翻新直接向消费者宣传的奇招，如在包装袋上画着采茶姑娘，标明"从茶园直接进入茶壶"（Direct from tea garden to the tea pot）的字样。最独特的是，他竟然聘请了200人穿上中国服装做活动广告人，并印制了20多国语言的广告海报。

1892年，汤姆斯·立顿开始了全球化运动，先在美国设厂。两年后，他又在印度加尔各答设立分店，走进了远东市场。1898年，汤姆斯·立顿被英国女王授予爵位，获得了"世界红茶之王"的美名。1931年，汤姆斯·立顿在伦敦去世，最后安葬于故乡格拉斯哥。汤姆斯·立顿的后人秉承求新求变的精神，将袋装红碎茶销往全世界，"立顿"几乎成了红茶的代名词，在世界各个角落都能品尝到它的芳香。

1972年，全球著名的个人消费品集团——联合利华收购了立顿的全线品牌，从此，立顿搭上了联合利华这艘全球性的巨轮，开始了更为强势的扩张，茶叶类产品在全球110个国家和地区都有销售。

1992年，立顿品牌进入全球种茶、制茶、喝茶历史最为悠久且饮茶人数最多的中国，5年之后就取得了在中国百家商城系列调查中获得茶包销售额第一、市场占有率第一的成绩。现今的立顿在知名度和销量上都是全球第一大茶叶品牌，也是全球消费者选用最多的第三大非酒精饮料。

2）英国立顿红茶的生长环境

立顿在斯里兰卡、肯尼亚和坦桑尼亚均拥有茶园，高海拔和临近赤道地区的气温、日照、雨量可以确保生产出高品质的茶叶。立顿茶园的茶树种植面积超过110平方千米，每年茶叶的产量约为20万吨。设立的茶叶加工厂能够确保新鲜采摘的茶叶在采摘后2个小时内进行加工处理。同时，立顿还在35个国家采购优质茶叶，以确保其原料充足。

3）英国立顿红茶的采摘标准与加工工艺

立顿仅使用从茶树顶端采摘的茶叶，因为其最鲜嫩、口感最佳，能够产出高质量的茶。立顿长期保持茶叶质量的秘诀在于茶叶的加工和拼配工艺。拼配后，茶叶的品质以及风味更加精细。茶叶的质量、风味是由其生产地域决定的，没有两种茶叶是完全相同的，即便是在同一块土地上出产的茶叶，在雨天采摘、加工与在晴天采摘、加工，其质量、风味也会有非常大的差异。所以，同一座茶园在一个季节中生产出不同质量的茶叶是很正常的。然而，立顿拥有来自世界各地的品茶专家和调茶师，他们经验丰富，熟悉茶艺科学，在他们的精心拼配下，可以严格保证茶叶质量稳定，达到既定的红碎茶质量标准。

4）英国立顿红茶的品质特点

立顿红茶气味清淡、汤色红艳、口感清醇。

5）英国立顿红茶的冲泡

①浸泡饮用：立顿红茶为红碎茶包，便于在任何壶、杯中用冷、温、热及开水浸泡若干时间后清饮。

②调味饮用：立顿红茶可以与适量的糖、牛奶、柠檬片等调味品饮。

热奶茶：先将立顿红茶袋放在咖啡杯中，用开水冲泡5分钟，弃去茶袋；然后向茶杯中加入适量牛奶和方糖，调制成呈橘红色、黄红色的奶茶饮用。

冰红茶：立顿红茶加柠檬、蜂蜜、冰块调制饮用。

鸳鸯奶茶：立顿红茶加牛奶、雀巢冰咖啡浓缩液（含糖型）调制饮用。

知识小结

名茶是指具有独特的外形、风格和优异的色、香、味品质，拥有历史传承和较高的知名度、美誉度及附加值，被特定消费人群认同、欣赏和喜爱的好茶。名茶的形成往往具有一定的历史渊源或特定的人文地理条件。此外，名茶往往具备优秀的品质、良好的培育及生产管理条件、严格的采摘标准和精湛的工艺技术，具有无公害茶、绿色食品茶和有机茶等认证基础。名茶大多产于风景优美、气候温和、土壤肥沃的名山。

名茶可分为干茶形状和叶底形状两种类型，通常可以通过色泽、香气、滋味和风味特性鉴别名茶。欣赏绿茶、白茶、黄茶、青茶、红茶、黑茶中的代表性名茶，如西湖龙井茶、庐山云雾茶、太平猴魁茶、蒙顶甘露茶、顾渚紫笋茶、安吉白茶、福鼎白茶、君山银针茶、铁观音茶、大红袍、凤凰单丛茶、祁门红茶、宁红茶、正山小种红茶、英德红茶、云南普洱茶、安化黑茶，品饮日本玉露茶、印度大吉岭红茶、印度阿萨姆红茶、锡兰红茶、肯尼亚红茶及英国立顿红茶。

听我学7-1
知识小结

主要概念

名茶　贡茶　叶底

知识巩固

7.1　选择题

1）我国在（　　）就开始出现贡茶。

　A.汉代　　　　　　B.商朝　　　　　　C.唐代　　　　　　D.宋代

2）（　　）不是区分茶类及其品质优劣的重要依据。

　A.色泽　　　　　　B.形状　　　　　　C.香气　　　　　　D.重量

3）安吉白茶的氨基酸含量最高，是普通茶的（　　）倍。

　A.1　　　　　　　B.2.5　　　　　　　C.2　　　　　　　D.4

随堂测7-1

4）普洱紧压茶有七子饼茶、砖茶、沱茶、（　　）和条砖茶等。

　A.方砖　　　　　　B.黑砖　　　　　　C.花砖　　　　　　D.茯砖

5）宁红（　　）是宁红中的上品，茶用五彩花线集束成大毛笔笔尖的形状，每根叶条似须一样，故而得名。

　A.龙须茶　　　　　B.红茶　　　　　　C.普洱茶　　　　　D.铁观音

选择题

7.2　判断题

1）蒙顶甘露茶属卷曲型茶。　　　　　　　　　　　　　　　　（　　）

2）"杯底菊花掌上枪"是君山银针茶开汤后茶形的写照。　　　（　　）

随堂测7-2

3）太平猴魁茶有"红丝线"之称。　　　　　　　　　　　　　（　　）

4）君山银针茶属单芽组成的叶芽型茶。　　　　　　　　　　（　　）

5）安吉白茶在六大类茶叶中属于白茶类。　　　　　　　　　（　　）

6）日本玉露茶属于烘青绿茶类。　　　　　　　　　　　　　（　　）

判断题

7.3　简答题

1）为什么说熟悉与掌握名茶的鉴赏在茶的冲泡艺术上能起到很重要的作用？

2）简述西湖龙井茶的采摘标准。

3）简述庐山云雾茶的品质特征。

4）简述凤凰单丛茶的加工工艺。

5）简述正山小种红茶的加工工艺。

6）简述安化黑茶的冲泡方法。

实践训练 ☑️ ·····································

　　1）任选2种中国名茶，进行鉴赏训练。

　　2）任选2种国外名茶，进行鉴赏训练。

推荐阅读 ☝️ ·····································

　　[1] 王镇恒，王广智.中国名茶志 [M]. 北京：中国农业出版社，2000.

　　[2] 周国富.世界茶文化大全 [M]. 北京：中国农业出版社，2019.

学习评价 ◉ ·····································

　　本章学习评价表见表7-1。

表7-1　　　　　　　　　　　　　　　　学习评价表

学习内容	名茶认赏		
	评价要点	学生自评（50%）	教师评价（50%）
知识掌握（30分）	了解名茶的基本知识（15分）		
	熟悉名茶的由来和主要特征（15分）		
能力提升（30分）	能够对国内名茶进行品赏（15分）		
	能够对国外名茶进行品赏（15分）		
素质养成（40分）	学会去伪存真，在实践中检验和发展真理（20分）		
	积极弘扬中华优秀传统文化，坚定文化自信（20分）		
综合评价成绩（100分）			
学生自评： 学生签字：			
教师评语： 教师签字：			

参考文献

[1] 陈宗懋. 中国茶叶大辞典 [M]. 北京：中国轻工业出版社，2000.

[2] 乔木森. 茶席设计 [M]. 上海：上海文艺出版社，2005.

[3] 李倬，贺龄萱. 茶与气象 [M]. 北京：气象出版社，2005.

[4] 郭丹英，王建荣. 中国茶具流变图鉴 [M]. 北京：中国轻工业出版社，2009.

[5] 黄仲先. 中国古代茶文化研究 [M]. 北京：科学出版社，2010.

[6] 杨东甫，杨骥. 中国古代茶学全书 [M]. 桂林：广西师范大学出版社，2011.

[7] 杨学富. 以庐山特色茶文化促云雾茶品质与产业的发展 [J]. 九江学院学报，2012（2）：12-16.

[8] 谷静敏，高雁南. 茶文化与茶艺 [M]. 北京：国家行政学院出版社，2013.

[9] 杨学富，杨耀防. 发掘庐山茶文化底蕴　打造九江茶文化市场 [J]. 九江学院学报，2014（4）：24-32.

[10] 杨学富. 万里茶路上的"茶码水道"：九江茶市位列三大茶市之首成因辨析 [J]. 中国茶叶，2016（3）：36-37.

[11] 张顺义. 中华茶道 [M]. 北京：线装书局，2016.

[12] 杨学富. 九江形成"贡茶祖庭"地位考 [J]. 农业考古，2016（5）：234-238.

[13] 叶怡兰. 红茶经 [M]. 北京：中信出版社，2018.

[14] 丁以寿. 中国茶文化概论 [M]. 北京：科学出版社，2018.

[15] 周国富. 世界茶文化大全 [M]. 北京：中国农业出版社，2019.

[16] 杨学富. 九江茶文化产业经济发展模式研究 [J]. 九江学院学报，2020（2）：122-128.

[17] 刘礼堂，吴远之. 中华茶文化概论 [M]. 北京：北京大学出版社，2020.

[18] 黄瑞光，桂埔芳. 凤凰单丛 [M]. 北京：中国农业出版社，2020.

[19] 吴觉农. 茶经述评 [M]. 北京：中国农业出版社，2020.

[20] 人力资源社会保障部教材办公室. 茶艺师（技师 高级技师）[M]. 北京：中国劳动社会保障出版社，2021.

[21] 人力资源社会保障部教材办公室. 茶艺师（基础知识）[M]. 北京：中国劳动社会保障出版社，2023.

［22］中国就业培训技术指导中心．茶艺师（高级）［M］．北京：中国劳动社会保障出版社，中国人事出版社，2023．

［23］胡山源．古今茶事［M］．北京：商务印书馆，2023．

［24］王莲英，贾军．中国传统插花系列教程：研究生级 ［M］．北京：中国林业出版社，2024．

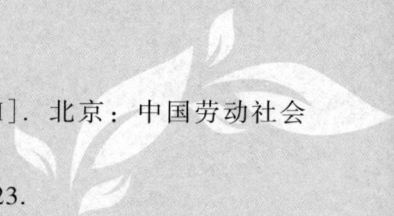

主编简介

杨学富，满族，吉林省白城市人，九江学院教授，江西省教育厅中青年骨干教师，九江学院茶文化产业经济研究所所长，江西省职业技能综合评审员，九江市茶叶流通协会副会长。

主编"十四五"职业教育国家规划教材《茶艺》，在《中国茶叶》《农业考古·〈中国茶文化〉专号》等杂志上发表茶叶专业论文10余篇；创新提出"庐山特色茶文化体系""九江茶码水道地位""九江万里茶路起点和重要中转枢纽""禅茶文化发源于九江""最早机械制茶源于九江"等论证，填补了中国茶文化的空白；开发手制红茶、白茶、绿茶、黄茶、乌龙茶、龙须茶、陆羽茶饼等古法加工特色茶类，传授、带动、指导九江茶企和广东茶企制作红茶和白茶。